权威·前沿·原创

皮书系列为
"十二五""十三五""十四五"国家重点图书出版规划项目

B

BLUE BOOK

智库成果出版与传播平台

成渝蓝皮书

BLUE BOOK OF CHENGDU AND CHONGQING

成渝地区双城经济圈发展报告（2022）

ANNUAL REPORT ON DEVELOPMENT OF CHENGDU CHONGQING AREA DOUBLE CITY ECONOMIC CIRCLE (2022)

名誉主编／肖金成
主　　编／王德才
副 主 编／兰传海

社会科学文献出版社
SOCIAL SCIENCES ACADEMIC PRESS (CHINA)

图书在版编目(CIP)数据

成渝地区双城经济圈发展报告.2022/王德才主编.--北京：社会科学文献出版社，2022.7
（成渝蓝皮书）
ISBN 978-7-5228-0336-4

Ⅰ.①成… Ⅱ.①王… Ⅲ.①区域经济发展-研究报告-成都-2022 ②区域经济发展-研究报告-重庆-2022 Ⅳ.①F127.711 ②F127.719

中国版本图书馆CIP数据核字（2022）第109807号

成渝蓝皮书
成渝地区双城经济圈发展报告（2022）

名誉主编 / 肖金成
主　　编 / 王德才
副 主 编 / 兰传海

出 版 人 / 王利民
组稿编辑 / 任文武
责任编辑 / 王玉霞
责任印制 / 王京美

出　　版 / 社会科学文献出版社·城市和绿色发展分社（010）59367143
　　　　　　地址：北京市北三环中路甲29号院华龙大厦　邮编：100029
　　　　　　网址：www.ssap.com.cn
发　　行 / 社会科学文献出版社（010）59367028
印　　装 / 天津千鹤文化传播有限公司

规　　格 / 开 本：787mm×1092mm　1/16
　　　　　　印 张：24　字 数：360千字
版　　次 / 2022年7月第1版　2022年7月第1次印刷
书　　号 / ISBN 978-7-5228-0336-4
定　　价 / 128.00元

读者服务电话：4008918866

版权所有 翻印必究

成渝蓝皮书编辑委员会

主　任　肖金成　中国宏观经济研究院研究员、国家发展改革委国土开发与地区经济研究所原所长、中国区域经济50人论坛成员（发起人）

副主任　易小光　重庆市综合经济研究院院长、研究员，重庆市政协委员、市政协经济委员会副主任

　　　　　蒋辅义　四川省区域发展研究院院长、泸州市委原书记

委　员　（以姓氏笔画为序）

　　　　　王德才　《四川农村年鉴》编辑部副总编辑、四川省中国区域经济发展信息技术研究院副院长兼秘书长

　　　　　兰传海　四川省区域发展学会会长

　　　　　刘尚希　中国财政科学研究院院长、中国区域经济50人论坛成员

　　　　　李　梅　中国生态学会旅游生态专委会委员，中国林学会森林公园分会理事，四川农业大学教授、博士生导师

　　　　　杨继瑞　中国消费经济学会会长、西南财经大学成渝经济区发展研究院院长、重庆工商大学原校长、成都市社科联原主席

肖金生	重庆市广告协会会长、重庆报业集团原常务副总经理
迟福林	中国（海南）改革发展研究院院长、中国经济体制改革研究会副会长、中国服务贸易协会专家委员会理事长、海南省社科联名誉主席
张小青	清华大学社会科学院当代中国研究中心、成都项目中心主任
陈一农	中共四川省委政策研究室原副巡视员
尚恩斌	四川江油画屏尚景景区管理有限责任公司董事长
和瑞芳	云南省社会科学院中国（昆明）南亚东南亚研究院副研究员
周　江	四川省区域科学学会会长、四川省社会科学院区域经济研究所研究员
庞　波	中央党校发展中国论坛秘书长、"森林小镇蓝皮书"主编
莫远明	重庆工商大学成渝地区双城经济圈协同发展中心研究员
阎　星	成都市社科联（社科院）党组成员、副主席、副院长
喇明清	西南民族大学旅游和历史文化学院原院长
赖祯俊	中国国际经济交流中心国经咨询公司高级顾问
廖祖君	四川省社会科学院区域经济研究所所长、研究员，《中国西部》杂志主编，四川省社会科学院大数据科学与创新发展研究院执行院长

《成渝地区双城经济圈发展报告（2022）》编辑部

名誉主编　肖金成

主　　编　王德才

副 主 编　兰传海

撰 稿 人　（按文序排列）

　　　　　肖金成　和瑞芳　周　江　王　波　徐洪海
　　　　　邵旭阳　吴振明　雷　鸣　易小光　莫远明
　　　　　李　忠　黄征学　安树伟　李爱民　马燕坤
　　　　　刘　洋　潘　彪　李博雅　张晋晋　阎　星
　　　　　雷　霞　张筱竹　覃成林　李军培　杨　霞
　　　　　岑　燕　张雪原　唐子豪　茹裕聪

联络室各主任　（以姓氏笔画为序）

　　　　　王利主　车忠其　田永富　伍金田　刘乐斌
　　　　　李祥发　吴晓楼　余洪成　张子明　林　毅
　　　　　罗　斌　赵　健　赵建生　赵继波　雷伟泽
　　　　　樊晓东

主要编撰者简介

肖金成 经济学博士,享受国务院政府特殊津贴专家。中国宏观经济研究院(国家发展改革委宏观经济研究院)二级研究员、国家发展改革委国土开发与地区经济研究所原所长、中国社会科学院研究生院博士生导师、中国区域经济学会副会长、中国城镇化促进会副主席、中国区域科学协会理事长、自然资源部特邀国土空间规划专家、中国区域经济50人论坛成员(发起人)、福建省人民政府顾问、中国人民大学兼职教授。先后主持了西部发展战略研究、21世纪特区开发区发展战略研究、中国特色的城市化道路研究、长江经济带城镇化与空间布局研究、京津冀世界级城市群研究、成渝城市群规划研究等数十项重大研究课题,出版《国有资本运营论》《西部开发论》《第三增长极的崛起——天津滨海新区发展战略研究》《京津冀经济合作论——天津滨海新区与京津冀产业联系及合作研究》《城镇化与区域协调发展》《中国乡村振兴新动力》等多部著作,为国家宏观决策提供了重要依据。

王德才 经济管理咨询师,现任《四川农村年鉴》编辑部副总编辑、四川省中国区域经济发展信息技术研究院副院长兼秘书长。在担任《四川农村年鉴》副总编辑期间,力推精品建设,取得明显成效,《四川农村年鉴》相继荣获省级、国家级多项大奖。其间,先后担任《四川省扶贫和移民发展报告》(四川省扶贫和移民工作局等主编,四川大学出版社出版)编辑部副总编辑,《四川三农文集(2014)》《四川三农文集(2015)》《四川三农文集（2016）》编辑部副主编，《四川生态文明》杂志总编辑，四川省生态文明促进会常务副秘书长等职。

兰传海 经济学博士，现为四川省社会科学院区域经济研究所科研人员，四川省区域发展学会会长。曾在国家发展改革委宏观经济研究院国土所从事访问学者工作，在中国人民银行金融研究所从事博士后研究工作，并先后在国家发展改革委地区经济司、基础产业司挂职，在泸州市发展改革委、泸州航空发展投资集团公司任职。参与了《国家长江经济带发展规划》《国家集中连片特困地区区域发展与扶贫开发规划》《京津冀地区一体化发展若干重大问题研究》《进一步提升广西在中国—东盟深化合作中的战略地位研究》《赤水河区域发展与规划研究》等多项国家级规划研究的编写工作。主持或主研了我国扶贫开发专项投资分配应用研究、京津冀地区发展涉及的有关重大问题研究等课题。出版或发表《扶贫攻坚实践与地方经验》《零售企业海外扩张研究》等学术专著以及学术论文多部（篇）。

摘　要

2020年1月，习近平总书记主持召开中央财经委员会第六次会议，提出大力推动成渝地区双城经济圈建设。2020年10月，中央政治局审议通过《成渝地区双城经济圈建设规划纲要》。成渝地区双城经济圈位于"一带一路"和长江经济带交汇处，是西部陆海新通道的起点，具有连接西南西北，沟通东亚与东南亚、南亚的独特优势，是我国西部人口最密集、产业基础最雄厚、创新能力最强、市场空间最广阔、开放程度最高的区域，在国家发展大局中具有独特而重要的战略地位。

《成渝地区双城经济圈建设规划纲要》提出，提升重庆、成都中心城市综合能级和国际竞争力，坚持"川渝一盘棋"思维，发挥优势、错位发展，优化整合区域资源，加强交通、产业、科技、环保、民生政策协同对接，做到统一谋划、一体部署、相互协作、共同实施，辐射带动周边地区发展，显著提升区域整体竞争力。通过川渝两省市的共同努力，将成渝地区双城经济圈建设成为具有全国影响力的重要经济中心、全国重要的先进制造业基地和现代服务业高地，具有全国影响力的科技创新中心、改革开放新高地、高品质生活宜居地。筑牢长江上游生态屏障，打造世界级休闲旅游胜地和城乡融合发展样板区，建设包容和谐、美丽宜居、充满魅力的高品质城市群。

为了系统展示成渝地区双城经济圈建设发展的理论和实践过程，成渝蓝皮书编委会组织了高水平研究团队，对成渝地区双城经济圈的设立背景、发展历程、发展战略、合作模式等进行研究，形成了一批高水平的研究成果，包括1个总报告、5个专题报告、3个案例分析报告。总报告系统阐述了成渝地区双城经济圈的概况与形成过程，提出了"十四五"时期成渝地区双城经济圈经济高质量发展的主要思路和对策建议。专题报告总结了成渝地区加强合作取得的一系列重要进展，分析了存在的问题与障碍，提出了优化和稳定成渝地区双城经济圈产业链供应链的对策、加快重庆市发展、规划建设成都都市圈的系统设想和万达开川渝统筹发展示范区的发展思路。案例报告选取了《达州建设川渝陕交界区域中心城市研究》《开江县发展战略研究》《成渝地区双城经济圈背景下泸州红色旅游发展路径研究》，均是经过深入调研、全面分析形成的具有战略性、现实性、可操作性的研究成果。

关键词： 区域合作　高质量发展　成渝地区双城经济圈

Abstract

The Chengdu Chongqing Area Double City Economic Circle is located in the intersection of the Belt and Road Initiative and the Yangtze River Economic Belt. It is the starting point of the new land and sea channel in the west. It has the unique advantages of connecting southwest and northwest, communicating East Asia, Southeast Asia and South Asia. It is the most densely populated area in western China, the strongest industrial base, the strongest innovation ability, the broadest market space and the highest degree of openness. It has a unique and important strategic position in the overall national development.

"The outline of Chengdu Chongqing Area Double City Economic Circle construction plan" proposes to enhance the comprehensive level and international competitiveness of Chongqing and Chengdu central cities, adhere to the "Sichuan and Chongqing should develop together" thinking, give full play to advantages and dislocation development, optimize and integrate regional resources, strengthen the coordination and docking of transportation, industry, science and technology, environmental protection and people's livelihood policies, so as to achieve unified planning, integrated deployment, mutual cooperation and common implementation, radiation and promote the development of surrounding areas, and improve the overall competitiveness of the region. Through the joint efforts of Sichuan and Chongqing, the Chengdu Chongqing Area Double City Economic Circle will be built into an important economic center with national influence, an important national advanced manufacturing base and a modern service industry highland, a science and technology innovation center with national influence, a new highland for reform and opening up, and a livable place for high-quality life. Building up the ecological barrier in the upper reaches of the Yangtze River, building a world-class leisure tourism resort and urban-rural integration development model area, and building a harmonious, beautiful and livable, charming high-quality urban agglomeration.

In order to systematically demonstrate the theoretical and practical process of the construction and development of the Chengdu Chongqing Area Double City Economic Circle, the editorial board of "Blue Book of Chengdu and Chongqing" organized a high-level research team to study the establishment background, development process, development strategy and cooperation mode of the Chengdu Chongqing Area Double City Economic Circle, and formed a number of high-level research results, including one general report, five thematic reports and three case studies. The general report systematically expounds the general situation and formation process of the Chengdu Chongqing Area Double City Economic Circle, and puts forward the main ideas and countermeasures for the high-quality development of the Chengdu Chongqing Area Double City Economic Circle during the 14th Five-Year Plan period. The thematic reports summarize a series of important progress made in strengthening cooperation between Chengdu and Chongqing, analyzes the existing problems and obstacles, and puts forward the countermeasures to optimize and stabilize the industrial chain supply chain of the two-city economic circle in Chengdu and Chongqing, the systematic idea of accelerating the development and planning and construction of Chengdu metropolitan area in Chongqing, and the development idea of Wanda Sichuan-Chongqing integrated development demonstration area. The case reports select "Research on the construction of Dazhou as a central city in the border area of Sichuan - Chongqing - Shaanxi", "Research on the Development Strategy of Kaijiang County" and "Research on the countermeasures for the integrated development of culture and tourism in Luzhou under the background of the Chengdu Chongqing Area Double City Economic Circle", which are all strategic, realistic and operable research results formed through in-depth investigation and comprehensive analysis.

Keywords: Regional Cooperation; High-quality Development; Chengdu Chongqing Area Double City Economic Circle

目 录

Ⅰ 总报告

B.1 成渝地区双城经济圈高质量发展报告………… 肖金成 和瑞芳 / 001
  一 成渝地区双城经济圈发展概况……………………………… / 002
  二 成渝地区双城经济圈战略与规划的形成过程 …………… / 013
  三 "十四五"时期成渝地区双城经济圈经济高质量发展思路
    ……………………………………………………………… / 018
  四 推动成渝地区双城经济圈高质量发展的对策建议 ……… / 030

Ⅱ 专题篇

B.2 新发展格局背景下成渝地区双城经济圈建设
  ………………………………… 四川省区域科学学会 / 039
B.3 优化和稳定成渝地区双城经济圈产业链供应链对策研究
  …………………………………………………… 易小光 / 068
B.4 双循环战略视野下成渝地区双城经济圈与重庆市的高质量发展
  …………………………………………………… 莫远明 / 082

B.5 万达开川渝统筹发展示范区战略研究

…………… 国家发展改革委国土开发与地区经济研究所课题组 / 105

B.6 成都都市圈高质量发展分析………………… 成都市社科院课题组 / 161

Ⅲ 案例篇

B.7 达州建设川渝陕交界区域中心城市研究

……………………………………… 中国区域经济学会课题组 / 180

B.8 开江县发展战略研究

…………… 国家发展改革委国土开发与地区经济研究所课题组 / 231

B.9 成渝地区双城经济圈背景下泸州红色旅游发展路径研究

……………………………………………… 唐子豪 茹裕聪 / 277

Ⅳ 附　　录

B.10 附录一　大事记（2020年1月1日至2021年12月31日）…… / 288
B.11 附录二　成渝地区双城经济圈综合交通运输发展规划 ……… / 300
B.12 附录三　成渝地区双城经济圈建设规划纲要 ………………… / 322
B.13 附录四　四川省区域发展学会 ………………………………… / 358
B.14 附录五　蜀道仙山——四川江油窦圌山 ……………………… / 359

皮书数据库阅读使用指南

CONTENTS

I General Report

B.1 Research on High-quality Development of Chengdu Chongqing Area
Double City Economic Circle　　　　　　　*Xiao Jincheng, He Ruifang* / 001

 1. The Development of Chengdu Chongqing Area Double City
  Economic Circle　　　　　　　　　　　　　　　　　　　　／ 002

 2. The Formation Process of Chengdu Chongqing Area Double City
  Economic Circle Strategy and Planning　　　　　　　　　　　／ 013

 3. Thoughts on High-quality Economic Development of Chengdu
  Chongqing Area Double City Economic Circle during the 14th
  Five Year Plan Period　　　　　　　　　　　　　　　　　　／ 018

 4. Suggestions on Promoting the High-quality Development of
  Chengdu Chongqing Area Double City Economic Circle　　　／ 030

II Special Reports

B.2 Construction of Chengdu Chongqing Area Double City Economic Circle under the New Development Pattern
Sichuan Association of Regional Sciences / 039

B.3 Study on the Countermeasures of Optimizing and Stabilizing the Industrial Chain and Supply Chain of Chengdu Chongqing Area Double City Economic Circle
Yi Xiaoguang / 068

B.4 Chengdu Chongqing Area Double City Economic Circle and High-quality Development of Chongqing from the Perspective of Dual-cycle Strategy
Mo Yuanming / 082

B.5 Study on the Strategy of Wanzhou Dazhou and Kaizhou Sichuan-Chongqing Integrated Development Demonstration Zone
Research Group of Institute of Land Development and Regional Economy of National Development and Reform Commission / 105

B.6 High-quality Development Analysis of Chengdu Metropolitan Area
Chengdu Academy of Social Sciences Research Group / 161

III Case Reports

B.7 Research on the Construction of Dazhou as a Central City in the Border Area of Sichuan-Chongqing-Shaanxi
Research Group of China Regional Economic Association / 180

B.8 Research on the Development Strategy of Kaijiang County
National Development and Reform Commission National Land Research Institute Research Group / 231

B.9 Research on the Countermeasures for the Development of Red Tour in Luzhou under the Background of the Chengdu Chongqing Area Double City Economic Circle
Tang Zihao, Ru Yucong / 277

Ⅳ Appendices

B.10　Memorabilia（2020.1.1-2021.12.31） / 288

B.11　Comprehensive Transportation Development Planning for Chengdu Chongqing Area Double City Economic Circle / 300

B.12　Outline of Construction Plan of Chengdu Chongqing Area Double City Economic Circle / 322

B.13　Sichuan Provincial Association for Regional Development / 358

B.14　The Immortal Mountain of Shudao – Douchuan Mountain in Jiangyou, Sichuan / 359

总 报 告
General Report

B.1
成渝地区双城经济圈高质量发展报告

肖金成 和瑞芳[*]

摘　要： 本报告系统阐述了成渝地区双城经济圈的概况与形成过程，扼要介绍了中共中央、国务院《成渝地区双城经济圈建设规划纲要》的基本内容，提出了"十四五"时期成渝地区双城经济圈经济高质量发展的主要思路：辐射带动，核心城市引领都市圈同城化发展；体制创新，探索经济区和行政区适度分离改革；以人为本，打造高品质生活宜居地；开放合作，参与全球产业链重构。最后提出了推动成渝地区双城经济圈高质量发展的对策建议：加快西部陆海新通道建设，高质量建成国家物流枢纽；促进经济高质量发展，成为支撑中国发展的第四极；促进协调发展，实现共同富裕；建立一体化产业政策体系，共同打造世界级产业集群；重视高新区、经开区、新区的发展，营造一流营商环境；深化西

---

[*] 肖金成，经济学博士，中国宏观经济研究院二级研究员、国家发展改革委国土开发与地区经济研究所原所长；和瑞芳，经济学博士，云南省社会科学院中国（昆明）南亚东南亚研究院副研究员。

部省区市协作，促进区域协调发展。

关键词： 同城化发展　区域合作　高质量发展　成渝地区双城经济圈

2020年1月初，习近平总书记主持召开中央财经委员会第六次会议提出，大力推动成渝地区双城经济圈建设。2020年10月审议通过并在2021年10月发布的《成渝地区双城经济圈建设规划纲要》提出，将成渝地区双城经济圈建设成为我国具有世界影响力的重要经济、科技创新、改革开放新高地、高品质生活宜居地，在推进新时代西部大开发中发挥支撑作用，在共建"一带一路"中发挥带动作用，在推进长江经济带绿色发展中发挥示范作用。[1]

一　成渝地区双城经济圈发展概况

成渝地区双城经济圈位于"一带一路"和长江经济带交汇处，是西部陆海新通道的起点，具有连接西南西北，沟通东亚与东南亚、南亚的独特优势，是我国西部人口最密集、产业基础最雄厚、创新能力最强、市场空间最广阔、开放程度最高的区域，在国家发展大局中具有独特而重要的战略地位。成渝地区双城经济圈是习近平总书记亲自谋划、亲自部署、亲自推动的一项重大国家战略，是对接21世纪海上丝绸之路，推动国际陆海贸易新通道合作，推动东盟及相关国家共同参与通道建设，衔接中国—中南半岛、孟中印缅等经济走廊和中欧班列建设合作，统筹完善亚欧通道，优化畅通东向开放通道的内陆开放枢纽，[2] 肩负着国家社会主义现代化新征程和加大开放发展的新使命，在促进区域协调发展和国际合作中发挥着关键作用。

---

[1]《如何推动成渝地区双城经济圈建设？代表委员这样说》，澎湃网，https://www.thepaper.cn/newsDetail_forward_11594693。

[2]《成渝地区双城经济圈建设规划纲要》，2021年10月20日。

（一）区位条件优越

成渝地区双城经济圈地处川渝两地，尽管1997年省级行政区域划分变动使四川和重庆分家，但川渝两地地理相连、民心相通、文化同质、交往密切的历史未曾改变，从2011年国务院批复的《成渝经济区区域规划》，2016年国家发展改革委、住房和城乡建设部印发的《成渝城市群发展规划》，到2021年出台的《成渝地区双城经济圈建设规划纲要》，都将二者统筹考虑。成渝地区双城经济圈所在的川渝两地位于长江经济带，东邻湘鄂，西通青藏，南连云贵，北接陕甘，也是中国面向南亚东南亚开放发展的西部中心。成渝地区双城经济圈地处四川盆地腹地，地势较为平坦，气候温和，雨量充沛，天然气、页岩气、水能、生物资源丰富，具备进一步成长的基本条件，能够承载较大规模的人口集聚。[1] 其历史上的"天府之国"以其独特的地理位置和丰富的物产成为西南丝路的起点，[2] 是南方丝绸之路、蜀身毒道等中国和南亚东南亚地区开启交往的重要动力源。发展国际化、现代化基础设施的条件好，长江、岷江、嘉陵江、乌江、渠江等河网密布，航电枢纽和港口设施日益完善；天府国际机场与双流国际机场打造的国际航空枢纽辐射范围扩大，铁路网覆盖全部20万以上人口城市，西部陆海国际大通道直通中南半岛、整合渝新欧通道等，未来区域合作和对外开放向好。

（二）战略意义突出

成渝地区双城经济圈将优化我国内陆开放、沿边开放、沿海开放的全方位开放格局，为形成我国以国内大循环为主体、国内国际双循环相互促进的新发展格局增添了新动力。成渝地区双城经济圈是成渝城市群的核心区，是引领西部地区加快发展，提升内陆开放水平，增强国家综合实力的重要支撑，在促进区域协调发展和国际合作中具有重要的战略地位。成渝地区应抓

---

[1] 李晓等：《深化"一家亲"，下好"一盘棋"》，《光明日报》2020年1月13日。
[2] 薛克翘：《天府之国与中印古代文化交流》，《南亚东南亚研究》2021年第6期。

住共建"一带一路"、长江经济带发展和新时代西部大开发的重大机遇,当好西部经济高质量发展的"领头羊"。[1] 2016年4月,国务院批复的《成渝城市群发展规划》强调,成渝城市群是西部大开发的重要平台,是长江经济带的战略支撑,也是国家推进新型城镇化的重要示范区。同时,根据规划到2020年,基本建成经济充满活力、生活品质优良、生态环境优美的国家级城市群;到2030年,实现由国家级城市群向世界级城市群的历史性跨越。

成渝地区位于国家构建"两横三纵"空间开发格局的主轴线上,成渝地区双城经济圈建设是一项系统工程。在成渝地区双城经济圈建设中,增强重庆和成都高端要素集聚能力,优化功能分区和产业布局。优先发展高端服务业,大力提高自主创新能力。增强文化软实力,提升城市综合竞争力,提高辐射带动能力。积极参与国际国内竞争合作,承接东部沿海和国际产业转移,培育壮大产业集群,为西部大开发打造战略支点。[2] "成渝地区双城经济圈加上周边,人口超过1亿人,这1亿人既是一个大市场,又具有丰富的劳动力资源,为产业发展提供了非常多的优势条件。"[3] 成渝地区往南通过深化与滇中区域合作,沿着中南半岛经济走廊、孟中印缅经济走廊、中缅经济走廊等抵达东盟、南亚、孟加拉湾、印度洋地区等,打造出海国际新通道;通过参与泛珠、粤港澳大湾区的区域合作,推进与东亚、东盟国家和地区的区域合作;通过推进与陕西、甘肃、新疆等地合作,依托"渝新欧"等中欧班列,增强与中亚、欧洲等地的经济联系。

(三)西部地区发展的引擎

成渝地区双城经济圈是中国西部经济基础最好、经济实力最强的区域,也是中国重要的开放高地。凭借西部地区显著的人口、城镇化、产业、创新、开放优势,成渝地区双城经济圈已经在我国西部地区和长江上游地区中

---

[1] 李晓等:《深化"一家亲",下好"一盘棋"》,《光明日报》2020年1月13日。
[2] 李晓等:《深化"一家亲",下好"一盘棋"》,《光明日报》2020年1月13日。
[3] 《唱好双城记 共建经济圈》,央视网,https://tv.cctv.com/2021/11/17/VIDE0nkp6cIgtpPfl46zmiXu211117.shtml。

处于较高水平，电子信息、装备制造和金融等产业实力领先，并具有较强的国际国内影响力。成渝地区人力资源丰富，创新创业环境较好，统筹城乡综合配套等改革经验起步早，以产业、交通、物流、人文交流为内容的开放型经济体系已经形成，在迎来百年未有之大变局、全球产业链重构的背景下，未来发展空间和潜力巨大。国务院发展研究中心侯永志研究员等指出，在当前新冠肺炎疫情冲击下，全球产业链和供应链构成的国际价值链及全球经济秩序正在加快调整，成渝自成体系、自我循环的产业链加上其靠近南亚东南亚国家的地理优势，有望在我国西部打造一个辐射南亚东南亚的区域经济中心。①

随着成渝地区双城经济圈建设国家战略的出台实施，川渝两地加快打造带动全国高质量发展的重要增长极和新的动力源。产业园区作为企业集聚、产业升级、区域经济发展的重要承载体，担负着培育新兴产业、集聚创新资源、推动城市化建设和区域经济社会高质量发展的重要使命。2021年，川渝合作共建67个重大项目开工建设，总投资1.57万亿元。首批20个产业合作示范园区联合选定，汽车、电子信息两大产业协同发展先行启动。目前，川渝两地产业在园区集中度均突破70%。数据显示，截至2020年底，四川省共有省级以上产业园区140余个，全年产业园区营业收入超4万亿元；重庆市园区规模工业产值达到1.9万亿元。川渝产业园区发展联盟成立以来，已吸引90余家重点园区、179家优势企业、12家银行省级分行、十余家商协会以及中欧跨国采购平台等20余家服务机构申请加入。②

成渝地区是带动西部地区发展的重要门户。2018年11月，中共中央、国务院《关于建立更加有效的区域协调发展新机制的意见》明确要求以成都、重庆为中心，引领成渝城市群发展，带动相关板块融合发展。作为西部地区经济发展水平最高的地区，成渝地区科技优势显著，人力资源丰富，临

---

① 侯永志等：《将成渝地区双城经济圈打造成辐射东南亚、南亚的区域经济中心》，《中国经济时报》2020年9月14日。
② 《川渝产业园区发展联盟成立，两地制造业协同发展添"新家"》，中国新闻网，https://www.chinanews.com/cj/2021/09-17/9568383.shtml。

空经济产业带做强做实，成渝地区的发展质量、速度直接传导到广阔的西部地区，可以带动整个西部地区绿色发展，与长江经济带中下游城市发展联动，和粤港澳湾区相呼应，进而促进长江经济带可持续发展。另外，在打造开放高地的战略引领下，不仅渝新欧、蓉新欧国际大通道将强化成渝地区与中亚、欧洲的联系，以成渝地区为核心的西部陆海国际新通道建设还将覆盖中国—中南半岛经济走廊、孟中印缅经济走廊，打通云贵川通道南下印度洋，巩固东南亚市场，拓展非洲和南亚市场，促进西部地区向西、向南开放。

（四）城镇体系较为完善

成渝地区双城经济圈地区总人口近1亿人，是西部地区人口密集度最高的区域，常住人口城镇化水平达60.1%，正步入快速发展阶段。

成渝地区城镇分布密集，体系完整。成渝地区拥有成都、重庆两座近千万人口的特大城市，6个大城市和众多的中小城镇，县城（区）和建制镇分布数量达每万平方公里113个，远高于西部地区每万平方公里1.2个和全国每万平方公里2.3个的平均分布水平。总体上，成都、重庆两大核心城市在成渝地区的带动作用也在不断增强，区域内100万到300万人口规模的Ⅱ型大城市数量较多，一批中小城市特色化发展趋势显著，各级各类城镇间联系较为密切，中小城市特色发展势头日益明显。随着互联互通进程的加快，20万规模的人口城镇之间基本形成由铁路、公路、内河、民航、管道运输组成的现代化综合交通运输体系。同时，城市基础设施领域的数字化、智能化运用范围扩大。

成渝地区中小城市与大城市在基础设施建设、公共服务供给等方面存在较大差距，农业转移人口与城市居民享有的基本公共服务水平存在较大差距。除特大城市重庆、成都外，区域内缺乏大城市；而中小城市发展相对滞后，人口集聚规模小；小城镇数量众多，但对人口的吸纳能力较小。不同规模城市之间尚未形成紧密的有机联系，[1] 在防止城市"摊大饼"和引发"大

---

[1] 李晓等：《深化"一家亲"，下好"一盘棋"》，《光明日报》2020年1月13日。

城市病"的同时，对秦巴山区、武陵山区、乌蒙山区、涉藏州县、大小凉山等周边欠发达地区人口的吸引力仍需提升。

（五）区域合作机制日益完善

成渝两地之间的合作历史较长，合作机制日益丰富。"巴蜀一家亲，成渝一盘棋"，2004年以来，重庆市和四川省签订了《关于加强川渝经济社会领域合作，共谋长江上游经济区发展的框架协议》。此后，两省市又先后签订了一系列协议，为加强渝西川东邻近市区县经济合作奠定了基础。2008年，重庆市将广安纳入"重庆一小时经济圈"，2011年明确在川渝毗邻的潼南、广安建设"川渝合作示范区"。根据2011年《成渝经济区区域规划》、2016年《成渝城市群发展规划》、2021年《成渝地区双城经济圈建设规划纲要》和《成渝地区双城经济圈多层次轨道交通规划》等政策，川渝两地深化了系列合作机制。成渝地区双城经济圈建设重庆四川党政联席第四次会议提出共建成渝地区双城经济圈2022年拟推进重点任务共10个方面46项，拟推进重大项目160个，总投资约2万亿元。[①]

成渝双城以西部科技创新中心、国际金融中心、欧亚转口贸易中心三位一体的目标定位进行建设，旨在成为中国经济第四极、世界级国际大都市。成渝地区双城经济圈协同发展，体现出成渝两地在科技产品和工业消费品方面互补和互为市场的特征。重庆正在推进的制造业升级、建设智能制造中心和大数据改造传统产业的进程，成为成都信息科技的巨大市场。重庆是老工业基地、发达的工业城市，成都在科技人才、大学资源、信息科技产业方面具有优势，也是巨大的工业产品消费市场。成渝双城共享陆海新通道，共建"一带一路"重要支点平台发展物流产业，贯通陆上丝绸之路和21世纪海上丝绸之路，以及长江经济带，成为东南亚与欧洲两大市场和人口密集地区的转口贸易中心，成都和重庆与南亚印度、巴基斯坦等国合作密切，与东盟

---

① 胡旭：《成渝地区双城经济圈建设2022年拟推进160个重大项目》，新华社微博，2021年12月14日。

贸易额逐年增加。

在《西部陆海新通道总体规划》《"十四五"推进西部陆海新通道高质量建设实施方案》《成渝地区双城经济圈综合交通运输发展规划》等指导下，随着成渝中线高铁建设的推进，成渝之间将建成我国建设标准最高、运行速度最快的高等级高速铁路，西南地区路网结构将进一步完善，缩短两地时空距离，极大便利沿线群众出行，对接沿边和跨国铁路，强化重庆、成都两大中心城市的辐射带动作用，对服务支撑成渝地区双城经济圈建设，促进区域经济社会发展和加快构建新发展格局，具有重要意义。[1]

（六）经济发展成效显著

2020年，成渝地区双城经济圈地区生产总值超6.6万亿元，占全国GDP比重较2019年提高0.2个百分点。[2] 成渝地区有9800万人口，以不到西部1/10的面积承载超过西部一半以上的人口，常住人口近0.5亿人，可见成渝地区双城经济圈有着巨大的发展潜力。9800万的人口规模2020年是德国的1.2倍，但地区生产总值仅为德国的1/4，人均地区生产总值仅为德国的1/5，未来依托渝昆、成昆、成贵、渝贵、渝西、西成、兰渝、成兰、成西、川藏等动脉，引领西部大开发新格局潜力巨大。[3] 此外，经济体量大，2018年的地区生产总值达5396亿美元，相当于老挝的30倍，柬埔寨的22倍，尼泊尔的19倍，缅甸的8倍，越南、孟加拉国的2倍左右。从经济发展水平来看，成渝地区的人均GDP和经济密度（每平方公里GDP）高于东南亚、南亚的许多国家和地区。成渝产业优势也显著，根据显性比较优势指数，成渝地区在机械设备、通信计算机和电子设备、非金属矿物制品等领域产业优势明显。东南亚、南亚地区对成渝这些产业的依存度远高于成渝

---

[1] 樊曦：《成渝中线高铁建设全面启动》，《光明日报》2021年9月27日。
[2] 梁倩等：《成渝地区双城经济圈全力打造新增长极》，新华网，http://www.xinhuanet.com/2021-10/26/c_1127995539.htm。
[3] 《林毅夫再次解读"第四极" | 中国第四极成渝地区双城经济圈建设路线图》，北京大学新结构经济学研究院网，https://www.nse.pku.edu.cn/sylm/xwsd/517426.htm。

对东南亚、南亚地区的产业依存度，特别是通信计算机和电子设备、机械设备、金属冶炼加工、化工等成渝优势产业的高依存度有利于成渝主导南亚、东南亚区域产业网络。①

成渝地区还具备丰富的科教资源和人才储备。成渝有高等院校129所、国家重点实验室22个、国家级工程技术研究中心26个，拥有中国核动力研究院、西南电子技术研究所、西南通信研究所等一批国家级科研机构。早在2018年，成渝地区研发支出占GDP比重已经超过新加坡等东南亚地区和南亚地区。

基础设施互联互通提速建设。2019年印发的《西部陆海新通道总体规划》，2021年2月24日出台的《国家综合立体交通网规划纲要》，2021年6月印发的《成渝地区双城经济圈综合交通运输发展规划》，2021年10月发布的《"十四五"推进西部陆海新通道高质量建设实施方案》，都为成渝加速基础设施互联互通提供了直接的政策基底。2020年10月，《关于重庆市开展内陆国际物流枢纽高质量发展等交通强国建设试点工作的意见》，交通运输部关于四川省开展成渝地区双城经济圈交通一体化发展等交通强国建设试点工作均获批，同意成渝地区建设双城经济圈交通一体化发展交通强国试点。当前，成都天府国际机场建成投运，成都成为中国内地第三个拥有双国际机场的城市，成渝客专完成提质改造，全程最快用时缩短至62分钟，助力成渝地区双城经济圈加快融入全球经济版图。川藏铁路雅安至林芝段、成达万高铁开工建设，成渝中线高铁建设启动，《成渝地区双城经济圈综合交通运输发展规划》明确开工建设的渝西高铁前期工作加快推进。南充至潼南、内江至大足、泸州至永川、开江至梁平等高速公路开工建设，川渝省际高速公路通道达13条、在建6条。涪江双江航电枢纽开工建设，嘉陵江利泽航运枢纽建设有序推进。②

---

① 侯永志等：《将成渝地区双城经济圈打造成辐射东南亚、南亚的区域经济中心》，《中国经济时报》2020年9月14日。
② 《川渝共建重大项目有哪些？2021年川渝共建重大项目汇总一览！》，融建网，https：//www.sohu.com/a/495056496_120534254。

现代产业体系加快构建。在国家大力支持下，成渝地区拥有全部41个工业大类，其中电子信息、装备制造、生物医药、汽车等产业不断壮大，高端要素和产业加速集聚，成为我国重要的制造业基地。成渝地区获批国家级工业互联网一体化发展示范区，建成电子信息工业互联网标识解析行业节点，推动战略性支柱产业嵌入式、集群化发展，两地汽车、电子信息产业全域配套率提升至80%以上。全国约有30%的苹果无线充电器、智能遥控器，约50%的华为平板电脑后壳产自四川宜宾的一家企业，而用于这些产品的芯片、显示屏基板等配件，30%以上来自重庆的一家企业。成渝地区城市之间的优势互补与合作，极大提高了生产效率，节约了成本，也为后续发展奠定了坚实的基础。[1] 国家数字经济创新发展试验区加快建设，推进5G和光纤宽带"双千兆"网络发展，已建成5G基站超10万个，截至2021年8月，累计近6000家各类数字经济企业在重庆两江数字经济产业园注册授牌。[2] 首批20家川渝产业合作示范园区加快推进，川渝中小企业服务一体化云平台上线，合力推进成渝现代高效特色农业带建设，隆昌粮食现代农业产业园和三台生猪现代农业产业园获批成为国家现代农业产业园。西部金融中心建设，绿色金融、普惠金融服务乡村振兴改革试验区申建工作也在稳步推进，巴蜀文化旅游走廊建设也在加快发展。

协同创新能力稳步提升。国家川藏铁路技术创新中心、天府实验室揭牌运行，四川省碳中和技术创新中心启动建设。2021年11月，为支持川渝科技创新合作发展计划，成立成渝地区技术转移联盟，设立50亿元的双城经济圈科创母基金，组建川渝科技资源共享平台，双方共享科技专家共计26000余人。川渝大数据协同发展，成渝高校共建协同创新中心和重点实验室，围绕人工智能、大健康、生态环保、现代农业等项目联合实施重点技术研发。成渝共建具有全国影响力的科技创新中心2021年重大项目集中开工，

---

[1] 《唱好双城记 共建经济圈》，央视网，https://tv.cctv.com/2021/11/17/VIDE0nkp6cIgtpPfl46zmiXu211117.shtml。

[2] 《一企一档 加强管控 两江数字经济产业园：织密疫情防控网 保障近6000家企业安全》，两江新区官网，http://www.liangjiang.gov.cn/content/2021-08/07/content_10208149.htm。

涉及西部（重庆）科学城、西部（成都）科学城、重庆两江协同创新区、中国（绵阳）科技城等40个重大项目，总投资超过1000亿元。2021年8月27日，成渝地区双城经济圈大数据协同发展工作会议召开，川渝两地签署了"1+9"项大数据协同发展合作协议，力争年内实现115个事项跨省通办。"1"是指重庆市大数据应用发展管理局和四川省大数据中心签署的《深化成渝地区双城经济圈大数据协同发展合作备忘录》，"9"主要涉及数字基建、政务数据共享、信用数据创新应用、大数据立法、大数据标准化体系建设、"互联网+监管"、数字经济发展等9个重点合作领域。[①]

产业坚持优势互补，加强招商协作。根据成渝地区的比较优势，从柠檬、榨菜、蔬菜、水果、生猪到川菜、火锅、白酒、盖碗茶再到汽车、装备、材料、新能源以及大力发展数字经济和更大力度承接产业转移等产业方面做了全面的因势利导，扩大区域内产业分工，提升区域内部配套水平，共同打造电子信息、食品饮料、装备制造、消费品、优质白酒等世界级重点产业成链成群，共建全球重要的汽车研发制造应用基地、国家重要的医药基地。截至2021年6月，川渝开启产业协同招商，吸引了包括美国、日本、韩国、新加坡和中国香港等十余个国家和地区的100余家知名企业、商协会和机构的关注和投资，川渝两地外事、发改、经信、经合（投促）部门和驻沪办，以及泸州、遂宁、万州、渝北、长寿等16个市（区、县）相关负责人均积极予以支持。[②]

国土空间布局不断优化。成渝加快推动在长江经济带绿色发展中发挥示范作用。成都加快建设公园城市示范区，进一步建设四川天府新区、成都东部新区、西部（成都）科学城，推进成德眉资同城化，打造现代化成都都市圈。为促进成渝中部地区协同发展，建设绵阳科技城新区，规划建设遂潼川渝毗邻地区一体化发展先行区、合广长协同发展示范区、资大文旅融合发

---

① 《两地签署"1+9"项大数据协同发展合作协议 川渝年底前将实现115个事项跨省通办》，《重庆日报》2021年8月28日。
② 《川渝开启产业协同招商 成渝地区双城经济圈全球投资推介会在上海举行》，《重庆日报》2021年6月18日。

展示范区。建设南充临江新区，规划建设万达开川渝统筹发展示范区、明月山绿色发展示范带、城宣万革命老区振兴发展示范区、川渝高竹新区，提升南充、达州区域中心城市发展能级，推动广安融入重庆都市圈，促进川东北渝东北地区一体化发展。建设宜宾三江新区，规划建设川南渝西融合发展试验区、内荣现代农业高新技术产业示范区、泸永江融合发展示范区，推动宜宾、泸州区域中心城市沿江协同发展，加快内江自贡同城化发展，促进川南渝西地区融合发展。

生态环境保护扎实推进。把修复长江生态环境摆在压倒性位置，深入践行绿水青山就是金山银山理念，坚持山水林田湖草是一个生命共同体，推动成渝两地协同开展环境立法。成渝建立了全国首个跨省市联合河长制办公室，对长江、嘉陵江等跨界河流及重要支流进行联合暗访，开展川渝跨界河流污水偷排直排乱排专项整治行动、跨界河流"清四乱"专项行动，推动跨界流域问题立行立改。首创国内危险废物跨省市转移"白名单"制度，开通危险废物跨省转移"绿色通道"。深入推进大气环境污染联防联控，开展多轮次蓝天保卫战联动帮扶，共享空气质量监测数据1000万余条，持续协同开展工业污染源整治与城乡大气环境管理。重视低碳经济，共同开展火电、钢铁等行业超低排放改造和工业炉窑行业深度治理，协调统一重污染天气预警启动标准。

改革开放持续拓展深化。川渝自由贸易试验区协同开放示范区建设加快推进，多式联运"一单制"等率先在自贸试验区平台试行推广。成渝两地中欧班列运行标准逐步统一，截至2021年8月，成渝中欧班列共计开行近4000列。成渝地区不遗余力地动态制定推动成渝地区双城经济圈建设的重大改革举措，共同探索经济区与行政区适度分离、推进城乡融合发展改革示范、环境跨行政区防治等重大改革，研究建立跨区域合作财政协同投入机制和财税利益分享机制，共同设立300亿元成渝地区双城经济圈发展基金。同时，随着开放进程的加快，成渝共建"一带一路"进出口商品集散中心和"一带一路"对外交往中心，在全国建立首个跨行政区域外商投资企业投诉处理协作机制。

公共服务共建共享成效显现。成渝联合发布两批次210项川渝政务服务通办事项清单，推动跨省通办事项线上"全网通办"或线下"异地可办"。截至2021年8月底，累计实现通办事项达171项。公共服务同城化进程加快，共同制定了便捷生活行动方案，实施户口迁移、就业社保、医疗卫生、交通通信等16项便民举措。截至2021年8月底，川渝所有市区（县）实现户口迁移迁入地"一站式"办理，养老保险关系实现转移App零跑路办理或就近异地一次性办理，开通了互认养老保险待遇资格认证。新冠肺炎疫情防治有序进行，建立了新冠肺炎疫情联防联控机制，推进跨省异地就医直接结算和医院检查检验结果互认。截至2021年8月，成渝一共开通住院费用跨省直接结算定点医疗机构3416家，普通门诊费用跨省直接结算医药机构近2.5万家，两省市医保参保人员住院、门诊就医购药跨省直接结算分别近10万人次、52万人次。购房贷款也实现一体化，办理公积金跨区域转移接续和互认互贷1.5万件，涉及资金近10亿元。成渝两地交流频繁，日均开行成渝城际动车78.5对，日均发送8.3万人次，开行川渝省际公交近10条，重庆中心城区和成都主城公共交通两地实现"一卡通""一码通乘"。

二 成渝地区双城经济圈战略与规划的形成过程

从"十一五"到"十四五"时期，成渝地区双城经济圈经历了经济区、城市群到双城经济圈的历史性演变，体现了我国空间结构不断演进和区域发展战略的历史演化。总体来看，成渝地区在近十年来受到了党中央、国务院的高度重视，形成了相对完善和针对性强的政策支持。为了顺应空间结构演进规律和体现国家区域战略整体部署，适应新时代国际国内形势，国家单独制定了针对成渝某些领域发展和其他涉及成渝地区整体发展的战略文件或规划。随着2020年《成渝地区双城经济圈建设规划纲要》的公开发布，成渝地区迎来了新的发展时期，也是对成渝地区现实和发展路径更加精准的把握，为当下和未来确定成渝地区的发展重点和促进区域协调发展指明了方向。

（一）2011年，国务院批复《成渝经济区区域规划》

2011年5月30日，根据国务院批复，国家发展改革委印发《成渝经济区区域规划》，提出把成渝经济区建设成为西部地区重要的经济中心、全国重要的现代产业基地、深化内陆开放的试验区、统筹城乡发展的示范区和长江上游生态安全的保障区，在带动西部地区发展和促进全国区域协调发展中发挥更重要的作用。

《成渝经济区区域规划》着眼于科学发展观，将成渝地区定位为"一中心一基地三区"。[1]"一中心"即西部地区重要的经济中心，"一基地"即全国重要的现代产业基地，"三区"即深化内陆开放的试验区、统筹城乡发展的示范区、长江上游生态安全的保障区，重在推动西部地区发展和成渝地区一体化。这一时期的成渝经济区区域规划以加快转变经济发展方式为主线，以区域一体化发展、统筹城乡改革、提升发展保障能力、保障和改善民生、发展内陆型经济、构建长江上游生态安全屏障等为重点方面，实现居民收入增长与经济发展同步提高，并明确了到2015年，建成西部地区重要的经济中心；到2020年，成为我国综合实力最强的区域之一。这一规划是基于2005年国务院在"十一五"期间选择京津冀都市圈、长三角城市群、成渝经济区、东北地区四个地区作为开展区域规划试点，随后同国家"十二五"时期将打造"经济圈"纳入国家区域发展总体战略相一致，强调把区内的极点城市做大做强，以极点城市带动经济区，这一政策强化了两江新区、天府新区（成都片区）作为成渝两城发展引擎的功能和地位，促进了成渝地区的两大核心城市快速发展。[2] 肖金成通过2014年的实地调研发现，成渝之间的经济发展比较缓慢，既不像长三角那样有41个全国百强县，也不像粤港澳那样有佛山、东莞等强地市配合深圳、香港、广州等大城市的发展，成渝地区"两核突出"的情况非常明显。

---

[1] 《中央为何给成渝地区双城经济圈定位这"两中心两地"》，川观新闻网，https://cbgc.scol.com.cn/news/212713?from=timeline。
[2] 姚作林等：《成渝经济区城市群空间结构要素特征分析》，《经济地理》2017年第1期。

（二）2016年，国务院批复《成渝城市群发展规划》

2016年4月12日，国务院批复同意《成渝城市群发展规划》。2016年4月27日，国家发展和改革委员会、住房和城乡建设部以"发改规划〔2016〕910号"文件联合印发《成渝城市群发展规划》，提出成渝城市群是西部大开发的重要平台，是长江经济带的战略支撑，也是国家推进新型城镇化的重要示范区。2018年11月，中共中央、国务院明确要求以重庆、成都为中心引领成渝城市群发展，带动相关板块融合发展。

《成渝城市群发展规划》以新发展理念为引领，强调以重庆、成都两个核心城市为支撑，培育区域中心城市，建设中小城市和重点小城镇，实现城市之间优势互补、分工合作。以建设具有国际竞争力的国家级城市群为目标，打造新的经济增长极；以强化核心城市辐射带动作用和培育发展中小城市为着力点，优化城镇体系；以强化创新驱动、保护生态环境和夯实产业基础为重点，增强人口经济集聚能力；以统筹城乡综合配套改革试验区建设为抓手，推进城乡发展一体化；以一体化体制机制建设和双向开放平台建设为切入点，推动形成城市间资源优势互补、功能合理分工、基础设施互联互通、生态环境共建共享的格局，提出了2020年基本建成国家级城市群，2030年城市群一体化发展全面实现，同城化水平显著提升，实现由国家级城市群向世界级城市群的历史性跨越。

成渝城市群为打造成渝地区双城经济圈打下了基础。围绕核心城市将形成都市圈，都市圈与周边的城市圈共同构成"城市群"。这一时期的发展重点，首先，以强化重庆、成都两个核心城市的辐射带动作用为基础，积极培育区域中心城市，建设中小城市和重点小城镇，不断优化城市规模结构。其次，做强区域中心城市。提升区域性服务能力，加快产业和人口集聚，优化行政区划调整，适当扩大中心城市规模，推动与邻近区县一体化发展。把绵阳、乐山打造成为成都平原区域中心城市，形成宝成—成昆发展轴带向北和向南辐射的重要节点；打造南充为川东北区域中心城市，带动川东北城乡均衡协调发展；打造泸州、宜宾为川南区域中心城市，带动川南丘陵地区和长江经济带沿线城镇发展；打造万州为渝东北区域中心，形成长江经济带重要节点；打造黔江为渝东南区域中心，成为武陵山区重要经济中心。

建设重要节点城市，培育一批小城市，有重点地发展小城镇，完善城镇体系是成渝城市群发展的重点。这一时期成渝地区城镇体系有待优化，中小城市与大城市在基础设施建设、公共服务供给等方面存在较大差距，城镇承载力有限。除特大城市重庆、成都外，区域内缺乏大城市，中小城市和小城镇的人口规模及对人口的吸纳能力较小。[①] 因此，重要节点城市建设重点在于提升城市的专业化服务功能，培育壮大特色优势产业。强化江津、德阳等城市在重庆、成都都市圈中的协作配套功能，加强遂宁、大足等区位优势明显城市对成渝主轴的支撑，完善自贡、达州等在城镇密集区发展中的支点作用。

培育发展一批小城市的重点在于依托县城和发展潜力较大的特大镇，加快基础设施建设，完善城市服务功能，推动具备条件的县改市，探索赋予特大镇部分县级管理权限。鼓励引导产业项目向资源环境承载力强、发展潜力大的县城布局。加强市政基础设施和公共服务设施建设，推动公共资源配置适当向县城倾斜。

有重点地发展小城镇，落脚于推动重点镇与周边城市统筹规划、功能配套，适度引导具有特色资源、区位优势的小城镇建设成为文化旅游、商贸物流、资源加工、交通枢纽等专业镇。对于一般小城镇，要完善基础设施和公共服务，发挥服务农村、带动周边作用。

区域协调发展也是成渝城市群的重点目标。规划提出在川渝地区率先打破行政壁垒，通过体制机制创新，打通"断头路"，合作共建产业园区，加快推进教育、医疗、社保等公共服务对接，实现融合发展。深入推进广安川渝合作示范区建设，支持潼南、铜梁、合江等建设川渝合作示范区。推进广安、合川、北碚合作，重点推进市场建设、路网联通、跨界流域治理和扶贫开发。推进江津、永川、泸州合作，共同承接重庆主城区产业转移，共建基

---

① 李晓等：《深化"一家亲"，下好"一盘棋"》，《光明日报》2020年1月13日。

础设施和产业园区，加强电子政务、电子商务合作，推进信息资源共享。推进铜梁、潼南、资阳合作，加快规划衔接和基础设施一体化建设，建立共同市场，探索跨省跨区合作新模式。推进荣昌、内江、泸州合作，共建川渝合作高新技术产业园，共同构建绿色生态产业体系和立体交通网络，加强水域生态修复，解决突出民生问题。

（三）2020年，中共中央批复《成渝地区双城经济圈建设规划纲要》

2020年1月3日，习近平总书记在中央财经委员会第六次会议强调，推动成渝地区双城经济圈建设，将成渝地区双城经济圈建设上升为国家战略。2020年10月16日，中央审议《成渝地区双城经济圈建设规划纲要》。2021年10月20日，中共中央、国务院印发了《成渝地区双城经济圈建设规划纲要》。

《成渝地区双城经济圈建设规划纲要》是指导当前和今后一个时期成渝地区双城经济圈建设的纲领性文件，是制定相关规划和政策的依据，规划期至2025年，展望到2035年。规划范围包括重庆市27个区（县）以及开州、云阳的部分地区，四川省15个市，总面积18.5万平方公里，2019年常住人口9600万人，地区生产总值近6.3万亿元，分别占全国的1.9%、6.9%、6.3%。《成渝地区双城经济圈建设规划纲要》共12章，提出了推动成渝地区双城经济圈建设的9项重点任务，包括构建双城经济圈发展新格局、合力建设现代基础设施网络、协同建设现代产业体系、共建具有全国影响力的科技创新中心、打造富有巴蜀特色的国际消费目的地、共筑长江上游生态屏障、联手打造内陆改革开放高地、共同推动城乡融合发展、强化公共服务共建共享等。

2021年2月24日印发的《国家综合立体交通网规划纲要》将成渝地区双城经济圈与京津冀、长三角、粤港澳大湾区作为中国的四极予以确认。

《成渝地区双城经济圈建设规划纲要》的正式公布，使成渝地区双城经济圈建设成为社会各界关注的焦点。在2021年3月5日召开的全国两会期间，川渝两地代表就交通互联互通、产业协同发展、政策协同创新建言献策,成为媒体关注的热点话题。国家印发《成渝地区双城经济圈建设规划纲要》,恰逢新冠肺炎疫情影响下的全球百年未有之大变局引发了新一轮科技革命和产业变革,围绕加快部署以国内大循环为主体、国内国际双循环相互促进的新发展格局,不断推进西部陆海新通道建设,构建双城经济圈发展新格局、合力建设现代基础设施网络、协同建设现代产业体系、共建具有全国影响力的科技创新中心、打造富有巴蜀特色的国际消费目的地、共筑长江上游生态屏障、联手打造内陆改革开放高地、共同推动城乡融合发展、强化公共服务共建共享等9项重点任务,不断引起专家们的探讨和媒体的热议。

2021年12月,中共重庆市委、中共四川省委、重庆市人民政府、四川省人民政府印发了《重庆四川两省市贯彻落实〈成渝地区双城经济圈建设规划纲要〉联合实施方案》,聚焦《成渝地区双城经济圈建设规划纲要》明确的重点任务,提出加快构建双城经济圈发展新格局、合力建设现代基础设施网络、协同建设现代产业体系、共建具有全国影响力的科技创新中心、共同打造富有巴蜀特色的国际消费目的地、共筑长江上游生态屏障、联手打造内陆改革开放新高地、共同推动城乡融合发展、推动公共服务共建共享、加强规划实施保障等10个方面47项具体任务,并逐一明确了两省市责任单位。[①]

三 "十四五"时期成渝地区双城经济圈经济高质量发展思路

"十四五"时期是成渝地区双城经济圈开启社会主义现代化建设新征程、谱写高质量发展新篇章的关键时期。"十四五"时期成渝地区双城经济圈经济高质量发展要以辩证发展观为指导,尤其是在面临风险和挑战时,需进一步体现鲜明的辩证发展观,厘清发展思路。

[①] 《重庆四川两省市印发贯彻落实〈成渝地区双城经济圈建设规划纲要〉联合实施方案》,中国新闻网,http://www.cq.chinanews.com.cn/news/2021/1231/39-30286.html。

（一）辐射带动，核心城市引领都市圈同城化发展

贯彻落实中共中央、国务院《关于新时代推进西部大开发形成新格局的指导意见》《成渝地区双城经济圈建设规划纲要》《中华人民共和国国民经济和社会发展第十四个五年规划和2035年远景目标纲要》等，"十四五"时期的成渝地区将打造成为西部地区发展核心区和投资热土，也将建设成为中国城市发展的"第四极"。

《成渝地区双城经济圈综合交通运输发展规划》提出到2025年实现3个"1小时"交通圈、通勤圈，即重庆、成都"双核"之间以及"双核"与成渝地区双城经济圈区域中心城市、主要节点城市1小时通达，重庆、成都都市圈内享受1小时公交化通勤客运服务。目前，成渝地区双城经济圈主要市（州）之间的主要干道已基本畅通，随着物流人流快速增长，未来公路等级、交通的便捷性将进一步提升。要构建城际多方式、多路径通道群，积极推动高速铁路、城际铁路建设，织密高快速公路网，实施普通国省干线扩容提质。

四川着力提升交通枢纽的辐射带动力和运输服务质量，建设立体换乘的综合客运枢纽和多式联运综合货运枢纽，推动跨运输方式和跨城的客运一体化发展。目前，四川省的高铁运营里程相对较短，与贵州、广西等西南省区都有差距，着力补齐补强四川的铁路、货运等短板、弱项，四川要建设以铁路为主、更加通畅便捷的多向出川战略大通道。按照"强化成渝主轴、密实南北两翼"的思路，推进建设成渝高速扩容、遂渝高速扩容及一批川渝省际高速公路。

深入落实成渝地区双城经济圈建设战略部署，切实强化成德眉资同城化区域轨道联系，加快建设践行新发展理念的公园城市示范区，适应天府新区、东部新区、大港区空间格局优化与功能调整，实现客流密集区域的轨道精准覆盖，深化产业功能区的轨道交通服务，对城市轨道交通线网规划进行新一轮优化。2005年至2019年，国家发展改革委共批复了四期成都市城市轨道交通建设规划（含调整），共计约692公里。截至2020年12月底，前

三期建设规划批复的所有项目，共计约518公里已开通运营；第四期建设规划批复项目已开工建设，计划于2024年前陆续开通运营，成都城市轨道交通将形成"米+环+放射"的基本运营网络，可进一步优化城市交通结构，缓解城区交通拥堵，提高居民出行品质，实现双机场轨道交通直连。[①]

成都是中国第二个有双4F机场的城市，成都天府国际机场是我国"十三五"期间规划建设的最大民用运输机场。此前，我国只有北京和上海拥有双国际机场，而成都天府国际机场的等级为4F，上海虹桥机场为4E，（4F是机场飞行区等级中的最高级，4E次之）。聚焦2021年9月5日国家发改委综合运输研究所、航空经济发展河南省协同创新中心、中国城市临空经济研究中心联合发布的《中国临空经济发展指数2021》37个2020年旅客吞吐量超800万人次机场所在地临空经济示范区与准示范区现状和发展潜力评比，上海浦东临空经济区、北京首都机场临空经济示范区、广州临空经济示范区位列全国临空经济示范区与准示范区前三，深圳临空经济区、成都临空经济示范区、北京大兴国际机场临空经济区、上海虹桥临空经济示范区、郑州航空港经济综合实验区紧随其后。其中，成都（双流）机场临空经济示范区排名第5，高出重庆江北临空经济示范区第9的排名，也超过了昆明长水机场临空经济示范区第11的排名。未来，进一步提升成渝城市腹地经济的作用，挖掘城市自身的资源禀赋，以成都天府国际机场国际航空枢纽这个"空中桥梁"撬动区域经济产业的升级，利用成渝通达全球的网络，让企业、产品和各种要素深入国际供应链体系，是四川临空经济区即将迎来的一大优势领域。

加快构建高效分工、错位发展、有序竞争、相互融合高质量发展的产业体系和平台。协同构建现代产业体系，协同推动数字化、智能化发展，协同推动绿色发展，强化产业协同合作，持续增强成渝高质量发展动能；推动基础设施互联互通，加快完善传统和新型基础设施，共建轨道上的双城经济

---

① 程文雯：《到2025年，成渝地区基本建成"轨道上的双城经济圈"出行实现3个"1小时"通达》，《四川日报》2021年7月6日。

圈，构建现代基础设施网络；着力推动产业发展协作协同，高标准建设西部科学城，加快建设成渝综合性科学中心，培育汽车、装备制造等世界级产业集群，打造西部金融中心、国际消费中心城市；着力推动改革开放共促共进，强化内陆国际物流枢纽支撑，高水平建设自由贸易试验区等开放平台，开展服务业扩大开放综合试点，持续营造一流营商环境；着力推动生态环保联建联治和绿色低碳转型，围绕落实碳达峰、碳中和目标，实施长江干流生态保护修复重大工程，加强污染跨界协同治理，筑牢长江上游生态屏障；着力推动公共服务共建共享，促进教育、就业、医疗等标准化便利化，不断提升公共服务质量和水平。

根据2021年《重庆市人民政府工作报告》，深入推动成渝地区双城经济圈建设，建设有实力、有特色的双城经济圈，聚焦"两中心两地"战略定位，深入推动重庆基础设施互联互通、产业发展协作协同、生态环保联建联治、改革开放共促共进、城乡建设走深走实、公共服务共建共享，合力打造区域协作的高水平样板。着力提升主城都市区发展能级和综合竞争力，梯次推动主城新区和中心城区功能互补、同城化发展，扎实推进渝东北三峡库区生态优先绿色发展、渝东南武陵山区文旅融合发展，加快形成优势互补、高质量发展的区域经济布局。

依托强大的国内市场，在深度融入新发展格局中展现重庆新作为。着力畅通经济循环，坚持"巩固、增强、提升、畅通"八字方针，持续深化供给侧结构性改革，全面优化升级产业结构，增强供给体系韧性，形成更高效率和更高质量的投入产出关系，打通生产、分配、流通、消费各个环节，实现经济在高水平上的动态平衡。着力推动高水平自立自强，全面加强对科技创新的部署，加快集聚创新资源，促进创新链和产业链对接；加强需求侧管理，探索扩大内需的有效制度，加快建设国际消费中心城市，扩大基础设施、公共服务、产业转型升级、战略性新兴产业等领域投资，持续释放内需潜力。着力推进高水平对外开放，统筹要素流动型开放和规则等制度型开放，加快培育内陆开放新优势，改善生产要素质量和配置水平，提升产业链供应链稳定性和竞争力。

重庆都市圈着力推动经济体系优化升级，壮大现代产业体系。加快制造业高质量发展，实施战略性新兴产业集群发展、支柱产业提质、产业基础再造和产业链供应链提升三大工程，力争工业规模达到3万亿元。做大做强现代服务业，加快西部金融中心、内陆国际物流枢纽、中国软件名城、国际会展名城、世界知名旅游目的地建设，基本建成国家级现代服务经济中心。推动数字经济和实体经济深度融合，优化完善"芯屏器核网"全产业链、"云联数算用"全要素群、"住业游乐购"全场景集，促进智能产业、智能制造、智能化应用协同发展，集中力量建设"智造重镇""智慧名城"。

重庆市借助首创的中欧班列，成为中国内陆开放的先行者。地处欧亚铁路节点的重庆国际物流枢纽园区已率先实现中欧班列（渝新欧）、西部陆海新通道、"渝满俄"班列、"渝甬"班列"四向齐发"国际大通道的常态化运行，"四向"通道里的"南向"即为西部陆海新通道。其中，铁海联运以铁路运输至北部湾出海，连接中南半岛，进而辐射全球300余个港口；国际班列则通过铁路联运从凭祥出境，直达越南河内并继续深入。

根据"十四五"时期的发展要求，以增强开放合作效能为主线，以重要开放平台和战略通道建设为重点，进一步释放成渝地理、自然、交通、人文优势，发挥雄厚的产业基础和先进创新实力，畅通国内大循环、促进国内国际大循环方面的能力不断提升，枢纽城市地位和产业辐射水平进一步增强。立足新发展阶段、贯彻新发展理念、构建新发展格局，成渝地区迎来前所未有的历史机遇，各方面将会取得较为显著的成就，真正形成"北有京津冀、南有粤港澳、东有长三角、西有成渝地区双城经济圈"的国内协同发展新格局，引领西部地区发展，优化区域经济布局，促进我国区域协调发展。[①]

重庆和成都均加快落实双城经济圈建设规划纲要。随着《重庆四川两省市贯彻落实〈成渝地区双城经济圈建设规划纲要〉联合实施方案》重大

---

① 《中华人民共和国国民经济和社会发展第十四个五年规划和2035年远景目标纲要》，新华网，http://www.xinhuanet.com/politics/2021lh/2021-03/13/c_1127205564_7.htm。

事项加快落地，配合国家有关部委编制双城经济圈国土空间规划和科技创新中心、西部金融中心、多层次轨道交通体系等规划方案，编制万达开川渝统筹发展示范区、川南渝西融合发展试验区等建设方案，提速建设重大项目，实施双城经济圈交通基础设施建设行动方案。加快合作平台落地，大力推动川渝高竹新区、遂潼一体化发展先行区、明月山绿色发展示范带、泸永江融合发展示范区等平台建设。加强政策协同对接，探索经济区与行政区适度分离改革，研究出台产业、人才等领域配套政策，落实双城经济圈便捷生活行动方案。

（二）体制创新，探索经济区和行政区适度分离改革

参照《成渝地区双城经济圈建设规划纲要》提出的"探索经济区与行政区适度分离改革"的要求，在经济区和行政区适度分离改革方面取得突破是未来成渝地区双城经济圈建设规划落实的重要保障。根据要求，重庆都市圈、成都都市圈以及川渝统筹发展示范区、川南渝西融合发展试验区等地将率先建立统一编制、联合报批、共同实施的规划管理体制，试行建设用地指标、收储和出让统一管理机制，探索招商引资、项目审批、市场监管等经济管理权限与行政区范围适度分离。同时，以合作园区为支持，共同组建平台公司，协作开发建设运营，建立跨行政区财政协同投入机制，允许合作园区内企业自由选择注册地。以市场化为原则、以资本为纽带、以平台为载体，推动天府双流机场、渝新欧、蓉新欧、西部陆海新通道等领域企业采取共同出资、互相持股等模式促进资源整合和高效运营。此外，将以新科技革命为契机，能源、电信、医疗等行业将实现有序跨行政区服务，还将建立互利共赢的地方留存部分税收分享机制，推进税收征管一体化。

同时，与时俱进探索符合新时代特征的区域协调发展新机制，着力协调经济区和行政区关系，建立跨行政区的管理机构和协调对话机制，促进各主体错位竞争，完善区域利益分享和补偿机制。特别是以川渝高竹新区为代表的川渝毗邻地区要继续积极探索经济区和行政区适度分离，进一步协调经济区和行政区关系，形成可复制可推广的跨行政区的管理机构和协调机制，进

一步推动川渝合作迈上新台阶。

体制机制创新是成渝地区双城经济圈建设顺利开展的制度保障和动力支撑,也是成渝地区未来一段时期的工作重点和难点。结合川渝两地共建四级合作机制,川渝联合印发《关于推动成渝地区双城经济圈建设的若干重大改革举措》《重庆四川两省市贯彻落实〈成渝地区双城经济圈建设规划纲要〉联合实施方案》,加快成渝地区全方位、多领域、深层次协同发展,特别是加强成渝两地协同立法、建立跨域协同立法机制、专门的跨域治理组织机制。[1] 结合国家发改委印发的《成渝地区双城经济圈多层次轨道交通规划》,完善"四网融合、枢纽衔接、运营一体"的多层次轨道交通规划框架体系,打造高效率高水平的"轨道上的双城经济圈",支撑成渝地区一体化高质量发展。[2] 在协同推进国土空间规划方面,川渝两地依据联合制定的《成渝地区双城经济圈国土空间规划编制工作方案》,解决区域发展空间布局上的重大问题,[3] 加快双城引领的空间格局初步形成。在同向发力推动生态环境治理方面,生态安全格局基本形成,环境突出问题得到有效治理,生态环境协同监管和区域生态保护补偿机制将更加完善。[4] 在加快建设改革开放新高地方面,落实共同制定的《共建川渝自贸试验区协同开放示范区工作方案》,以签署《川渝自贸区司法合作共建协议》以及联合发布的《诉讼指引》和《典型案例》为保障,持续推进改革创新。[5]

(三)以人为本,打造高品质生活宜居地

推动以人为本的新型城镇化,把促进公共服务均等化放在成渝地区双城

---

[1] 戴娟、周尤:《川渝两会对对碰丨@川渝人,大机遇就在眼前》,《重庆日报》2021年3月5日。
[2] 《国家发展改革委关于印发〈成渝地区双城经济圈多层次轨道交通规划〉的通知》(发改基础〔2021〕1788号),中国政府网,http://www.gov.cn/zhengce/zhengceku/2021-12/23/content_5664118.htm。
[3] 申晓佳:《创新体制机制推进成渝地区双城经济圈建设》,《重庆日报》2020年11月18日。
[4] 《成渝地区双城经济圈建设规划纲要》,2021年10月20日。
[5] 杨骏:《川渝共建自贸协同开放示范区成效良好》,《重庆日报》2021年10月30日。

经济圈建设的重要位置。推进公共服务资源合理布局，基本公共服务实现均等化，使城乡区域发展差距和居民生活水平差距显著缩小。参照东部地区普遍超过70%的城镇化率，川渝两地城镇化进程较慢，2019年川渝两地城镇化率分别约为54%和67%，成渝地区双城经济圈为60%左右，成渝两地城镇化率还有很大的提升空间。根据2019年国家发展改革委发布的《关于培育发展现代化都市圈的指导意见》，2020年自然资源部办公厅印发的《市级国土空间总体规划编制指南（试行）》，以及2020年12月发布的《成渝地区双城经济圈便捷生活行动方案》，成渝两地将在公共资源共建共享方面不断改进，统筹布局以双城经济圈为重要极核的多层次轨道交通网络，构建轨道交通1小时通勤圈，在实施交通通信、户口迁移、就业社保、教育文化、医疗卫生、住房保障等6方面16项重点任务实现突破，促进都市圈内产业协作和公共服务共享的水平提升。根据《深化成渝地区双城经济圈大数据协同发展合作备忘录》，万州区、达州市、开州区将共同推进国家级大数据骨干直联点扩容，统筹建设区域大数据资源中心、区域城市大脑；共同发布万达开区域服务事项清单，推进社保、医疗、教育、旅游、金融等领域实现"一卡通"；共建一批数字产业重点创新平台，共同承接产业转移重大项目，发展泛呼叫产业等。永川、江津、荣昌、自贡、泸州、内江和宜宾等7地将依托川南渝西大数据产业联盟，以人才共育、平台共建、资源共享、产业共融为重点，推进川南渝西大数据产业高质量发展。同时根据2021年12月发布的《成渝共建西部金融中心规划》，到2025年，西部金融中心初步建成，支撑人民币"走出去"的区域性战略地位更加凸显，金融服务"一带一路"建设格局初步形成，基本建成"中国（西部）金融科技发展高地"，房地产、城市公共基础设施等将有巨大融资需求，事关民生的文化、教育、医疗等公共服务的需求空间将得到进一步的优化。

（四）开放合作，参与全球产业链重构

成渝经济圈以"改革开放新高地"的形象，体现我国坚定不移推进对外开放的决心。国际形势复杂多变，疫情导致全球供应链紊乱，加上气候变化的影响，倒逼各国加紧思考经济转型问题，涉疫、涉链、涉油三大因素的影响将持续到2022年，[①]挑战与困难接连不断，成渝地区成为疫情防控常态化时期全球化新趋势的重点区域，是全球经济网络的重要节点，在国家对外开放新格局中将扮演更加重要的角色。成渝地区具有区位、经济、产业、创新等多方面优势，长期以来积极参与并融入长江经济带、"一带一路"、"西部陆海大通道"等重大国家战略或倡议。2021年2月底，中共中央、国务院印发的《国家综合立体交通网规划纲要》中明确将成渝地区双城经济圈作为与京津冀、长三角、粤港澳大湾区并列的经济增长"极"，提出通过建设高效率的国家综合立体交通网主骨架的方式，将这4个极建设成为面向世界的4大国际性综合交通枢纽集群。[②]未来成渝将继续在交通布局方面科学规划，加快成渝经济圈的交通基础设施互联互通，借助长江黄金水道，破解水运瓶颈，建设西部陆海新通道。充分利用出海出境大通道，以及融入"一带一路"发展的新契机，主动融入全球高端价值链，分享价值链收益，促进产业高质量发展，全面激发外部辐射新动能。从重庆向南的西部陆海新通道、向西的中欧班列（渝新欧）、向东开通渝甬班列、向北开行"渝满俄"班列日渐成熟，在成都对外通道全面拓展的基础上，成渝对外开放水平将得到显著提升，内陆开放高地逐步形成。此外，要优化成渝地区营商环境。持续打造一流营商环境，对接国际高标准经贸规则，提高政策执行透明度和一致性，切实消除行政壁垒，进一步提升通关便利度，使生产要素流动更加顺畅，切实激发各类市场主体活力。

"十四五"时期是成渝两地抢抓国家重大战略机遇期，也是推动成渝地区双城经济圈建设成势见效的关键时期。提升产业链现代化水平，加快构建现代化产业体系是成渝地区产业发展的重要方向，制造业提质升级是其中的重要一环。以"对接、协同、发展"为抓手，高端装备制造技术、数字化技术等将涵盖智能制造装备、工业数字化、航空装备、应急装备、特色园

[①]《解读2022年十大国际趋势及热点议题》，华人号，http://els.52hrtt.com/cn/n/w/info/K1642394212422。

[②] 钟茜妮：《成渝地区双城经济圈，担起"第四极"使命》，《成都商报》2021年3月9日。

区、新能源装备、工业服务、工业环保、金融等产业链，成渝两地制造业规模将得到进一步提升，电子信息、汽车制造、摩托车制造、新能源装备、航空和燃机制造等战略性新兴产业将迎来新的发展机遇，促进融入国家"双循环"新发展战略，推动成渝地区双城经济圈装备制造高质量发展，促进产业链供应链协同发展。

以"统筹协同，合作共建"为原则，坚持"川渝一盘棋"思维，发挥优势、错位发展，优化整合区域资源，加强成渝地区双城经济圈交通、产业、科技、环保、民生政策协同对接，做到统一谋划、一体部署、相互协作、共同实施，辐射带动周边地区发展，显著提升区域整体竞争力。[①] 2020年6月10日，川渝两地签署《共同支持成渝地区双城经济圈建设合作备忘录》，标志着川渝两地海关在长期合作的基础上进入了全方位、多领域协同发展的新阶段。助力内陆国际物流枢纽建设、支持开放平台载体发展、开展业务协同合作、促进优势产业高质量发展等七大领域的合作事项，具体到提升两地对外开放能级上，川渝海关将共同支持推进成渝两地航空、航运、铁路等资源统筹整合；政策将逐渐落实，将在成渝地区双城经济圈增设开放口岸、综合保税区和保税物流中心（B型）；成都天府国际机场、万州五桥机场口岸将更大开放；重庆两江新区、重庆高新区、四川天府新区、成都高新区等将打造内陆开放门户；川渝自贸试验区协同开放示范区和"一带一路"进出口商品集散中心将建成。同时，两地将共同优化监管通关模式，打造成渝地区双城经济圈汽车、摩托车、智能制造、电子信息等优势产业集群，发展跨境电商、市场采购、融资租赁、航空维修等业态，促进特色农产品"走出去"，带动生物医学产业健康发展。未来，川渝海关将每半年召开一次关长联席会议深化多层次合作机制，审议两地海关支持成渝地区双城经济圈建设的重大规划、重大政策、重大改革、重大合作等事项，推动搭建合作平台，拓展合作的深度和广度，构建起信息互联互通、规则共商共建、作业协同协调、风险联防联控、资源共享共用的海关一体化工作机制。

---

① 《成渝地区双城经济圈建设规划纲要》，2021年10月20日。

打造协同发展新模式，促进先进技术辐射周边。当前云南和广西两省区凭借山水相连的地理优势和民族相依的人文优势，与东南亚、南亚在经贸、农业、人文交流等方面开展了系列合作，但受其经济体量、产业基础、发展水平、消费市场的限制，离形成具有强大辐射力的区域经济中心尚有差距。在西部地区，成渝地区的区位、经济、产业、创新优势显著，有成为辐射东南亚、南亚的区域经济中心的良好基础，是深化拓展我国与东南亚、南亚经济合作的重要支撑。工业互联网平台是经济增长和创新发展的新驻力量，成渝地区积极以工业互联网推动两地产业、科技、人才、数据、生产要素等资源汇聚，并建设工业互联网一体化发展示范区，将聚焦工业数字化技术，为行业创新发展注入新活力，整合发展汽车、智能制造、电子信息等优势产业，加强装备制造、先进材料等产业合作，是成渝地区完善产业生态圈，优化产业链供应链的重中之重。中国海关总署出台支持成渝地区双城经济圈建设12条举措，即在提升通道效能、推动开放平台建设、促进外贸新业态发展、提升监管执法水平、加强海关国际合作等方面，助力打造带动全国高质量发展的重要增长极和动力源，支持成渝地区建设"一带一路"进出口商品集散中心，支持成渝地区符合条件的展示交易中心升级为"一带一路"商品展示交易中心，并按规定在海关特殊监管区域内创新开展跨境电商"前店后仓""快速提离"业务，以促进外贸新业态，加速成渝地区形成有实力、有特色的双城经济圈。①

发挥发展优势，做优创新优势，成渝地区双城经济圈将协商建立科学高效的运行机制和工作计划，通过市场化方式深化各领域务实合作，成渝将打造成为我国辐射东南亚、南亚的区域经济中心。成渝地区和云南、贵州等省份接壤，是西南地区重要的交通枢纽和贸易口岸，南下与南（宁）贵（阳）昆（明）经济区紧密连接，结合《成渝地区双城经济圈建设规划纲要》，顺应中国特色社会主义进入新时代、区域协调发展进入新阶段的新要求，统筹

---

① 单鹏、张浪：《中国海关总署出台12条支持举措 助力成渝地区双城经济圈建设》，搜狐网，https：//www.sohu.com/a/502098223_123753。

国内国际两个大局,继续强化落实发展规划,处理好大开发与区域协调发展的关系,推进西部大开发形成新格局,[①]在更高水平上扩大开放,在生产要素配置中心、产业链布局中心、供应链统筹中心和创新引领中心方面提高辐射周边国际市场的经济能力,成渝将发展成为我国参与全球产业链分工的重要区域。尤其是成渝中线高铁建成后,将成为中国建设标准最高、运行速度最快的高等级高速铁路,进一步完善西南地区路网结构,缩短两地时空距离,极大便利沿线群众出行,强化重庆、成都两大中心城市的辐射带动作用,对于服务支撑成渝地区双城经济圈建设、促进区域经济社会发展和加快构建新发展格局,具有重要意义。

一是打造生产要素配置中心。支持成渝建立辐射东南亚、南亚的要素市场交易中心,推进劳动力、资本、技术、数据等要素市场化配置。增加成渝地区有效金融服务供给,以物流金融、贸易金融、供应链金融为重点发展成渝金融要素支撑体系。2020年,重庆海关和成都海关签署《重庆海关成都海关共同支持成渝地区双城经济圈建设合作备忘录》,在优化口岸营商环境、自贸创新、监管通关、检验检疫、稽核查执法以及风险防控等领域开展广泛的交流合作,推动"智慧海关、智能边境、智享联通"建设取得显著成效。下一步,成渝两地海关将推动12条支持举措落地见效,跨境金融基础设施也将引进跨境结算机构。鼓励金融创新,在跨境金融业务、金融开放等方面率先试点。

二是打造产业链布局中心。推进成渝地区自由贸易区建设,提升贸易投资自由化便利化水平,吸引跨国公司和产业链龙头企业在成渝布局更多产业链关键环节和高技术、高附加值的产业活动。统筹成渝地区产业链布局,瞄准产业链上下游和核心技术精准招商,加快培育一批"专精特新"本土中小企业。紧抓中新(重庆)项目和中日(成都)项目机遇,全力补齐成渝地区产业链在商务服务、金融等高端生产服务业,以及交通运输仓储基础设施上的突出短板。发展成渝地区在通信计算机电子和机械设备产业链上的主

---

① 范恒山、肖金成等:《西部大开发:新时期 新格局》,《区域经济评论》2020年第5期。

导优势，根据与东南亚、南亚各国产业比较优势构建产业分工网络，发挥成渝地区在构建跨境产业链上的引领和支撑作用。

三是打造供应链统筹中心。围绕成渝地区电子信息、机械装备制造等优势产业，引入培育供应链管理企业和节点企业，加速打造大数据支撑、网络化共享、智能化协作的智慧供应链体系。加大发展服务供应链，建设一批服务型制造公共服务平台。支持成渝建立国家全球供应链安全预警数据中心和供应链科创研发中心。强化物流支持功能，将布局成渝国际航空货运枢纽、南向铁路网、陆海联运体系纳入"十四五"规划。加强国家层面沟通，加快推进泛亚铁路、跨境高等级公路、光缆传输系统等跨境基础设施互联互通，依托路网、航空网、互联网，打造物流人流信息流中心。

四是打造创新引领中心。立足成渝地区科教资源优势，以高标准建设中国西部科学城为抓手，前瞻布局重大科技基础设施集群，支持国家大科学装置、国家重点实验室、国家技术创新中心、前沿交叉研究平台等落地成渝。以优化国际化营商环境为保障，吸引更多国际国内创新主体入驻，建立健全技术转移服务平台、技术交易市场，加强金融服务对技术转移转化的促进作用。以宜居城市为吸引，大力实施人才优先战略，构建具有全球吸引力的国际人才高地。

四 推动成渝地区双城经济圈高质量发展的对策建议

"十四五"时期是中国开启第二个一百年奋斗目标和社会主义现代化国家建设新征程的重要战略机遇期，但机遇和挑战都有新的发展变化。"十四五"时期，中国经济社会发展要以推动高质量发展为主题，以深化供给侧结构性改革为主线，以改革创新为根本动力，加快构建新发展格局。成渝地区双城经济圈山水一脉，文化同根，两地巨大的合作潜力不应仅建立在其特殊的地理位置上，还应借助政策走势和国际环境，强化产业集群、数字化创新和生态创新等方面的独特优势。

（一）加快西部陆海新通道建设，高质量建成国家物流枢纽

"西部陆海新通道"利用铁路、公路、水运、航空等多种运输方式，由重庆向南经贵州等省份，通过广西北部湾等沿海沿边口岸，通达新加坡及东盟主要物流节点，运行时间比经东部地区出海节约10天左右。《西部陆海新通道总体规划》从主通道、重要枢纽、核心覆盖区、辐射延展带4个维度，对西部陆海新通道建设进行了空间布局。未来辐射延展带，联通兰州、西宁、乌鲁木齐、西安、银川等西北重要城市，充分发挥铁路长距离运输的优势，加强西部陆海新通道与丝绸之路经济带的衔接，提升通道对西北地区的辐射联动作用，发挥西南地区传统出海口湛江港的作用，加强通道与长江经济带的衔接。

重庆作为陆港关键枢纽，将建设成为西部国际综合交通枢纽和国际门户枢纽。未来应深化落实交通强国建设纲要，持续实施高铁建设五年行动方案、"850+"城市轨道交通成网计划，着力构建"米"字型高铁网、多层次轨道交通网、"三环十八射多联线"高速公路网、"市内航空双枢纽协同、成渝四大机场联动"世界级机场群、"一干两支六线"长江上游航运枢纽，力争高铁通车及在建里程超过2000公里，轨道交通运营及在建里程超过1000公里，高速公路通车里程达到4600公里，机场旅客吞吐能力达到8000万人次，三级及以上航道里程达到1200公里，中心城区城市道路达到7000公里，主城都市区"一小时通勤圈"基本建成；将不断提升物流专业化、现代化、国际化水平，推动物流产业发展。

成渝应整合联盟资源，加强联盟与相关单位、联盟成员之间物流产业相关的协同合作，打造"一站式"综合物流解决方案，推进西部物流市场建设。推动多式联运发展。整合航班、班列、专列、汽运、冷链、特种物流、仓储、运输辅助等物流企业资源，推进联盟成员企业多式联运业务发展，提升陆海新通道多式联运效率和质量。推动通道经济发展。引导联盟成员企业跨区域投资合作，推动新旧动能转换，吸引东部地区产业向通道沿线转移，形成一批特色产业在通道沿线集聚发展。推动物流信息共享。建设西部物流

信息平台，实时收集物流产业发展相关政策、信息，定期向联盟成员分享、发布，为新通道物流产业发展提供信息服务。

成渝应全面融入共建"一带一路"和长江经济带的开放通道能级。南向，优化西部陆海新通道路网结构，共建跨区域公共运营平台，设置境内外枢纽和集货分拨节点。西向，联合四川共建中欧班列（成渝）号，优化去回程线路及运力，促进线路向北欧市场延伸，实施集结中心示范工程。东向，推动长江黄金水道干支联运，稳定开行沪渝直达快线和渝甬班列，进一步提高运行效率。北向，加密渝满俄班列频次，持续优化货物结构，积极衔接中蒙俄经济走廊。空中，有序恢复国际客货运航线，增开商务航线和直达航线，发展基地航空，拓展航空中转业务。线上，用好中新国际数据通道，探索数据跨境有序流动。推进多式联运"一单制"和铁路运单物权化，高质量建设港口型、陆港型国家物流枢纽。

（二）促进经济高质量发展，成为支撑中国发展的第四极

成渝地区是长江上游经济区的核心部分，是长三角、粤港澳大湾区、京津冀城市群之外中国第四大增长极，随着国家区域发展战略的调整和国土空间格局的演变，应打造成中国西部的世界级城市群，促进成渝地区的地位不断提升。另外，应持续增强成渝地区在西部大开发中的引领地位和长江经济带的战略支撑作用。随着成渝地区双城经济圈建设，应加快完善交通基础设施，不断健全现代产业体系，增强协同创新发展能力，优化国土空间布局，加强生态环境保护，加大公共服务共建共享力度，促进成渝地区发展成为世界级城市群。

实行更高水平开放，加快成渝地区建设成为西部内陆开放高地。推动成渝地区双城经济圈建设走深走实，牢固树立一体化发展理念，唱好"双城记"，共建经济圈。畅通对外开放通道，统筹东西南北四个方向、铁公水空四种方式、人流物流资金流信息流四类要素，加快完善基础设施体系、现代物流体系、政策创新体系，建设内陆国际物流枢纽和口岸高地。提升开放平台能级，支持两江新区打造内陆开放门户和智慧之城，建设高质量发展引领

区、高品质生活示范区；高标准实施中新互联互通项目，深化重庆与新加坡"点对点"合作，带动中国西部与东盟国家"面对面"互联互通；加快自贸试验区首创性、差异化改革探索，拓展高新区、经开区及各类开发区开放功能。提高开放型经济发展质量，推进贸易和投资自由化便利化，壮大开放型产业集群，拓展"一带一路"沿线市场，加快构建开放型经济新体制，努力在西部地区带头开放、带动开放。

强化产业协同发展。成渝地区双城经济圈的产业空间布局，应充分融合现有产业基础，从产业分工、市场分工和区域分工的角度，进行供应链整合、产业链重构，提升产业融合度。成渝在产业布局上，打破原有行政区划限制，采取点、线、面相结合的布局方式，形成多层次、网络化的产业空间布局体系。川渝两地产业结构较为类似、产业布局整体趋同，应发挥川渝产业园区发展联盟的作用，推动四川、重庆两省市落实推动成渝地区双城经济圈建设重大战略部署，聚焦制造业发展、推动两地产业融合。应推动两地产业协同发展，加快推动产业配套链、要素供应链、产品价值链、技术创新链"四链"融合，建立川渝一体化产业政策体系。汽车生产基地要重视智能网联正重新定义汽车产业，重庆乃至成渝应为自身智能网联汽车产业制定有特色的发展路径和有针对性的环节布局，形成与其他城市的差异化竞争。

加快落实川渝两地市区、行业联盟、国有企业等签署的9项大数据协同发展合作协议。包括四川省泸州市、自贡市、内江市、宜宾市与重庆市永川区、江津区、荣昌区签署的《川南渝西融合发展试验区大数据产业创新发展合作协议》，四川省达州市与重庆市万州区、开州区签署的《深化"万达开"川渝统筹发展示范区数字经济协同发展合作备忘录》，四川发展大数据公司与数字重庆公司签署的《四川发展大数据公司、数字重庆公司深化战略合作协议》等。以显示产业为例，成渝可依托重庆的制造业和物流优势，为西部地区拓宽供应链和渠道，从而形成全产业链的整体发展。成渝两地应以电子信息和汽车产业为基础共同制定创新激励政策，实现经济发展的政策环境协同，通过标准化政府管理流程、知识产权保护，进而吸引海内外资金进入助推产业发展。

数字经济发展提速。近年来，5G、人工智能等数字经济加速发展，深刻影响全球科技创新、产业结构调整、经济社会发展，为成渝地区实行产业转型升级、培育后发优势提供了难得机遇。与国际其他内陆城市群不同，双城经济圈建设恰逢全球数字经济加速发展时期，应注重5G、工业物联网等前沿科技催生的产业新形态，以科学技术创新作为成渝两地的合作起点，加快科技成果转化，建成"中国西部硅谷"。积极引进德国工业4.0在推动制造业数字化转型上的丰富经验，推动先进制造业与服务业融合发展，助力成渝地区双城经济圈打造成为具有全国影响力的科技创新中心。尤其是智能制造发展将催生巨大的人才需求，应与各方共同培养智能化时代的新兴人才。

共建成渝"绿色"经济圈。绿色发展是成渝地区双城经济圈的重要话题。作为长江上游的成渝地区应努力实现可再生能源的大规模应用，部署清洁能源系统，以促进高耗能产业集群的低碳化，在未来实现可持续发展，加快发展绿色产业。川渝两地应以低碳技术引领产业发展，协同推进绿色创新，加强新能源装备、风能、氢能等低碳产业布局，大力发展循环经济，促进可再生能源使用，共建成渝"绿色"经济圈。依托施耐德电气将中国首家绿色智能制造创新中心落地重庆高新区，助力中小企业由传统制造向绿色智能制造转型，依托重庆的成功经验，将成都打造成为绿色智能制造创新中心，加速成渝经济圈整体产业的绿色转型。要吸引苏伊士等更多跨国企业，抓住在环保等方面催生的很多机遇，在水生态系统修复、污水处理及回用等方面为成渝地区做好生态环境服务。

深入践行绿水青山就是金山银山理念，全面加快生态文明建设。落实"共抓大保护、不搞大开发"方针，全面实施《长江保护法》，筑牢长江上游重要生态屏障。统筹山水林田湖草系统治理，持续推进治水、建林、禁渔、防灾、护文，落实长江十年禁渔任务，做好三峡后续工作，推进"两岸青山·千里林带"工程，力争全市森林覆盖率达到57%。深入打好污染防治攻坚战，强化多污染物协同控制和区域协同治理，长江干流重庆段水质优良比率达到100%，空气质量优良天数比率在88%以上。将继续推动绿色低碳发展，健全生态文明制度体系，构建绿色低碳产业体系，开展二氧化碳排放达峰行动，建设一批零碳示范园区，培育碳排放权交易市场。

（三）促进协调发展，实现共同富裕

推动成渝地区双城经济圈建设，共建共享共赢共富，意义重大。成渝地区双城经济圈之妙，"妙"在中国西部两个国家级中心城市珠联璧合，"妙"在成渝协同、协力、协进，共创美好未来。应加快建设成渝地区交通等基础设施，助推汽车等优势产业加快融合发展，推动中欧班列等大通道建设，更好地融入"一带一路"、西部大开发、长江经济带的建设之中。建设好成渝地区双城经济圈，要以都市圈建设为载体加强中心城市对周边城市的辐射带动作用，促进要素跨区域充分流动。

要深入贯彻中央农村工作会议精神，牢牢把住粮食安全主动权，巩固拓展脱贫攻坚成果，以更大力度推动乡村振兴落地见效，做好巩固拓展脱贫攻坚成果同乡村振兴有效衔接。

（四）建立一体化产业政策体系，共同打造世界级产业集群

川渝两地产业结构较为类似、产业布局整体趋同，两地应加快构建一体化发展的产业合作协调机制，整合优势资源，推动产业配套链、要素供应链、产品价值链、技术创新链"四链"融合。同时，川渝两地携手加强与"一带一路"沿线国家和地区产业分工合作，共同开发区域市场。随着通道价值被重新审视，其在中国长期战略规划中的权重也在不断提升。《成渝地区双城经济圈建设规划纲要》提出，成渝地区以共建"一带一路"为引领，建设好西部陆海新通道，积极参与国内国际经济双循环。

在新一轮科技革命和产业变革对开放型经济的影响下，川渝两地要紧跟数字经济发展趋势，强化数字产业化和产业数字化"两化"融合发展观念，加快智能产业发展和产业智能化改造，助推支柱产业转型升级，提升战略性新兴产业规模，构建服务国内国际双循环的产业体系。同时，重庆加快建设科技创新中心，推动先进制造业和现代服务业深度融合发展，培育开放型经

济发展新动能。

成渝地区双城经济圈要以可持续发展为导向，加快发展绿色产业。建议川渝两地以低碳技术引领产业发展，协同推进绿色创新，加强新能源装备、风能、氢能等低碳产业布局，大力发展循环经济，促进可再生能源使用，共建成渝"绿色"经济圈。

（五）重视高新区、经开区、新区的发展，营造一流营商环境

应抓住双城经济圈建设的机遇，把优化营商环境，全面提升创新发展能力，作为川渝两地国家级高新区、经开区、新区的重点任务之一。"十四五"时期，要继续坚持"三协同三提升"，促进协同创新发展，进一步推进区域治理体系和治理能力现代化，为推动成渝地区双城经济圈建设和区域协调发展作出更大的贡献，打造带动全国高质量发展的重要增长极和新的动力源。

由于川渝两地不同的行政体制，推动成渝地区双城经济圈建设要加快跨省域协同。目前，十大毗邻区协作已在深入推进。国家级高新区、经开区、新区层面，两江新区与天府新区合作已取得实质性进展。建议"十四五"期间，国家级高新区、经开区、新区原则上均要实现跨省域协同，并发挥经济增长的引擎作用。在淡化行政色彩、探索经济区与行政区适度分离方面，除了高竹新区试点，国家级高新区、经开区、新区层面也要进行探索。比如，南岸区（重庆经开区）与成都市龙泉驿区（成都经开区）结对协同发展，打破行政羁绊和区域樊篱，强化主体功能区建设，为经开区的融合发展提供借鉴。

围绕破解"商难招、资难引、业难聚、企难育"等问题，持续营造一流营商环境，对接国际高标准经贸规则，提高政策执行透明度和一致性，切实消除行政壁垒，进一步提升通关便利度，使生产要素流动更加顺畅，切实激发各类市场主体活力支持园区探索新的发展路径和模式；依托园区体系构建川渝产业适度错位发展、有序竞争格局，深化电子信息、汽车、装备制造等重点领域合作；协同提升园区企业创新能力，支持产业链上下游企业和大中小企业协同开展产业技术攻关；落实碳达峰碳中和目标，将清洁能源优势

转为川渝共同的产业和园区发展优势。重庆需加大人才培养引进力度，形成国际化的人才支撑。[①] 尤其是重庆目前主城房价相对较低，生活气息较浓，对集中在沿海的中国高端人才，包括企业商业管理者及专业人士有一定的吸引力，但搞创意和文化，成都目前的发展空间较大。未来，重庆要协同成都吸引创意时尚和人才，增加平台数量，发挥重庆高等学府大多以工科见长、重庆产业工人比例较高的优势，发展文化以及创意产业。

一是进一步深化"放管服"改革，稳步开展营商环境创新试点。要处理好政府与市场的关系，不断改进监管能力，激发市场主体活力，促进各类市场主体在公平竞争中发展壮大。要进一步破除区域分割和地方保护，推动建设统一开放、竞争有序的市场体系。要构建科学、便捷、高效的审批和管理体系，对服务产业发展的新业态、新模式实施包容审慎监管，降低制度性交易成本，全面执行减税降费、困难企业帮扶各项政策，落实消费品产业准入负面清单。要建立因政策变化、规划调整等造成企业合法利益受损的补偿救济机制，消除消费品工业企业发展后顾之忧。

二是积极争取国家相关资金、政策在工业和信息化、中小微企业、农业产业化、科技创新、商务发展资金等方面对消费品工业高质量发展的支持。突出政策的激励和引导作用，优先支持消费品工业安全生产标准化等级企业发展。要加大消费品产业转型升级政策支持力度。通过智能化改造资金引导企业转型升级，鼓励企业采用大数据、互联网技术，自建自营或共建共营等方式，主动开展生产组织方式和管理模式创新，提高产品市场竞争力。

三是创新工贸一体、产销一体、线上线下融合的消费品工业智慧发展模式。加快线上业态线上管理线上服务发展，依托互联网建设消费品交易平台，拓展产品销售市场，建设形成线上与线下联动、内贸与外贸融合发展的大市场格局，切实做到"买全球、卖全球"，建设国际化、绿色化、智能化、人文化的现代化双城经济圈。

---

① 《90条金点子助力成渝地区双城经济圈建设》，重庆市人民政府网，http://www.cq.gov.cn/zt/cydqscjjq/xtfz/202109/t20210926_9758113.html。

（六）深化西部省区市协作，促进区域协调发展

重庆、成都两座城市要发挥示范、带动和引领作用。对重庆而言，要进一步优化全市空间布局，全面提升主城都市区开放能级，提高渝东北三峡库区和渝东南武陵山区开放水平，促进区域协调发展。对成都而言，要强化极核引领和主干带动，在建设现代化成都都市圈基础上，"干支联动"引领区域协同发展。要推动成渝相向发展，深化成渝地区双城经济圈开放协作，不断建立完善协同开放体制机制，推动共建对外开放通道和开放平台，联动发展高水平开放型经济，协同开展国际交流合作。

专题篇
Special Reports

B.2
新发展格局背景下成渝地区双城经济圈建设

四川省区域科学学会*

摘 要： 推动成渝地区双城经济圈建设对于我国在21世纪中叶顺利实现全面建成社会主义现代化强国目标有着重要的战略意义。研究回顾自1997年四川、重庆分治以来的两地合作历程，有利于进一步破除行政樊篱、突破制约瓶颈、达成合作共识；基于发展基础、发展环境以及战略定位，比较成渝地区双城经济圈与东部沿海其他城市群的发展情况，明确成渝地区双城经济圈建设

---

* 执笔：周江、王波、徐洪海、邵旭阳、吴振明、雷鸣。周江，四川省社会科学院区域经济研究所研究员，西南交通大学兼职教授、博士生导师，享受国务院政府特殊津贴专家，主要研究方向为区域经济、产业经济、能源经济；王波，经济学博士，西南交通大学讲师，主要研究方向为区域经济、能源经济；徐洪海，西华大学经济学院讲师，主要研究方向为金融经济、金融监管、证券投资、区域经济；邵旭阳，四川大学经济学院在读博士研究生，主要研究方向为区域经济、对外贸易；吴振明，经济学博士，四川省社会科学院区域经济研究所副研究员、美国北卡罗来纳大学教堂山分校访问学者，主要研究方向为区域经济、产业经济；雷鸣，四川省区域科学学会副秘书长，主要研究方向为学会内部治理、区域经济、产业经济。

在中西部的独特地位以及发展优势和潜力；从一体化综合交通运输体系、现代产业体系、协同创新能力、共筑长江上游生态屏障、毗邻地区联动发展、公共服务共建共享六方面建设总结成渝地区双城经济圈建设取得的一系列重要进展。同时，也指出当前存在经济发展水平低、内部断层特征明显、行政区划与经济区划不统一、政策协调难度较大、产业结构趋同等一系列问题。最后提出推进成渝地区双城经济圈建设的六项建议：完善梯队建设，分层推进双城经济圈建设；坚持分类指导，形成错位发展产业格局；加大政府交通基础设施建设投资力度，全力提升交通综合运输能力；联防联建，共抓生态保护；强化改革创新，加快推进经济区划与行政区划适度分离；共建共享，促进公共服务均等化。

关键词： 新发展格局　一体化发展　成渝地区双城经济圈

成渝地区双城经济圈位于"一带一路"和长江经济带交汇处，是西部陆海新通道的起点，东临湘鄂、西通青藏、南连云贵、北接陕甘，具有承东启西、贯通南北的区域优势，区域内生态禀赋优良、能源矿产丰富、城市密集、人口众多，是我国西部人口最密集、产业基础最雄厚、创新能力最强、市场空间最广、开放程度最高的区域。在经济形势低迷，东部沿海地区集体迈入中等发达经济体行列，经济增长趋于稳定收敛，对我国经济增长贡献难以显著提高的背景下，积极推动成渝地区双城经济圈建设有利于我国于21世纪中叶顺利实现全面建成社会主义现代化强国目标。

一　从川渝分治到成渝地区双城经济圈

改革开放以来，我国在沿海地区形成了长三角、珠三角及京津冀三大城市群，成为引领全国经济社会发展的强大引擎。随着我国经济进入高质量发展新阶段，实施京津冀协同发展、粤港澳大湾区建设、长三角一体化发展等区域重大战略，为优化全国生产力布局、引领带动区域高质量发展注入了新的动力。成渝地区双城经济圈作为西部地区"人口最密集、产业基础最雄厚、创新能力最强、市场空间最广阔、开放程度最高"的区域，在新发展阶段具有更加重要的战略地位。回顾四川、重庆自分治以来的合作历程，对于破除行政樊篱、突破制约瓶颈、达成合作共识，具有重要的参考和借鉴作用。

（一）1997~2006年：川渝分治的最初十年

1997年3月14日，八届全国人大五次会议批准设立重庆直辖市，结束了重庆作为四川省辖的历史。抗战时期，重庆被设为陪都和特别市，接纳了大量避战内迁的工业企业，孕育了当地现代工业的雏形。抗战胜利后，重庆市即作为"行政院院辖市"，为西南地区重要的直辖市。新中国成立后至1954年，重庆市先作为中央直辖市，后更名为西南行政大区直辖市。其后，重庆被纳入四川省管辖范围，与成都一道形成了四川省政治、经济两强城市分立的格局，这一局面与山东、辽宁、福建等省类似。重庆有着较好的工业基础，作为西南地区最重要的工业城市，人口、经济等指标在四川省名列前茅。

虽然四川、重庆在行政管辖上实现了"分治"，但巴山蜀水绵延数千载，两地人文、地理、经济依旧有着千丝万缕的联系，川渝两地的行政边界难以阻挡两地合作共赢的美好愿景。"十五"计划时期，国家明确提出了西部大开发、促进区域协调发展等重大战略，确立了重庆在长江上游经济区的核心地位。

2001年，由四川省政府牵头，重庆与成都签订了《重庆—成都经济合作会谈纪要》（以下简称《纪要》），提出了"携手打造成渝经济走廊"的构想，并首次提出"成渝经济"概念，正式拉开了川渝分治后成渝地区经济合作的序幕。《纪要》涉及交通、商贸、汽摩及零配件、旅游等多个方面，为成都、重庆错位发展提供了指引。

2003年，成渝地区的合作模式开始受到国家层面的关注，当年中国科学院发布《中国西部大开发重点区域规划前期研究》，并在该报告中提出，在未来5~10年，要积极构建以成渝两大都市为中心、各级中心城市相互联系和合作的中国西部最大的双核城市群，形成西部大开发的最大战略支撑点，西部地区人口、产业、信息、科技和文化等集聚中心，长江上游经济带的核心，这是首次正式提出"成渝经济区"概念。

2004年，国务院西部开发办规划组发布《中国西部大开发中重点经济带研究》，该研究指出："长江上游经济带的空间布局特征是'蝌蚪型经济带'，区域中心是成渝经济区。""蝌蚪型经济带"突出了重庆、成都两座城市共为双子核心的发展格局。2005年，由两地学界联合发起了研究《共建繁荣：成渝经济区面向未来的七点策略与行动计划》，该研究为国家发改委将成渝地区纳入"十一五"时期经济区规划试点提供了充分的理论依据。

2006年，在国家"十一五"规划中明确提出"建设成渝经济区"，四川省、重庆市共同签署了《关于推进川渝合作共建成渝经济区的协议》，提出"充分发挥各自科技优势，联手打造第四经济增长极"。该协议在四川、重庆省级层面明确了"成渝经济区"的地理范围，并搭建起统一的工作和协调机制，还达成了涉及基础设施建设、一体化市场体系、产业协作、共建生态屏障等一揽子框架性协议。根据该协议，川渝两地将搭建科技合作平台，定期召开相关联席会议，共同探讨重大科技合作项目，积极开展科技创新战略研究，并结合两地实际，制定统一、可行、科学、合理的科技发展专项战略及合作制度。通过该协议，川渝两地遴选出天然气、生物医药等重点合作领域，开展广泛深入的科技攻关合作，并实现双方高新技术企业、产品、机构等资质互认，共享税收减免、补贴等优惠政策。得益于该协议的实施，四川、重庆两地开展了广泛的科技交流，使双方在产业、市场领域的互补性得到充分释放，各类生产、科技要素实现了整合发展。

（二）2007~2015年：成渝经济区的合作

2007年，川渝两地政府签署了《重庆市人民政府四川省人民政府关于推进川渝合作共建成渝经济区的协议》。同年 4 月，四川省上报《关于编制成渝经济区发展规划的请示》。同年 6 月，国家发改委召开了《成渝经济区发展规划》编制前期工作启动会，成渝经济区的合作发展进入加速阶段，规划编制的相关调研工作也随之密集展开。在国务院西部办《西部大开发"十一五"规划》中，将成渝经济区列入"带动和支撑西部大开发的战略高地"中。

2008 年 10 月，川渝两地政府进一步签署了《关于深化川渝经济合作框架协议》，使两地共建成渝经济区的合作迈向了新台阶。川渝两地均在当年政府工作报告中将成渝经济区建设列为重点推进的工作。2010 年，因汶川大地震暂停的《成渝经济区区域规划》的编制工作全面重启，国家发改委明确表示，提高成渝经济区的战略定位，从国家战略的层面进行统筹考量，力争通过对该规划的编制工作，为政策实施提供明确指导，将成渝经济区建设为"国家新的重要增长极"。

2011 年 3 月 1 日，《成渝经济区区域规划》经国务院常务会议讨论并原则通过；同年 5 月 5 日，国务院正式批复《成渝经济区区域规划》，成渝两地的经济合作开启了新时代。该规划明确了成渝经济区所包括的范围，下辖重庆市的 31 个区县和四川省的 15 个市，区域总面积达 20.6 万平方公里（见表 1）。成渝经济区的合作，对内陆腹地深化改革和扩大开放具有重要的引领作用；成渝经济区战略的实施，深刻改变了我国生产力布局。加快川渝合作，共建"成渝经济区"，打造我国"第四增长极"，既是四川、重庆两地经济发展的内在要求，也成为国家实施西部大开发战略的重要举措。

表 1 成渝经济区范围

省市	包括范围
重庆	万州、涪陵、渝中、大渡口、江北、沙坪坝、九龙坡、南岸、北碚、万盛、渝北、巴南、长寿、江津、合川、永川、南川、双桥、綦江、潼南、铜梁、大足、荣昌、璧山、梁平、丰都、垫江、忠县、开县、云阳、石柱
四川	成都、德阳、绵阳、眉山、资阳、遂宁、乐山、雅安、自贡、泸州、内江、南充、宜宾、达州、广安

（三）2016~2019年：成渝城市群的探索

2016年4月12日，国务院印发《关于成渝城市群发展规划的批复》。《成渝城市群发展规划》提出，以成渝地区的成都市和重庆市为中心，形成长江上游战略支撑，强化两地合作对于推进新型城镇化的重要作用。

成渝城市群包括四川省的成都、自贡、泸州、德阳、绵阳、资阳等15个市，以及重庆市的渝中、万州、黔江、涪陵、大渡口、江北、沙坪坝、九龙坡、南岸、北碚等27个区（县），并包含开州、云阳的部分地区，总面积达18.5万平方公里。成渝城市群将"根据资源环境承载能力，优化提升核心地区，培育发展潜力地区，促进要素聚集，形成集约高效、疏密有致的空间开发格局"，最终实现"建设引领西部开发开放的国家级城市群"的发展目标。

城市群规划的重点内容聚焦新型城镇化，要"以强化重庆、成都辐射带动作用为基础，以培育区域中心城市为重点，以建设中小城市和重点小城镇为支撑，优化城市规模结构"，为提高全国城镇化质量探索新思路与新模式。在合作共建的基础上，成渝城市群被赋予"率先打破行政壁垒，创新体制机制"的使命，更加强调医疗、教育、社保等公共服务对接，实现成渝两地的融合发展。随后，川渝两地又签署了《深化川渝合作深入推动长江经济带发展行动计划（2018~2022年）》《深化川渝合作推进成渝城市群一体化发展重点工作方案》以及12个专项合作协议，成渝城市群建设在双方共同探索中逐步推进。

（四）2020年：成渝地区双城经济圈起航

2020年1月3日，习近平总书记主持召开中央财经委第六次会议，提出大力推动成渝地区双城经济圈建设，在西部形成高质量发展的重要增长极。2020年《政府工作报告》也对推动成渝地区双城经济圈建设做了安排。2020年10月，中共中央、国务院印发《成渝地区双城经济圈建设规划纲要》，标志着川渝合作进入"双城经济圈"时代。

推动成渝地区双城经济圈建设是应对国内国际复杂环境的应有之义，有利于成渝两地形成优势互补、共建高质量发展的区域经济布局，共建双城经济圈也是构建以国内大循环为主体、国内国际双循环相互促进的新发展格局的重大举措。成渝地区双城经济圈将是未来一段时期川渝合作的主要空间载体，对于四川、重庆未来发展具有重要意义。从区域协调发展来看，成渝地区双城经济圈建设有利于进一步强化成渝地区的引领带动和支撑保障作用，推动新时代西部大开发形成新格局，促进各大区域协调互动；从川渝地区城镇化发展来看，成渝地区双城经济圈建设有利于进一步促进资源要素空间集聚和优化配置，形成新的经济增长极；从改革开放来看，川渝地区加快探索经济区与行政区适度分离改革、探索统筹城乡发展制度体系，将为我国破除行政分割、推动城乡融合发展提供经验。同时，还将改善内陆开放环境，促进国内国际双循环。

二 成渝地区双城经济圈建设的现实基础

2018年11月18日，中共中央、国务院发布的《关于建立更加有效的区域协调发展新机制的意见》明确指出，以京津冀城市群、长三角城市群、粤港澳大湾区、成渝城市群、长江中游城市群、中原城市群、关中平原城市群等城市群推动国家重大区域战略融合发展，建立以中心城市引领城市群发展、城市群带动区域发展新模式，推动区域板块之间融合互动发展。本部分通过比较成渝地区双城经济圈与其他城市群的基本情况，明确成渝地区双城经济圈建设的优势、不足和潜力。

（一）成渝地区双城经济圈与东部城市群的比较

成渝地区双城经济圈位于长江上游，地处四川盆地，东邻湘鄂、西通青藏、南连云贵、北接陕甘，包括重庆市的中心城区及万州、涪陵、綦江、大足、黔江、长寿、江津、合川、永川、南川、璧山、铜梁、潼南、荣昌、梁平、丰都、垫江、忠县等27个区（县）以及开州、云阳的部分地区，四川省的成都、自贡、泸州、德阳、绵阳（除平武县、北川县）、遂宁、内江、乐山、南充、眉山、宜宾、广安、达州（除万源市）、雅安（除天全县、宝兴县）、资阳等15个市，总面积18.5万平方公里，是我国西部地区发展水平最高、发展潜力较大的区域，人口和经济总量分别占川渝两地的90%左右。2020年常住人口9800万人，地区生产总值约6.64万亿元，分别占全国的6.9%、6.5%。

京津冀城市群包括北京、天津两大直辖市，包括河北省的保定、唐山、廊坊、石家庄、秦皇岛、张家口、承德、沧州、衡水、邢台、邯郸和河南省的安阳，共14个市，区域面积22.35万平方公里，约占全国陆地面积的2.3%。2020年末常住人口1.14亿人，约占全国总人口的8.1%；2020年末地区生产总值8.82万亿元，约占全国GDP的8.7%。

长江三角洲城市群位于长江入海之前的冲积平原，是我国经济最具活力、开放程度最高、创新能力最强、吸纳外来人口最多的区域之一，包括上海市，江苏省的南京、无锡、常州、苏州、南通、盐城、扬州、镇江、泰州，浙江省的杭州、宁波、嘉兴、湖州、绍兴、金华、舟山、台州，安徽省的合肥、芜湖、马鞍山、铜陵、安庆、滁州、池州、宣城等26市。土地面积23.13万平方公里，2020年地区生产总值20.51万亿元，常住人口1.65亿人，分别约占全国的2.3%、20.2%、11.7%。长三角城市群承担着当好长江经济带的"龙头"、带动全流域发展的重要使命。

粤港澳大湾区包括香港特别行政区、澳门特别行政区和广东省广州市、深圳市、珠海市、佛山市、惠州市、东莞市、中山市、江门市、肇庆市等9市，总面积5.62万平方公里，约占全国陆地面积的0.58%。2020年末常住人口0.86亿人，约占全国总人口的6.1%；2020年末地区生产总值12.6万亿元，约占全国GDP的12.4%。粤港澳大湾区与美国纽约湾区、旧金山湾区，日本东京湾区并称世界四大湾区，是中国开放程度最高、经济活力最强的区域之一，在国家发展大局中具有重要的战略地位。建设粤港澳大湾区，既是新时代推动形成全面开放新格局的新尝试，也是推动"一国两制"事业发展的新实践。

1. 发展基础比较

与三大城市群相比,在发展基础方面,成渝地区双城经济圈面积和城市数量相当,经济发展水平和城镇化发展水平存在明显的差距,但发展潜力巨大。

成渝地区双城经济圈经济规模与三大城市群差距明显。2020年成渝地区双城经济圈的地区生产总值为6.64万亿元,仅为长三角城市群的32.37%,粤港澳大湾区的52.7%,京津冀城市群的75.28%。人均地区生产总值为6.75万元,仅为长三角城市群的54.35%,粤港澳大湾区的46.17%,京津冀城市群的86.87%。

成渝地区双城经济圈城镇化水平与三大城市群有一定差距。成渝地区双城经济圈面积和城市数量与三大城市群相当,但从常住人口数量和人口密度来看,成渝地区双城经济圈人口密度为529.73人/平方公里,仅为长三角城市群的74.3%,粤港澳大湾区的34.6%,但高于京津冀城市群的510.07人/平方公里。从城镇化率来看,2020年成渝地区双城经济圈城镇化率为63.01%,远低于粤港澳大湾区的89.14%,长三角城市群的76.48%,相对于京津冀城市群来说,城镇化率也低了5.23个百分点(见表2)。

表2 2020年成渝地区双城经济圈与东部城市群比较

指标	成渝地区双城经济圈	长三角城市群	粤港澳大湾区	京津冀城市群
城市数量(个)	16	26	11	14
常住人口(亿人)	0.98	1.65	0.86	1.14
地区生产总值(万亿元)	6.64	20.51	12.6	8.82
人均地区生产总值(万元)	6.75	12.42	14.62	7.77
面积(万平方公里)	18.5	23.13	5.62	22.35
人口密度(人/平方公里)	529.73	713.36	1530.25	510.07
城镇化率(%)	63.01	76.48	89.14	68.24

资料来源:根据2020年四大经济区所含省市《国民经济与社会发展统计公报》整理;粤港澳大湾区中香港数据来自香港特别行政区政府统计处《2021香港统计年刊》,澳门数据来自澳门特别行政区统计暨普查局;人口数据来源于第七次全国人口普查公报。

比较而言，长三角城市群人口规模和经济体量大且经济活力最强，粤港澳大湾区人口规模小但经济效能和开放程度高，京津冀城市群在大部分发展指标上略高于成渝地区双城经济圈，但相对于长三角城市群和粤港澳大湾区存在一定的差距。成渝地区双城经济圈经济体量最小且经济发展水平相对最低，但较高的人口密度也为区域经济发展打下了基础。

2. 发展环境比较

在发展环境方面，成渝地区双城经济圈拥有独特的优势。新时代推进西部大开发形成新格局成为成渝地区双城经济圈绝佳的发展契机。成渝地区双城经济圈位于"一带一路"和长江经济带交汇处，是西部陆海新通道的起点，具有连接西南西北，沟通东亚与东南亚、南亚的独特优势。我国西部地区与东部地区发展差距大，发展不平衡不充分的问题突出，并且承担着维护民族团结、社会稳定、国家安全的重要任务。在开启社会主义现代化强国建设的背景下，国家将进一步加大对西部地区发展的支持力度，成渝地区双城经济圈建设也必然是西部大开发形成新格局的重要内容。习近平总书记指出，推动成渝地区双城经济圈建设，有利于在西部形成高质量发展的重要增长极，打造内陆开放战略高地，对于推动高质量发展具有重要意义。

从发展环境来看，长三角城市群在我国顺应新的经济形势和探索新的经济动力过程中承担先行区的角色，粤港澳大湾区在应对复杂多变的国际环境中坚持高水平开放发展并做好"一国两制"成功示范，京津冀城市群将通过体制机制创新、五位一体融合发展等探索区域协同发展的有效路径，成渝地区双城经济圈处在新型城镇化、"一带一路"和长江经济带建设为区域补短板、连通大开放等方面带来的多重发展机遇之中。

3. 战略定位比较

在战略定位方面，三大城市群均定位于在经济发展、科技创新、改革开放和宜业宜居等方面在国内乃至国际起到示范引领作用。成渝地区双城经济圈着眼于建成具有全国影响力的重要经济中心、科技创新中心、改革开放新高地、高品质生活宜居地，带动全国高质量发展的重要增长极和新的动力源

(见表3)。相比较而言,成渝地区双城经济圈在形成国际影响力方面与三大经济区还存在一定差距。

表3 成渝地区双城经济圈与东部城市群的战略定位

经济区	战略定位	来源	时间
京津冀城市群	以首都为核心的世界级城市群、区域整体协同发展改革引领区、全国创新驱动经济增长新引擎、生态修复环境改善示范区	《京津冀协同发展规划纲要》	2015年
长三角城市群	面向全球、辐射亚太、引领全国的世界级城市群,最具经济活力的资源配置中心,具有全球影响力的科技创新高地,全球重要的现代服务业和先进制造业中心,亚太地区重要国际门户,全国新一轮改革开放排头兵,美丽中国建设示范区	《长江三角洲城市群发展规划》	2016年
粤港澳大湾区	充满活力的世界级城市群、具有全球影响力的国际科技创新中心、"一带一路"建设的重要支撑、内地与港澳深度合作示范区、宜居宜业宜游的优质生活圈	《粤港澳大湾区发展规划纲要》	2019年
成渝地区双城经济圈	具有全国影响力的重要经济中心、科技创新中心、改革开放新高地、高品质生活宜居地、带动全国高质量发展的重要增长极和新的动力源	《成渝地区双城经济圈建设规划纲要》	2020年

总体而言,长三角城市群通过一体化发展发挥全方位的引领作用,粤港澳大湾区聚焦通过开放扩大我国在世界上的影响力,京津冀城市群通过协同发展成为改革发展新样板,成渝地区双城经济圈通过创新和开放成为带动全国高质量发展的重要增长极和新的动力源。各个城市群之间定位明确,发展定位也都符合各自的发展条件和优势,促进区域协调发展。

(二)成渝地区双城经济圈在中西部的独特地位

长江中游城市群横跨湘鄂赣三省,包括三省的31个地级及以上行政区,核心城市有湖北武汉、湖南长沙和江西南昌,土地面积35.0万平方公里,常住人口1.27亿;2020年GDP达到9.4万亿元,人均GDP 7.42万元。

中原城市群位于东部和西部的连接处,具有承东启西的作用,中原城市群以郑州为核心,规划范围包括河南全省以及山西、河北、山东和安徽的部分地区，5省30座地级市土地面积28.4万平方公里，人口1.65亿。2020年中原城市群GDP 8.1万亿元，人均GDP 4.94万元。

关中城市群位于西北地区，包括陕西、山西以及甘肃3省12市，核心城市为西安，城市群土地面积约14万平方公里，人口约4100多万。2020年关中城市群GDP 2.2万亿元，人均GDP 5.27万元（见表4）。

表4　2020年成渝地区双城经济圈与中西部城市群发展概况比较

指标	成渝地区双城经济圈	长江中游城市群	中原城市群	关中城市群
城市数量(个)	16	31	30	12
常住人口(亿人)	0.98	1.27	1.65	0.41
地区生产总值(万亿元)	6.64	9.4	8.1	2.2
人均地区生产总值(万元)	6.75	7.42	4.94	5.27
面积(万平方公里)	18.5	35.0	28.4	14
人口密度(人/平方公里)	529.73	361.59	579.21	303.82
城镇化水平(%)	63.01	63.25	53.8	60.06

资料来源：各市（区、县）2020年国民经济与社会发展统计公报、各市（区、县）第七次全国人口普查公报。其中，由于数据缺失，长江中游城市群中潜江市城镇化率数据来源于《潜江市2020年统计年鉴》，仙桃市城镇化率数据来源于《仙桃市2019年统计年鉴》；关中城市群中丹凤县地区生产总值数据来源于《丹凤县2019年国民经济与社会发展统计公报》。

从中西部地区的主要城市群对比来看，长江中游城市群和中原城市群在城市数量、面积、人口数量和经济总量方面均大幅领先于成渝地区双城经济圈和关中城市群。从人均地区生产总值来看，长江中游城市群2020年达到了7.42万元，居第一位，成渝地区双城经济圈为6.75万元，居第二位，高于关中平原城市群的5.27万元和中原城市群的4.94万元。从人口密度指标来看，成渝地区双城经济圈人口密度为529.73人/平方公里，低于中原城市群的579.21人/平方公里，远高于长江中游城市群的361.59人/平方公里和关中平原城市群的303.82人/平方公里。从城镇化水平来看，2020年成渝地区双城经济圈城镇化率达到了63.01%，处于相对领先水平。

从中西部四大城市群的战略定位来看，四大城市群均定位于经济发展的增长极和开放合作的新高地,但长江中游城市群、中原城市群和成渝地区双城经济圈的增长极定位着眼于全国,而关中平原城市群更关注于西北地区,致力于成为引领西北地区发展的重要增长极。长江中游城市群更加关注新型城镇化建设和"两型"社会,中原城市群立足于先进制造业和现代服务业以及绿色生态发展,关中平原城市群的战略定位是西向开放的支点城市和对外文化交往城市,侧重于军民融合和生态文明建设(见表5)。

表5 成渝地区双城经济圈与中西部城市群的战略定位

经济区	战略定位	来源	时间
长江中游城市群	中国经济新增长极、中西部新型城镇化先行区、内陆开放合作示范区、"两型"社会建设引领区	《长江中游城市群发展规划》	2015年
中原城市群	经济发展新增长极、重要的先进制造业和现代服务业基地、中西部地区创新创业先行区、内陆地区双向开放新高地、绿色生态发展示范区	《中原城市群发展规划》	2016年
关中城市群	向西开放的战略支点、引领西北地区发展的重要增长极、以军民融合为特色的国家创新高地、传承中华文化的世界级旅游目的地、内陆生态文明建设先行区	《关中平原城市群发展规划》	2018年
成渝地区双城经济圈	具有全国影响力的重要经济中心、科技创新中心、改革开放新高地、高品质生活宜居地、带动全国高质量发展的重要增长极和新的动力源	《成渝地区双城经济圈建设规划纲要》	2020年

总体来看,长江中游城市群是中西部地区经济体量最大、综合实力最强的一个城市群。长江中游城市群承担着中部崛起的战略支点重任。中原城市群是中西部城市群中人口最多的城市群,经济体量仅次于长江中游城市群,虽然体量大,但是综合实力并不强,而且跨越的省份非常多,却仅有郑州一个核心城市,区域协调能力明显不足。关中城市群的体量最小,经济实力相对较弱。成渝地区双城经济圈是我国西部地区人口最密集、产业基础最雄厚、创新能力最强、市场空间最广阔、开放程度最高的区域。从目前中西部成渝、长江中游、中原和关中平原四大城市群的经济实力、区域协调能力,以及国家战略定位统筹考量,未来成渝城市群和长江中游城市群发展的基础和优势更加明显,潜力更加突出,有望成为我国经济增长第四极。

三 成渝地区双城经济圈建设的主要进展

2020年1月3日,习近平总书记主持召开中央财经委员会第六次会议并发表重要讲话,将成渝地区双城经济圈建设上升为国家战略。2021年10月20日,中共中央、国务院印发《成渝地区双城经济圈建设规划纲要》,标志着成渝地区双城经济圈建设进入实质性推进阶段。目前,成渝地区双城经济圈建设取得了一系列重要进展。

(一)一体化综合交通运输体系加力提速

成渝地区双城经济圈综合交通运输一体化进程进一步加快,四川、重庆合力推动轨道、公路、航空、航运等基础设施互联互通,共同深化交通运输一体化合作机制。

一体化综合交通运输发展规划体系逐步完善。2021年6月,国家发展改革委、交通运输部印发《成渝地区双城经济圈综合交通运输发展规划》,提出成渝地区双城经济圈构建"设施内外联通、管理高效协同、服务一体便捷"的现代化综合交通运输体系的总体要求。2021年12月,国家发展改革委发布《成渝地区双城经济圈多层次轨道交通规划》;重庆、四川正在加快编制省级综合立体交通网规划及相关专项规划,在省际通道建设时序、技术标准协调方面做出整体安排,初步建立了国家、省(市)相衔接的综合交通运输发展规划体系。

国际航空门户枢纽功能持续提升。成渝地区双城经济圈世界级机场群逐步形成,成都天府国际机场正式投入运营,进入"两场一体"运营时代;重庆江北国际机场T3B航站楼和第四跑道工程开通建设,重庆新机场选址初步明确;阆中机场、达州机场、乐山机场新(迁)建工程相继开工;广安机场、遂宁机场等一批机场前期工作加快推进。

共建轨道上的双城经济圈。成渝地区双城经济圈铁路和城市轨道交通建设加快推进,完成成渝高铁提质改造,实现成都至重庆1小时通达;建成内江至自贡至泸州铁路、郑万高铁襄阳至万州段；成都至达州至万州铁路、成都至自贡至宜宾铁路、重庆至昆明铁路建设进展顺利；成渝中线高铁、渝西高铁重庆至安康段、渝宜高铁建设前期工作加快推进，成渝中线高铁已获国家发展改革委批复。以成都、重庆主城区为重点的一批城市轨道交通项目稳步推进，中心城市与周边城市间1小时交通圈和通勤圈正在形成。

双城经济圈公路体系更加完善。2021年，成渝、成遂渝、成安渝、成资渝高速全部形成，川渝省际高速通道达到13条；成渝高速、遂渝高速、渝邻高速扩容前期工作加快推进。毗邻地区互联互通工程加快推进，南充至潼南、泸州至永川、内江至大足、开江至梁平、重庆至赤水至叙永、江津至泸州北线等高速公路相继开工，毗邻地区国省干线、农村公路加快建设。

长江上游航运枢纽建设取得阶段性成果。嘉陵江、岷江杭电枢纽建设加快推进，川渝合资共建重庆万州新田港二期工程获批开工，南充、广元、广安开通至重庆港集装箱班轮航线。

交通一体化合作机制进一步深化。四川、重庆建立了交通合作常态化联系机制，多次召开交通合作联席会议，联合印发《成渝地区双城经济圈交通一体化发展三年行动方案（2020~2022年）》，联合编制《长江上游航运中心建设方案》。双方签署普通公路、内河水运、运输服务、智慧交通、执法管理、万达开交通融合发展合作备忘录及"四好农村路"示范区建设框架协议，形成川渝交通"1+7"合作框架。

（二）现代产业体系建设迈出新步伐

成渝地区双城经济圈以制造业、数字经济、现代旅游业为重点，推动川渝产业高效分工、错位发展、有效竞争、相互融合，协同推进现代产业体系建设迈出新步伐。

共同培育世界级先进制造业集群。四川、重庆两省市依托汽车产业、电子信息产业发展基础，立足各自比较优势，两地政府共同印发《成渝地区双城经济圈汽车产业高质量协同发展实施方案》《成渝地区双城经济圈电子信息产业高质量协同发展实施方案》，编制《川渝电子信息产业"十四五"

发展布局及产业链全景图》，引导汽车、电子信息两大主导产业错位发展。在新能源汽车与智能网联汽车关键技术、氢燃料应用示范、新一代信息技术设施建设等领域开展联合。进一步提升川渝两地产业协作配套能力，联手推动两地整车与零部件企业、电子信息产业链供需对接。

深入推进园区合作共建。川渝共同制定《成渝地区双城经济圈产业合作示范园区创建管理办法》，认定授牌綦江工业园区、隆昌经济技术开发区、宜宾三江新区等20个产业合作示范园。积极探索川渝两地出资共建产业合作园模式，在公共服务、研发创新、招商推介等方面开展深度合作。

合力打造数字产业新高地。《成渝地区工业互联网一体化发展示范区建设工作方案》获批，成为继长三角之后国内又一个跨省级行政区的工业互联网一体化发展示范区。共同建设全国一体化算力网络国家枢纽节点，成都超算中心、中新（重庆）国际超算中心先后投入使用，成渝地区成为全国一体化算力网络国家枢纽节点之一。

共建巴蜀文化旅游走廊。重庆、四川两省市成立推动巴蜀文化旅游走廊建设专项工作组，设立联合办公室，健全合作机制。以重大项目为引领，加快培育"巴蜀文脉"人文旅游、"巴蜀风韵"民俗旅游、"巴蜀脊梁"红色旅游、"巴山蜀水"生态康养旅游等特色优势产业集群。推动宽窄巷子与洪崖洞、青城山—都江堰与金佛山、西岭雪山与仙女山等两地市场主体强强联手，共同推动两地文化旅游产业高质量发展。搭建区域一体化文化旅游产品云平台，打造成渝地区文化旅游公共服务数字化品牌。

（三）协同创新能力稳步提升

成渝地区双城经济圈围绕"共建具有全国影响力的科技创新中心"的总体目标，面向国家重大战略科技需求，加快建设成渝综合科学中心，深化科技创新合作，区域协同创新能力稳步提升。

共建成渝综合性科学中心。川渝两地采用"一城多园"模式，加快推进西部科学城建设，2021年协同促进40个重大项目落地，总投资达到1054.5亿元。中国科学院成都科学中心建成，中国科学院重庆科学中心、中科院成都天府新区科技创新交叉研究平台、电子科技大学重庆微电子产业技术研究院、长江上游种质创制大科学中心等项目加速推进。

深化科技创新合作。建成川渝科技资源共享服务平台并上线运行，整合了一批大型仪器设备共用、共享。截至目前，围绕智能产业、生物医学等领域，共建3个协同创新中心和1个重点实验室，联合实施重点技术研发项目15个。重庆高新区、成都高新区等多个高新区建立协同创新战略联盟。川渝两地共同设立双城经济圈科创母基金，实现项目投资1.1亿元。

（四）共筑长江上游生态屏障取得新进展

成渝地区双城经济圈是长江上游生态屏障的重要组成部分，川渝两地推动生态共建共保、污染跨界协同治理，共筑长江上游生态屏障取得了新进展。

积极推动生态共建共保。目前，川渝两地已经联合编制"六江"（长江、嘉陵江、乌江、岷江、沱江、涪江）生态廊道建设规划、成渝地区双城经济圈生态环境保护规划；协同推行林长制，协商划定生态保护红线；开展"两岸青山·千里林带"建设，有效推进了长江上游生态环境修复。

深化污染跨界协同治理。成渝地区双城经济圈建设以来，四川、重庆两省市开展了多层次的污染协同治理，在铜钵河、琼江等开展跨界水污染联合防治试点；共享空气治理监测数据，开展多轮次蓝天保卫战联动；实施双城经济圈"无废城市"共建，在全国首创危险废物跨省市转移"白名单"制度；成立生态环境联合执法协调小组，组织开展跨界联合执法。

（五）毗邻地区联动发展亮点纷呈

川渝两地将毗邻地区合作作为推动成渝地区双城经济圈建设的突破口，共同编制《加强重庆成都双核联动引领带动成渝地区双城经济圈建设行动方案》，共同推动万（州）达（州）开（州）川渝统筹发展示范区、川南渝西融合发展试验区以及川渝高竹新区、遂（宁）潼（南）一体化发展先行区等区域合作共建功能平台。

渝东北川东北地区。川渝两地以万（州）达（州）开（州）川渝统筹发展示范区为引领，推动三地实施了一系列重点项目和合作事项。依托万州港，开通成都—达州—万州东出铁水联运班列，四川港投与重庆交运等共同出资组建公司建设三峡综合物流枢纽。渝东北川东北地区依托生态资源、红色旅游资源，共同建设明月山绿色发展示范带，联合打造红色旅游精品线路，提升了渝东北川东北地区统筹发展水平。

成渝中部地区。川渝两地联合批复设立川渝高竹新区，开展经济与行政区适度分离改革探索，推动要素同价、标准互认等政策实施。批复设立遂（宁）潼（南）川渝毗邻地区一体化发展先行区，规划建设合（川）广（安）长（寿）环重庆中心城区经济协同发展示范区、资（阳）大（足）文旅融合发展示范区等合作共建功能平台，为成渝中部地区协同发展奠定了良好基础。

川南渝西地区。自贡、泸州、永川、江津等10个市区共建川南渝西融合发展试验区，联合打造"川南渝西环线"精品旅游线，规划建设内（江）荣（昌）现代农业高新技术产业示范区、泸（州）永（川）江（津）融合发展示范区，一批产业合作示范园区落地建设并加快实施，进一步加快了川南渝西地区融合发展。

（六）公共服务共建共享多点突破

促进全域人民基本公共服务均等化是推动成渝地区双城经济圈建设的重要工作。基本公共服务共建共享取得明显进展，在多个领域实现了便利互通：所有市区（县）实现户口迁移迁入地"一站式"办理，医疗机构实现住院费用和普通门诊费用跨省直接结算，住房公积金异地转移手续简化，重庆中心城区和成都主城公共交通实现"一卡通""一码通乘"。

四 成渝地区双城经济圈建设存在的问题

在中央顶层设计的指导下，川渝两地政府多次召开政府专项会议，要求两地领导牢固树立"一盘棋"思想和一体化理念，着力推进重点改革事项、重大工程项目全面落实。目前，成渝地区双城经济圈建设总体向好，经济圈动力源和增长极特征初步显现，但建设过程中还是存在经济发展水平低、发展差异大、内部断层特征明显、交通综合运输能力有待提升、行政与经济区划不统一、政策协调难度较大、产业结构趋同、同质竞争严重等问题。

（一）发展水平较低，内部差异较大

成渝地区双城经济圈土地面积18.5万平方公里，占全国的1.9%，常住人口约9800万人，占全国总人口的6.9%，且位于胡焕庸线以东，经济和环境承载能力较大，但整体发展水平较低，内部发展差异较大。在我国四大重点地区中，成渝地区经济实力最弱，城镇化水平最低。2020年GDP总量约6.64万亿元，仅占全国的6.5%，约为长三角的32%、粤港澳的53%、京津冀的75%；人均GDP仅为6.75万元，也显著低于全国平均水平；城镇化水平63.01%，较长三角、粤港澳和京津冀分别低了13.5个、26.1个和5.2个百分点。从区域内部来看，重庆GDP总量达到2.5万亿元，约占成渝地区双城经济圈总量的37%，居全国第5位，经济总量仅次于北上广深，人均GDP约为8万元；成都GDP总量约为1.77万亿元，经济增速相对较快，人均GDP 10.68万元。除了重庆和成都外，成渝地区其他市经济总量总和仅占37%，其中仅有绵阳能勉强达到3000亿元级别，与成都、重庆差距明显。宜宾、德阳、南充、泸州、达州、乐山为2000亿元级别，勉强位于内地四线城市行列（见图1）。在人均方面，仅有重庆、成都、绵阳、宜宾、德阳、乐山6个市人均GDP超过6万元，而南充、达州、内江、资阳四个市的人均GDP不足4万元，区域内部经济发展差异较大。

（二）发展模式不同，断层特征明显

成渝地区双城经济圈跨省级行政区域，涉及范围较广，与长三角、珠三角等发达地区的多元化发展模式不同，成渝经济区发展模式较为单一，主要依赖于成都和重庆两地"哑铃式"双核极化效应带动其他地区的发展。但

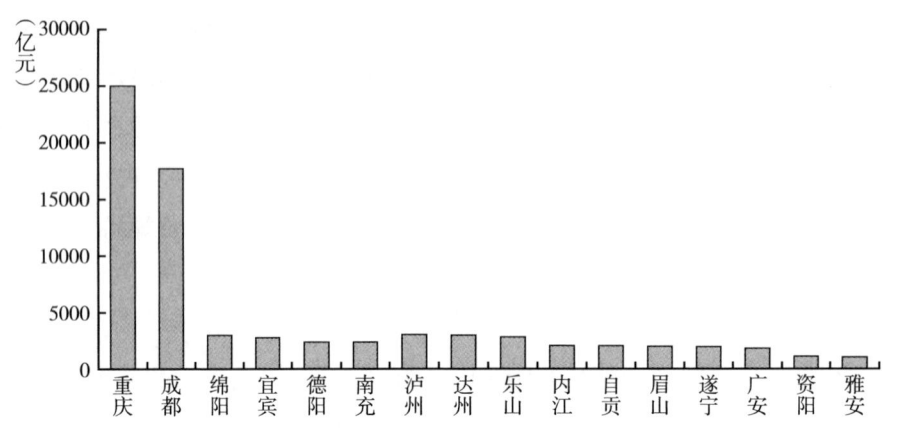

图1 2020年成渝地区双城经济圈各市GDP

从实际情况来看，目前成都和重庆两地对要素的虹吸效应大于溢出效应，区域内部的断层特征明显。由于地理环境不同，成都和重庆发展模式呈现显著差异：成都平原地处四川盆地西侧边缘，东临龙泉山脉，西靠龙门山脉，域内南北向形成的天然平坦地势，使得城市密集区在南北向的联系程度显著大于东西向，"东进、南拓、西控、北改、中优"城市发展战略的实施，使得各片区发展各具特色；而重庆位于四川盆地东侧，主城区内地势以平行岭谷的丘陵地带为主，城镇建成区连绵性不足，地形条件相对复杂，各城镇多散落分布于山川当中，主要呈现组团式发展模式。长久以来，成都及重庆两地保持着背向发展关系，竞争大于合作，成都及重庆两地在做大做强自身的同时，对周边城市的功能疏解和产业延伸转移不够，对要素资源的虹吸效应显著大于溢出效应，使得核心城市与其他城市无法形成有效的产业互补关系，在经济地图上形成了典型的"中部凹陷"和"周边塌陷"。从人口、经济总量、城镇化水平、综合创新能力等指标来看，位于成渝地区双城经济圈第一梯队的成都、重庆两地综合评定指标是位于第二梯队的德阳、绵阳、眉山、万州、涪陵的3~5倍，是其他城市的5~10倍，且这种差距还在扩大。

（三）产业结构趋同，同质竞争严重

在城市群发展成熟阶段，其内部核心城市起着引领和主导功能，城市群

内部应当呈现有序的产业分工和明确的功能协调机制，通过错位发展形成城市群产业经济发展合力。一体化发展能够使成渝地区双城经济圈城市产业分工协作得以实现。然而目前成渝地区双城经济圈产业结构趋同较为明显。一方面，由于成渝地区历史背景、社会文化、自然禀赋和区域要素等方面较为相似，在目标市场选择上也趋于一致，二者在产业选择和布局上存在相互参照的可能性；另一方面，在川渝分治之后成渝两地大部分产业当时在全国来看比较优势不明显，再加上各地政府在发展过程中均想优先发展自己的区域，成渝两地均想在新兴领域建立地区行业标杆，便纷纷大力发展食品加工、机械制造、建材生产、通用设备制造、金属冶炼等行业，导致产业结构较为雷同。据计算，重庆与四川近年来的产业结构相似系数高达0.5~0.7，形成了大量的重复建设，导致产能闲置和资源浪费。在制造业方面，川渝两地产业结构趋同特征尤为明显，前两年淘汰落后产能政策的实施，使得川渝两地众多水泥、建材、化工厂家倒闭。近年来川渝两地在汽车制造、集成电路、终端显示、智能建造等领域的同质化竞争也趋于白热化阶段，区域内尚未形成跨区联动的发展模式。但从产业规划来看，成渝地区双城经济圈大部分城市在"十四五"期间都将电子信息、高端装备制造、人工智能等作为自己的主攻方向，未在区域内部形成错位发展格局，届时非常有可能造成资源配置效率低下、产品市场不及预期、城市发展相互掣肘的局面。

（四）交通投入不够，综合运输能力有待提升

交通互联互通是打破传统行政地域边界的重要措施，也是当今在双循环体系中获得更大竞争优势的重要条件。虽然地理条件优越，但目前成渝地区双城经济圈仍未建成真正意义上的承东启西、贯通南北的交通节点。目前，成渝地区双城经济圈交通基础设施建设有两个重大问题亟须解决。一是修建成本较高，投入不足。成渝地区双城经济圈位于四川盆地，除成都平原外，大部分地区为丘陵地貌特征，地形地势复杂，人口居住密集，公路铁路修建及安置成本较高，见山开洞、遇水搭桥较为普遍，隧桥比普遍较高。据统计，川渝地区普通国省干线公路每公里修建成本是东部沿海地区的2~5倍。

另外，川渝地区大部分城市经济实力较弱，财政投入能力有限，且受疫情、经济下行及财政支出收紧等因素影响，成渝地区双城经济圈对内外各大交通连接线的推进速度较为缓慢，很多交通基础设施工程长期处于停滞或缓建状态中。二是成渝地区交通综合运输能力有待提升。在航空方面，成渝两地机场航线密度、国际客货流量与发达地区差距较大。在铁路方面，虽然整体铁路密度较高，但建成年代偏久、等级偏低，运行速度有待提升，且成渝地区铁路公交化列车开行覆盖面较低，城际旅客联程运输和客票一体联程发展推进较慢。在公路方面，以成都和重庆为中心的中枢放射式高等级公路网骨架基本形成，但对外通道等级太低，不能满足日益增长的客货物流需求。在水运方面，多数航运水道有待疏通，水运综合运输能力有待提升，渠江、涪江等川渝间重要支流航道对上下游通航标准不统一，严重制约综合水运能力，长江黄金水道运输能力尚未充分发挥作用。

（五）生态环境有所改善，但整体形势仍不容乐观

成渝地区双城经济圈位于长江经济带上游，是我国重要的生物基因宝库和生态安全屏障，其中四川有95%的国土面积位于长江流域，涵养着长江30%左右的水量，生物资源种类位居全国第2，大熊猫国家森林公园更是有80%位于四川。而重庆地区位于三峡水库腹地，域内长江流程高达670公里，居长江上游各省份之首，三峡库区重庆段水域容量约300亿立方米，占库总容量的76%，成渝地区双城经济圈自然禀赋优良，在构建长江上游生态屏障中具有举足轻重的地位。近年来，随着环保政策的趋严和执法力度的加大，成渝两地生态环境质量改善初见成效。2018年，成都、重庆城区空气质量达标天数分别为251天、316天，比2017年分别增加16天、13天，2018年长江干流重庆段总体水质为优，15个检测断面水质为Ⅱ类，而支流的水质也有所改善，114条支流共计196个监测断面中，Ⅰ~Ⅲ类、Ⅳ类、Ⅴ类和劣Ⅴ类水质的断面比分别为81.1%、12.7%、3.1%、3.1%。生态环境有所改善，但整体形势仍有待提升。

1. 空气污染情况

随着成渝地区双城经济圈建设进程的加快,近年来许多城市的空气污染由原始的煤烟燃烧污染转变为了由燃煤、工业废气、汽车尾气和工业粉尘等混合的复合型污染,加上两地地势相对较低,境内排放的空气污染源不易被稀释和扩散,导致区域性空气污染程度加重。2019年,受大气扩散等不利因素影响,成渝地区空气污染略有加重,不少区县出现了中度和重度污染情况。

2. 水土流失和污染情况

成渝地区双城经济圈许多市横跨长江及其重要支流,受人们日常生活、城市开发建设和工业生产等影响,水土流失和污染时有发生。目前重庆是我国水土流失最为严重的城市之一,年均土壤侵蚀量约为9000万吨。另外,大溪河、沱江、花溪河等重要流域两岸工业企业众多,为逃避监管,在长江流域偷排、直排、乱排等现象时有发生,严重影响周边生态环境并对长江流域生态安全造成威胁。

3. 垃圾污染情况

成渝地区双城经济圈常住人口约为9800万人,随着生活水平的不断提高,垃圾产量也在不断增长。据统计,重庆市日均垃圾约为0.8万吨,垃圾处理任务艰巨。

(六)行政区划与经济区划不统一,政策协调难度较大

区域一体化进程中,大市场与小政府之间的矛盾始终存在,行政区划与经济区划不统一现象较为普遍,但成渝地区双城经济圈是跨省级战略,这增加了二者的协调难度,其建设过程受到的制约和掣肘会更强。行政区划是国家行政管理的区域组织系统,是政治、经济、地理、历史、民族等因素综合作用的产物,较为固定。而经济区划是资源禀赋、产业结构、社会分工等共同作用的结果,与人类的社会经济活动密切相关,相对灵活。近年来,成渝地区双城经济圈建设虽然在构建区域统一大市场、促进区域经济一体化发展方面取得了重大进展,但仍未从根本上解决要素市场分割的问题,究其原因

在于行政区划经济与地方经济、行政框架等存在连锁关系，暂无法仅依靠法律法规的约束性条款来解决根本性问题。成渝地区双城经济圈建设过程中，各地方政府基于各自的既得利益对经济一体化建设协调促进政策可能存在抵触不执行的情况，导致政策执行效果不佳，政策协调难度较大。主动推进行政区划与经济区划适度分离是当前推进成渝地区双城经济圈建设的明智选择。

五 推进成渝地区双城经济圈建设的建议

在全球经济低迷，贸易保护主义抬头和新冠肺炎疫情肆虐的影响下，全球产业链价值链深度重构已经不可避免。在经济形势低迷的情况下，东部沿海城市集体迈入中等发达经济体行列，经济增长趋于稳定收敛，对我国经济增长的贡献难以显著提高，积极推动成渝地区双城经济圈建设有利于我国于21世纪中叶顺利实现全面建成社会主义现代化强国目标。成渝地区双城经济圈必将成为我国下一步产业布局的重点区域，其建设需要通过优势互补、扬长避短形成错位发展模式以支撑国家经济安全。《成渝地区双城经济圈建设规划纲要》提出要尊重客观规律，发挥比较优势，把成渝地区双城经济圈建设成为具有全国影响力的重要经济中心、科技创新中心、改革开放新高地、高品质生活宜居地。针对成渝地区双城经济圈建设问题提出以下几点建议。

（一）完善梯队建设，分层推进双城经济圈建设

《成渝地区双城经济圈建设规划纲要》提出到2035年，要将成渝地区双城经济圈建设成为具有国际影响力的活跃增长极和强劲动力源。发展过程中要以发挥优势、彰显特色、协同发展为导向，突出双城引领，强化双圈互动，促进两翼协同，统筹大中小城市和小城镇发展，促进形成疏密有致、集约高效的空间格局。

首先，要突出成都与重庆的辐射带动作用，全面提升两地发展能级和综

合竞争力。其中，成都要打造区域经济中心、科技中心、世界文化名城和国际门户枢纽，形成"一山连两翼"城市发展新格局；重庆要建设国际化、绿色化、智能化、人文化现代城市，打造国家重要先进制造业中心、西部金融中心、西部国际综合交通枢纽和国际门户枢纽，重塑"两江四岸"国际化山水都市风貌。

其次，要围绕重庆主城和成都培育现代化都市圈，带动中心城市周边市地和区县加快发展。一方面，要充分发挥成都带动作用和德阳、眉山、资阳比较优势，加快生产力一体化布局，打造成德临港经济产业带、成眉高新技术产业带、成资临空经济产业带；另一方面，要梯次推动重庆中心城区与渝西地区融合发展，畅通璧山、江津、长寿、南川联系中心城区通道，强化涪陵对渝东北、渝东南带动功能，推进綦江、万盛一体建设西部陆海新通道渝黔综合服务区和渝黔合作先行示范区，打造重庆中心城区辐射带动周边的战略支点。

再次，要依托资源禀赋、人员往来、产业联系等方面优势，推动重庆、成都都市圈相向发展，推动渝东北、川东北地区一体化发展，推动川南、渝西地区融合发展，形成双圈互动两翼协同新格局。

最后，要分类指导、科学施策，引导各级城市发展。针对成都和重庆两个特大城市要合理控制规模，优化开发布局，积极防治"大城市病"。对大中城市，要主动承接特大城市产业转移和功能疏解，夯实经济基础，改善人居环境，提升居住品质。针对县城要推动公共资源适当倾斜，补齐短板，补强弱项，提升县域经济发展能力。针对小城镇，要切实放权赋能，通过规划引导、市场运作，积极培育特色小镇。

（二）坚持分类指导，形成错位发展产业格局

成渝地区双城经济圈建设要坚持市场主导、政府引导，构建高效分工、错位发展、有序竞争、相互融合的现代产业体系。各市应当明确自身功能定位，充分发挥自身优势，推进产业集聚和分工协作。一是要强化产业规划布局。突破行政区划限制，分类指导，共同编制产业协同发展规划、指导目录

和产业地图,加强重大项目对接和招商政策协同,促进产业错位发展和特色布局,形成产业链上下游密集配套、集群稳步发展的良好势头。二是要着力推进成渝地区双城经济圈产业合作,充分发挥龙头企业的带动作用,依托成渝两地的独角兽企业及核心制造企业,逐步形成核心服务+外围配套的区域产业发展格局。三是各区县应该立足于自身特色优势,建立区县特色产业发展集群,形成城市区域产业链并大力从其他地区引入高附加值产业环节,优化本地产业结构,确保合作大于竞争,实现错位发展,构建优势互补、高效分工、竞争有序、相互融合的现代产业体系。

在制造业方面,要充分利用本地区矿产富集及清洁能源丰富等的优势,通过"5G+工业互联网"推动传统制造业转型升级。同时要积极发展清洁能源+储能产业,推动建设国家级清洁能源生产中心。另外,要通过鼓励创新、主动承接产业转移等方式大力发展东数西算、高端装备制造等新兴产业。

在农业方面,要着力打造现代农业体系,提高农业机械化、智能化水平,鼓励规模化种植养殖业发展,逐步改变自给自足的小农经济生产方式,通过现代物流体系将优质农产品配送到全国各地。

在服务业方面,一是要全面推进金融体系改革,积极引入优质金融资源,主动开展绿色金融、科技金融等创新试点,努力提升金融服务实体经济水平。二是完善知识产权保护体系,建立健全新技术、新产业、新业态、新模式知识产权保护规则,完善知识产权权益分配机制,健全以增加知识价值为导向的分配制度,促进知识产权价值实现。三是要引导制造企业延伸服务链条、发展服务环节,推动生产服务型企业创新服务供给,提升制造业服务化水平和全产业链价值。

(三)加大政府交通基础设施建设投资力度,全力提升交通综合运输能力

成渝地区双城经济圈建设要重视规划引领作用,围绕"一带一路"、"双循环"和"渝新欧"等国家战略和倡议,科学谋划交通布局,加快实现区域内交通一体化目标。

一是要加大交通基础设施建设投资力度。根据交通基础设施社会属性，合理确定交通投资主体，建立以政府投入为主、多种融资方式互为补充的投资体系，按照财权与事权相匹配的原则，合理划分各级政府在交通基础设施建设方面的投资义务，建立政府投入增长长效机制，提高对成渝地区双城经济圈的交通投资力度，积极引导社会资本积极参与，建立起系统完备、科学规范、运行有效的投融资体制机制。

二是全面提升成渝地区双城经济圈综合交通运输能力。在航运方面，要加快成都天府国际机场、双流机场和重庆江北机场改扩建，拓展航线数量，着力打造成都、重庆两地国际枢纽地位。同时要研究布局乐山、阆中、雅安、遂宁等各城市小型民用机场布局，着力提高小型民用机场品质，发展民航与铁路、公路的联运业务，有效降低航运成本。在公路建设方面，要畅通对外高速公路通道，强化主要城市间快速联通，加快推进省际待贯通路段建设，全面推动G318川藏公路升级改造，加快成渝、渝遂、渝泸、渝邻和成自泸赤等国家高速公路繁忙路段扩能改造，加强干线公路与城市道路有效衔接。推动毗邻地区互联互通，建设重庆至合江至叙永、泸州至永川、大足至内江、铜梁至安岳、南充至潼南、大竹至垫江、开江至梁平等高速公路。在铁路建设方面要维护更新设备，大幅缩减城际连接时间，降低运输成本，完善城际高铁和城际轨道交通建设，提高城市交通的可通达性。加快推进川藏铁路，成都至西宁、重庆至昆明、成都至自贡至宜宾、重庆至黔江、郑州至万州铁路襄阳至万州段等铁路项目，研究规划重庆都市圈环线、成都外环、绵遂内等连接重庆中心城区、成都与周边城市的城际铁路和都市圈市域（郊）铁路，优先利用铁路资源开行城际、市域（郊）列车，基本建成中心城市间、中心城市与周边城市（镇）间1小时交通圈和通勤圈。有序推进重庆、成都城市轨道交通规划建设。在水路运输方面，健全以长江干线为主通道、重要支流为骨架的航道网络，优化十支流水库群联合调度，研究优化长江上游分段通航标准，加快长江上游航道整治和梯级渠化，畅通岷江、嘉陵江等航电枢纽建设。加强港口分工协作，构建结构合理、功能完善的港口群，打造要素集聚、功能完善的港航服务体系。

（四）联防联建，共抓生态保护

筑牢长江上游重要生态屏障是成渝两地共同肩负的责任和使命。《成渝地区双城经济圈建设规划纲要》提出要坚持共抓大保护、不搞大开发，把修复长江生态环境摆在压倒性位置，深入践行绿水青山就是金山银山理念，坚持山水林田湖草是一个生命共同体，深入实施主体功能区战略，全面加快生态文明建设，形成人与自然和谐共生的格局。

一是要全力推进跨区协同，联合开展现有环保标准差异分析评估，主动衔接国家生态环境标准体系，以环境质量目标、污染防治攻坚问题和经济结构调整为导向，制定统一的环保标准技术规范，严格执行长江经济带发展负面清单管理制度，建立健全生态环境硬约束机制。

二是要加强重点污染源防治，深化大气污染联防联控和环境风险协同管控，加强跨区大气环境监测及信息共享，突出交通污染、工业废气和PM2.5、臭氧污染协同防控，以实现成渝地区优良天数增加和PM2.5浓度下降为重点，持续提升大气污染治理工作能力和水平。完善水环境污染联防联控机制，重点推进长江、嘉陵江、乌江、岷江、沱江等流域生态廊道建设，协同推进三峡库区水环境监测和综合治理。以零污染零排放为目标，全力引进国内外垃圾处理先进技术，科学推进垃圾处理站的规划和修建。

三是主动推进绿色转型发展，重点培育壮大节能环保、清洁生产、清洁能源产业，鼓励现有企业推行生产技术革新，降排减排，实现循环式生产。

（五）强化改革创新，加快推进经济区划与行政区划适度分离

经济区划与行政区划分离需要正确处理好政府与市场的关系，既要尊重市场，充分发挥好市场在资源配置中的决定性作用，又要突出政府指导、监督作用，科学构建高效政府，全面提升政府现代化治理能力。

一是建立集约高效、保障有力的组织架构体系。成渝地区双城经济圈建设，必须遵循经济圈建设规律，改变传统行政区划资源配置模式，按照"决策层+协调层+执行层"的组织架构，成立跨行政区划的领导管理机构，

同时地方政府应以事权范围为基础,以"清单制+责任制"细化责任,积极探索经济区划和行政区划适度分离,打破行政对要素自由流动的政策阻隔。

二是建立共同讨论、统一编制、联合实施的规划体系。构建总体规划—专项规划—详细规划统一可实施的规划方案,实行多规合一,确保各城市规划有效衔接、协调一致,避免同质竞争。

三是建立激励有效、约束有力的考评机制。积极探索导向鲜明的监督考评机制,建立经济区和行政区适度分离的考评办法,适度减少对产业转移、技术输出地政府的经济考核目标要求,将毗邻地区一体化发展作为地方绩效考核的组成内容。

(六)共建共享,促进公共服务均等化

一是要以便利化、普惠化、均等化为目标,结合成渝地区城市群基本情况,制定基本公共服务标准,完善基本公共服务供给体系,突出政府在基本公共服务供给保障中的主体地位,充分发挥市场机制作用,引导社会组织、相关企事业单位和公众参与,推动基本公共服务提供主体多元化。以重点项目建设为抓手,加大对周边地区的投资支持力度及财政保障力度,保障基本公共服务全覆盖。

二是要完善医疗、保险、教育、卫生、养老等服务体系建设,明确行业准入门槛及政府审批程序,本着"公平、公正、公开"的基本原则,积极引入社会资本投资。重点以县(市、区)为单位,有步骤、分阶段推动各项事业的规划、政策、投入、项目等同城化管理,统筹设施建设和人员安排,推动城乡服务内容和标准统一衔接。

三是要明确责任分工,强化监督问责机制。按照财权与事权相匹配的原则,合理划分各级部门职责权限,共建共享,建立长期稳定的财政投资制度,定期公布政府在公共服务均等化方面的工作内容,并自觉接受各级人大、政协及社会大众的监督问责。

B.3
优化和稳定成渝地区双城经济圈产业链供应链对策研究

易小光*

摘 要： 优化和稳定成渝地区双城经济圈产业链供应链是我国拓展市场空间、保障经济安全的重要内容。目前，成渝两地已形成各自产业优势，具备协同发展潜力空间，但产业链供应链水平不高、协作不够、韧性不强、支撑不足等问题亟待解决。建议强化轴向拓展，打造带动成渝地区双城经济圈区域循环发展的动力轴；实施产业链供应链合作跃升行动，提升产业链供应链现代化水平；提升产业平台作用和能级，强化产业集聚能力；强化开放发展，构建内外互促共进协同发展的产业链；强化金融要素引领，完善区域资源要素保障体系；勠力同心，共同争取国家产业政策及相关配套政策；发挥政府与市场作用，发挥企业和企业家主体作用。

关键词： 产业链 供应链 协同发展 成渝地区双城经济圈

产业链供应链是指原料供应商、制造商、分销商、零售商和最终消费者等所有参与生产、流通和消费过程的经济主体，以及主体之间的物料、资金、信息等要素流动和相关经济活动的链条。"十四五"期间，经济全球化遭遇逆流，疫情影响深远，世界进入动荡变革期，全球产业链供应链稳定深受影响。我国加快构建以国内大循环为主体、国内国际双循环相互促进的新

---

* 易小光，重庆市综合经济研究院院长。

发展格局，致力于推进产业基础高级化、产业链现代化。在高端装备、先进材料、核心零部件、重要科学仪器、工业软件等领域补短板，在5G技术、高铁装备等部分具有全球领先优势和已形成具有全球竞争力的产业集群领域锻长板，着力激发强大内需潜力等是促进我国产业链供应链稳定安全的关键。推动成渝地区双城经济圈建设，是党中央、国务院在深刻复杂变化的国内国际环境下做出的重大战略部署。积极拓展市场空间，优化和稳定区域产业链供应链，畅通产业循环、市场循环、经济社会循环，是推进构建新发展格局，将成渝地区双城经济圈打造成带动全国高质量发展的重要增长极和新的动力源的核心支撑，是落实国家重大战略部署的重要路径。

一 优化和稳定成渝地区双城经济圈产业链供应链是我国拓展市场空间、保障经济安全的重要内容

（一）有利于建设国家双循环重要枢纽，拓展市场发展空间

成渝地区具有较为完整的产业体系、强大的生产能力、巨大的市场规模，在西部地区参与国内国际双循环新发展格局建设中优势明显。目前，成渝地区中间使用、最终消费、最终投资、进出口、区域流入流出分别占全国的6.1%、6.6%、6.2%、3%、11.7%，占西部地区的37.8%、31%、26.3%、36.3%、45.3%，发挥成渝地区区位优势以及中欧班列、陆海新通道功能，强化国内区域合作和面向欧亚地区的市场开放，充分利用"两种资源、两个市场"，有利于促进产业链供应链立足成渝、带动西南西北、辐射东南亚、面向全球，进一步扩大生产、分配、交换、消费市场，建设国家双循环新发展格局的重要枢纽。

（二）有利于强化国家战略腹地支撑力，确保国家经济安全

成渝地区是我国内陆战略腹地，曾经是"三线"建设的重要承载地，为国家经济社会发展作出了重大贡献。当今世界面临百年未有之大变局，国

际形势更趋复杂、地缘政治博弈更加激烈，成渝地区作为国家战略大后方和资源重地，具有完备的国防体系、健全的产业结构、富庶的粮食供给、强大的原料市场、丰富的能源储备，通过加强"新三线"军工和基础产业布局，完善生产制造、科技研发、战略储备体系，有利于进一步打造国内新动力源、培育国内新市场，保障国家经济、军工国防、交通通信安全，强化国家战略腹地支撑，确保供应链安全和产业链抗风险能力。

（三）有利于培育打造世界级产业集群，形成带动全国高质量发展的重要增长极和新的动力源

区域协调发展格局的形成需要增长极的引领和带动。目前，成渝地区产值规模上万亿元的产业集群主要有交通装备、电子信息、食品烟草三大行业，农林牧渔、金融、化工、批发零售、交通物流、非金属矿物制品产值突破5000亿元。通过发挥两地产业体系相对完善、比较优势相对突出的特点，集中力量、整合资源、优化配置，提升产业链供应链现代化水平，有利于增强区域产业发展国际竞争力，打造汽摩、装备、电子、材料、消费品等一批世界级和国家级产业集群，成为我国继京津冀、长三角、粤港澳大湾区又一个高质量发展重要增长极。

二 现实基础和存在的问题

（一）成渝两地已形成各自产业优势，具备协同发展潜力空间

初步形成了在全球、全国范围具有一定竞争力和影响力的制造业体系及产业集群。成渝地区是我国制造业重要集聚区，工业总量已达6万亿元左右（四川省4万亿元左右、重庆市2万亿元左右），产能优势加快形成。其中，在电子信息方面，两地总规模约1.5万亿元，四川在集成电路封装测试、软件等细分领域具有相对优势，拥有英特尔、德州仪器、申威半导体等100多家集成电路企业，软件信息服务规模超过3000亿元，重庆在笔记本电脑、手机、晶圆制造等细分领域具有相对优势，是全球最大笔记本电脑制造基地、全国第二大手机制造基地、晶圆制造产能全国第4。在装备制造（含汽车、摩托车）方面，两地总规模约1.4万亿元，四川在重型装备、航空航天、能源装备等细分领域具有相对优势，具有东汽、成飞等一批国内龙头企业，重庆在汽车、摩托车等细分领域具有相对优势，拥有长安、通用、现代、福特、上汽等国内外龙头企业。资源加工、能源化工、先进材料等产业链相互配套已有实践基础，四川在矿产资源开采、基础化工原料等上游领域较有优势，重庆在铝加工、复合材料、合成材料等下游领域具有相对优势，川渝两地企业物料的本地配套率达到20%～30%。成渝两地传统产业数字化不断提速，数字化治理能力不断提升，两化融合指数、5G网络等新型基础设施建设进入全国第一方阵。

搭建起一批具有带动和承载作用的重大产业平台。目前，成渝两地已经基本形成以两江新区、天府新区2个国家级新区，重庆高新区、成都高新区等12个国家级高新区，重庆经开区、成都经开区等11个国家级经开区，两路寸滩、西永、成都国际铁路港等9个国家级综合保税（港）区为核心，以150余个省（市）级特色产业园区为主体的产业平台体系，还拥有重庆、四川两个自贸区以及中新（重庆）互联互通示范项目等开放平台和4个国家物流枢纽，园区平台集聚了成渝两地80%以上的规模工业经济总量，成为成渝两地经济发展主要承载平台和最具活力的区域（见表1）。

表1 成渝两地国家级园区汇总

类别	园区名称
2个国家级新区	两江新区、天府新区
10个保税（港）区	两路寸滩保税港区、西永综合保税区、江津综合保税区、涪陵综合保税区、万州综合保税区、成都国际铁路港综合保税区、泸州综合保税区、宜宾综合保税区、成都高新综合保税区、成都高新西园综合保税区
12个国家级高新区	重庆高新区、璧山高新区、永川高新区、荣昌高新区、成都高新区、自贡高新区、绵阳高新区、乐山高新区、泸州高新区、内江高新区、德阳高新区、攀枝花高新区
11个国家级经开区	重庆经开区、长寿经开区、万州经开区、成都经开区、遂宁经开区、宜宾临港经开区、广安经开区、绵阳经开区、广元经开区、德阳经开区、内江经开区

续表

类别	园区名称
6个国家物流枢纽	重庆港口型国家物流枢纽、重庆陆港型国家物流枢纽、重庆空港型国家物流枢纽、成都陆港型国家物流枢纽、遂宁陆港型国家物流枢纽、四川达州商贸服务型国家物流枢纽

与国内主要城市群、沿海及周边省市的产业联系更加紧密。近年来，成渝两地依托公铁水空对外立体交通通道，强化与长三角、粤港澳、京津冀等国内主要城市群及东部沿海地区的联系，积极融入国内大循环。东向，依托长江黄金水道强化与上海港合作，通过共建渝甬等铁海联运班列，与长三角城市群强化产业合作。东南向，通过共建产业合作园区，积极承接粤港澳地区产业转移，提升与珠三角城市群合作水平。北向，与京津冀等城市群在创新等领域强化合作，引进高校和科研院所，着力提升区域产业创新能力。与周边地区推动港口协作和通道联动，促进物流便利化，深化产业合作。成渝两地通过共建川渝合作示范区（广安片区、潼南片区）等，强化产业通道合作，促进产业协作配套，共建区域市场。

通过国际物流大通道联动国际国内大市场。近年来，成渝两地构建了以长江黄金水道、中欧班列、西部陆海新通道、空中通道等为代表的国际物流大通道，连接东亚、东南亚、欧洲、"一带一路"沿线国家及全球。成渝两地成为国内外产品和要素资源的重要集散地，国内笔记本电脑、手机等智能终端、汽车整车及零部件、轻工产品、机械产品、工艺工业用品、日用品等出口，以及国外整车、医药及医药器械、奶粉、木材及木制品、电子通信、机电、轻工等进口快速增长，带动成渝两地乃至西部地区深度参与全球产业链分工，形成"全球采购、全球生产、全球销售"的国际产业新格局。目前，成渝两地引进世界500强企业近400家。

（二）产业链供应链水平不高、协作不够、韧性不强、支撑不足等问题亟待解决

近年来，成渝地区产业高端化、智能化、现代化水平得到显著提升，但

受全国经济梯度布局和非均衡发展战略、差异化的开放政策影响，加之地处内陆，受地形地貌限制，成渝地区在拓展市场空间、优化和稳定产业链供应链方面的问题突出表现在以下几个方面。

1. 产业链价值链处于中低端

一是制造环节竞争力不足。成渝两地制造业高附加值环节相对缺乏，规模较大的电子信息等产业多为组装环节，核心零部件研发制造有待提升；汽车产业在系统控制、汽车电子、电机电池等环节尚处于起步阶段；装备制造总体还比较缺乏系统集成企业，成套化能力还有待加强。规模以上工业战略性新兴产业、高技术产业占比别为25%、19.2%，与东部发达地区仍有一定差距。[①]

二是高端生产性服务环节薄弱。成渝两地特别是重庆，研发设计、检验检测、商务咨询、信息服务等知识型高端生产性服务业发展很不充分，难以支撑本地产业向中高端环节迈进。

三是引领带动性的龙头企业少。成渝两地仅有17家本土企业上榜中国500强，没有一家进入世界500强行列。独角兽企业3家，A股上市公司186家，与东部发达地区差距较大。[②]

2. 产业开放性协作性不够

一是成渝两地的产业链供应链协同发展机制尚未形成。受地方行政体制、行政区经济考核、经济发展阶段等因素影响，成渝两地主导产业协同发展内生动力不足。两地电子信息、装备制造、汽车制造等优势产业雷同、错位发展不够，两地产业相似度高达95%，产业合作主要局限于要素合作和项目合作等方面，产品配套和供应链更多专注本地区域，缺乏产业链优势环节合作，在制定标准、联合研发、共同拓展市场、商贸平台互用、产业准

[①] 2019年，上海规模以上工业战略性新兴产业、高技术产业占比分别为32.4%、30.3%，广东省规模以上工业战略性新兴产业、高技术制造业比占比分别为37.7%、32.0%。

[②] 广东省上市公司达577家，占全国的16.42%；浙江省上市公司达421家，占全国的11.98%；北京突破了319家。独角兽企业北京74家、上海34家、浙江省16家、广东省16家。

入、投入准入、金融创新、服务机构互设互认等领域的合作尤其不足。

二是与其他区域的产业链供应链合作深度广度不够。目前，成渝两地与长三角、珠三角、京津冀等国内主要城市群及东部发达地区在产业合作方面的深度不够，仅停留在合作共建产业园区，飞地经济模式尚在探索，共建共享利益分享机制尚未建立，产业链供应链深层次合作尚不够。国际合作程度不深，通过西部陆海新通道、中新互联互通示范项目等与新加坡等东南亚国家和地区合作深度不够，与"一带一路"及中欧班列沿线国家合作水平有待提升，中德、中意、中英等国际合作产业园建设成效不显著，境外合作产业园区建设带动成渝两地优势产业输出不够。

3. 产业链供应链韧性不强

一是进出口依存度较高的产业存在断链、卡链风险。受疫情及中美贸易摩擦影响，发达国家强化了关键零部件断供。成渝两地汽车、电子、装备制造等重点支柱产业国际化程度较高，产业链条长且复杂，CPU、芯片、操作系统等严重依赖进口的"核芯"关键零部件受到发达国家出口管制，一定时期内存在断链、卡链风险。

二是支柱性产业链韧性、供应链稳定性不够。成渝两地本土配套企业主要集中于层级较低的生产加工领域，支柱产业很多领域尚未完全实现国产化，存在技术和产品"卡脖子"问题。汽车产业的变速器、电喷系统、芯片等零部件，电子产业的芯片、内存、硬盘等零部件，装备行业的高强度钢、高精度轴承、传感器、机床数控系统等均无法短期内实现国产替代。此外，材料行业所需铁矿石、铝土矿、石油等，医药行业所需的全自动化学发光免疫分析仪、手术机械动力装置、内窥镜等产品关键零部件也主要依赖外部供应，暂不具备国产替代条件。

4. 产业平台支撑作用不足

一是国家级开发区产出强度相对较低。成渝两地的两江新区、天府新区及各类国家级开发区产出强度较沿海发达地区开发平台相比较低。2019年，国家级开发区土地集约利用监测统计结果显示，成渝两地开发区虽在西部排名相对靠前，但从全国来看，仅有重庆经开区和重庆高新区排名产城融合型开发区（共110个）第4、第5，四川绵阳出口加工区、重庆西永综合保税区、成都高新综合保税区和两路寸滩保税港区进入工业主导型开发区（共421个）排名前100，成渝两地其他开发区在全国排名相对靠后。

二是各类开放平台潜力未能充分发挥。成渝两地虽拥有国家级平台40余个，各类省级园区150余家，但产业平台支撑产业发展的潜能尚未充分发挥。两江新区和天府新区对周边产业的引领带动作用不够，未能形成强大的产业链供应链体系。两地自贸区、保税（港）区、口岸和中新项目在引领产业开放发展、产业引进培育、融入国际产业链供应链体系等方面作用发挥不够。

三是创新平台对产业发展支撑不够。成渝两地拥有以重庆、成都科学城为引领的一大批创新平台，但由于两地协同创新支撑体系尚未建立，产学研发展不充分，产业创新能力不强，难以支撑两地产业链加快升级。

三　对策建议

（一）强化轴向拓展，打造带动成渝地区双城经济圈区域循环发展的动力轴

立足成渝地区双城经济圈"双中心"结构的经济联系特征，围绕强化经济轴带引领作用，加快打造带动成渝地区区域循环发展的动力轴带，深度融入国内国际双循环，不断优化和稳定双城经济圈产业链供应链。

1. 加密成渝中部主轴联系，打造"双城互动"发展动力轴

围绕共同培育世界级产业集群，携手共建世界级制造业产业集群、金融中心、物流中心、科技创新中心、公共服务中心等国家级战略性功能平台，加快推动成渝中线高铁主通道建设，联动现有成渝铁路、成遂渝铁路和成渝高铁等成渝"双核"通道，培育发展重庆和成都两大现代化都市圈，做大做强成渝中轴线重要节点城市，打造推动成渝相向发展、携手共进、协同开放的"双城互动"发展动力主轴。以加密主轴联系整体增强成都和重庆双城经济紧密度及关联度，促进城市功能布局优化和发展能力跃升，全面提升

可持续发展能力、区域带动力和国际竞争力，引领带动双城经济圈发展。

2. 促进沿江城市协调发展，构建"多点支撑"发展动力轴

围绕建设辐射带动更大范围的区域中心城市，强化规划衔接、政策协调、项目统筹，整体提升万州、涪陵、泸州等沿江城市综合实力和发展质量，增强在成渝地区双城经济圈一体化协同发展中的示范引领带动作用，协同打造"多点支撑"的沿江发展动力轴。着力完善沿江城市服务区域的现代化城市综合功能，推动基础设施、产业布局、要素市场等一体化，建立符合高质量发展和区域联动协同发展的利益共享机制，带动双城经济圈深度融入长江经济带发展。

3. 加快重要交通轴线成型，建设"四向协同"发展动力轴

突出区域共建共享和四向通道联动，推动形成与重点城市群、重点国家和地区便捷高效联系通道，加快建设"四向协同"发展动力轴。提速推动兰渝、渝西、渝昆、渝黔、郑万、成南达万、沿江等重要高速交通轴线建设，建设出渝出川大通道，带动沿线中心城市高质量发展，强化与京津冀、长三角、粤港澳等主要城市群经济联系。坚持区域协作和统筹协调，合力建设西部陆海新通道，实现与东盟、中国—中南半岛、孟中印缅经济走廊等全面对接融入。推动广安、南充、合川、北碚等嘉陵江流域重点城市在产业链共建、供应链协同等领域开展全面合作，建设嘉陵江流域发展动力轴。

（二）实施产业链供应链合作跃升行动，提升产业链供应链现代化水平

围绕促进产业基础高级化、产业链现代化水平提升目标，着力构建"一圈一体系"（产业生态圈、指导服务体系），突出顶层设计与具体路径的结合。

1. 分类施策，构建融入国家和全球产业链的区域产业生态圈

针对电子信息、汽车两大类具有较好基础的产业，应强化两地政府协同共进力度。电子信息、汽车两大产业集群在全国具有一定的影响力，可代表国家参与全球竞争。应致力于协同共进，以培育产业生态圈的方式推进发

展。由统筹推进成渝地区双城经济圈的机构牵头，制定区域专项产业规划，着力增强创新引领力，构建区域开放一体化市场，打造稳定共享的供应链体系，提升产业集群全球竞争力。

针对两地各具比较优势类的产业，应突出核心城市构建发展大平台。如成都在重型装备、航空航天、能源装备领域具有一定优势，重庆在轨道交通、摩托车等领域具有一定优势，但两地均未形成在全国的竞争优势。针对这类产业，重点是要进行要素的市场化改革，核心城市要引进、培育大的企业，构建发展大平台，通过核心企业来提高要素的配置效率。

针对食品轻工等民生类的产业，应突出转型升级，打造区域产业链供应链主体环节，增强安全韧性。如针对成渝酒类、食品类加工业，化学纤维、纺纱、织布和成衣等纺织服装产业，应突出绿色化、智能化发展路径，强化上下游产业链深度融合，做大个性化定制等新兴业态规模，共同承接沿海地区成衣产能转移和国际快消品牌服装订单。

针对5G、人工智能、物联网等新技术引领型产业，应在技术驱动和应用驱动双向发力，培育未来新经济类产业集群。对于硬核技术驱动类产业，应共同向国家争取"一装置三中心"（大科学装置、制造业创新中心、产业创新中心和技术创新中心）等重大创新平台和资源布局。对于技术应用类产业，应结合未来消费趋势，做强城市通道、枢纽等功能，通过功能突破来引致消费甚至是创造消费。

2. 合作共进，构建促进区域产业链供应链稳定服务体系

发挥政府作用，围绕两地共建产业集群，形成全力推动机制及公共服务平台。一是搭建区域共推产业链链长制。围绕重点产业集群，梳理产业链供应链重点企业和关键环节清单，建立区域重点产业链长制。二是搭建区域公共服务信息平台，由两地政府牵头，构建涵盖企业、技术、市场的区域产业地图，逐步拓展相关产业国内国际资源信息，及时共享，为企业开拓市场、寻求资源提供有效支撑。

激发市场活力，组建重点产业链联盟。借鉴长三角企业家联盟组织和运作方式，组建汽车摩托车、电子信息（集成电路、软件等）、高端装备（航

空航天、节能环保等）等重点产业的各类产业链联盟，定期召开企业家联盟主席会，推动成渝地区双城经济圈各产业链的循环畅通，推动平台化、智能化产业升级和集群发展。

（三）提升产业平台作用和能级，强化产业集聚能力

发挥各类各层级平台优势，补齐短板，搭建主体牵引、功能互补的发展格局，优化协同联动机制。

1. 以重大平台为引领，构建多层次平台共同支撑的产业生态圈

编制成渝地区双城经济圈重大平台重点产业布局招商指引地图，分类分层推进产业链供应链合理布局和完善。继续发挥两江新区、天府新区两大国家开发开放平台的核心引领支撑作用，加快建设重庆、成都科学城，提升西部科学城创新策源引领功能，作为承接国内外高端产业、培育未来产业、集聚创新资源的主载体。以23个国家级经开区及高新区为次级载体，围绕各开发区主体功能定位，着力补短板、强链接。以170余个省（市）级特色产业园区为多点支撑，对接国家级产业平台及开发区，共同构建产业生态圈。

2. 战略性合作与战术性实施共促，构建重大平台协同联动有效机制

战略上布好局，由两地政府牵头推进针对平台的顶层设计，进一步明晰各层级平台对接国家战略的主体功能，为资源配置和市场开拓谋好局。战术上落好子，建立成渝两地产业发展平台主体协作交流机制，定期（季度）召开联席会议，共商重大产业项目、重大创新资源、重大市场开拓等事项，促进资源的有效利用和平台的有序高效发展。

（四）强化开放发展，构建内外互促共进协同发展的产业链

优化和稳定成渝地区双城经济圈产业链、供应链，必须以更加开放的姿态，充分利用好国际国内两个市场，构建内外互促共进协同发展的产业链。

1. 主动融入共建"一带一路"，构建产业链供应链新渠道

重点依托西部国际陆海新通道，中欧班列（渝新欧）、中新（重庆）互

联互通合作示范项目等重大通道平台，加强与东盟等"一带一路"沿线国家和地区在市场深度拓展、资源开发利用、国际产能合作、科技研发创新、国际贸易等方面形成新的合作机制和渠道。

2. 深化与国内城市群的经济联系，增强产业链供应链的韧性和稳定性

重点加强与长三角、京津冀、粤港澳、长江中游等城市群的产业协作和市场培育，加快形成一批产业联盟、创新联盟，积极承接东部沿海地区的产业转移，增强本地产业的协作配套能力。

3. 进一步强化制度创新开放，打造国内一流的营商环境

抢抓国际经贸秩序重构机遇，重点聚焦优化涉外政务服务营商环境、改善外贸外资企业运营环境，建立同国际投资和贸易通行规则相衔接的制度体系，突出投资贸易的便利化自由化、营商环境的国际化法治化，形成开放的制度优势和治理优势，不断增强参与国际竞争的能力。

（五）强化金融要素引领，完善区域资源要素保障体系

以要素市场一体化促进区域一体化，以要素市场化配置促进资源要素在区域间自由流动，通过市场扩大即交换范围扩大巩固和稳定产业链、供应链。

1. 推进金融要素市场一体化

围绕成渝地区共建西部金融中心，一是设立西部大宗商品期货交易所，促进期货业务多元化。以天然气、页岩气资源以及铝产业为重点，探索设立天然气期货、再生铝期货等国内空白品种。研究设立面向东盟市场的铁矿石、农产品、酒类等商品期货。依托国家级重庆油气交易中心，争取在成渝地区配置更多期货交割库。二是构建跨区域平台，争取设立西部证券交易所。推动成渝两地区域股转中心"双城通"，争取联合设立西部证券交易所，设立市场化债转股平台，打造综合性国际保险服务平台、国际供应链金融服务平台以及国际金融结算平台。

2. 推动土地要素市场一体化

促进土地要素在区域间自由流动和高效集聚。一是统一市场机制规则，

建设城乡统一的用地市场。探索建立统一的集体土地入市标准、增值收益分配机制，将重庆农村土地交易所打造成为成渝地区双城经济圈的跨区域土地交易平台。二是统一工业用地供给，推动产业用地市场化配置。制定统一的工业用地出让方式、出让年限、价格标准，创新土地使用方式，推动实现产业用地"混合型、复合化"利用。三是统筹土地资源管理，鼓励盘活存量建设用地。统一规划管理，联合建立低效闲置用地信息库，探索建立成渝地区建设用地、补充耕地指标跨区域统筹制度和交易机制，设立跨行政区域的土地执法机构。

3. 推动能源市场一体化

建立统一的煤、电、气、油等能源市场。一是健全互为供给机制，构建统一的能源交易市场。通过省（市）网互联，以电力、天然气为重点，建立错峰互济、跨域调节、互为备用等的资源优化配置机制，共同争取国家区域性油气、可再生能源、非常规油气等能源项目布局。二是统筹碳排放配额，构建区域统一碳市场。制定统一的行业标准和交易机制，引入更多投资交易主体，健全统一的交易制度、交易规则、排放配额、分配方式以及违约处理方式等市场规则，统筹分配碳排放配额指标。完善跨区域的交易体系、监管体系、市场服务体系。

（六）勠力同心，共同争取国家产业政策及相关配套政策

围绕产业协同发展，川渝两地加快共同争取国家政策支持。

1. 聚焦构建世界级产业集群争取产业扶持政策

争取成立针对成渝地区的国家产业专项基金，制定出台促进成渝地区产业发展的负面准入清单，布局一体化的区域性资本要素市场和专业商业银行，增强成渝地区保障国家经济安全的战略腹地支撑。

2. 聚焦产业发展支撑平台争取创新政策支持

重点争取国家支持自贸区、西部科学城、高新区、经开区等重大产业支撑平台共建共享，争取重大产业和基础设施项目向成渝地区倾斜。

3. 聚焦产业人才集聚争取相关配套政策

重点争取国家支持成渝地区人才体制机制改革创新，营造良好的人才生态环境；参照海南自由贸易港人才政策，出台支持区域集聚高端紧缺产业人才的个人所得税优惠政策（个人所得税实际税负超过 15% 的部分予以免征）。

（七）发挥政府与市场作用，发挥企业和企业家主体作用

优化和稳定成渝地区双城经济圈产业链、供应链，必须充分发挥政府与市场的作用。

1. 川渝两地政府协同推进

坚持市场主导、政府引导，加强重大产业规划的统一衔接、产业政策的协同制定，强化产业政策导向的宣传。同时，两地政府要创新招商引资模式，围绕重点产业开展联合招商。

2. 创设论坛营造发展氛围

创新设立具有重要区域影响力的年度"产业链供应链高端论坛"，加快促进成渝地区形成现代产业链供应链稳定发展的文化氛围。

3. 充分发挥市场主体作用

企业和企业家是产业链供应链构建的主体和直接参与者，鼓励企业增强现代产业链供应链管理意识，充分发挥企业家创新精神，主动嵌入全球产业链价值链的关键环节，打造一批行业龙头企业，加快引领形成产业集群。

B.4 双循环战略视野下成渝地区双城经济圈与重庆市的高质量发展[*]

莫远明[**]

摘　要： 双循环战略视野下，成渝地区双城经济圈价值凸显。推动成渝地区双城经济圈建设是深入实施双循环战略的重大举措。中央几次战略加持，为推动成渝地区双城经济圈高质量发展作出了顶层设计。两年多来，成渝地区双城经济圈建设成效显著。但面临体制机制问题、产业趋同问题、协调创新问题等发展障碍，也存在政府急市场不急、双城急圈层不急、一区急两群不急（一干急多枝不急）等潜在风险。"十四五"时期，成渝地区双城经济圈经济高质量发展需要辩证发展观指导。推动重庆市高质量发展，要注意对战略规划、开发区园区建设、消费品工业、国际消费中心城市、第三方评估等几个重大热点问题进行专题研究。

关键词： 双循环战略　高质量发展　重庆市　成渝地区双城经济圈

"十四五"时期，成渝地区双城经济圈建设作为国家区域发展战略将

---

[*] 本报告系四川省社会科学院"十三五"规划2020年度重大课题"成渝地区双城经济圈：打造高水平区域协作样板及协同发展评价指标研究"（批准号：SC20ZDCY009）、重庆市社会科学规划2020年度特别委托重点项目"新冠肺炎疫情防控视野的重庆市企业生产与经济发展研究"（批准号：2020TBWT-ZD05）、2021年度重庆市社会科学规划追加一般项目"夜经济助推两高示范区建设研究——以江北区为例"（批准号：2021YBZJ29）的阶段性成果。

[**] 莫远明，重庆工商大学成渝地区双城经济圈协同发展中心研究员，主要从事公共政策、区域经济研究。

迎来重大战略机遇。在双循环战略视野下看成渝地区双城经济圈建设发展，有利于更加科学地把握"十四五"乃至未来更长时期成渝地区双城经济圈发展面临的战略机遇、发展障碍和风险挑战，明晰对成渝地区双城经济圈高质量发展的走向判断和未来思路，进而助推中央和川渝两地的科学民主依法决策。

一 推动成渝地区双城经济圈建设是深入实施双循环战略的重大举措

党的十九届六中全会指出，加快构建以国内大循环为主体、国内国际双循环相互促进的新发展格局，推动高质量发展。2020年以来，我国在统筹疫情防控和经济社会发展的基础上，在进入"两个一百年"的历史交汇期、开启"十四五"的新发展阶段，贯彻创新、协调、绿色、开放、共享的新发展理念，提出了构建以国内大循环为主体、国内国际双循环相互促进的新发展格局。构建以国内大循环为主体、国内国际双循环相互促进的新发展格局，是新时代中央基于中国现阶段面临的国内外形势和未来经济社会发展趋势而作出的重大战略部署。上述重大战略部署简称双循环战略。双循环战略在"十四五"时期乃至未来更长时期对中国区域协调发展和区域优化布局将产生深远的影响。推动成渝地区双城经济圈建设是深入实施双循环战略的重大举措，成渝地区双城经济圈建设作为国家区域发展战略也将借此东风高质量发展。

十多年来，从成渝经济区到成渝城市群，再到成渝地区双城经济圈，体现了中央对成渝地区改革和发展的高度重视。中央也对成渝地区作了政策倾斜，出台了一系列国家级叠加优惠政策，如国家综合配套改革试验区、两江新区、天府新区、自贸区、综保区等在重庆、成都均有布局。

自2020年1月中央财经委员会第六次会议明确成渝地区双城经济圈建设上升为国家战略以来，在随后的两年多时间里，中央陆续几次对成渝地区双城经济圈建设进行战略加持。

2020年1月，中央财经委员会第六次会议作出推动成渝地区双城经济圈建设的重大决策部署，为新时代成渝地区发展提供了根本遵循和重要指引。这次会议提出了成渝地区双城经济圈建设"两中心两地"的战略定位和"一极"的发展目标，即具有全国影响力的重要经济中心、科技创新中心、改革开放新高地、高品质生活宜居地，在西部形成高质量发展的重要增长极。

2020年10月，中央政治局会议审议通过了《成渝地区双城经济圈建设规划纲要》，再次明确了成渝地区双城经济圈建设的"两中心两地"的战略定位，并优化完善了"一极一源"的发展目标，即具有全国影响力的重要经济中心、科技创新中心、改革开放新高地、高品质生活宜居地，形成带动全国高质量发展的重要增长极和新的动力源。

2021年2月，中共中央、国务院印发的《国家综合立体交通网规划纲要》，把京津冀、长三角、粤港澳大湾区和成渝地区双城经济圈4个地区作为极，加快建设高效率国家综合立体交通网主骨架，同时以这4个极来建设面向世界的4大国际性综合交通枢纽集群。这标志着从交通角度看，成渝地区双城经济圈事实上成为中国经济发展第四极。

2021年3月，《中华人民共和国国民经济和社会发展第十四个五年规划和2035年远景目标纲要》把"推进成渝地区双城经济圈建设，打造具有全国影响力的重要经济中心、科技创新中心、改革开放新高地、高品质生活宜居地"放在深入实施区域协调发展战略的"推进西部大开发形成新格局"中阐释。

2021年10月，中共中央、国务院正式印发《成渝地区双城经济圈建设规划纲要》，标志着成渝地区双城经济圈建设进入加快推动高质量发展的新征程。这是《成渝地区双城经济圈建设规划纲要》文本第一次面向社会公众公开发布。这是指导当前和今后一个时期成渝地区双城经济圈建设的纲领性文件，是形成优势互补、高质量发展的区域经济布局的重要抓手，也是制定相关规划和政策的依据。该纲要提出，立足构建以国内大循环为主体、国内国际双循环相互促进的新发展格局，围绕推动形成优势互补、高质量发展的区域经济布局，强化重庆和成都中心城市带动作用，引领带动成渝地区统筹协同发展，促进产业、人口及各类生产要素合理流动和高效集聚，加快形成改革开放新动力，加快塑造创新发展新优势，加快构建与沿海地区协作互动新局面，加快拓展参与国际合作新空间，推动成渝地区形成有实力、有特色的双城经济圈，打造带动全国高质量发展的重要增长极和新的动力源。除明确战略定位和发展目标外，该纲要从提升双城发展能级的角度对重庆、成都提出新的要求：重庆要建设国际化、绿色化、智能化、人文化现代城市，打造国家重要先进制造业中心、西部金融中心、西部国际综合交通枢纽和国际门户枢纽，增强国际影响力和区域带动力；成都要打造区域经济中心、科技中心、世界文化名城和国际门户枢纽，提升国际竞争力和区域辐射力。该纲要还对成渝地区双城经济圈建设提出了明确的阶段目标：到2025年，成渝地区双城经济圈的经济实力、发展活力、国际影响力大幅提升，一体化发展水平明显提高，区域特色进一步彰显，支撑全国高质量发展的作用显著增强。到2035年，建成实力雄厚、特色鲜明的双城经济圈，成为具有国际影响力的活跃增长极和强劲动力源。

二 成渝地区双城经济圈发展态势

成渝地区双城经济圈自2020年1月上升为国家战略以来，取得了明显的建设成效，但面临体制机制问题、产业趋同问题、协同创新问题等发展障碍，也存在政府急市场不急、双城急圈层不急、一区急两群不急（一干急多枝不急）等潜在风险。

（一）成渝地区双城经济圈建设成效

两年多来，在党中央、国务院坚强领导下，川渝两地深入学习贯彻习近平总书记重要讲话精神，在中央战略加持和重庆市委市政府、四川省委省政府、成都市委市政府的认真贯彻落实和社会各界的大力支持下，成渝地区双城经济圈发展总体向好，成渝地区双城经济圈动力源特征初步显现。

1. 加快理顺体制

在中央的指导下，重庆市委通过市委五届八次、九次全会，四川省委通过省委十一届七次、八次全会，分别完成两省市贯彻落实中央精神对成渝地区双城经济圈建设的顶层设计。两省市共同建立了决策层、协调层、执行层上下贯通的高效运作机制，建立了川渝党政联席会、常务副省长（市长）协调会、联合办公室、专项工作组的四级合作体制，主要负责对重大事项进行调度，形成了决策、协调、落实三级一体的高位协同机制，为推动成渝地区双城经济圈建设提供了有力的制度保障。川渝两地印发了加快推动双城经济圈建设的决定、贯彻落实《成渝地区双城经济圈建设规划纲要》联合实施方案及加强交通基础设施建设三年行动方案等。

2. 推进务实合作

两年多来，川渝两地牢固树立"一盘棋"思想和一体化发展理念，先后印发了贯彻落实《成渝地区双城经济圈建设规划纲要》实施方案等多个政策文件。推动重点任务举措、重大工程项目、重要改革事项全面落地。重庆、四川两省市加强与毗邻地区和重点领域的合作，启动建设川南渝西融合发展试验区及遂（宁）潼（南）、高（滩）茨（竹）新区等10个省际合作共建平台。以川渝毗邻地区一体化高质量发展为突破，积极探索经济区与行政区适度分离有关改革，如高竹新区试点。全面落实政务服务川渝通办事项清单，推动跨省通办事项线上"全网通办"或线下"异地可办"。两年多来，川渝两地共签署了200多项战略合作框架协议。这些合作协议涉及加强交通基础设施建设、加快现代产业体系建设、增强协同创新发展能力、优化国土空间格局、加强生态环境保护、推进体制创新、强化公共服务共建共享等七大领域，几乎涵盖了与区域经济一体化发展密切相关的方方面面。

3. 公共服务领域率先示范

两年多来，在加强公共服务共建共享方面，提升公共服务协同共建便捷共享水平取得明显实效。川渝两地联合开展交通通信、就业社保、医疗卫生等六大便捷生活行动，实施16项便民举措，近3500家定点医疗机构实现住院费用跨省直接结算，超过2.5万家医药机构实现普通门诊费用跨省直接结算市区（县）实现户口迁移迁入地"一站式"办理，住房公积金异地转移接续办理手续更加简化，极大地提升了川渝两地人民群众的宜居便捷度和幸福感。

（二）成渝地区双城经济圈发展障碍

成渝地区双城经济圈建设主要有三大发展障碍，分别是体制机制问题、产业趋同问题、协同创新问题。

1.体制机制问题

从体制上来看，重庆市是直辖市，四川省是省级行政区，成都为省会城市、副省级市，属于不同层级的行政体制，特别是川渝没有隶属关系。因此，两地存在制度壁垒、区域樊篱、市场垄断等现象，政府与市场边界仍然不甚明晰。近两年两地的合作基本上也是考虑到行政级别对等因素的合作，比如四川省的泸州市只能与重庆市的江津区合作，不能与重庆市直接对接，重庆市的江津区与四川省泸州市的泸县或纳溪区之类合作，两地合作的行政级别就不对等了。

2.产业趋同问题

由于川渝两地之前本是一家，在资源禀赋、产业布局等方面有诸多相似之处，出现了市场过度竞争或无序竞争问题，产业趋同（如重庆高新区与成都高新区，排名靠前的支柱产业趋同，如生物医药、装备制造、电子信息等产业），双城独大（2020年双城经济圈地区生产总值为6.6万亿元，但重庆、成都这两座城市就占4万多亿元）；市场主体自身缺乏活力，国资国企改革尤其是混合所有制改革力度不够，非公经济发展不充分，特别是民营企业发展艰难，运行成本偏高。

3.协同创新问题

基于体制机制问题和产业趋同问题，川渝两地在协同创新方面难度较大。从区域协同上看，这种协同不仅仅是川渝两地内部的协同，如重庆市主城区与成都主城区之间的协同，重庆主城区与渝东北三峡库区、渝东南武陵山区的协同，四川省"一干"与"多枝"的协同等。当然，川渝两地协同还表现在政策协同、产业协同等方面。

（三）成渝地区双城经济圈建设的潜在风险

目前成渝地区双城经济圈存在政府急市场不急、双城急圈层不急、一区急两群不急（一干急多枝不急）等风险点，须引起川渝两地高度重视。这就需要科学研判和推动成渝地区双城经济圈建设的三大风险防范，增强成渝地区双城经济圈高质量发展能力。

1. 政府急市场不急

国家区域发展战略向来突出政府主导，因此，成渝地区双城经济圈建设，川渝两地各级党委、政府积极性普遍较高，通过常委会、全会、党政联席会、部门工作对接会、集中调研总结会、动员大会等多种形式贯彻落实，在西部大开发第三个十年之际掀起了推动成渝地区双城经济圈建设的高潮，但市场主体对此反应较冷淡，活力不足、支撑乏力。

2. 双城急圈层不急

在中国区域经济版图中，长三角、粤港澳大湾区、京津冀是公认的三个经济增长极。成渝地区双城经济圈，与长三角、粤港澳大湾区、京津冀三大城市群仍有不小的差距。从城市群看有差距：2021年，长三角地区生产总值为27.6万亿元，粤港澳大湾区地区生产总值为12.6万亿元，京津冀地区生产总值为9.63万亿元，而成渝地区双城经济圈地区生产总值仅为7.39万亿元，差距较大。从城市看也有差距：2021年地区生产总值城市排名，上海、北京均突破了4万亿元，深圳突破了3万亿元，而重庆排名第5，为2.78万亿元，成都排名第7，为1.99万亿元，差距不小。至于人均地区生产总值，重庆、成都与上海比，差距更大。因此，成渝双城急于做大总量，缩小与京津冀、长三角、粤港澳三大发达区域板块差距以及与上海、北京等超大城市的差距，特别是做大做强主城区被列入发展优先序。而对圈层其他地方，特别是最外围圈层的地市、区县，吸引力并没有这么大。

3. 一区急两群不急（一干急多枝不急）

重庆在市域内推进"一区两群"协调发展战略。主城都市区资源禀赋、交通区位较好，经济与人口承载能力较强，处于战略核心位置，几乎囊括了所有国家级政策和平台，表现自然积极。而渝东北、渝东南地区，远离极核城市，经济基础薄弱，发展相对滞后，政策红利较少，再加之"共抓大保护、不搞大开发"理念下生态涵养和生态保护等因素，经济指标考核压力不大，对发展经济动力和信心均不足。如以万州为代表的三峡库区，面临产业与人才集聚难、科技支撑难、协同创新难等发展困难，短期内也急不起来。四川在省域内推进"一干多枝"协调发展战略，重点解决一干与多枝地区生产总值差距悬殊、多枝里的城市地区生产总值不高等问题，提高省域副中心的辐射和支撑力。目前，四川省排名靠前的几个地级市争夺省域副中心非常激烈。但由于绵阳、南充、宜宾等城市地区生产总值大多在2000多亿元，体量不大，离省域副中心的要求还有较大差距。

当然，上述急与不急都是相对的，成渝地区双城经济圈建设作为国家战略，对其涵盖和辐射的区域、行业或领域，都是重大机遇。无论是政府还是市场、双城或圈层、一区或两群（一干或多枝），都是急于积极融入成渝地区双城经济圈建设的。

三 "十四五"时期成渝地区双城经济圈经济高质量发展需要辩证发展观指导

"十四五"时期是成渝地区双城经济圈开启社会主义现代化建设新征程、谱写高质量发展新篇章的关键时期。对标习近平总书记对推动成渝地区双城经济圈的重要指示要求，如何抢占发展先机，考量重庆市委市政府、四川省委省政府的施政智慧。"十四五"时期成渝地区双城经济圈经济高质量发展需要辩证发展观指导，特别是在面临风险和挑战时，更需要体现鲜明的辩证发展观。

（一）妥善处理好政府和市场的关系

政府和市场，二者都是现代市场经济的有效手段、推动成渝地区双城经济圈建设的重要力量，二者相辅相成，相得益彰，不可偏废，要做到有为政府与有效市场的有机结合。成渝地区双城经济圈建设,两地政府已在明确的"决策—协调—执行"三级工作机制基础上,加强工商、税务、人力社保、医疗、交通、通信等民生领域一体化试点,做到公共服务共建共享。加快构建高效分工、错位发展、有序竞争、相互融合的现代化产业体系,特别是建设统一开放、规范有序的市场体系,是促进成渝地区双城经济圈高质量发展的重要支撑。促进成渝地区双城经济圈高质量发展,必须解决市场主体活力的问题,激发市场主体活力充分释放,通过理顺体制机制、加快线上业态线上服务线上管理、优化产业布局并出台发展混合所有制经济和支持民营企业发展的政策措施,进一步增强市场主体活力。

(二)突出全局观和全域观

全局观是指推动成渝地区双城经济圈建设,在任何时候都要突出国家区域发展战略、"川渝一盘棋"的全局,在全局视野下谋求成渝地区双城经济圈高质量发展;全域观是指推动成渝地区双城经济圈建设,不仅仅涵盖成渝经济区、成渝城市群,由于其国家战略价值和示范引领意义,其政策红利和产业带动要惠及整个川渝地区乃至整个西部地区。因此,要宣传统筹协调在推动成渝地区双城经济圈建设中的价值和作用。

(三)充分体现辩证法

推动成渝地区双城经济圈建设,要强调协同发展,但协同发展不是同步发展,有主次之分、先后之分、重点与非重点之分、主要矛盾和矛盾的主要方面之分。双城急圈层不急、一区急两群不急(一干急多枝不急)等风险点将会得到有效防范。协同发展不是同质发展。要打破区域樊篱,优化协同创新机制,增强产业发展能力与区域治理能力,优势互补,错位发展。目前,国内三大城市群为成渝地区双城经济圈建设提供了不少启发和借鉴。长三角是中国经济体量最大、经济发展最活跃的城市群,其一体化程度非常高。不仅是经济一体化,在文化、教育、科技等领域也加快了一体化协同融合发展。"十四五"时期,长三角一体化高质量发展,将引领中国区域发展新格局。而京津冀协同发展则强调个体内部优化和区域一体化同时进行。自成渝地区双城经济圈建设上升为国家战略以来，区域协同创新发展成为成渝地区经济社会发展的主线。两年多来，与经济发展关联的教育协同备受社会关注。重庆的直辖市体制与四川的省级行政区体制在管理权限、管理维度等方面区别很大，行政壁垒依然存在，区域樊篱林立。由于单方面考虑到行政级别对等，目前成渝地区双城经济圈教育协同主要体现在重庆市教委与四川省教育厅协同、市辖区之间协同或重庆方面的区县与四川方面的地市合作，与县域经济发展相对应的重庆区县与四川县市的教育协同、对口合作则鲜见。高等教育协同、职业教育协同相对而言体制机制障碍较少，高中教育次之，而学前教育、基础教育协同就存在较大的体制机制障碍。这些都需要用辩证、发展的思维来看待，做到经济与文化、经济与教育、经济与科技等的融合发展和协同发展，最终实现一体化高质量发展。

四 "十四五"时期推动重庆高质量发展要注意的几个重大问题

双循环战略视野下，中国进入新发展阶段，发展基础更加坚实，发展条件深刻变化，进一步发展面临新的机遇和挑战。"十四五"时期是中国开启第二个一百年奋斗目标和社会主义现代化国家建设新征程的重要战略机遇期，但机遇和挑战都有新的发展变化。"十四五"时期，中国经济社会发展要以推动高质量发展为主题，以深化供给侧结构性改革为主线，以改革创新为根本动力，加快构建新发展格局。"十四五"时期推动双城经济圈高质量发展，要注意加强对如下几个重大问题的专题研究。

（一）战略规划研究

1. 明晰定位和发展目标，高水平制定发展战略

战略和规划是国家优化区域布局、促进区域经济高质量发展的两大重要抓手。推动成渝地区双城经济圈建设，核心在于发挥战略的指导功用和规划

的导向功用。

一是构建成渝地区双城经济圈建设的战略体系。可从国家、西部、成渝和重庆四重区域战略维度来理解。从中央和国家层面来看,要尽快成立推进成渝地区双城经济圈建设领导小组。目前西部大开发、"一带一路"建设、长江经济带建设、长三角一体化、京津冀协同发展、粤港澳大湾区建设等国家重大战略,国家层面均成立了领导小组。其中国务院西部地区开发领导小组规格最高,由国务院总理担任组长,其他小组由国务院副总理担任组长。为加速推进成渝地区双城经济圈建设,要将其上升到国家战略层面,建议尽快成立推动成渝地区双城经济圈建设领导小组,由分管的国务院副总理担任组长。当然,若站在西部大开发的高度,由国务院西部地区开发领导小组来统筹协调,那就更有利于成渝地区双城经济圈建设实质性推进。从省市层面来看,重庆市和四川省成立了推动成渝地区双城经济圈建设领导小组。从区县层面来看,目前重庆市的38个区县与四川省部分地市、成都市部分区县成立了推动成渝地区双城经济圈建设领导小组。

二是构建重庆都市区战略圈层。2020年5月上旬,重庆主城都市区工作座谈会召开,这是重庆市积极谋划推动"一区两群"建设、加快推进主城都市区高质量发展的重大举措。重庆主城都市区是成渝地区双城经济圈"双核"之一,范围由原来的9区扩大到21区,划分为五个层级,确定为"一核、一中心、四同城、四个支点、四个桥头堡"的空间格局。这五个层级也可划分为核心层、紧密层和松散层三个圈层结构。核心层,包括第一层级"两江四岸"50平方公里整体提升区和第二层即覆盖原主城9区的中心城区。紧密层,包括第三层级长寿、江津、璧山、南川四个同城化发展先行区。松散层,包括第四层级涪陵、合川、永川、綦江四个重要战略支点城市和第五层级大足、铜梁、潼南、荣昌四个"桥头堡"城市。主城都市区将围绕建设"两中心两地"目标进行战略布局,加强城市有机更新,增强城市核心功能,加快建设国际化、绿色化、智能化、人文化的现代城市。

三是构建西部高质量发展金三角。要以成渝为主体,构建西部科教金三角、文旅金三角和西部陆海新通道金三角。构建西部科教金三角,要以重庆、成都、西安三个国家中心城市为战略支点。中央财经委员会第六次会议指出，使成渝地区成为具有全国影响力的重要科技创新中心。这三城也集中了西部最好的科技、教育资源，构建西部科教金三角，责无旁贷。构建西部文旅金三角，同样以重庆、成都、西安三个国家中心城市为战略支点。目前川渝两地提出联手打造世界旅游目的地和巴渝文化走廊。西安是中国十三朝古都，文化和旅游资源丰富，国际影响力大。构建西部文旅金三角，时不我待。构建西部陆海新通道金三角，要以重庆、成都、北部湾为战略支点。西部陆海新通道是重庆市倡议发起的国家战略。根据《西部陆海新通道总体规划》，重庆、成都分别是起点，三个主干道，重庆占了两个，最终出海口都在广西的北部湾。因此，重庆、成都、北部湾构建西部陆海新通道金三角，切实可行。

四是优化区县和镇街战略定位。目前，党中央为成渝地区双城经济圈建设作了"两中心两地"定位，明确了"一极一源"发展目标，习近平总书记对重庆作出的"两点"定位和"两地""两高"目标、发挥"三个作用"和推动成渝地区双城经济圈建设等重要指示要求，重庆市委实施"一区两群"协调发展战略，对38个区县作了战略定位。"十四五"时期，要进一步优化区县战略定位，进一步延伸到乡镇和街道一级，按照"一镇一策""一街一策"量身定制发展战略。

2. 坚持规划导向，高规格编制各类规划

在明确战略定位的基础上，立足"十三五"，前瞻"十四五"，要更好地发挥规划的导向作用。

一是构建成渝地区双城经济圈规划体系。目前，国家层面的推动成渝地区双城经济圈建设规划，已先后有《成渝经济区区域规划》《成渝城市群发展规划》《西部陆海新通道总体规划》《成渝地区双城经济圈建设规划纲要》。川渝两地都在抢抓国家战略机遇，积极争取党中央大力支持，主动加强与国家部委的对接，争取将更多项目纳入国家总盘子。因此，川渝两地除各自编制好地方"十四五"规划纲要外，还要充分考虑策划一批重大政策、重大改革、重大项目、重大工程等纳入国家层面的规划纲要，并争取在国家

若干专项规划中予以倾斜。

二是构建成渝地区双城经济圈规划工作对接体系。从省市层面来看，目前川渝两地已建立四级合作工作机制，即党政联席会议、常务副省市长协调会、联合办公室、专项工作组的四级合作机制。两省市区县、部门层面建立工作对接机制也在有序推进。下一步，区县将成为主战场，需要加强重庆与四川方面各地的有序对接，深化政府、企业、社会等多层面多领域跨区域联动协作。

三是构建成渝地区双城经济圈建设基层规划体系。在国家、市、区县三级规划体系框架下，对照规划的四大类别，各区县要分别编制发展规划、空间规划、专项规划、区域规划。为更好地衔接乡村振兴战略，建议有条件的区县编制乡村振兴"十四五"专项规划。同时，为适应基层治理的需要，建议尝试在部分街镇试点，尝试编制相关街镇"十四五"规划纲要和相关专项规划。

四是构建成渝地区双城经济圈规划绩效评估体系。中国目前现行的对五年规划或中长期规划的绩效评估，采取的是中期评估的办法，便于及时矫正和纠偏。为更好地助推各级党委、政府关于规划执行和绩效评估的科学民主依法决策，建议引入第三方评估机制，包括适当吸纳社情民意，更好地完善规划绩效评估体系。在这样的规划导向下，就更有利于成渝地区双城经济圈在"十四五"期间乃至今后相当长的一段时间内实现高质量发展。

（二）比较研究

要多维度比较研究，高质量寻求县域经济错位发展和协同发展。推动成渝地区双城经济圈建设，关键在于推进区域协同，增强区域协同创新发展能力。一是全国区域层面，要站在打造中国经济增长第四极的高度，比较分析长三角、京津冀、粤港澳大湾区在发展经济方面的典型做法。二是成渝地区双城经济圈要基于协同创新视角，加强重庆市的区县与四川省的地市合作。如江津区与泸州、永川结对联动发展，打造泸永江融合发展示范区，助推成渝地区双城经济圈南翼跨越式发展。应淡化行政色彩或去行政化，不必囿于行政级别对等因素推进区域协同，探索行政区与功能区的分离。三是市域层面，要对标资源禀赋、区位优势、经济体量大体相当的市县，从发展目标、定位、管理体制、运行机制、重点支柱产业、贡献度、政府绩效等方面全面深入分析，找到比较优势和短板。四是西部（重庆）科学城建设层面，随着西部（重庆）科学城管委会的授牌，西部（重庆）科学城江津园区建设进入新阶段，正朝着"西部（重庆）科学城南部科创中心、商贸中心，科技成果转化基地和高品质生活宜居地"的发展目标大步迈进。要协调好与西部（重庆）科学城建设关联的沙坪坝、九龙坡、璧山、北碚、两江新区等地关系，协同发展，抱团取暖。五是产业集聚和空间布局层面，要注意工业园区之间以及工业园区与农业园区、综保区的错位发展；在产业上，要突出特色发展，大力发展优势特色产业。在产业、产品品牌等方面错位发展，发挥示范引领作用。

（三）高新区、经开区、新区研究

在区域协调发展战略指引下，全面提升协同创新发展能力，是川渝两地国家级高新区、经开区、新区的重点任务之一。"十四五"时期以重庆范围内的8个国家级高新区、经开区、新区为例，要坚持"三协同三提升"，促进协同创新发展，进一步推进区域治理体系和治理能力现代化，为推动成渝地区双城经济圈建设和区域协调发展作出更大的贡献。

1. 坚持"三协同"，为打造带动全国高质量发展的重要增长极和新的动力源提供重庆市国家级高新区、经开区、新区范本

一是跨省域协同，打造高水平协作样板。由于川渝两地不同的行政体制，推动成渝地区双城经济圈建设涉及跨省域协同。目前十大毗邻区协作已在深入推进。国家级高新区、经开区、新区层面，两江新区与天府新区合作已取得实质性进展。建议"十四五"期间，国家级高新区、经开区、新区原则上均要实现跨省域协同，并发挥经济增长引擎作用。在淡化行政色彩，探索经济区与行政区适度分离方面，除了高竹新区试点，国家级高新区、经开区、新区层面也要进行探索。比如，南岸区（重庆经开区）与成都市龙泉驿区（成都经开区）结对协同发展。这就要求打破行政羁绊和区域樊篱，强化主体功能区建设，为经开区的融合发展提供借鉴。

二是市域协同，打造区域协同发展的金三角。在重庆中心城区层面，打造两江四岸核心区渝中、江北、南岸金三角，在发展夜经济、CBD建设、城市治理等方面开展集聚区、示范区协同；推进南川、巴南、南岸联动，打造三南协同金三角，增强南岸区向南的辐射和带动能力；在产业园区层面，用好用活国家政策，与两江新区、重庆高新区、经开区联手打造产业协同金三角，深度打造带动全国高质量发展的重要增长极和新的动力源。

三是区内协同，打造充满活力的创新生态圈。在各国家级高新区、经开区、新区内，推进协同制定战略规划、协同引育科技人才、协同发展教育科研、协同推进产业创新、协同优化创新生态。要突出战略规划的导向作用，在明确提升成渝地区双城经济圈协同创新发展能力的战略目标定位基础上，高水平编制各国家级高新区、经开区、新区空间规划、发展规划和专项规划。发挥科技支撑作用，积极协同引育科技人才参与西部（重庆）科学城建设。大力支持高校和科研机构的双一流建设，壮大产业协同联盟，推进产业集聚和产业创新，发展园中园经济和飞地经济，优化区域布局，发挥重点支柱产业的示范和引领作用。

要深化西部省区市协作，推动区域协同开放发展。重庆、成都这两座城市要发挥示范、带动和引领作用。对重庆而言，要进一步优化全市空间布局，全面提升主城都市区开放能级，提高渝东北三峡库区和渝东南武陵山区开放水平，促进区域协调发展。对成都而言，要强化极核引领和主干带动，在建设现代化成都都市圈基础上，"干支联动"引领区域协同发展。要推动成渝相向发展，深化成渝地区双城经济圈开放协作，不断建立完善协同开放体制机制，推动共建对外开放通道和开放平台，联动发展高水平开放型经济，协同开展国际交流合作。

2. 坚持"三提升"，推进国家级高新区、经开区、新区区域治理体系和治理能力现代化

一是提升区域网络全覆盖的市、区（开发区、新区）、街镇、社区、小区五位一体的区域治理体系。重庆要在"智造重镇、智慧名城"建设中率先探索国家级高新区、经开区、新区区域治理网络全覆盖，建立和完善市、区（开发区、新区）、街镇、社区、小区五位一体的区域治理体系。

二是提升领导干部红心、初心、匠心、信心、恒心的五"心"级素养。要以各国家级高新区、经开区、新区处级以上党员领导干部为重点，培育五"心"级党员领导干部（即有红心、初心、匠心、信心、恒心的党员领导干部）。铸红心，强党性，始终忠诚党的事业；凝初心，不忘本，始终做到人民至上；重匠心，立品质，始终练就强硬本领；树信心，敢担当，始终坚定理想信念；守恒心，勇作为，始终牢记光荣使命。

三是提升政治站位、统筹协调、区域协作、政策协同、改革创新、融合发展六大区域治理能力。推进协同创新发展，提升区域治理能力，各国家级高新区、经开区、新区领导干部政治站位是首位。要进一步提升各国家级高新区、经开区、新区统筹协调能力，强调明晰各方权利义务，考虑长远利益，寻求最大公约数。在政策协同上，要注意活学活用国家、省市层面政策，在人力社保、财政税务、市场监管、交通基础设施等公共服务领域率先推行一体化。要果敢推进改革创新，把创新置于经济社会发展全局，做好创新协同和协同创新，释放新一轮改革红利惠及民生。要在巴蜀两地同宗同源、同根同脉基础上，推进经济与科技、教育、文化融合以及文旅融合等，走出一条包容、竞合、互惠、共赢的区域治理融合发展新路子。

（四）推动重庆消费品工业高质量发展研究

1. 重点培育优势产业集群

一是突出规划导向作用。重庆在创建立足成渝、辐射西南、服务全球的西部地区消费品工业先进制造基地和创意创新中心目标定位的基础上，要把"重点培育优势产业集群"写入《成渝消费品工业高质量发展"十四五"规划》，同时注重与《"十四五"商务发展规划》《培育建设国际消费中心城市实施方案》等规划、方案的衔接。

二是明确重点培育优势产业集群。在广泛调研的基础上，要明确重庆"十四五"时期消费品工业重点培育的优势产业集群。

三是用好用足国家发改委《西部地区鼓励类产业目录》，寻求重点培育优势产业集群与该政策支持的交集，并在产业发展上补短板、强弱项。要立足消费品产业基础和比较优势，加强战略设计和精准施策，着力推动产业链补链、延链、强链和产业基础能力提升，加快补齐短板，持续锻造长板，构建一批具有核心竞争力的消费品产业链，探索建立消费品产业链"链长制"工作机制。

2. 精准解决企业急难愁盼

一是进一步强化为企业主动服务、靠前服务的意识，尽力帮助企业解决项目建设和企业运行中的各种问题。

二是进一步梳理现有政策性文件，从财政、税务、金融、物业、市场监管等领域细化减税降费扶持消费品工业中小企业发展的举措。

三是推行重点企业首席服务官制度和困难企业"一对一"对口帮扶制度，提升服务精准度和实效性。

3. 打响消费品品牌

一是突出政策引导，打造消费品工业区域发展品牌。重庆要出台美食振兴三年行动计划，把火锅、小面作为两张响亮的美食名片来打造，做好相关制度设计；借鉴酒店管理经验，在全市火锅、小面等餐饮业实行挂牌分级管理，特别是要打造精品品牌；组建全市火锅小面产业联盟，做好火锅与小面之间，以及二者与酒业、文旅产业之间的融合和协同发展，促进消费与流通的有机联动；做大做强做优小面产业，增强其核心竞争力和品牌影响力。

二是加强科技创新，培育发展消费品新模式新业态新品牌。大力实施"三品"工程，充分运用消费品创新设计研究院、网红营销平台等渠道，发展新模式新业态，打造新品牌。借助重庆时尚之都、西部国际交往中心和国际消费中心城市培育建设契机，结合山水都市、三峡文化、武陵山民族文化的特点，深化工旅融合、工商融合、两化融合，强化"直播+""互联网+""融媒体+"等新营销赋能，加快培育一批具有全国影响力的消费品品牌。以旅游带货、电子商务等为纽带，让消费与流通有机联动，增强"买全球、卖全球"的消费能力。

三是深化宣传推广,提高消费品品牌的知名度。要继续做好消费品品牌集中推广活动。可通过消费品工业设计赛、博览会、广告宣传、互联网、公共平台等多种途径,加大品牌宣传推广力度,提高消费品品牌的知名度、美誉度和国内外市场占有率。

4. 促进区域产业协调联动

一是完善区域协同创新发展机制。要加强组织领导和统筹协调,在成立打造消费品工业高质量发展领导小组的基础上,建立工作联席会议制度,定期研究工作,制定事关消费品工业高质量发展的各类协调联动措施。

二是加强区域产业协同。要加强成渝地区双城经济圈框架下的区域协调和产业协同发展。特别是加强毗邻地区的区域产业协同。如重庆市江津区与四川省泸州市、贵州省遵义市同向发力打造中国名牌白酒"金三角",与成都市郫都区共建川式调味品协同创新中心,与泸州市合江县共建川渝新材料产业合作示范园区。

三是推进产业集聚。在加强区域产业协同的基础上,做到消费品产业集聚发展和示范引领的有机结合。注意工业园之间以及工业园与农业园区和"园中园"的错位发展。在产业上,要突出特色发展,增强自主创新能力和产业竞争力。

5. 全面优化一流营商环境

一是进一步深化"放管服"改革,稳步开展营商环境创新试点。要处理好政府与市场的关系,不断提升监管能力,激发市场主体活力,促进各类市场主体在公平竞争中发展壮大。要进一步破除区域分割和地方保护,推动建设统一开放、竞争有序的市场体系。要构建科学、便捷、高效的审批和管理体系,对服务产业发展的新业态、新模式实施包容审慎监管,降低制度性交易成本,全面执行减税降费、困难企业帮扶各项政策,落实消费品产业准入负面清单。要建立因政策变化、规划调整等造成企业合法利益受损的补偿救济机制,消除消费品工业企业发展后顾之忧。

二是积极争取国家相关资金、政策在工业和信息化、中小微企业、农业产业化、科技创新、商务发展资金等方面对消费品工业高质量发展的支持。

突出政策的激励和引导作用，优先支持消费品工业安全生产标准化等级企业发展。要加大消费品产业转型升级政策支持力度。通过智能化改造资金引导企业转型升级，鼓励企业采用大数据、互联网技术，自建自营或共建共营等方式，主动开展生产组织方式和管理模式创新，提高产品市场竞争力。

三是创新工贸一体、产销一体、线上线下融合的消费品工业智慧发展模式。加快线上业态线上管理线上服务发展，依托互联网建设消费品交易平台，拓展产品销售市场，建设形成线上与线下联动、内贸与外贸融合发展的大市场格局，切实做到"买全球、卖全球"，建设国际化、绿色化、智能化、人文化的现代大都市。

（五）建设国际消费中心城市

2021年7月，经国务院批准，上海、北京、广州、天津、重庆五座城市率先开展国际消费中心城市培育建设。2021年10月，中央正式印发的《成渝地区双城经济圈建设规划纲要》提出打造富有巴蜀特色的国际消费目的地，支持重庆、成都塑造城市特色消费品牌，打造国际消费中心城市。

1. 培育建设学理支撑体系

一是开展国际消费中心城市培育建设的学理阐释重大课题专题研究。加强国际消费中心城市培育建设学理阐释的重大招标课题研究，从经济学、管理学、社会学、消费心理学等学科角度专题研究，分析理论逻辑和政策因应；开展国内外国际消费中心城市比较研究，寻求实际操作经验的最大公约数，为下一步对标对表、加快从申报到培育建设转型提供前瞻研判。

二是组建并运行国际消费中心城市培育建设国家高端智库。论证解决究竟需要一个什么样的国际消费中心城市培育建设国家高端行业性智库，能不能建立一个国际消费中心城市培育建设国家高端行业性智库，究竟如何运行一个独树一帜的国际消费中心城市培育建设国家高端行业性智库，为国际消费中心城市提供智力支撑。

2. 建设战略规划体系

一是精准战略定位，做好国际消费中心城市培育建设目标定位、功能定位和价值定位。国际消费中心城市培育建设要特色鲜明，不宜笼统提建成具有全球影响力的国际消费中心城市，而是强调城市发展的一脉相承和特色创新。《重庆市培育国际消费中心城市实施方案》中提出"加快建设富有巴渝特色、彰显中国风范、引领国际时尚、辐射西部、面向全球的国际消费中心城市"。该方案明确提出重庆要面向南亚、东南亚培育建设国际消费中心城市。可在比较研究和对标分析的基础上，区别于北京等其他四个国际消费中心城市，突出重庆个性和特色，从目标、功能、价值三个维度对重庆市国际消费中心城市培育建设作如下定位：打造立足西南，辐射西部，面向南亚、东南亚的具有巴渝特色、重庆风范和区域影响力的国际消费中心城市。

当然，在做好国际消费中心城市精准战略定位，明晰其目标定位和功能定位的同时，也要加强相应的制度设计，如构建全球化现代化城市评估指标体系，完善自由便利的国际消费政策制度体系、消费促进协同创新发展机制等，营造市场化、法治化、国际化的一流营商环境。

二是恪守规划导向，做好编制国际消费中心城市培育建设的专项规划以及相关规划的衔接工作。可考虑构建1+N的专项规划体系，建议追加编制国际消费中心城市培育建设的专项规划，同时注意与其他相关规划的衔接，如与消费品工业、数字经济、商贸物流、内陆开放高地、市场监管等专项规划的衔接，充分发挥规划的导向作用。

3. 培育建设现代产业体系

一是发挥标志性商圈和金融CBD的引领功用。要着眼建设具有全球影响力的标志性商圈，发挥重庆市12个百亿级商圈功用，特别是解放碑、观音桥等顶级商圈的引领作用，稳步推进观音桥、南坪、三峡广场、杨家坪等成熟商圈的改造升级，吸引国内外知名品牌在重庆首发新品，开设首店和旗舰店。要发挥金融对国际消费中心城市培育建设的"输血"功用，重点发挥江北嘴、解放碑、长嘉汇三大CBD的引领功用，提升消费能级，完善服务设施，打造在全国甚至全球有影响力的国际品牌消费集聚区。

二是发挥两江四岸核心区夜经济网红打卡地的引擎功用。两江四岸核心区，是重庆市主城都市区的核心区域，是重庆市构建全球多元融合的消费资

源集聚地和引领全球消费潮流的新高地，也是重庆市发展夜经济和作为网红城市的主要承载地。要重点打造江北区夜经济品牌，助推江北区两高示范区建设，成为带动全市高质量发展的新引擎和新动力。要以推进"两江四岸"治理提升和历史文化街区恢复重建为契机，加快推动重庆特色商业街、特色夜市的改造提升，打造成"最重庆"消费体验名片，发挥"两江四岸"核心区在重庆国际消费中心城市培育建设和带动主城都市区高质量发展的重要引擎作用。

4. 培育建设国际品牌体系

一是深度融入"一带一路"国际合作高峰论坛。在利用好现有智博会、西洽会、中新金融峰会等国际性会议或论坛的基础上，突出消费中心城市主题，打造省市级高端论坛品牌，并让涪陵榨菜、谭木匠等重庆造消费品牌像邻省贵州老干妈品牌一样走向世界。

二是加强国际消费中心城市培育建设的全球宣传推广。为发挥舆论的引领作用，加强国际消费中心城市培育建设的战略宣传，特别强调全球宣传推广。要尽快策划推出相关视觉传达系统，如做好定位语、宣传口号、Logo、精神、宣传片、VI系列设计等，全方位展示全新的国际消费中心城市培育建设品牌形象。既可依托外交部资源和影响力举办新闻发布会全球推介重庆国际消费中心城市培育建设，也可依托国际友好城市、领事馆、中欧班列、中新合作示范项目、自贸区等内陆开放高地和平台宣传推广。通过全球宣传推广，营造具有全球吸引力的消费环境，提升重庆、成都知名度和美誉度，打造"买全球、卖全球"的国际消费品牌影响力。

（六）第三方评估研究

要助力科学民主依法决策，高效率开展发展评价第三方评估。

1. 加强顶层设计，为评价第三方评估架构科学的制度安排

要加强第三方评估的顶层设计。根据习近平总书记在中央全面深化改革领导小组第十七次会议上作出的"中央通过的改革方案落地生根，必须鼓励和允许不同地方进行差别化探索"的重要讲话精神，在中央总体部署基础上，成渝地区双城经济圈应开展第三方评估的差别化探索，突出优长和特色，发挥比较优势，做好相应的制度安排，推动体制机制创新，不断激发发展活力。

2. 优化第三方评估的运行机制，为评价第三方评估提供内生动力

在明确顶层设计思路和相关法律保障的情况下，要优化成渝地区双城经济圈第三方评估的运行机制，确保其运行规范化、常态化和持续化。本着透明、公开、公正的原则，绩效考核逐步要面向全国公开招标，遴选、委托有实力的中国特色新型智库从事第三方评估工作。要细化党委、政府重大决策部署绩效考核引入第三方评估机制的操作思路，完善评估背景、评估对象、评估方法、评估内容、评估结论、评估效果、评估建议、评估机制等评估指标体系。对绩效考核开展第三方评估，可年度评估，也可半年评估、季度评估或中期评估。如何考核评估成渝地区双城经济圈建设绩效，考量地方政府施政智慧，也值得第三方评估机构深谋远虑、未雨绸缪。这更需要优化第三方评估的运行机制，整合各类第三方评估机构资源，多听取社情民意，实事求是，因地制宜，从而制定出精准的考核评估指标，为成渝地区双城经济圈绩效考核第三方评估提供内生动力。

3. 增强第三方评估的应用，确保评价的实施效果

对成渝地区双城经济圈绩效考核开展第三方评估，是监测、诊断和完善成渝地区双城经济圈阶段性工作的手段，是衡量党委、政府绩效的重要测度。评估结果最终应服务于党委、政府绩效的改进和提升，从而确保第三方评估的实施效果。推行第三方评估，其出发点还在于评估结果能否得到有效的运用。因而第三方评估工作不能一评了事，成渝地区双城经济圈涉及的各行业各领域对第三方评估报告要认真消化，仔细比对和查找问题，根据第三方评估的政策建议及时纠偏、改进和优化。具体来说，要实时、动态监测和反馈被评估项目实施过程中的问题，并及时进行矫正和纠偏；要实现绩效评估结果与政府行政问责的结合，通过责任追究机制倒逼地方党委、政府改进和优化工作。绩效考核第三方评估结果应作为成渝地区双城经济圈绩效管理和行政问责的重要参照依据，从而强化评估的约束力。各级党委、政府部门

应将第三方评估的实施效果信息公开,并将相关情况向第三方评估定向反馈和接受社会各界的监督。

4. 加强第三方评估自身建设,提高评价的服务能力

为确保成渝地区双城经济圈发展评价第三方评估质量,加强第三方评估自身建设尤为必要。一是加强资格准入建设,在基础设施、人力资源等硬件软件等方面符合成渝地区双城经济圈重大决策部署绩效考核第三方评估的基本要求。二是加强能力提升,以新型智库为主体的第三方评估机构,要加强决策咨询能力和评估能力建设,包括开展原创化建设、战略化建设、信息化建设、专业化建设、国际化建设。三是积极构建成渝地区双城经济圈发展评价指标体系,助推川渝两地党委、政府的科学民主依法决策。四是积极参加第三方评估机构的合理定级和评估,通过培训、考核和退出机制,优胜劣汰,促进科学化、规范化、系统化发展,为成渝地区双城经济圈发展评价作出更大的贡献。

B.5 万达开川渝统筹发展示范区战略研究[*]

国家发展改革委国土开发与地区经济研究所课题组[**]

摘　要： 万达开三地地理位置临近，在空间上具备相向发展的条件，有比较丰富的资源，具备共同打造产业集群的资源基础，在商贸物流、产业协作、直接投资等领域合作密切，三地山水相连、人文相近、民俗相通，人员交流频繁。推动万达开川渝统筹发展示范区建设拥有良好的合作基础，同时也存在着一些亟待补齐的短板弱项和需要解决的问题。本文确立了建设全国重要的原材料和先进制造业基地、西部内陆地区开放型经济新高地、长江经济带绿色发展先行区、成渝地区双城经济圈统筹发展先行区的战略定位，提出了坚持新发展理念，协调好发展、保护、合作三者的关系，加快构建高质量发展的动力系统，打好产业基础高级化和产业链现代化攻坚战，不断提升区域影响力、竞争力的发展思路和发展目标。本文还就优化空间布局、构建现代产业体系、构建高层次开放合作新格局、生态环境共保、公共服务共享、体制机制创新、支持政策与保障措施进行了系统研究。

---

[*] 本文系四川省达州市委托完成的研究成果。
[**] 课题负责人：肖金成，国家发改委国土开发与地区经济研究所研究员、博士生导师；李忠，国家发改委国土开发与地区经济研究所环境室主任、研究员；黄征学，国家发改委国土开发与地区经济研究所战略室主任、研究员。课题组成员：安树伟，首都经贸大学教授、博士生导师；李爱民，国家发改委国土开发与地区经济研究所城镇室副主任、副研究员；马燕坤，博士，国家发改委经济体制与管理研究所副研究员；刘洋，博士，国家发改委国土开发与地区经济研究所研究员；潘彪，博士，国家发改委国土开发与地区经济研究所助理研究员；李博雅，博士，北京物资学院讲师；张晋晋，博士，山西财经大学讲师。执笔：李爱民、李忠、黄征学、潘彪等。审阅修改：肖金成。

关键词： 统筹发展　高质量发展　区域合作　万达开

习近平总书记在中央财经委员会会议上提出创建万达开川渝统筹发展示范区，对于增强万达开区域发展能级，促进川东北与渝东北地区一体化发展，推动成渝地区双城经济圈建设具有重要意义。万达开是重庆市万州区、开州区、四川省达州市的统称，通过开展区域合作，实现统筹发展，有利于发挥比较优势，优化区域分工，提高资源要素配置效率；有利于提高万达开三地经济发展水平，推动区域协调发展；有利于生态环境保护和绿色发展，探索省际交界地区合作发展新模式。

一　设立背景

万达开川渝统筹发展示范区的范围包括重庆市万州区、开州区和四川省达州市，面积2.4万平方公里，2019年户籍人口1001万人，常住人口856.9万人，地区生产总值3468亿元，分别占川渝两省市的4.2%、8.0%、7.5%和4.9%。达州市隶属于四川省，土地面积16591平方公里，下辖4县2区1市、315个镇乡街道；万州区隶属于重庆市，土地面积3457平方公里，下辖52个镇乡街道；开州区隶属于重庆市，土地面积3963平方公里，下辖40个镇乡街道（见表1）。

表1　2019年万达开三地基本情况

地区	面积 （平方公里）	户籍人口 （万人）	常住人口 （万人）	GDP （亿元）	工业增加值 （亿元）	社会消费品零售总额（亿元）	进出口总额（亿元）
达州	16591	659	574	2042	463.5	987.9	19.8
万州	3457	174	165	921	106.5	330.9	13.5
开州	3963	169	118	506	124.1	287.0	2.1
合计	24011	1001	857	3468	694.1	1605.8	35.3
四川	486052	9100	8375	46616	13365.7	20144.3	6765.9

续表

地区	面积 (平方公里)	户籍人口 (万人)	常住人口 (万人)	GDP (亿元)	工业增加值(亿元)	社会消费品零售总额(亿元)	进出口总额(亿元)
重庆	82400	3418	3124	23606	6656.7	8667.3	5792.8
川渝合计	568452	12518	11499	70222	20022.4	28811.6	12558.7
万达开占比(%)	4.2	8.0	7.5	4.9	3.5	5.6	0.3

资料来源：万达开三市和四川、重庆2019年统计公报，其中重庆市户籍人口基于2018年数据按往年增长率计算得出。

（一）合作基础

长期以来，万达开三地经贸往来密切，人员交流频繁，在川渝合作发展框架下搭建了一系列的合作平台，为三地建设川渝统筹发展示范区奠定了良好的合作基础。

1. 优势互补

万达开三地地理位置临近，在空间上具备相向发展的条件。三地处于川渝鄂陕结合部的几何中心，是丝绸之路经济带、长江经济带和西部陆海新通道的腹心区域，具备承东启西、连南接北的区位优势。达万两地中心直线距离约100公里，达开两地直线距离约90公里，万开两地直线距离约40公里（见图1）。其中，达州市开江县与万州区接壤，开江县、宣汉县与开州区接壤，便于展开次区域合作。

2. 资源丰富

万达开地区有着比较丰富的资源，具备共同打造产业集群的资源基础。首先，万达开地区天然气、锂钾、煤炭等战略资源优势突出，天然气储量超过4万亿立方米，拥有国内唯一的"国家天然气综合开发利用示范区"，其中，达州天然气储量3.8万亿立方米，开州天然气储量2650亿立方米，万州天然气储量2400亿立方米；富锂钾卤水资源储量21亿立方米；优质煤储量达1.2亿吨，年开采量220万吨左右。其次，万达开地区是秦巴生物多样性生态功能区的重要组成部分，水资源和生物资源丰富，天然林和湿地资源

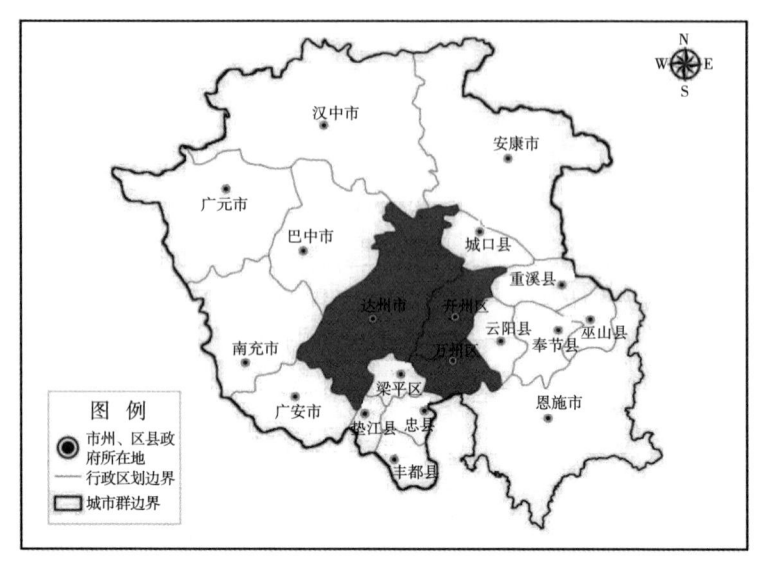

图1 万达开在川渝鄂陕结合部所处位置

分布广泛，森林蓄积量大，万达开三地森林覆盖率分别为53.5%、44.34%、53.8%，可共同开发生物资源，发展生态农业、中药材生产加工、生物制药等产业。最后，万达开地区山水相连，文化相近，巴文化、红色文化、宗教民俗文化、大巴山、大三峡、乡村旅游等自然生态和人文旅游资源十分丰富，具备共同开发的基础。

3. 交通便捷

自古以来，万达开地区作为川渝东部门户，是"襟四川而带五湖，引巴蜀而控荆楚"的重要区域。拥有长江黄金水道，沪蓉、沪渝、包茂、兰海等高速公路在此交会，襄渝、兰渝等铁路纵贯全域，拥有达州河市、万州五桥两座机场，是周边地区货物东向进出的重要集散基地。依托万州深水港、达万铁路和达万高速公路，达万两地共建万州新田港物流园区和达州秦巴物流园区，共同打造"达州—万州—长三角"铁公水多式联运物流体系，将万州港口功能延伸到达州。2016年，达州与万州区签订《达州市与万州区战略合作框架协议》，明确了交通基础设施建设、生态环保等领域的合作重点。

4. 往来密切

万达开三地在商贸物流、产业协作、直接投资等领域合作密切。三地产业发展各有特色，初步形成了以粮油、生猪、茶叶、柑橘、中药材、水产等为主的农业产业体系。初步形成以绿色照明、智能装备、汽车、能源化工、农副食品加工、生物医药、钢铁、智能家居、新材料等为主的工业产业体系，达州与开州在能源化工、装备制造等产业开展合作，万州与开州在汽车、绿色照明、装备制造等产业形成小规模协同关联。文化旅游、金融、物流等现代服务业初具规模。拥有各类金融机构275家。在直接投资方面，2016年以来，达州引进来自重庆地区的项目71个，占所有招商项目的20%，投资总额375.03亿元。达州和开州提出探索共同建设达开"飞地工业园"，承接产业转移，共同打造新的"川渝合作示范区"。

5. 交流频繁

万达开三地山水相连、人文相近、民俗相通，人员交流频繁。为方便人员跨区域流动，三地在公共服务对接共享方面做出了探索，特别是达万双方已就推动金融合作、建立健全区域信用体系、建立卫生应急协调联动机制、疾病联防联控、医学学术交流等方面达成了初步共识。

（二）存在的问题

推动万达开川渝统筹发展示范区建设拥有良好的合作基础，同时也存在着一些亟待补齐的短板弱项和需要解决的问题。

1. 基础设施水平有待提高

受行政体制调整、三峡移民搬迁等影响，万达开三地交通基础设施历史欠账较多，结构不优、衔接不畅，立体交通网络尚未形成，"铁水""铁公"联运缺乏高效衔接，现有通道能级相对较低，快速通道密度不够，基层断头路多，区域一体化发展的公交化和便捷化通勤机制亟待完善。对外缺乏南北向铁路，对内沿江铁路、货运专线铁路等支撑能力不足，开州尚无铁路。公路等级偏低，交通路网覆盖率不高，"通而不畅"现象严重。2018年高速公路总里程660公里，高速公路网密度仅为每百平方公里2.8公里，特别是开州区高速公路仅60公里，二级及以上等级公路仅310公里。沿江港口建设缺乏统筹，机场航线不多。

2. 产业发展存在同质化竞争

万达开三地受资源禀赋相近、行政区划分割以及地方保护主义影响，区域内支柱产业的谋划和建设竞争大于合作，产业布局和资源配置缺少更高层面的统一规划。农副产品生产和加工、低端制造业等传统产业占比较高。产业布局较为分散，工业园区规模小、距离远，要素资源难共享，集群效应不明显。在重点产业错位、产业链匹配、重大项目引进等方面，还存在较为明显的各自为政的现象，招商引资中还存在较为激烈的同质化竞争倾向，产业互补性、关联性和一体化程度较低，产业园区之间上下游产业联系还需进一步加强，协作发展的广度和深度尚需进一步提高。

3. 经济发展水平较低

万达开属于经济欠发达地区，经济总量偏小，产业发展水平低，区域分工合作水平尚不足以支撑统一的区域市场。首先，从经济发展水平来看，2019年万达开的GDP分别为920.9亿元、2041.5亿元和505.6亿元，其中，达州市位列四川21个市州第7，万州区、开州区分列重庆38个区县第9、第20，均未能进入所在省市经济发展的第一梯队；从人均GDP来看，万达开三地分别为5.59万元、3.07万元、4.28万元，分别比所在省（市）低26.54%、46.37%、43.76%。其次，从产业结构来看，万达开三地第一产业占比达14%，比川渝两省（市）高5个百分点，第二产业占比仅34%，比川渝两省（市）低4个百分点（见图2）。产业结构层次偏低，农业仍以猪粮二元结构为主，工业以传统制造业为主，商贸业态较为低端，产业配套不完善，行业龙头企业少，三地工业企业产值超过50亿元的仅3家。最后，从地区联动发展水平来看，受行政区划制约，三地间要素自由流动受阻，一体化市场未形成，存在同质化、无序低效竞争等问题。

4. 公共服务共享刚刚起步

万达开三地在公共服务共享共建方面刚刚起步。一方面，三地公共服务供给能力偏弱。在医疗领域，三地只有1个三甲综合医院，达州有1个三甲

万达开

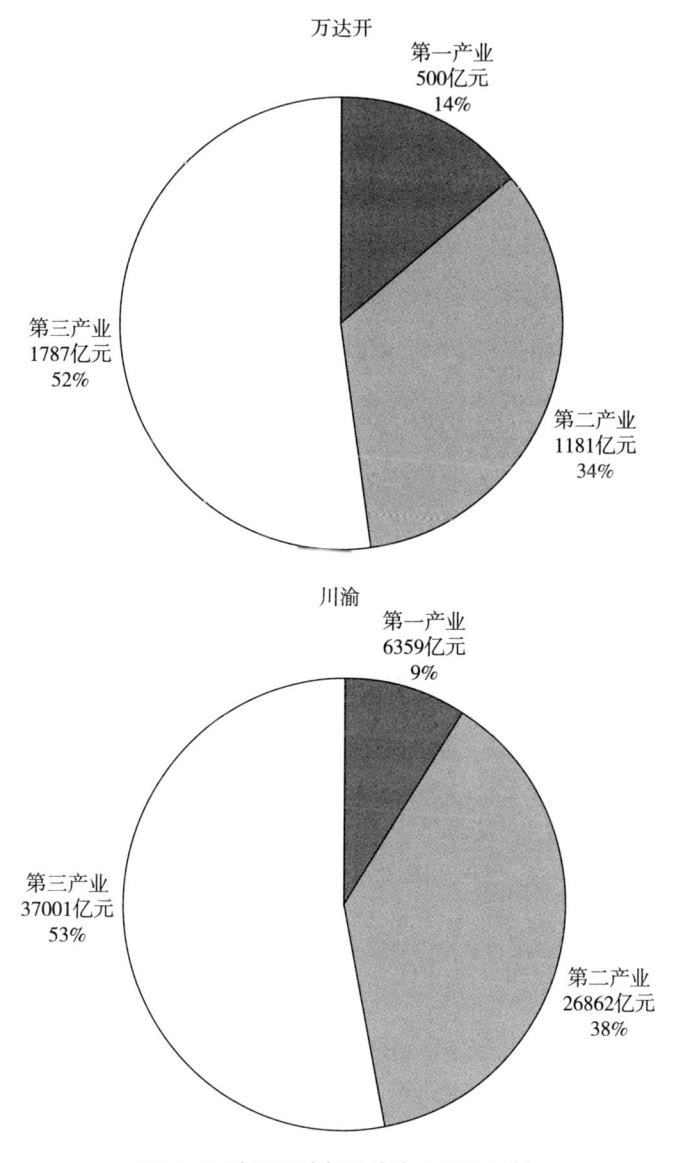

第一产业
500亿元
14%

第二产业
1181亿元
34%

第三产业
1787亿元
52%

川渝

第一产业
6359亿元
9%

第二产业
26862亿元
38%

第三产业
37001亿元
53%

图2 万达开三地与川渝产业结构比较

中西医结合医院，难以满足地区群众就医需求；在基础教育方面，万达开三地公办幼儿园占比分别仅为43.5%、64.9%、34.8%，优质公办园入园难问题尚未得到解决；在体育设施方面，三地人均体育场地面积分别为1.53平

111

方米、0.8平方米、1.31平方米，均低于全国人均水平（1.66平方米）。由于分属不同的省市，三地存在政策不一、资源分散、重复投资、信息分割等现象。在医疗领域，医院检查结果还不能互认，同时由于跨省异地就医结算的起付线、报销比例、封顶线、药品目录等不同，居民享受的医保待遇不一致，如何高效实现医保跨省结算仍处于探索过程之中；在人力资源市场方面，三地存在数据壁垒和政策壁垒，岗位信息、求职信息等数据共享严重不足，操作标准和流程也不尽相同。

5. 生态环境保护压力较大

万达开地区作为长江上游重要的水源涵养地和秦巴生物多样性生态功能区的重要组成部分，在生态环境保护和修复方面的职责重大。首先，经济社会发展与生态环境保护的矛盾仍然突出。虽然高耗能、高排放、高污染的粗放型生产方式正逐步向节约集约利用的方式转变，但新兴产业培育壮大仍需时日，高耗能产业占比仍然较高，煤炭、化工等产业排放的废弃物超过生态环境的自净能力和生态环境的承载力，对生态环境造成一定程度的影响。其次，生态环境治理任务繁重。在大气环境方面，受区域内地形、气候和大气环流影响，扩散条件较差，大气污染问题长期存在；在水资源和水环境方面，水资源时空分布不均，部分区域水土流失现象仍然严重，水污染治理方面存在短板，农业面源污染、畜禽养殖污染问题尚未得到根本解决。最后，联防联控体制机制尚未建立。生态补偿机制、碳交易机制、排放权交易机制等不够健全，许多仅仅停留在理论和文件层面，没有在实践中加快推进和落实。

（三）面临的机遇

万达开川渝统筹发展示范区的设立面临前所未有的机遇，长江经济带发展将促进长江上中下游一体化进程加快，长三角城市群将有效引领中上游经济的发展，有利于万达开地区承接长江下游地区的产业转移。成渝地区双城经济圈发展上升为国家战略，使万达开地区的经济社会发展受到国家的重视，通过统筹发展缩小与两大都市圈的区域发展差距。西部大开发的新格局也将为万达开带来重大机遇。西部陆海新通道建设将促进万达开提高对外开放水平。

1. 长江经济带推动高质量发展带来的机遇

长江经济带发展是国家积极适应、引领经济发展新常态，推动经济高质量发展所做出的重大战略部署。万达开三地处在长江经济带与"一带一路"建设的战略交汇和转换点，是长江上游的重要节点，可以长江黄金水道为依托，以沿江高铁建设为契机，畅通东西向联系，密切与上下游的经济联系，拓展经济发展腹地，汇聚高质量发展合力。同时，立足于秦巴山区和三峡库区丰富的生物资源，抓住长江沿线开展生态产品价值实现机制试点机遇，推动"生态资源"向"生态资产"、"金融资产"和"生态经济"转化，加快把"绿水青山"转化为"金山银山"。

2. 成渝地区双城经济圈建设使万达开地区发展受到前所未有的重视

川渝地区人文相亲、地域相连、经济往来密切，两地合作由来已久。从2011年国务院批复《成渝经济区区域规划》，到2016年出台《成渝城市群发展规划》，再到2020年1月习近平总书记在中央财经委员会第六次会议上做出推动成渝地区双城经济圈建设重大决策，川渝合作受到党和国家前所未有的重视。

推动成渝地区双城经济圈建设，加快形成我国经济发展第四极，使成渝地区成为具有全国影响力的重要经济中心、科技创新中心、改革开放新高地、高品质生活宜居地，助推高质量发展。万达开地区是双城经济圈的重要组成部分，但距离成都和重庆市中心城区较远，难以接受两大核心城市的辐射，必须乘势崛起，发挥东中西协调发展的纽带和支点作用，发展成为成渝地区双城经济圈的第三极，辐射带动渝东北和川东北地区的发展。

3. 新一轮西部大开发为万达开地区的发展带来了机遇

西部大开发进入第三个十年，大保护、大开放、高质量发展成为新一轮西部大开发的工作重心。2020年5月，中共中央、国务院印发了《关于新时代推进西部大开发形成新格局的指导意见》。根据该意见，新一轮西部大开发将侧重于三个方面的内容：一是更加注重抓好大保护，从中华民族长远利益考虑，把生态环境保护放到重要位置，坚持走生态优先、绿色发展的新路子；二是更加注重抓好大开放，发挥共建"一带一路"的引领带动作用，加快建设内外通道和区域性枢纽，完善基础设施网络，提高对外开放和外向型经济发展水平；三是更加注重推动高质量发展，贯彻落实新发展理念，加快新旧动能转换，促进经济社会发展与人口、资源、环境相协调。该意见中明确提出支持川渝等跨省（自治区、直辖市）毗邻地区建立健全协同开放发展机制。借助新一轮西部大开发的政策支持，进一步完善基础设施网络，提升对外通道和交通物流枢纽能级，提高对外开放和外向型经济发展水平，万达开有望实现绿色高质量发展。

4. 西部陆海新通道助推万达开外向型经济发展

西部陆海新通道北接丝绸之路经济带，南连海上丝绸之路，在区域协调发展格局中具有重要的战略地位。利用铁路、公路、水运、航空等多种运输方式，通达新加坡、东盟主要物流节点，与中亚、南亚、欧洲等区域高效衔接，减少货物中转时间，提升东盟国家经川渝地区至中亚、欧洲的联运服务品质。当前已形成了关检、铁路、金融三个支撑体系，在便利化通关、铁路运营、基础设施建设保障、物流金融等方面提供强有力支持，有望提升西部与东南亚等地区的互联互通水平，进一步扩大对外开放。万达开地处陆海新通道辐射延展的连接地带，是西部陆海新通道的重要承转区，目前达州和万州均已开通西部陆海新通道班列，打通了与东盟的贸易往来通道。借助这一通道，未来万达开三地可以进一步合理配置资源，优化空间布局，形成多核心、分工明确的区域经济结构，提高对外开放和外向型经济发展水平。

二 总体思路

万达开三地分属于重庆市和四川省，无论是战略定位和发展思路，应从观念上去除行政界限，将其视作有机的统一体，在此基础上，立足万达开地区经济发展水平和现实情况，在更大的范围和更长的时间，确定战略定位、发展思路,并确定经济结构调整的方向,为基础设施建设、空间布局、城镇体系提供科学依据。

(一)指导思想

以习近平新时代中国特色社会主义思想为指导,全面贯彻党的十九大和十九届二中、三中、四中全会精神,坚持和加强党的全面领导,统筹推进"五位一体"总体布局,协调推进"四个全面"战略布局,坚持以人民为中心的发展思想,坚持稳中求进工作总基调,坚持新发展理念,坚持以供给侧结构性改革为主线,坚持以改革开放为动力,紧紧抓住成渝地区双城经济圈建设的机遇,突出高质量发展和生态保护两大主题,遵循整体规划、协同发展、提质增效、互利共赢的基本思路,做大区域性中心城市,消除行政壁垒,深化区域合作,实现基础设施互联互通、产业园区共建共管、公共服务协同共享、生态环境联防共保,不断创新统筹发展的体制机制,共同打造高质量发展的示范区。

(二)基本原则

1. 坚持市场主导,政府推动

注重发挥市场在资源配置中的决定性作用,加快完善统一开放、竞争有序的市场体系。更好发挥政府作用,加强和优化公共服务,构筑区域开放合作平台,保障公平竞争,维护市场秩序。

2. 坚持优势互补,错位发展

发挥各地比较优势,探索建立利益共享机制,促进区域内经济要素的优势互补。充分考虑各地利益,整合资源,协同解决发展中面临的共性问题,实现互利共赢、共同发展。

3. 坚持全面推进,重点突破

推进多领域、多层次、多形式合作,加快重点领域互联互通,共同建立产业发展集聚区,抓住促进统筹发展的关键环节有序推进,以重点突破带动万达开地区向深层次、宽领域、高水平发展。

4. 坚持先行先试，开拓创新

主动适应新形势发展变化，拓展发展思路，创新合作方式，探索行政区与经济区分开新模式，完善资源配置、利益分配、服务共享、制度保障等合作新机制，不断深化区域合作，提升区域统筹发展水平。

（三）战略定位

1. 全国重要的原材料和先进制造业基地

按照"打好产业基础高级化和产业链现代化攻坚战"的要求，夯实基础、共筑链条、协同创新、融合发展，逐步提高产业链完整性、安全性、稳定性，加快构建现代产业体系。瞄准能源原材料等基础性工业，不断改进基础工艺，突破能源原材料关键技术，提升产业技术基础，推进产业基础向高级化发展。按照强链、补链、建链的要求，招大、引强、选优，全力实施精准招商、有效招商，着力打造具有竞争力的产业集群。依托产业集群，积极引进国家级、省级工程中心、检测中心，建立跨区域的产学研技术创新联盟，借助外力推动产业链上通用技术、关键技术、核心技术创新，提升产业链发展质量。抓住新型基础设施建设的机遇，推动工业化和信息化融合，推进工业互联网发展。同时，促进先进制造业和现代服务业融合，提升产业发展品质。

2. 中西部省际交界区域合作示范区

万达开地区在打造省际交界区域合作发展示范区的过程中，要突出"五共"模式，即规划共绘、交通共联、市场共享、产业共兴、生态共保。共同编制万达开川渝统筹发展示范区规划，协调解决重大基础设施建设、区域共同市场构建、产业布局、生态保护等问题，营造区域一体化发展的基础条件。以重点城镇为节点，以主要交通基础设施为骨干，强化交通基础设施的互联互通。以统一产品检测标准、统一市场准入标准、互认检测结果、联合打造区域品牌、共同维护市场秩序为突破口，彻底消除影响区域内市场一体化发展的显性或隐性行政壁垒，积极构建区域共同市场。按照产业集群的理念，注重产业分工与合作，以能源化工产业、商贸物流、文化旅游合作为突破口，共同铸就区域产业品牌，提升区域产业竞争力和影响力。建立有效的体制机制，统一流域、统一生态系统联合治理，保持生态系统的完整性和持续性。

3. 西部内陆地区开放型经济新高地

万达开地区在建设西部内陆地区开放型新高地的过程中，遵循"畅通通道、培育集群、搭建平台、放开准入"的思路，进一步提升对外开放水平。依托优良的水陆空立体交通网络体系，以综合保税区、保税物流中心、国际产能合作园、特色进出口基地为载体，吸引更多的社会资本参与现代物流设施和港口等基础设施建设。依托能源化工产业、装备制造、纺织服装等支柱产业，进一步明确主导产业发展方向，突出引进外资的重点领域，建设若干个具有先进水平的产业集群。依托市场和人力资源优势，引导外资投向技术含量高、附加值大、产业关联度高的高新技术产业，鼓励设立研发机构，重点发展生物医药、新能源、新材料等产业。在继续办好秦巴地区商品交易会、全国新农村文化艺术展演、巴文化高地建设峰会等国家级展会的基础上，积极承办大型国际会议以及商业旅游、展览、论坛、体育赛事和大型文化活动等对外交流事项，建设对外开放的新窗口。积极推进金融、教育、文化、医疗等服务业领域有序开放，开放育幼养老、建筑设计、会计审计、商贸物流、电子商务等服务业领域准入限制。

4. 长江经济带绿色发展践行区

结合自身实际，突出绿色发展、低碳发展和循环发展，追求效率更高、供给更有效、结构更高端、更绿色可持续的增长。遵循"产业生态化、生态产业化"发展思路，协同发展生态农业、生态工业和现代服务业，降低经济社会发展对资源能源的消耗，提升绿色发展水平。坚决打破地区和部门樊篱，构建跨地区、跨部门的山水林田湖草系统治理机制，加强生态环境的联防联治，确保实现生态文明建设目标。同时，以低能耗、低污染、低排放为基础，提高能源利用效率和清洁能源比重，尽量减少温室气体排放；以"减量化、再利用、资源化"为主线，提高资源利用效率，构建节约型建设模式、生产模式和消费模式，促进经济又好又快发展。

5.成渝地区双城经济圈统筹发展先行区

万达开是成渝地区双城经济圈的重要组成部分，也是成渝地区的交汇地带。有条件在"中心带动、统一谋划、一体部署、相互协作、共同实施"等方面率先示范。探索行政区与经济区相分离的发展模式，共建发展平台，壮大城市规模，完善城市功能，加快培育万州、达州、开州等区域性中心城市，增强区域性中心城市经济和人口的承载力，以"城"的发展带动"乡"的振兴，以"城"的协同吸引库区和秦巴山区集中连片贫困地区人口向适合生存和发展的地区集聚，妥善解决库区生态环境保护和秦巴山区集中连片贫困地区脱贫问题，推动区域共同发展。发挥规划的引领作用，开展"1+N"规划编制，统一规划产业发展、空间布局、基础设施建设、生态环境保护等方面的内容。发挥各地比较优势，打破行政壁垒，促进要素自由流动，推进经济社会高质量发展。借鉴晋陕豫黄河金三角、京津冀"通州和廊坊北三县"、长三角的"青浦吴江嘉善"地区的合作经验，在统一标准、统一政策、统一管控等方面先行先试，形成可复制、可推广的合作模式，并向成渝地区和西部地区推广。按照顶层设计和统筹协调的要求，按时序、分区域，共同推进规划实施。

（四）发展思路

坚持新发展理念，协调好发展、保护、合作三者的关系，加快构建高质量发展的动力系统，打好产业基础高级化和产业链现代化攻坚战，不断提升区域影响力、竞争力。

1.内协外联，强化合作

以"区内合作、城乡融合"为基础，整合内部资源，形成发展合力；对外要发挥毗邻成渝都市圈、关中城市群、长江中游城市群的优势，加强对外联系，积极承接沿海地区的产业转移。培植特色产业，寻求区域合作的着力点，强化自我发展能力；结合区域内产业结构调整，共同培育特色经济。借鉴广东、江苏和皖江经济带"产业飞地""园区托管"的经验，探索跨域共建园区的新模式，在明确园区投资主体、投资比例构成的基础上，进一步明晰不同主体之间GDP、财政等分成的比例。同时，以交通基础设施、生态环境保护、城乡公共服务体系、城乡新型社区等方面的一体化为突破口，构筑城乡一体化发展框架。外联方面，要同重庆、贵阳、成都等大城市加强合作，引进产业资本、技术、人才和先进的经营理念，支持本区域的农产品及其他商品走出去。

强化合作既包括区域内部的合作，又包括与区域外的合作。区域内部，除了强化交通基础设施建设、生态环境保护、市场共同构建、产业协同发展等方面的合作外，还要建立和健全区域合作的体制机制，鼓励和支持政府、民间、企业等多主体多层次开展合作。区域外部，除在成渝地区双城经济圈范围内统筹谋划万达开地区的发展外，还要加强与长江沿线的长江中游城市群、长三角城市群以及关中平原城市群的经济联系，承接区域外的产业转移，积极参与国际区域合作，开拓东南亚市场，为在更大范围内实现不同地区的资源配置和优势互补，在更高层次上实现快速发展创造条件。

2. 内聚外迁，集中发展

内聚当地城镇，外迁发达地区。结合工业化、城镇化的推进，以农民工转移培训和教育扶贫为重点，鼓励人口从山区走向条件较好的地区，由农村走向城市。通过人口向城市和城镇集中与向外转移，减轻三峡库区和秦巴山区的生态环境压力，提高库区和山区人均收入及消费水平，统筹城乡发展，促进人口、资源、环境与经济社会的协调，实现可持续发展。以万州、达州、开州、万源等城市为重点，以县城和其他重点镇为补充，加大基础设施建设力度，提高城市、城镇人口、经济承载能力，将其作为区域内人口、经济重要的集聚区。促进人口外迁，对于三峡库区和秦巴山区，人口外迁不是坏事而是好事，应以打造农民工培训品牌和加强职业教育为切入点，提高农民工就业能力，使他们迁得出、稳得住、能致富。同时，探索建立不同区域之间土地资源最优配置机制，将重庆"地票制度改革"试点扩大到万达开地区，并积极探索农村转移人口带"土地指标"入户的可行性，实现劳动力和土地指标跨地区再配置。

坚持"点上开发，面上保护"的原则，三峡库区和秦巴山区绝大部分地区应作为生态保护区进行严格保护，减少人类活动，保护生态环境。在这里生活的居民应有序向有就业、收入高、交通便捷的城市和城镇流动。根据经济集中的现状及发展趋势，结合万达开地区空间结构情况，坚持统筹规划、合理分工、重点突破的原则，加快培育万州城区、达州城区、开州城区三大集聚区，发挥集聚经济和规模经济的优势。为强化城镇对农村的服务功能，需要增强县城及重点镇的服务功能，重点依托各镇农产品的优势，发展农产品加工业。

3. 链群结合，平台共铸

通过延伸产业链，促进产业向纵深方向发展，提高企业的根植性；大力发展生产性服务业，发挥产业集群效应，加快产业发展。延伸产业链就是要立足现有的产业基础，充分发挥比较优势，努力构建带动作用强的产业链。结合万达开地区产业发展实际，着力发展能源化工产业、装备制造业等重要产业链，创造产业配套的综合优势。产业链的上游着重向品牌、创意和设计等领域延伸，产业链的下游主要发展广告营销、分销管理、零售、物流等领域，产业链的生产环节要重视龙头企业的带动作用。积极推进创新链、产业链、资金链、政策链、人才链"五链"深度融合，培育发展新动能，提升产业竞争力；拓展产业链延伸的区域范围，借助区域市场协调地区间专业化分工和多维性需求的矛盾，以产业合作作为实现形式的区域合作载体。

在万达开示范区范围内，规划建设三峡新区，创建产业发展平台，加快培育新的经济增长极，使之成为西部地区的新亮点。在三峡新区内探索"飞地经济"新模式，三峡库区和秦巴山区的区县均可在三峡新区投资建设产业园。按照产业结构高度化和产业链现代化的总要求，搭建区域内检测中心、交易中心、培训中心、职教中心、展示中心等公共服务平台，加快金融服务、物流联络、交易服务、会展平台、广告设计等方面的一体化建设，加强产业发展、市场准入、科技创新等方面的对接，促进商品和生产要素在区域内自由流动；重视企业产品研发中心建设，引进高新技术和人才，在承接中提高自我创新能力。

4. 重点突破，协同推进

以"路通"为前提，促进人流、物流、资金流、信息流等方面的互联互通，促进三地合作发展。按照"强化通道、完善网络、突出枢纽"的原则，以构筑内联外通交通体系为目标，以对外通道和省际通道畅通为重点，打通"断头路"，不断提升路网等级。突破铁路瓶颈、增加出省（出市）通道。以交通基础设施通畅为突破口，强化地域性强、竞争性弱的旅游、商贸物流等领域合作，建立高效便捷的商贸物流体系。充分利用万州和达州的区位优势和交通条件，加快现代物流集聚区建设，增强物流集散功能。

坚持分类指导、协同推进的原则，根据一体化的难易程度，围绕基础设施、产业体系、生态环境、公共服务、对外开放、体制机制等领域提出一体化发展的方向。对跨省域基础设施建设、生态环境保护、区域协同创新等领域，要从"共建"迈向"共建共管共享共赢"，加快一体化发展步伐；对有一定基础的营商环境创建、市场联合监管、基本公共服务等领域，要建立健全体制机制，逐渐提升一体化发展的水平；对尚不具备条件的人力资源、土地市场、城市管理、安全生产等领域，强调互联、共享、协调，夯实一体化发展的基础。

5. 生态优先，环境共保

生态环境保护，体制机制是关键。建立有效的体制机制，推进生态系统联合治理，保持生态系统的完整性和持续性。三地协同划定生态保护红线，共同开展生态修复治理，筑牢生态安全屏障。同时，积极推动流域环境污染联防联控，建立流域保护和污染防控长效机制。长江流域上下游协同的重点要突出长江防护林建设、珍惜鱼类保护和生态环境修复，共同争取长江下游区域对上游区域的生态补偿。

建立生态优先型经济，追求包括生态、经济、社会三大效益的最大化，也就是绿色经济效益的最大化。在继续开展"天然林保护工程"和"长江上游水土保持工程"基础上，结合水污染防治，采取全面划定饮用水源保护区、严格控制农业面源污染、开展重点河段整治、加强工业和生活污水治理、加强农村环境综合整治等措施，实现水生态系统的良性循环，为可持续发展提供良好的生态安全屏障。除此之外，还要高起点引进一批无污染、生态环保的产业，切实转变经济发展方式。

（五）发展目标

到2025年，万达开川渝统筹发展示范区初步建成。覆盖全域的交通、信息、产业、创新、人才、生态六大网络基本成型，实现区域内人流、物流、资金流、信息流和技术流的快速流动。新区建设取得成效，区域生态环境保护和治理明显加强，公共服务一体化基本实现，统筹发展示范效应得以显现。

统筹协调机制全面建立。经济密切程度明显提升，协作分工高效有序，资源要素有序流动，统一开放的市场体系基本建立。万达开三地区域合作协作覆盖各个领域，协同发展机制建立并有效发挥作用，基础设施、公共服务、环境治理、工程技术等领域逐步形成统一的标准体系。地区生产总值超过5200亿元，常住人口城镇化率接近60%，服务业增加值占比55%，城乡收入差距、城市人均GDP与全域人均GDP差距低于全国平均水平。

空间布局更加合理。城市对区域的辐射带动力增强，大中小城市和小城镇协调发展，城乡融合水平进一步提高，城乡关系更加协调。青山、碧水、蓝天、净土保卫战取得显著成效，生态安全格局和环境分区管治制度趋于完善。生产方式和生活方式绿色、低碳水平进一步提升，居民绿色生活理念显著增强，生产发展、生活富裕、生态良好发展模式初步形成，"绿水青山"向"金山银山"价值转化能力明显提高。

协同创新体系基本建立。以创新重点、创新园区、创新平台为支撑的区域创新发展格局初步形成，研发投资强度、万人发明专利拥有量、高技术产业增加值占GDP比重、科技对经济增长的贡献率等指标高于全国平均水平。

基础设施更加完善。形成内畅外联、安全高效、绿色智慧的铁公水空综合立体交通运输网络，建成"双城经济圈"东出北上综合交通枢纽，实现万达开1小时通勤。通勤交通网络便捷高效，能源安全供应和互济互保能力显著提高，新一代信息设施率先布局成网，清洁安全的水网结构全面恢复。

轨道交通网和高速公路密度、5G网络覆盖率高于全国。

社会事业全面进步。就业更加充分，公共服务、社会保障体系更加健全，防震减灾应急能力、社会治理能力现代化水平全面提升。教育现代化取得实质进展，群众健康水平进一步提高。基本公共服务共建共享水平显著提升，全面实现城乡教育、文化、卫生等公共服务均等化，居民人均可支配收入增长速度、劳动年龄人口平均受教育年限、人均预期寿命全国领先，居民生活达到高水平小康。

到2035年，万达开川渝统筹发展示范区全面建成。经济一体化发展稳步推进，创新链、产业链、人才链、政策链、资金链深度融合，成为中西部地区加快发展的增长高地和我国区域协调发展示范区。现代化经济体系初步建立，创新型现代产业支撑体系更加健全。统筹发展的体制机制更加完善，城镇体系更加合理。地区生产总值接近8500亿元，城镇化水平接近70%（见表2）。

表2 万达开川渝统筹发展示范区中长期发展目标

类型	指标	2025年	2035年
区域统筹	地区生产总值(亿元)	5205	8478
	常住人口城镇化率(%)	58	68
	服务业增加值比重(%)	55	60
	城乡收入差距	<2.5	<2
	城市人均GDP与全域人均GDP差距	<1.5	<1.25
	区域社保、医保互通	基本实现	完全实现
绿色可持续	万元GDP综合能耗(吨标准煤)	<0.85	<0.8
	万元GDP用水量(立方米)	38	27
	单位GDP COD排放量减少(%)	减少5%	减少15%
	单位GDP SO_2 排放量减少(%)	减少5%	减少15%
	地级以上城市空气优良天数比率(%)	>85	>90
创新引领	研发投资强度(%)	3.2	4.5
	每万人口发明专利拥有量(件)	16	24
	高技术产业增加值占GDP比重(%)	12	20
	科技对经济增长的贡献率(%)	64	72

续表

类型	指标	2025年	2035年
基础设施	轨道交通网密度（公里/百平方公里）	3	6
	高速公路网密度（公里/百平方公里）	3.8	5.6
	机场年旅客吞吐量（万人次）	400	800
	5G网络覆盖率（%）	80	100
民生福祉	居民人均可支配收入增长速度（%）	10	8
	居民生活水平	高水平小康	富裕
	劳动年龄人口平均受教育年限（年）	10	12
	人均预期寿命（岁）	80	85

注：1. 2019年万达开地区生产总值为3468亿元，2020~2025年按年均7%的增速计算，2026~2035按年均5%的增速计算；

2. 单位GDP COD排放量和SO_2排放量减少量均以2020年为基期。

三 空间布局优化

按照布局合理、功能完善、分工协作、共同发展的要求，优化产业布局，完善城镇体系，形成"一轴一带三核多支点"空间格局。

（一）形成"一轴一带三核多支点"空间格局

依托成南达万高铁、渝西高铁、达万高速、包茂高速，加强沿线城镇产业分工协作，引导产业沿轴线布局，重点建设达万发展轴、万源—渠县经济带，聚焦达州、万州、开州区域性中心城市，加快培育县城和重点城镇，使之成为万达开区域的重要支点，推进沿经济带的中小城市和小城镇集聚产业，发展成为经济带的重要节点（见图3）。

1. 强化一轴：达万发展轴

依托达万交通轴线，发挥贯通万达开川渝统筹发展示范区主通道作用，围绕达州、万州、开州、开江做强达万发展轴，进一步集聚万达开及周边地区人口、经济活动、产业资源、创新要素等，形成万达开川渝统筹发展示范

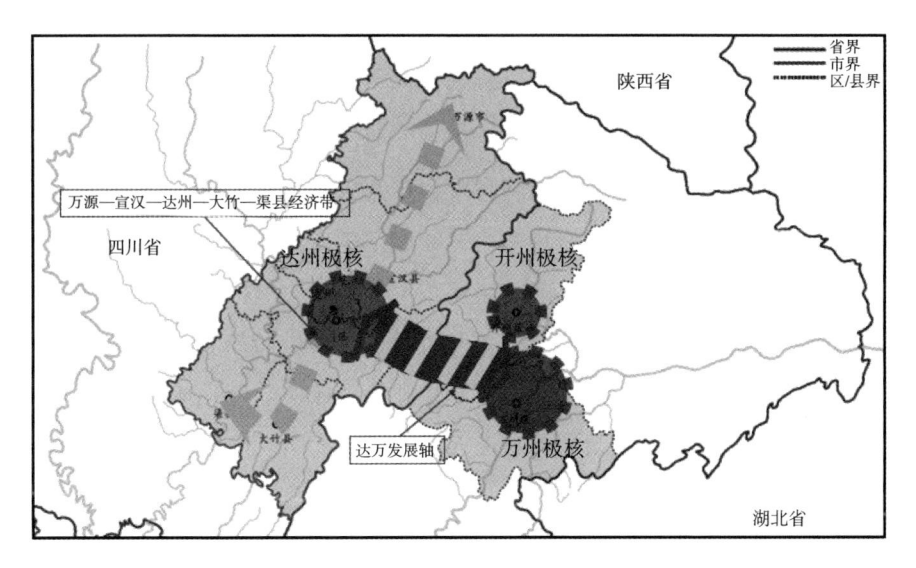

图3　万达开空间布局示意

区经济主动脉和向周边区域辐射的动力源。规划建设三峡新区，范围包括万州余家产业园区、开州南雅—铁桥产业园区、达州甘棠产业园区等，承接产业转移，将其培育成为万达开乃至成渝地区双城经济圈的新的经济增长极和达万发展轴上的重要节点。

2.聚焦一带：万源—宣汉—达州—大竹—渠县经济带

依托包茂高速、成南达高铁等主要交通廊道，推动万源、宣汉、大竹、渠县及其重点城镇加快发展，形成产业集聚、城镇密集的发展格局，引领带动沿线人口向城镇集中、产业向园区集中、园区向轴带集中，培育壮大一批中小城市和小城镇，推动城乡融合，形成一条东西向城市和城镇密集的经济隆起带。

3.提升三核：达州、万州、开州

做大做强达州、万州及开州中心城区，推动基础设施逐步完善、产业功能再造、空间结构优化、城市品质提升、生态环境优化，全面提升对万达开川渝统筹发展示范区甚至川东北、渝东北地区的人口、要素、资源、信息等的集聚能力，发挥区域性中心城市的辐射带动作用。

达州。推动达州形成四川东出北上综合交通枢纽、成渝先进制造业基地、川渝陕结合部现代服务业中心和现代信息枢纽、全国巴文化高地和全国生态文化旅游目的地。人口300万人以上，建成区面积300平方公里以上。

万州。依托长江黄金水道的独特区位优势以及便捷的交通网，发展港口经济，打造长江上游重要枢纽城市、三峡库区生态文明示范区和三峡国际旅游中心。人口150万人以上，建成区面积150平方公里以上。

开州。支持开州建设成渝生态绿色发展区、城乡统筹与生态宜居示范区、重要的现代农业基地、工业配套基地和生态旅游、红色旅游目的地。人口150万人以上，建成区面积150平方公里以上。

4. 夯实支点

万源、宣汉、渠县、大竹、开江等市区和县城以及重点城镇，结合已有经开区、高新区建设，进一步集中集聚，发展成为万达开川渝统筹发展示范区的重要支点。

万州经开区。推动建设万州科技创新中心，形成万达开地区标志性和引领性的新高地，建设一体化创新服务平台，共同设计创新议题、集聚创新要素、联合组织技术攻关，提升区域创新发展水平。

达州高新区。优化空间布局，强化基础配套、服务配套、产业配套，加强创新创业平台建设，优化营商环境，构建"一区多园"格局。改造提升新材料、智能装备制造、新能源三大支柱产业，壮大发展电子信息、生产性服务业两大优势产业。推动创建国家级高新区，发展成为达州市及万达开地区的重要支柱。

普光经开区。支持争创国家级经开区，形成以天然气硫黄、锂钾综合开发、微玻纤新材料、金属新材料为主导产业的产业集群，重点发展锂钾、微玻纤新材料、天然气硫黄等新兴产业。依托普光经开区，开展与开州的产业合作，建立川渝合作飞地示范园区，规划建设普光经开州到云阳港口的货运铁路专线。

万州综合保税区。以万州保税物流中心为基础，共建万州综合保税区。推动万达开地区实现企业通关、退税、保税仓储、检验检疫等功能一体化、便利化。

开州浦里新区。重点发展服装家居、医药食品、电子信息、文化教育、科技创新等产业，积极打造"万达开经济合作区"。

（二）完善城镇体系

优化城镇规模结构，明确大中小城市功能定位、发展重点和发展方向，强化分工合作，实现集约发展、联动发展。提升达州、万州、开州区域性中心城市的综合承载能力和辐射带动能力，加快培育和发展重要节点城市、重点镇和中心镇，促进大中小城市和小城镇协调发展，形成1+2+N城镇体系。

1. 300万以上人口的Ⅰ型大城市：达州

推动达州建成常住人口300万以上的Ⅰ型大城市。围绕"双300"城市建设，拉大城市主骨架，做大城市体量。城市南向以达州新机场、高铁站为核心，形成空铁产业新城；城市北向将宣汉靠近主城区的部分乡镇和宣汉县城纳入中心城区统一规划；西向加快和石梯、石桥等城镇配套建设。加快完善城市基础设施和公共服务功能，培育壮大主导产业，全面提升城市品质，增强城市综合承载力和辐射力，吸引周边市（区）人口来达州定居、创业就业。

2. 100万以上人口的Ⅱ型大城市：万州、开州

万州。充分发挥万州区域性中心城市的辐射带动作用，以产业生态化、生态产业化为重点，提升商贸、物流和金融中心作用，加强产业协作联动，形成融合高效的生态产业集群。适时进行区域内资源整合，促进产业结构高度化，提升对渝东北地区的辐射带动作用。

开州。不断增强城市核心功能，提升城市品质，增强对产业、人口等经济要素的集聚力，积极承接产业转移，发展以能源、原材料、食品、纺织服装、电子信息等为主的综合工业配套，形成以避暑养生、滨湖休闲、红色旅游为主的旅游休闲胜地，逐步发展成为重庆市生态绿色发展区、城乡统筹与生态宜居示范区。

3. 中小城市：开江、大竹、渠县、万源、宣汉

结合自身特点和发展条件，提升区域服务能力，强化产业集聚，并发挥对周边城镇和农村的辐射带动作用。

开江县城。位于达万发展轴上，距离万州、开州最近的县城，具有较大的发展空间，有可能发展成为常住人口超过50万、建成区面积超过50平方公里的中等城市。

渠县县城。把渠县打造为东西经济带上的重要节点和川渝最美生态滨江文化名城，形成万达开川渝统筹发展示范区的次中心城市、川渝地区产业承接发展示范县、川渝地区高品质生活宜居地。

宣汉县城。支持宣汉撤县改区，与达州主城区相向发展，成为达州的一个城市组团。

大竹县城。推动大竹县建设成为川东渝北区域和西南机械电子信息产业配套基地、东西经济带上的重要节点。

万源市区。推动万源建设成为川陕渝结合部地区的交通枢纽城市，达州北向开放"桥头堡"，以富硒食品、绿色建材、商贸物流和旅游服务为支撑的重点城市，集山水森林景观、自然生态特色于一体的安全、生态、宜居、宜业、宜养、宜游的山水森林城市和全国康养度假旅游目的地。

4. 重点镇

加快建设若干重点镇，支持开州区南雅—铁桥镇、开江县甘棠镇、宣汉县普光镇、渠县三汇镇、大竹县石河镇建成小城市，打造县域经济副中心，强化节点城镇空间连接、功能传导的作用，承接产业转移，夯实产业基础。依托优势资源发展特色产业，强化基础设施建设，促进产城融合发展，培育打造文化旅游、商贸物流、资源加工、交通枢纽等特色小镇，提升产业与人口承载能力。支持宣汉县南坝镇、胡家镇和万源市旧院镇、渠县临巴镇、大竹县周家镇等特色镇建设。支持重点镇基础设施建设，增强公共服务功能，吸引人口就近城镇化。形成"多中心互动、多层次互补、多空间发展"的网络状城镇发展格局。

5. 中心镇

中心镇指的是建制镇政府的所在地，是农村区域的政治中心、商贸中心、文教中心，是农村之首、城市之尾，地位十分重要。应完善城镇功能，加强对周边农村的服务功能，并创造条件吸引周边农村的居民到城镇居住置业，改善居住、文化条件。万达开地区建制镇名单如表3所示。

表3 万达开地区建制镇名单

城镇等级		城镇名单
重点镇	万州	分水镇、白羊镇、龙沙镇
	达州	开江甘棠镇、宣汉县普光镇、渠县三汇镇、大竹县石河镇
	开州	大进镇、长沙镇、临江镇
中心镇	万州	高峰镇、响水镇、武陵镇、瀼渡镇、甘宁镇、天城镇、熊家镇、大周镇、小周镇、孙家镇、高粱镇、李河镇、余家镇、后山镇、弹子镇、长岭镇、新田镇、走马镇、白土镇、长滩镇、太安镇、龙驹镇、太龙镇、罗田镇、新乡镇、郭村镇
	达州	复兴镇、东岳镇、碑庙镇、江陵镇、梓桐镇、磐石镇、金石镇、北山镇、青宁镇、双龙镇、蒲家镇、罗江镇、桥湾镇、堡子镇、赵固镇、南岳镇、福善镇、平滩镇、大堰镇、景市镇、河市镇、石桥镇、麻柳镇、百节镇、亭子镇、赵家镇、大树镇、罐子镇、双庙镇、金垭镇、石梯镇、渡市镇、管村镇、万家镇、太平镇、官渡镇、白沙镇、青花镇、永宁镇、黄钟镇、八台镇、固军镇、大竹镇、白果镇、竹峪镇、黑宝山镇、大沙镇、罗文镇、长坝镇、河口镇、草坝镇、铁矿镇、石塘镇、沙滩镇、井溪镇、魏家镇、石窝镇、旧院镇、鹰背镇、君塘镇、庙安镇、柏树镇、南坝镇、胡家镇、天生镇、上峡镇、马渡关镇、红峰镇、南坪镇、黄金镇、清溪镇、芭蕉镇、五宝镇、峰城镇、土黄镇、华景镇、樊哙镇、新华镇、毛坝镇、大成镇、下八镇、厂溪镇、茶河镇、塔河镇、桃花镇、白马镇、新宁镇、普安镇、回龙镇、永兴镇、讲治镇、任市镇、广福镇、长岭镇、灵岩镇、八庙镇、中华镇、杨家镇、清河镇、石桥铺镇、观音镇、周家镇、四合镇、文星镇、妈妈镇、庙坝镇、乌木镇、团坝镇、柏林镇、月华镇、永胜镇、高明镇、石子镇、天城镇、童家镇、高穴镇、欧家镇、清水镇、中滩镇、青龙镇、有庆镇、清溪场镇、宝城镇、万寿镇、静边镇、渠北镇、合力镇、土溪镇、岩峰镇、临巴镇、贵福镇、涌兴镇、东安镇、新市镇、文崇镇、丰乐镇、三板镇、龙凤镇、定远镇、望溪镇、琅琊镇、卷硐镇、鲜渡镇、李馥镇、李渡镇
	开州	大德镇、镇安镇、厚坝镇、金峰镇、温泉镇、郭家镇、白桥镇、和谦镇、河堰镇、谭家镇、敦好镇、满月镇、雪宝山镇、高桥镇、九龙山镇、天和镇、中和镇、竹溪镇、铁桥镇、岳溪镇、南门镇、渠口镇

四 构建现代产业体系

坚持以新发展理念为引领，以增强经济综合实力为导向，以加快推进新型工业化为重点，进一步提升万达开在川渝陕结合部区域的竞争优势和辐射带动作用，统筹推进万达开现代产业体系构建和总体布局，协力打造联动成渝地区双城经济圈、辐射带动川渝陕结合部的先进制造业基地、现代服务业基地。

（一）建设先进制造业集聚区

树立区域整体观念，按照科学合理的规划指导，强化万达开发挥比较优势，引导工业企业集中布局，加速推进区域产业链、创新链融合，加快规划建设空间载体，共同构建在川渝地区具有重大影响力的先进制造业集聚区。

1. 建设国家重要的天然气化工基地

对标国际天然气化工技术工艺水平，突破天然气化工产业链的核心技术，瞄准价值链高端产品，加快提升传统天然气化工产业链，加快构建电子级化工和医药级化工，同步发展配套产业，打造技术水平全国领先、规模优势突出的绿色天然气化工基地。

优化升级传统天然气化工产业链。大力引进世界天然气化工先进技术工艺，加快改造提升传统天然气化工产业，以磷、硫资源的深度开发为导向，推动传统天然气化工产业向下游产业链延伸。全面启动"天然气—合成氨—尿素—三聚氰胺"生产线、"硫黄、磷矿—磷酸、磷铵"生产线、"天然气+高炉煤气—甲醇—二甲醚"生产线技术升级改造，加快扩展三聚氰胺纤维、阻燃泡沫、食品级磷酸盐、工业级不溶性硫黄、二甲醚等主导产品生产能力，促进三大传统天然气化工产业链融合叠加、互促共进，不断提高天然气化工的资源环境效率，打造具有区域特色的生态型天然气化工新体系。

培育新兴天然气化工产业链。依托川渝地区电子信息、智能装备和生物医药产业发展需求，加快引进电子级化工和医药级化工产品技术生产线，加快培育新兴先进天然气化工产业链，重点发展以硫酸、盐酸为原料的显影液、剥离液、清洗液、刻蚀液等湿电子化学品，积极拓展医药级氯化钾、碳酸氢钾、硫酸钾镁肥等化工产品，打造区域天然气化工新优势。

发展天然气开发利用配套产业。引导达州既有冶金及装备制造企业转型升级，发展与油气勘探、开采、储气及管输相关的专用设备。大力招引油气专业设备生产商在万州、开州投资建厂，集聚发展智能开采、智能管道运输以及远程监控等相关设备制造产业，打造四川新兴智能天然气装备制造基地。

2.建设重要的新一代电子信息产业基地

支持智能终端龙头企业做大做强，带动相关配件产业在万达开地区布局，争取发展成为在全国具有竞争优势的智能终端电子及核心配件生产基地。

高起点规划建设智能终端生产基地。进一步完善大竹OPPO配套产业园的基础条件和营商环境，加大招商引资力度，吸引绿色电源、印制电路板、新型光电显示、手机配件、平板电脑配件、智能穿戴设备、智能机器人等OPPO供应链相关企业在达州布局。发挥万达开整体优势，共同与OPPO集团对接，推动OPPO研发机构和终端产品生产线在万达开有序布局。以OPPO重要生产基地、智能终端电子配件品牌生产基地为基础，发挥OPPO市场号召力和达州智能终端电子品牌配件配套能力优势，瞄准VR及AR设备、汽车电子、个人智能穿戴设备、智能音箱等领域，吸引国内外知名智能终端电子企业，加快布局终端产品生产线。

规划建设区域性智能终端电子配件生产基地。依托OPPO零部件配套基础，针对成都、重庆、西安电子信息产业发展的智能终端配件需求，引导万达开智能终端电子产品配件生产企业合理分工，协同提高自主设计能力，扩大区域产品服务视野，大力研发系列性智能终端电子配件产品，形成链条化、集群化、网络化的智能终端电子配件生产组织格局，形成在西部地区具有竞争优势、在全国有重要影响力的智能终端电子配件生产基地。

规划建设区域性大数据产业基地。推动万达开大数据管理部门的资源整合，以促进区域数字经济发展为导向，围绕数据技术产品研发、工业大数据、行业大数据等领域，携手推进大数据产业快速发展。立足万达开地区大数据产业发展基础，规划建设大数据产业园区，共同筹建区域性大数据中心，为大数据产业集聚搭建平台。

3. 建设西南地区重要的农副产品精深加工基地

发挥万达开地区农副产品富硒、生态、质优等优势，支持一批农产品加工龙头企业做大做强，加快推进特色产品开发，积极培育区域农产品品牌，推进农产品精深加工提质增速。建成服务全国、辐射秦巴地区的国家优质农产品深加工基地。

培育农副产品精深加工龙头企业。以提供优惠政策为手段，鼓励社会资本进入农副产品精深加工领域；充分挖掘现有农产品加工企业扩张潜力，通过政策引导、资金扶持，促进生产经营形势好的企业迅速扩大生产规模；强化农副产品加工的招商引资工作，吸引知名企业进驻万达开地区，利用其品牌效应拓展特色农副产品加工品的消费市场。

构建农副产品精深加工的梯次开发格局。依托万达开农副产品加工业基础和市场辐射范围，按照服务国际市场、全国市场、大区域市场、地方市场四个层次，研究制定农副产品加工业的扶持与引导政策，形成错落有致、组织有序的农副产品精深加工梯次发展格局。

加大技术创新和技术改造力度。增加农副产品加工业科技投入，支持企业采用先进工艺、技术、设备改造提升传统产业。依托现有基础，采取生产、使用、科研相结合，引进先进技术，并进行消化吸收，提高自主创新能力，增强核心竞争力。引进人才和先进管理经验，提高农副产品加工业的整体管理水平。

4. 建设川渝地区重要的智能装备制造基地

以"两车+N"为发展方向，围绕新能源汽车、特种专用车，重点发展特色整车制造和汽车零部件、电气机械、通用设备、农用机械等产业，强化达万产业协作，共同打造智能装备制造基地。

推进重大项目布局。依托达州清洁能源汽车生产基地和智能装备制造企业集群的基础优势，以清洁能源客车和特种专用车制造为龙头，以高端模具、工业机器人等为带动，与万州、开州共同谋划一批本土节能型变压器、超速农机等重大项目，促进智能制造产业集聚发展。加大专项招商引资力度，瞄准长三角、珠三角和成渝等重点区域和一汽、长安等重点企业，加大项目包装、推荐力度，引进一批亿元以上智能装备制造产业项目。

培育产业集群。选择规模以上骨干企业，通过在融资、人才与技术引进方面提供绿色通道，在土地、税收等方面给予优惠或进行财政补贴，鼓励企业做大做强。鼓励企业并购或联合，通过实现规模经济推动企业快速成长。通过设立孵化器、中试基地，提供优惠政策，为新生企业注资等方式，降低装备制造新兴企业创业门槛，扩大集群规模，增强集群活力。

激活创新动能。制定高层次人才引进政策，从制度源头解决技术人才短缺问题。依托智能制造学院，全面深化与西南交大、哈工大等科研机构合作，推进"政产学研用投"一体化发展。结合成渝地区智能装备发展的技术需求，创建若干院士工作站和国家重点实验室，培育一批国家级高新技术装备智能制造企业。

5. 建设辐射川渝鄂陕结合部的新材料产业基地

依托区域锂钾等特色资源优势、产业基础优势和发展平台优势，以"三纤"、锂钾新能源电池材料、钒钛先进材料为发展重点，强化技术研发和产品开发。

拓展锂钾新材料产业链。抓住新能源汽车发展机遇，依托普光锂钾产业园，加快锂钾资源勘探开发，促进资源就地转化，着力打造以锂钾资源开发利用为核心，兼顾钠、溴、硼、铷、铯等资源综合利用的产业链。充分发挥龙头企业示范带动作用，引进先进锂电隔膜配套企业，提高动力锂电池整体生产能力和市场竞争力。

打造"三纤"全产业链。以拓展应用需求为导向，按照"应用定制—产品研发—原丝生产—后制品制造—检验检测—产业化运用"的全产业链发展理念，加快玄武岩基地、微玻纤产业园建设，延伸苎麻纤维产业链，加强"三纤"技术创新和联合应用开发。加快"三纤"应用的关键性技术突破，积极推进"三纤"在轨道交通工程、汽车轻量化、金属及非金属建材、体育装备、化工新材料、建筑节能新材料、纺织品等领域的示范应用，推动纤维产业集聚、集群、集约式发展，高质量建成"中国纤谷"。

优化建筑新材料产业链。充分发挥万达开川渝统筹发展示范区的产业优势，大力推动建筑建材产业发展，促进建筑建材市场融合。引进国际及国内先进竹、木工艺技术，积极发展竹木复合地板、竹家具、竹工艺品、多层实木复合地板、强化地板、防水防火地板等资源综合利用率高端产品，做强竹木产业。积极推进天然石膏矿资源及磷石膏、脱硫石膏等工业附产物的开发与利用，大力发展石膏晶须产品，积极推广装配式建筑。

6. 建设区域性生物医药产业基地

依托万达开中药材资源优势，加快发展特色中药饮片、中药新药等生物医药。努力延长医药产业链，大力培育医药包装、物流配送等相关产业打造秦巴地区道地中药材加工基地、中药材研发中心和医药物流集散中心。

提高生物医药的生产集中度。引导当前分散布局的医药工业向主要开发区医药产业园集中。在空间集聚基础上，参照国际通用标准，促进医药企业实现集约化、专业化、标准化生产。

提高医药物流集散能力。立足区域医药物流企业的营销网络，进一步拓展业务领域，扩大万达开医药物流网络的覆盖范围，通过医药物流业的辐射带动作用，促进区域医药产业快速成长。

加快生物医药技术创新体系建设。以打造生物医药产业基地为载体，加强生物医药产业创新能力基础设施建设，包括生物实验室、动物实验中心、临床试验中心等。大力整合医药行业科研资源，优化资源配置，利用数字化信息，建立科技信息、人才信息、市场信息、产业信息等方便快捷的综合信息服务平台。

（二）打造现代服务业高地

立足川渝陕鄂结合部生产性服务业、生活性服务业的潜在市场需求，加快提升万达开地区服务业发展能级，建设区域性现代服务业高地。

1. 建设川渝陕结合部现代商贸服务中心

遵循"整合资源、提升档次、强化功能、规范管理"的发展路径，以区域原有商贸业态为基础，积极推进万达开传统商贸服务业升级步伐，加快建设时尚购物中心、现代商贸流通中心，提升万达开地区商贸服务业的吸引力和辐射能力。

打造服务万达开的核心商业区。依托达州主城区商务服务业发展基础，高水平规划建设大型综合性商业综合体，塑造达州商贸大都市形象。以城市核心区和县城为重点优化提升零售集聚形态，建设具备区域辐射力的大商圈、标志性商业综合体、时尚购物中心和功能性商业中心，形成城中大商城、城内特色街、城区大市场、城郊便利店和乡村综合贸易市场的市域零售商业体系。

促进商业业态转型升级。优化达州、万州、开州的商业层级，通过连锁加盟、多元经营等形式推动新型商业经营业态发展，加快批发市场的升级改造，逐步提升商贸服务档次。加大招商引资力度，吸引国内外一流的商贸服务企业落户万达开主城区，培育一批辐射能力强的大型商贸集团，打造集购物、餐饮、娱乐、健身于一体的现代化大型综合服务商圈。

构建区域性商贸流通体系。以"大市场、大商贸、大流通"为方向，强化基础设施、产业融合、商品互通、优势资源共享，推动服务组织、商（协）会等民间组织联络交流。建设万达开区域商贸流通与综合服务平台、中小商贸流通企业公共服务平台，鼓励三市连锁企业到异地建立销售网点，入驻当地电商平台，建立特色农产品展示交易专店（柜）。培育增强商品展示、货物交付、仓储加工、物流配送、信息交换、货款支付等商贸流通中心功能。

2. 建设长江经济带重要物流枢纽

充分发挥达州航运、铁路、公路交通枢纽的综合辐射功能，坚持生产性物流、服务性物流并举，积极推进航运物流、铁路物流和公路物流，重点优化物流体系多式联运，打造立足万达开、辐射川渝、面向长江经济带的综合型现代物流枢纽。

加快物流基础设施建设。突出达州商贸服务型国家物流枢纽的战略定位，围绕集中实现货物集散、存储、分拨、转运的功能要求，建设现代化、信息化、智能化的物流基础设施，完善货运站场、专用线、专业化仓储、多式联运转运、区域分拨配送等物流设施。

提升物流园区平台服务功能。以公路和铁路货站、水运码头和交通枢纽为依托，以城市高速公路网和城市骨干道路网为物流通道网络，以交通主枢纽货运站和大型专业批发市场为基地，进一步完善万达开地区物流园区布局，优化提升区域物流园区承载能力。实施秦巴综合物流园扩容工程，打造万达开地区物流体系中枢。加快提升现代商贸物流园、双龙铁路物流园、达川商贸物流园、高新区物流园、临（空、高铁）港物流园等物流园配套能力，形成区域性物流体系重要支点。

打通物流主通道。以沿江大通道为依托，建设四川东向陆江海国际物流主通道。以西部陆海新通道为依托，建设川渝陕结合部区域南向陆海国际物流通道。以中欧国际班列西部通道为依托，建设川渝陕结合部区域西向陆路国际物流通道。以强化与秦巴地区及周边省市物流连接为指向，建设面向东、南、北、西北、西南的"五射"区域物流通道。

3. 建设区域性金融中心

强化金融对区域经济发展的支撑作用，加快深化金融改革，积极推动金融创新，不断提升服务质量，营造良好的金融生态环境，建设联动双城经济圈、服务万达开及周边地区现代金融中心。

建设现代金融商务区。抓住国际国内金融资本战略转移的历史机遇，依托IFC金融中心等项目，高标准建设马踏洞金融总部商务区，打造金融业发展的有形载体。支持现有金融机构合理增加分支机构与营业网点，扩大地域覆盖面；大力吸引各级各类银行、证券、保险、基金等金融机构入驻，吸引境内外金融机构在万州设立地区性总部或分支机构。

加快发展金融中介服务。引导发展投资咨询、理财服务、法律服务等金融中介机构；适度引进资信较强的信用评级公司，同时扶持3~5家中小企业信用担保机构，强化对小额贷款公司的规范和引导；围绕小企业、个体工商户、农户、园区展开专项银企对接，不断增强金融中介服务业的辅助功能，为万达开地区经济快速发展提供有力的资金支持。

强化金融开放合作。深化与成都、重庆、西安三大国家中心城市金融服务对接，加强与沪深交易所、天府（四川）联合股权交易中心等机构合作，推动天府商品交易所等省级交易场所在达设立分支机构，积极打造区域产权和特色商品交易中心。依托天府商品交易所，积极探索和打造国内具有产地定价权的西部天然气交易中心。依托达州丰富优质的苎麻资源优势，打造特色农产品交易中心，推动其在天府商品交易所挂牌。

4.建设区域性旅游服务中心

以巴人故里历史脉络为主题，拓展巴山渠水生态格局，弘扬川陕苏区红色基因，推进文旅深度融合，开发兼具文化底蕴和现代特色的系列旅游产品，打造服务全国的生态文化旅游目的地。

打造区域旅游集散中心。依托区域机场、高铁车站、高速公路出口、旅游码头等交通枢纽设施，以巴文化、红色文化和山水资源为主要载体，整合万州、开州及毗邻地区景区景点资源，着力打造几条以达州为"出入口"的经典旅游路线，大力发展旅游集散换乘服务和旅游咨询服务。同时，联动餐饮、住宿、购物、娱乐等相关服务业，吸引游客在达州住宿、购物、餐饮和娱乐，增加游客达州逗留时间，将达州打造成为全国旅游网络的重要节点、区域旅游集散中心。

提高旅游服务能力。集中建设适应不同旅游者需求的旅游住宿设施，包括高档酒店和经济型酒店，积极引进国内外连锁酒店进驻达州，借力提升达州旅游服务水平。引进培育一批高水平旅游服务中介机构，大力引进国内外旅游公司，促进本地旅行社发展。

开发特色旅游线路。依托万达开核心旅游资源，整合各县域特色旅游资源，实施"一区两廊两园两带"即大巴山生态康养国际旅游度假区、巴文化旅游艺术走廊、荔枝古道文化旅游走廊、川陕苏区红军文化公园、巴蜀非遗文化产业园、万达开乡村旅游示范带和明月山绿色发展示范带的重大项目建设，形成巴文化、红色文化、宗教民俗文化、大巴山大三峡、乡村旅游等精品旅游线路。

5. 建设区域性新兴服务业集聚区

坚持内外并重，引进与培育并举，深入挖掘巴蜀文化内涵，以占领高端服务市场为导向，大力培育新兴服务业，推动新兴服务业实现高端化、规模化、国际化。

优化会展业。依托达州区位优势，进一步整合万州、达州资源优势和产业优势，以品牌化、大型化、专业化为导向，共同发展多门类、高档次、强辐射的现代会展业。大力实施联合招商，吸引国际会展公司和会展承办机构落户万达开地区。

壮大电子商务。依托达州省级电子商务示范城市的政策环境优势和平台资源优势，以创新发展和深化应用为动力，切实优化达州电子商务发展环境，做大做强电子商务服务业，大力推进电子商务在万达开各行业的深度应用，推动电子商务与现代物流集成创新。进一步优化电子商务空间布局，在万州、达州、开州主城区打造具有川渝陕结合部区域影响力的电商集聚区。

培育总部经济。着力引进一批国内外大型企业总部，完善相关政策，优化服务，创新招商模式，增强中介服务，不断增强对国内外大型企业总部的吸引能力，重点引进跨国公司、中央大企业在万达开设立地区总部或职能性总部机构。优先引进长三角、珠三角地区大型企业集团的地区总部、上市公司和研发中心等项目落户万达开。着力培育一批蜀商企业总部，吸引川渝地区大型企业在万达开建立生产基地、营销中心、研发机构。

五 构建高层次开放合作新格局

依托成渝都市圈和本区域中心城市，推动综合性对外通道建设，打造开放包容新平台，形成对外开放合作新高地。全力推进铁、公、水、空建设，提升综合立体交通运输体系的支撑力，协同推进国际国内开放大通道建设。构建贯通交汇丝绸之路经济带、西部陆海新通道与长江经济带的开放大通道。利用长江黄金水道、铁公水空多式联运优势，深度融入长江经济带发展，构建衔接长江中下游地区的东向开放大通道。

（一）构建综合交通运输网络

深度融入西部陆海新通道建设，连通"渝桂新""蓉桂新""蓉桂港"陆海联运通道，融入海上丝绸之路，协同构建向南开放大通道。借力"蓉欧"国际班列，构建深度融入云贵西南片区、延伸联通中国—中南半岛的西向开放大通道。发挥渝西高铁、郑万高铁等优势，连通中欧班列，构建联通西安、兰州和乌鲁木齐的北向开放大通道。

1. 加快铁路大通道建设

加快与周边区域和城市的快速大容量客运通道、高效货运通道建设，形成城际铁路、高速铁路和普通铁路相结合的铁路运输体系。规划达州至万州新田港货运直达通道，建设达州至广元城际铁路、达州—开州—万州—梁平—达州城际铁路环线。加快推进成（都）南（充）达（州）万（州）高铁建设，形成东出连接长三角、北上连接京津冀的高铁主通道。加快推进西（安）达（州）渝（重庆）高铁建设，形成北上高铁新通道。加快推进郑万高铁建设，协同推进渝西高铁安康至重庆段（东西线）、沿江高铁重庆至万州段、成南达万高铁等项目前期工作，共同争取一批重大铁路项目纳入国家规划，全面融入国家"八纵八横"高速铁路网。积极推动建设达州—广元—兰州高铁，对接西北和中部南部地区。依托达成铁路、襄渝铁路、达（州）万（州）铁路、广（元）巴（中）达（州）铁路，构建"四铁交汇、五向连通"的货运铁路路网格局，成为四川东出北上西进南下的铁路货运枢纽，促进丝绸之路经济带和长江经济带的货运联系。深化与广西北部湾地区合作，强化达州铁路与万州内河水运及北部湾港口的无缝对接，大力发展铁水联运，做大做强东出铁水联运班列和西部陆海新通道"冷链+普货"班列，打造川渝地区通江达海货运通道的重要节点。

2. 建设国家级公路枢纽

建设万州城区、达州城区、开州城区等一体衔接的30分钟通勤交通网，进一步畅通加密渝东北、川东北地区高速公路主通道，协同提升内部直连直通水平，提高路网连通能力。全面融入全国和双城经济圈公路网体系，强化高速公路网、公路干线网、基础公路网"三网多通道"建设，提升高等级公路比例。协同推进达万直达高速等高速公路项目前期工作，进一步提升区域对外联通能力，夯实万达开国家综合性交通枢纽基础。支持规划建设绵阳—达州—襄阳、达州—镇坪—十堰高速公路，与经济发达的江汉平原协同联动。规划达万直线双向8车道快速通道。支持规划建设城口经宣汉至重庆、通江经宣汉至开州、大竹—垫江、城口—宣汉—大竹—邻水（新增）高速公路。

3. 建设川渝开放型航空枢纽

支持达州加快机场迁建，按开放口岸标准建设达州新机场。协同建设航空运输体系，推进万州五桥机场升级干线机场，加快建成达州新机场，规划布局开州通用机场，强化万达两地机场资源整合，干支结合融入川渝航线网络体系，推动区域低空空域互联互通。支持万州、达州机场开辟连接"一带一路"和长江经济带重要节点城市的新航线，实现航空与全国重点城市快速通达，支持开辟国际航线。支持加快完善机场集疏运体系建设，加强与成都天府国际机场、重庆江北国际机场的对接，干支结合融入川渝航线网络体系。支持建设万源、渠县、大竹、开江通用机场。

4. 开辟水运大通道

加大水运基础设施建设力度，提升水运基础层次，完善配套设施建设，重点提高渠江航道通航能力，开工建设达川金垭、渠县宕渠两个货运作业区，新建凤洞子航电枢纽，拆除重建舵石鼓、南阳滩船闸，改扩建金盘子航电枢纽，实现渠江三级通航能力。推进铁公水联运发展，依托达万高速、达万铁路等陆运通道，构建与万州港陆水联运体系，有效利用长江黄金水道，开辟货物贸易新的水运大通道。加快打造区域港口枢纽，充分发挥万州港长江黄金水道优势，联动达州无水港和开州港发展，建成渝东北、川东北地区对外开放的航运大通道，共同打造三峡综合客货运枢纽。

（二）打造开放包容新平台

协同推进开放平台建设，加快万州五桥机场、达州新机场航空口岸建设。深化达州"无水港"与万州港、开州港合作，联合创建三峡综合保税区，加快推进达州建设保税物流中心（B型）、铁路和航空口岸。加强国际国内交流合作，协同办好秦巴地区商品交易会、"中外知名企业达州行"、秦巴口岸物流发展峰会等地方展会。

1. 在万州设立保税港区

发挥万州保税物流中心功能，积极申报建设万州综合保税区，功能覆盖万达开全域。推动实现两地企业通关、退税、保税仓储、检验检疫等功能一体化、便利化。

2. 建设承接产业转移示范区

充分发挥资源优势和产业优势，以区域关联性优势产业和骨干企业为重点，加强协同联动，共同承接东部地区产业转移。在万州经开区和达州高新区范围内建设承接产业转移示范区。

3. 共享会展资源

加强国际国内交流合作，协同办好秦巴地区商品交易会、秦巴口岸物流发展峰会等地方展会。开展特色产品电商促销活动，组织三地企业到电商展示展销中心参展。此外，共推文化旅游融合，整合巴文化、红色文化、宗教民俗文化、大巴山大三峡、乡村旅游等自然生态和人文旅游资源，通过项目共建、品牌共塑、线路互联、客源互推，开展区域性文化旅游交流活动，促进万达开文化旅游深度融合，创建国家级文化产业旅游产业示范区。

4. 建设自由贸易试验区

突出优势与特色，争取尽快纳入自贸试验区协同改革先行区，建立陆水联运开放新体制、秦巴地区振兴开放发展引领区。争取将万州五桥机场144小时落地签证扩展至达州。

5. 建设对外开放口岸

充分利用国家加大西部开放力度的战略机遇，抢抓开放口岸建设先机，争取获批内陆铁路、公路、航空对外开放口岸。积极拓展对外开放口岸建设领域，前瞻性谋划建设水果、肉类、粮食、木材等功能性口岸，成为大宗特色产品进口集疏中心。加强与沿海沿边省市口岸之间的合作，加强与沿江通道、西部陆海新通道、中欧班列西部通道进出境口岸的协同，全面推进跨部门、跨区域的通关一体化协作，融入全国对外开放口岸体系。

6. 建设进出口基地

依托陆水联运优势，强化经开区、高新区、工业园区出口基地建设。充分发挥川渝陕结合部区域特色农业和农产品加工优势，培育一批农产品出口企业和农产品加工企业，建设国家级特色农产品出口基地（出口示范区）和农产品加工出口基地，推动农业提质增效、高质量发展。加大重点制造业国际招商力度，支持有条件的企业实施跨国经营，建设优势工业产品出口基地，提升产业国际竞争力。

六 生态环境共保

坚持生态文明理念，牢固树立绿水青山就是金山银山的理念，进一步加强资源管理和生态环境保护，实现经济社会可持续发展，维护区域生态安全，让万达开川渝统筹发展示范区天更蓝、山更绿、水更清，人居环境更优美。

（一）共同推进生态保护

加快山体修复，加大矿山生态恢复治理，推进水土流失和石漠化治理。加强水资源、水生态、水环境、水景观四水共治。有效保护和合理利用水资源，加强饮用水源地保护，优化水资源配置，建设节水型社会，建立健全防洪减灾体系；保护和修复水生态，妥善处理江河湖泊关系，强化水生生物多样性保护，加强沿江森林保护和生态修复；加强水环境治理，全面治理工业污染源，强化城镇、乡村污水收集处理，严格控制农业面源污染；提升江堤景观功能，建设集休闲健身、旅游观光于一体的滨水景观长廊。

统筹加强长江、渠江等江河水源涵养林、水土保持林建设和铁路、公路国省干线绿化造林，统筹岸线保护与建设，巩固天然林保护、退耕还林等成果，提高森林覆盖率。

加强各类自然保护区建设，加强对秦岭—大巴山生物多样性保护，联合推进野生植物及小种群拯救保护和珍稀濒危野生动物保护。

以小流域为单元，统筹规划和布局，共同推动三峡库区及嘉陵江上游小流域建设，推进新田河、瀼渡河、五桥河、苎溪河等次级河流综合治理，优化配置工程、生物、农耕三大措施，突出坡耕地改造和坡面水系建设重点，积极发展特色经果林产业，共同构建水土流失综合防护体系。

加强库周消落区生态保护和修复，分类推进保留保护区、生态修复区和综合利用区治理。将全区大中型矿山全部建成绿色矿山。有序推进三峡后续地质灾害治理项目实施，扎实开展面上地质灾害综合整治。

（二）共同开展环境污染联防联控联治

开展长江干流、渠江、嘉陵江等流域污染治理省际合作试点，推动工业（化工）污染、畜禽养殖、入河排污口、环境风险隐患点等协同管理。推进跨省界地表水水质自动监测站建设，建立跨界断面水质监测数据共享清单，促进河流监测信息共享，健全跨界水体监测机制。开展跨界河流联合巡查，共同推动跨界河流综合整治工作，建立上下游水质超标响应机制，联合开展水质超标溯源排查，共同应对处置水质超标问题。

实施工业源、移动源、生活源综合治理，强化二氧化硫、氮氧化物、颗粒物、挥发性有机物等多污染物区域协同控制。联合制定和实施毗邻地区钢铁、燃煤火电、水泥、化工、玻璃制品、砖瓦窑、工业炉窑、燃煤锅炉等涉气重点行业、重点污染源整治计划。强化重污染排放行业、企业、"散乱污"企业和建筑施工工地扬尘监管和治理。联合应对重污染天气，实施水泥、烧结砖瓦等重点行业企业错峰生产，加快推进煤电机组超低排放改造。依托国家西南区域空气质量预测预报中心，实现空气质量联合预报预警。

强化土壤污染管控和修复，全面实施土壤污染防治行动计划，共同加强

土壤污染管控，防范土壤污染并影响流域水质，实现土壤环境质量总体保持稳定。建立健全危险废物信息互通、处置需求对接、转移快审快复、突发事件应急转移等机制，联合提升固体废物管理水平，确保区内固体废物及危险废物得到安全处置。

（三）共同促进资源节约集约利用

1. 联合推进水资源优化配置

加强万达开地区水利基础设施建设，进一步提升水资源高效利用与节约保护水平。加快推进达州市土溪口水库、固军水库、鲜家湾水库、长滩河水库，万州区大滩口水库扩建，以及万州区青龙水库、开州区跳蹬水库等重大水利工程建设，实施河湖库联通工程，推进城乡供水一体化，开展大中型灌区现代化改造。继续大力推进渠江、小江、磨刀溪等流域防洪治理，开展病险水库（水闸）除险加固，加强水雨情共享和联合预测预报，加快构建高效科学的水旱灾害防治体系。

2. 统筹利用土地资源

统筹区域土地资源利用。借鉴重庆地票制度，落实城乡建设用地增减挂钩政策，推动建立土地资源流转使用、利益共享的机制，采取"飞地经济"、土地资源入股等方式，共建产业园区，推动土地资源及其收益在区域内的灵活调配，破除土地资源障碍，共同拓展发展空间。

3. 共同建设"无废城市"

共同推动固体废物源头减量、资源化利用和无害化处理，推进有条件的地区率先合作开展"无废城市"建设试点，有效遏制"垃圾围城"问题。共同构建资源循环利用的闭环产业群，建立从垃圾产生到资源利用的再生资源循环体系。加强对龙头企业的培育，充分调动社会资源参与到固体废物的处置链条中，成立万达开区域废弃物资源化利用企业协会，重点推动废弃物产生有关信息和废弃物资源化利用技术在区域内的共享和传播，为企业间开展废弃物资源化利用搭建沟通和交易平台。加快实现再生资源回收利用体系与生活垃圾清运体系的有效衔接，制定强制垃圾分类和减量化相关制度，培养居民绿色消费习惯，减少生活垃圾产生量和处置量。科学布局固体废弃物处置设施，联合应对"邻避效应"，加强污染源监管，鼓励跨区域合作共建危险废物处理设施，完善医疗废物、危险废物收集运输和处理处置体系，推进危险废物处置能力建设。

（四）共同探索绿色发展新路径

1.推动传统产业循环化改造

推动工业循环化改造。积极打造工业循环示范园和固废综合利用基地。支持万达开现有工业园区、重点企业的循环化改造，促进园区循环式发展、企业循环式生产。改造提升传统产业，不断完善延长现有产业链，实现各产业链内部的延伸和废弃物资源化产业链之间的循环，通过结构转型和产业升级促进工业向高端化发展。强化生产企业间、生产单元间产业的共生网络构建，形成产业链之间的横向耦合和纵向闭合，实现资源循环利用，重视生产过程中能源和水的梯级利用及副产品、废弃物的资源化，切实提高基地资源利用水平。

加快构建农业循环发展模式。打造农业循环示范园。全面推广农业清洁生产技术，推动农业生产循环化改造、农村清洁能源沼气工程建设，加快创建一批"猪—沼—果""秸秆—食用菌—有机肥—种植""林—禽—渔"立体复合种养等模式的循环型生态农业示范园，逐年减少化肥施用量和农药使用量。制订生态循环农业发展规划和政策扶持办法，加快推广循环农业发展模式。

2.促进生态产品向生态产业转化

立足自然生态禀赋，积极探索"生态+"产业发展模式，大力发展水中经济、林下经济，实现生态产品向生态经济转化。

共同创建生态品牌。允分利用各类自然保护地的资源、已经创建的生态示范基地，以及已经开展的共建长江上游生物多样性保护与发展示范区、生态优先绿色发展示范区、农业绿色发展先行先试区等方面的合作，推动由地区创建升级为区域联合创建。

推动生态产品转化为生态农产品。围绕打造"万达开生态绿色农产品"品牌，大力发展生态农业。深入挖掘各种"绿色要素"，保护和拯救原生物种，充分发挥多样化物种的互抵性和互补性，增强自然恢复能力。大力发展精品生态农业、林业、牧业和渔业，加强新技术、新工艺、新方法的运用，加快新产品研发，打造绿色品牌，生产满足人们绿色消费的新型绿色产品，通过绿色、生态农产品的市场溢价，实现生态产品价值提升。

推动生态产品转化为生态旅游产品。依托丰富的旅游资源优势和生态优势，推进生态与健康、旅游、文化、休闲相融合，通过发展生态旅游业带动运动休闲、养生保健以及配套的导游、餐饮、购物等多产业、多业态发展。同时，围绕湿地公园、森林公园、自然保护区等生态旅游资源，因地制宜建设一批生态休闲养生福地，积极培育和丰富生态休闲养生产品，打造一批有品牌、有品质、有品位的湖边渔家、温泉小镇、森林小镇、茶叶小镇等生态休闲养生基地，实现生态产品的增值。同时，顺应"互联网+"新趋势，以生态产品开发、产业化运营等为重点，采用"互联网+旅游""互联网+森林康养"等多种模式，加快发展生态产品电子商务和物联网，实现"线上"与"线下"相结合。推动资源向资产、资本转变，努力拓宽绿色惠民、富民路径，打通"绿水青山"和"金山银山"的转换通道，让绿水青山的守护者共享发展成果，全面实现生态产品价值。

推动生态产品转化为生态工业品。大力发展环境适应性产业，吸引环境敏感型产业，构建企业—园区—社会多层次循环体系，培育发展资源循环利用产业（静脉产业），大力发展物联网、医药、电子、光学元器件等对生态环境要求严苛的产业，促进环境敏感型产业与生态环境"共生"发展，以产业收益反哺生态建设，实现保护"绿水青山"与发展高端产业相得益彰。

3. 培育绿色产业新动能

大力发展节能环保、清洁生产、清洁能源等绿色产业。做大做强节能环保产业，推动政府和企业将能源管理、环境管理外包给专业化的第三方机构，拓展绿色产业市场空间。增强第三方机构的服务能力，由单一的设备供应、工程改造向诊断、设计、融资、建设、运营等"一站式"全方位服务延伸。推动新能源、新材料的应用，构建面向未来的绿色产业体系。

推动传统产业绿色升级。利用绿色新技术对产业进行升级改造，提升产业资源利用效率水平。持续深化供给侧结构性改革，严格落实节能环保安全等法规标准约束。

培育绿色发展新产业新业态。以终端化工品衍生应用为突破方向，延伸天然气化工产业链，抢占技术核心和价值高端，加快建成中国西部最大的清洁能源基地。广泛运用现代信息技术，加快"互联网+"与资源利用、环境保护等的融合发展，推动产业链、供应链和价值链重塑，加快培育新兴业态和增长点。

七 公共服务共享

坚持以人民为中心的发展思想，切实保障和改善民生福祉，增加多层次高水平的教育、科技、医疗、文化等公共服务资源供给，统筹优质公共服务资源在区域、城乡之间的合理配置，促进公共服务资源共建共享，推进基本公共服务区域一体化。

（一）优化教育资源配置

1. 推动基础教育合作

提高基础教育质量和水平，科学配置教育资源，均衡发展城乡义务教育。实施名校名师培育工程，引进优质教育资源，鼓励采取集团化办学、组建学校联盟、打造学校共同体等方式，开展名校联名校、名校带弱校，组建基础教育学校联盟，提高学校整体办学水平。联合构建区域教育交流平台，深化教育交流合作。积极申办教育合作联盟、教育论坛、青少年交流等活动，推进区域内学校友好结对，鼓励开展基于教学、教研和教师的交流合作。建立区域招生联动机制，完善跨地区就业人员随迁子女就学政策，实现区域常住人口子女平等接受学前教育、义务教育和高中阶段教育，确保符合条件的随迁子女顺利在就业地参加高考。

2.打造特色职业教育学校

大力发展现代职业教育，整合职业教育资源，积极对接成都、重庆、西安优质教育资源，引进国内外一流高职院校，形成规模化、专业化、特色化的职业教育集群，深化完善职业教育联盟跨区域合作发展机制。建设西南技能型人才培养基地，为成渝地区双城经济圈发展提供有力的技能人才支撑。搭建职业教育一体化协同发展平台，积极引导三地社会力量合作办学，鼓励互设分校和分支机构，错位发展、扬长补短。深入实施产教融合、校企合作，推动职业教育与产业园区相对接，推进大中型企业与职业院校深度合作，职业院校教师和企业工程技术人员双向兼职，建设一批校企合作开发的培训课程，构建职业学校和企业命运共同体。

3.联合开展职业技能培训

联合建立政府引导、行业参与、校企合作的多方协同培训机制，增强培训能力和服务就业创业能力，使职业院校成为开展职业培训的重要阵地。支持职业院校在现有实训基地的基础上，建设一批标准化培训实训基地、创业孵化器、企业大学和高水平就业创业实训基地。

（二）共建科技创新体系

1.完善创新激励制度

在协同创建万达开川渝统筹发展示范区总体框架下，签订共建创新体系协议，明确协同创新发展在区域全面合作中的战略地位，形成共同推动万达开协同创新能力提升的总体框架，完善地区统一的创新制度设计，围绕创新发展开展务实合作。完善创新政策，加大创新激励力度，在创新主体培育、促进人才和技术流动等方面形成配套政策，加强创新政策与财税、产业、金融等政策的协同。

2.促进科技资源共享

整合区域内各类科技资源，加快形成以企业为主体、以市场为导向、产学研相结合的技术创新体系，共建区域创新体系，提升自主创新能力。提升企业自主创新能力，突出战略产业、优势产业、支柱产业培育科技型企业、高新技术企业和创新型示范企业，加快形成创新型企业集群，共同支持企业加大研发平台建设力度，统筹引入国内外高端科研平台联合建立新型研发机构。全面加强产学研合作，整合高校、科研院所的科研力量，对接区域内战略重点产业，切实加强校地、校企合作，以关键核心技术的研发、促进先进技术成果转化为重点，促进产业转型和经济发展方式的转变。支持共建研发平台、中试基地、技术标准检测评价机构，促进科技资源共享和平台相互开放。

3.建立科技创新战略联盟

建设一体化创新服务平台，共同设计创新议题，互联互通创新要素，联合组织技术攻关。共同开展全面创新改革试验示范，合作创建工程研究中心、技术创新中心等重大创新平台。积极融入全国、全球创新网络，建设高水平科技研究基地。结合园区产业发展，打造一批专业科技企业孵化器、众创空间，促进各类创新主体和市场主体有效对接，完善产业企业孵化链。联合创建天然气应用基础研究和产业技术研发平台、锂钾产业科技创新基地。共同举办创新创业活动，通过区域创新创业大赛等科技人文交流活动，营造勇于创业、善于创新的浓厚氛围，持续激发社会大众的创新创业热情。建立创新创业优秀项目支持基金，共同支持优秀创新创业团队和项目，培育生生不息的创新源泉。

（三）共同促进医疗卫生事业发展

1.建立疾病联防联控机制

建立卫生应急协作机制，提升突发公共卫生事件联防联控能力。依托万达开各级医疗机构和公共卫生服务机构，构建跨区域疾病防控、卫生监督一体化合作体系，统筹制定三地公共卫生应急预案和传染病监测预警机制，开展卫生应急联合演练与联合监督执法，建立卫生应急储备物资互助共享机制，提升区域联防联控与卫生应急处置能力。

2.提高医疗救治能力

持续深化与国内外一流医院合作，打造高水平、广覆盖的优质医疗资源集群，建立医疗联合体，鼓励发展一批品牌医联体或跨区办医，新建一批三级医院。大力推动医养健康产业发展，探索医养结合新领域、新模式，建成区域医养服务高地。加强市县级门诊急诊、住院、医技科室基础设施建设，完善传染病医疗机构基础设施建设、重大疫情防控救治基地建设、疾病预防控制中心和血站建设，在适当位置联合建立区域社会化公共卫生应急物资储备中心。支持医疗卫生高端人才在三地医疗机构多点执业，三地互派巡回医疗队或专家下沉基层驻点，带动基层医疗机构服务能力和管理水平整体提升。推动中医药事业发展，依托秦巴山区丰富的中药材资源，打造中医药研究中心。

3. 统一医疗保险政策

推进实施统一的基本医疗保险政策，逐步实现药品目录、诊疗项目和医疗服务设施目录的统一。率先在基本医疗异地就医结算方面取得突破，开展异地就医急诊、门诊医疗费用直接结算试点，实现基本医疗保险定点医疗机构互认和就医医疗费用联网结算，推动异地门诊医疗全面联网结算。

（四）强化公共文化服务

1. 整合文化设施资源

扩大公共文化产品和服务供给，促进区域城乡基层公共文化服务资源共建共享，满足城乡居民精神文化需求。促进图书馆、博物馆、文化馆等资源共建共享。加强文化遗产保护交流与合作，挖掘丰富的"大秦巴、大三峡"文化资源，推进文物保护项目申报。加强文化政策互惠互享，推动文化资源优化配置，全面提升区域文化创造力、竞争力和影响力，共同打造巴文化等区域特色文化品牌，共同加强革命文物保护利用，继承发扬革命老区精神。

2. 繁荣文化事业发展

以文化为引领，以旅游为抓手，重点发展旅游度假、演艺娱乐、医药康养、文教用品、影视传媒五大文化旅游产业。推动三峡文化、巴文化、红色文化、三国文化、民俗文化等资源整合，成立巴文化发展研究联盟，共同打造全国三峡·巴文化高地。大力推进巴文化示范项目建设，着力打造红色旅游产品体系和秦巴文旅品牌，做好山、水、城、文"四篇文章"，推出一批具有文化内涵的旅游产品，建设一批文化旅游综合体。充分利用各地的优势资源，在成熟的体育赛事领域加强合作，主办或承办一批国际国内体育赛事，着力推进体育与文旅深度融合。

（五）推动就业、人才和社会保障合作

1. 促进劳动力合理流动

完善覆盖城乡的公共就业创业服务体系，制定统一的人才流动、引进、创业等政策，形成统一开放、竞争有序的人力资源市场。推动人力资源、就业岗位信息共享和服务政策有机衔接、整合发布，联合开展就业洽谈会和专场招聘会，促进区域内自由就业，促进人力资源高效配置，提高就业创业水平。打通城乡劳动力双向流动障碍，建立健全农业转移人口市民化配套政策，推动在城市稳定就业和生活的农业转移人口举家在城市落户，促进中心城区人口加快集聚；推动实施返乡创业工程，支持外出劳动力返乡创业就业，为乡村发展汇聚人才。探索成立区域就业创业服务联盟，打造公共创业服务品牌。持续改善营商环境和政府服务，不断优化城市社会硬环境和软环境，构建公平竞争的人才发展环境，为各类人才干事创业营造富有活力的体制机制和制度保障。

2. 推行人才资质互认

探索建立统一的人才评价体系，推行专业技术人员职业资格、继续教育证书、人力资源市场服务人员资质等互认互准制度。制定实施符合示范区发展需求的特殊人才政策，支持放活人才引进培育机制、评价激励机制、流动配置机制、协同发展机制、管理服务机制等，引进一批"高精尖缺"工程技术建设管理人才、科技研发及应用型人才、教育医疗文化高端专业人才等。进一步深化人事制度改革，组建人才服务联盟，建立人才联络站，统筹协调人才的招聘、培养、发展全过程，互派管理人才跟岗学习或挂职锻炼，积极推进人才联合培养和交叉任职。

3.推进社会保障跨区域转移接续

提升社会保障服务便利化水平，稳妥做好基本养老保险、医疗保险、失业保险关系的跨区域转移接续。加强基本医疗保障政策和管理服务协调，探索区域内异地就医转诊和医疗费用结算服务。加快社会保障信息平台互联互通，推进失业保险政策对接。建立劳动保障监察执法区域协作机制，实现劳动合同、社会保险征缴、劳动争议信息共享和衔接处置。推行住房公积金转移接续和异地贷款，扩大公租房保障范围。

（六）加强社会治理协同

1.建立健全区域信用体系

统一区域内公共信用信息数据归集标准，建立覆盖企业、自然人、社会组织、事业单位等主体的公共信用评价体系。推动建立跨市守信联合激励和失信联合惩戒机制，推动信用信息嵌入一体化政务服务平台，实现事前差异化政务服务、事中分类监管、事后联动奖惩。聚焦生态环境、食品药品、文化旅游、产品质量等重点领域，统一信用治理，建立以信用为基础的市场监管机制。

2.协同推进"放管服"改革

以更快更好方便企业和群众办事创业为导向，协同深化推进"放管服"改革。推动区域内异地通办事项清单化、标准化，实现行政审批跨市域"无差别化"办理。推进标准化治理，对标国内一流标准，系统实施有针对性、标准化的改革措施，制定管理清单、责任清单和网格清单，为市场主体提供规范、便利、高效的政务服务。完善重大决策社会稳定风险评估机制，畅通依法有序的信息公开和民意表达渠道。

3.共建区域应急防控体系

加强社会治安联防联治，在道路交通管理、维护社会稳定、打击违法犯罪、处置突发事件等方面实行区域联动，实现指挥联网、整治同步。推动建立健全涉及国家安全、反恐防暴、社会政治稳定方面的情报互通共享和线索核查机制。创新社会治理方式，推动社会治理数据互联互通，建立健全基层社会治理网络，推广网格化服务管理，防范化解社会重大风险，牢牢守住安全生产、社会稳定、食品药品安全和自然灾害防范"四条底线"。统筹谋划建设一批自然灾害避难场所，切实增强综合防灾减灾救灾能力，全力确保城乡安全、社会安定、人民安宁。

八 体制机制创新

创新万达开川渝统筹发展示范区体制机制，打破行政壁垒，建设一体化市场体系，在重点领域先行先试，关键环节重点突破，扫清体制机制障碍。

（一）建立统筹发展体制机制

1. 建立组织领导机构

建议三地推动建立川渝两省市领导机构，负责解决万达开区域一体化发展中的重大事项，协同推进示范区发展。领导机构下设办公室，负责组织协调和日常工作，为统筹三地发展提供高层次组织保障。

2. 建立多层次合作机制

建立毗邻区县党政领导联席会议制度，定期就合作问题进行实质性交流。市级有关部门应按职能分工加强与对口部门对接，搭建交流合作平台，明确合作重点和合作方式，完善交流与合作机制。鼓励和支持社会管理组织发育，支持跨地区、跨行业设立行业协会；同时，建立和完善委托授权机制、合作联动机制、决策咨询机制、监督管理机制等措施强化政府部门和行业协会之间的良性互动。

3. 建立考核评价机制

建立万达开统筹发展绩效考核评价办法，实行目标责任制，将目标分解到各级各部门，进行年度考核。各县（市、区）政府和市级有关部门要把统筹发展列入重要工作任务，落实年度计划，细化和分解各项目标，建立健全督查、考核、评价和问责机制，确保工作落实。

4.探索行政区、经济区适度分离改革

推进万达开川渝统筹发展示范区在规划、产业、要素、基础设施、服务共享等方面有机融合。共同编制经济区产业协同发展规划、指导目录和产业地图，引导各地明确专业化分工协作方向，促进产业错位布局和特色化发展。创新引导产业合理布局的激励政策，探索"总部+基地""研发+生产"协同招商模式。分类完善要素市场化配置体制机制，促进土地要素、劳动力要素、资本要素、技术要素、数据要素在经济区内高效配置，实现资源的有效配置，推进区域经济一体化。完善投入共担、利益共享的财税分享机制。成本分担上，政府间发起设立投资开发基金，主要用于支持跨区域重大基础设施、重大公共服务项目等。在利益分享上，对经济区内通过共建产业园区、发展总部经济、开展跨区域项目共建等合作产生的税收，根据不同合作模式和成本分担情况，平等协商确定分享比例并根据外部条件变化动态调整。

（二）建立健全利益分享机制

1.建立政策协调机制

加强政策协同，共同制定行为准则，加快实现民生保障和企业登记等事项"一地受理、一次办理"，深化国资国企改革，建立统一的技术市场，加强国资运营平台跨区域合作，逐步拓展权属交易领域与区域范围，提高政策执行的协同性，推动人力资源、就业岗位信息共享和服务政策有机衔接。最大限度保证市场准入门槛、各类标准基本一致，消除商品要素流动壁垒。

2.建立利益分配机制

探索建立区域一体化财税分享机制，建立股份合作模式及财政共同投入机制和财税分享机制，推动建立跨区域产业转移、重大基础设施建设、园区合作的成本分担和利益共享机制，明确税收等分成方式，推进园区跨区域合作。在水资源共建、流域生态补偿、污水处理等领域建立利益补偿机制，探索通过准市场机制平衡各方利益。设立"统筹发展基金"，使其成为区域援助政策的核心。设立基金的目的是支持生态环境保护、改善基础设施、提供

职业培训和就业帮助、改进农业产业结构和为非农产业提供资金支持，基金的来源按 GDP 或财政收入的一定比例缴纳。

3. 建立生态补偿机制

结合重点生态功能区建设，建立生态补偿机制。建立生态补偿专项资金，着重向重点生态功能区、水系源头地区和自然保护区倾斜，建立有利于生态保护和建设的横向财政转移支付制度；改进各种资源的税费征收管理工作，共同争取提高资源税费的标准，并将生态补偿纳入资源税费项目；逐步增加生态环境保护各类专项资金额度。鼓励尝试排污权、水权、碳排放等市场化交易的生态补偿模式。

（三）建立健全要素市场有序流动机制

1. 建立标准互认机制

加快推进人才、企业标准互认，加强面向高层次人才的协同管理，全面实施全国市场准入负面清单。围绕口岸物流、交通建设、重点产业发展统筹等组建跨区域"人才服务团"，建立高端人才信息共享、服务跟随机制，开辟人才跨区域流动绿色通道，实现人才共享共用。建立统一规则，建立统一信息发布和披露制度，联合共建风险监测防控体系，形成协同推进一体化发展合力，实行高新技术企业与成果资质互认制度。

2. 共建区域社会信用机制

开展社会信用体系合作共建，在信用地方立法、信用标准与技术规范、信用服务市场规范发展政策、守信激励和失信联合惩戒制度的制定工作中加强交流合作，形成相对一致的信用政策法规制度和标准体系，加强区域社会信用体系建设顶层设计，指导和推进区域信用合作共建。在工商管理、税收监管、质量监管、食品药品、环境保护、旅游等重点领域，推进失信企业和个人联合惩戒，共同探索建立基于信用体系的企业协同监管和联合惩戒机制。

3. 探索企业异地注册机制

采用"线上+线下"相结合的方式，以跨市营业执照和工业产品生产许

可证为切入点，通过相关许可服务事项"一窗收件、一网通办、一次办成"，实现三地"一体受理，一体发证"。其中，"线上"，在三地政务服务网开设"一网通办"栏目；"线下"，在三地行政服务中心设立"一网通办"综合服务窗口。通过"一网通办"，初步实现工商注册数据共享，并建立异地投资数据统计、分析监测制度。以此为基础，将"一网通办"范围由证照办理推广到其他服务领域，并着眼建立准入标准共认、业务系统互联、数据资源共享等体系，共同打造企业服务云，深化信息互联共享，规范中介服务，完善协同监管，逐步实现审批事项在三地范围内无差别办理。

4. 健全信息协作机制

利用新一代信息技术，深入推进"互联网+一体化"，着力解决部门间的数据孤岛和地区间的互联互通问题。从省市信息共享着手，逐步联通三地的物流、投资项目在线审批平台、人才、产权交易市场和市场监管平台等网络体系，推进跨区域信息共享，建设"线上"统筹发展的万达开。以市场一体化为突破口，抓好物流资源的整合，大力推进公共信息平台建设，建立健全电子商务认证体系、网上支付系统和配送管理系统，促进商品流通信息资源共享。大力发展智能交通，提高交通运输的组织水平和作业效率，从体制上打破条块分割和地区封锁，走以信息化带动物流业发展的道路。进一步加强万达开地区大通关协作，在万达开地区开展报关、报检、核销、退税等标准格式服务的基础上，推进口岸管理部门信息互换、监管互认和执法互助，降低进出口商品的交易成本。

5. 完善技术交易机制

围绕天然气、锂钾、特色农业、新材料等优势资源，争取国家、省市设立重点实验室、工程技术中心、孵化器等创新平台，推进重大创新平台一体化建设、关键核心技术攻关一体化组织和科技资源一体化开放共享。共同建立统一的技术市场和科技资源共享服务平台，加快形成多层次的产业创新支撑平台。

6. 共同建立市场监管机制

大力实施"营商环境联建、重点领域联管、监管执法联动，市场信息互通、标准体系互认、市场发展互融，逐步实现统一市场规则、统一信用治理、统一市场监管"的"三联三互三统一"工程，共同推动万达开市场体系一体化建设。推进统一企业登记规范，开展失信联合惩戒，加强食品安全监管协作，推动检验检测认证结果互认互通等方面的合作，建立跨区域市场监管合作机制，联合探索新业态包容审慎监管，共同营造良好的营商环境，促进区域市场融合发展。

（四）建立健全社会治理协同推进机制

1. 建立健全社会治理联动机制和情报线索转递核查机制

加强区域、部门及街镇不同层级的警务合作，协同加强流动人口管理和服务，探索互相开放人口信息管理系统。畅通不同区域间突发事件联络渠道，强化区域间的突发事件信息共享机制，建立信息通报制度，切实推进联防联治。

2. 探索跨区域联合执法

探索跨区域执法协作的新途径、新方法、新举措，注重跨区域违法行为的联防联治，不断提高跨区域执法的能力和水平，共同维护好万达开地区统一开放、竞争有序的市场环境。以信息共联共享为突破口，开展信息传递、协助调查、非现场执法、信用采信等方面的交流合作，加强跨区域联合执法。推动建立信息共享、沟通、及时、反应灵敏的联合执法队伍，逐渐把日常监管业务纳入联合执法体系。

3. 搭建跨地区社会治理的平台

全面搭建公共法律服务实体平台，建成跨区域的司法行政综合法律服务中心，内含法律援助、法律咨询、法治宣传、人民调解、信息公开、行政许可、信访投诉等窗口服务。建立跨区域的行业协会和社会团体，开展经常性、制度化的交流，促进彼此的了解、沟通和合作，为协同发展创造更好的社会基础。

4. 强化社会治理领域新技术的应用

统筹推进微信矩阵等新媒体在社会治理领域的应用，搭建集合程度较高、涵盖服务范围较广的政务矩阵。同时，加快社会治理智能化步伐，从智慧公安、智慧交通、智慧安防社区等方面入手，有序推进万达开地区智能安防体系建设，探索将以公安、城管、网格、司法、房管、市场监管等条线管理系统统一纳入区域平台，融合联动，形成功能叠加、便捷高效的网格化管理体系。

（五）健全生态环境联防联治机制

1. 完善退耕还林补偿和管护机制

拓宽融资渠道，建立林业多元化投入机制。建立健全县、乡镇、村、农户四级管护体系，建立奖惩分明的长效激励机制。实行退耕农户生活补助与管护责任挂钩机制，对管护难度大、管护不到位的退耕地，以村组为单位进行统一管护。

2. 建立碳汇林融资机制

充分利用国际治理和全球机制、国际贸易体系所提供的绿色气候资金、全球环境基金、全球养老基金和保险机构对绿色组合的贷款来支持区域生态建设和修复项目。鼓励银行搭建投融资平台，承销集合债、集合信托等拓宽融资渠道。积极争取国家林业碳汇交易试点，交易所得资金用于区域森林、水等生态环境维护。

3. 合力实施跨界污染联防联控机制

将跨界河流水污染防控作为环境保护工作的重点，纳入各自辖区环境保护规划，采取有力措施切实加强辖区内污染防控工作，建立相关流域保护和污染防控长效机制，努力控制和减少流域水环境污染影响。大力整治环境安全隐患，坚决查处环境违法行为，积极防范突发环境事件和污染纠纷。协同推进水环境质量监控网建设，互相通报跨界断面水质监测数据。推动空气质量数据联网，加快大气自动监测数据共享，按照国家新修订的《环境空气质量标准》，实时发布空气质量监测数据。

（六）建立规划引领机制

1. 推动编制统筹发展的总体规划、专项规划和年度计划

建议由中央政府编制万达开川渝统筹发展示范区规划纲要，明确统筹发展的原则、目标、内容、保障措施等。在此基础上，由万达开统筹发展办公室编制各专项规划，把规划纲要的要求落实到具体领域。依托规划纲要和专项规划，分年编制统筹发展年度计划，按年度有序推进相关工作。各区县按照规划纲要和各专项规划编制相应的规划和年度计划，确保各级规划实现无缝衔接。

2.强化规划实施的责任分工

把规划纲要、专项规划和年度计划确定的重点任务落实到各部门，强化责任分工，明确考核标准。确保规划的目标和重点任务真正落到实处。要打破行政壁垒，深入推进医疗、教育、社保、住房公积金等公共服务多方面的合作。

3.加强规划实施评估

开展规划实施情况的动态监测和评估工作，加强对各级政府编制的规划目标、重点任务等内容开展中期评估，把评估结果作为改进工作、绩效考核、修编规划的重要依据，并及时向统筹发展办公室报告规划实施情况。为保证规划评估结果的客观、公正，建议相关工作由独立第三方来完成。

九 支持政策与保障措施

进一步落实完善有利于万达开地区统筹发展的政策措施，鼓励推动区域内有关政策逐步统一。逐步加大中央预算内投资、财政转移支付资金对跨区合作重大基础设施、公共服务领域的支持力度，对跨省市的重要产业转移承接项目、产业合作项目给予引导和扶持。完善金融市场体系，允许具备条件的民间资本依法发起设立中小型银行等金融机构。支持发展地方金融业，实行金融同城化结算。完善信用担保体系，鼓励有条件的地方建立担保基金，加大对中小微企业的信贷支持力度。有序推进村镇银行、贷款公司等新型农村金融机构试点工作。创新金融产品和经营模式，积极探索高速公路、码头、电力等资产证券化。大力发展商业健康和养老保险，完善商业保险参与基本医疗、基本养老保险服务的制度机制。支持规范开展城乡建设用地增减挂钩和工矿废弃地复垦利用。实行工业用地弹性出让和年租制度。支持根据产业发展和自主创业需要，通过市场化手段设立产业投资基金和创业投资基金。鼓励同一流域上下游生态保护与受益区之间开展横向生态补偿。开展污染责任保险试点，建立环境损害赔偿政策机制。

重庆市和四川省应切实加强组织领导，将万达开地区统筹发展纳入成渝地区双城经济圈发展规划，统筹推动规划顺利实施。建立万达开川渝统筹发展示范区建设领导小组，由主要领导任领导小组组长和副组长，领导小组下设办公室负责落实领导小组部署的工作，推进规划纲要明确的工作任务，落实工作责任，完善合作机制。在国家有关部门指导下，制定具体实施方案，编制重点领域专项规划，抓紧推进重点工作和相关项目实施，探索建立推动统筹发展的绩效考核和奖惩激励措施。完善社会监督，定期向社会公布规划实施进展情况。万州、达州、开州三区市建立联席会议制度，加强分工协作，明确合作优先领域，落实规划目标任务。万达开统筹发展办公室应及时向两省市和国务院有关部门报送规划实施进展和推进统筹发展工作情况。

国务院有关部门应按照职能分工，切实加强工作指导，在专项规划编制、项目安排、体制创新等方面给予必要支持，合力解决统筹发展中遇到的困难和问题。国家发展改革委要加强综合协调和督促检查，会同两省市人民政府开展规划实施情况评估，总结推广好经验好做法，研究解决新情况新问题，重大事项及时向中共中央、国务院报告。

B.6
成都都市圈高质量发展分析

成都市社科院课题组*

摘　要： 成都都市圈是我国中西部重要的都市圈,《成都都市圈发展规划》的批复与印发标志着成都都市圈上升为国家级都市圈。成都都市圈建设对于国家推进都市圈战略、落实成渝地区双城经济圈国家战略、构建"双循环"新发展格局以及四川省实施"一干多支"发展战略具有重要意义。以《成都都市圈发展规划》为纲领,成都都市圈在规划体系建设、基础设施建设、创新发展、产业协作、对外开放、公共服务合作以及生态防治等方面取得了一定的成效。未来,成都都市圈要重塑比较优势,充分释放多重战略叠加实施的政策红利,强化科技创新和产业发展的内生动力,提升对外开放的外在推力,夯实公共服务的动力支撑基础,突出公园都市圈建设的特色优势,切实推进都市圈高质量发展。

关键词： 成都都市圈　高质量发展　同城化发展　一体化发展

成都都市圈位于四川盆地,属于成都平原经济区"内圈",是"天府之国"的中心。区域涵盖成都和德阳、眉山、资阳4个城市,包含17区、18县(市),总面积3.31万平方公里。都市圈内资源丰富,经济实力领先中

---

* 课题组组长：阎星,成都市社会科学院副院长、研究员,研究方向为区域经济、城市经济。
课题组成员：雷霞,成都市社会科学院助理研究员,研究方向为区域经济、政府作用;张筱竹,成都市社会科学院助理研究员,研究方向为公共服务。

西部。随着世界经济重心向亚太转移、全国加快构建新发展格局和成渝地区双城经济圈、长江经济带发展等国家战略政策和四川省"一干多支"发展战略的叠加实施，成都都市圈迎来了提升能级、引领区域经济高质量发展的战略机遇期。以成德眉资同城化为路径，"加快生产力一体化布局，加快建设经济发达、生态优良、生活幸福的现代化都市圈"，有利于加速推进成渝地区双城经济圈建设，引领四川高质量发展，实现成德眉资能级跃升。

一 成都都市圈的建设背景和意义

成都都市圈建设可上溯至21世纪初成渝经济发展区中的"一极"建设。但是，成都都市圈的快速发展是在2020年国家提出成渝地区双城经济圈战略后。以成德眉资同城化发展为核心的成都都市圈建设成为国家战略落地落实的"全局之谋"后，成都都市圈走上了高质量发展之路。

（一）国家推进都市圈建设的必然举措

2019年2月，国家发改委印发《关于培育发展现代化都市圈的指导意见》，指出要培育发展一批现代化都市圈。而后每年印发的《新型城镇化和城乡融合发展重点任务》（2019年为《新型城镇化建设重点任务》）均将现代化都市圈建设列为年度重点任务，《2021年新型城镇化和城乡融合发展重点任务》更是提出要"提升城市群和都市圈承载能力"，明确"支持福州、成都、西安等都市圈编制实施发展规划"。都市圈已经成为当代我国经济社会重要的空间承载形式。从地理区位来看，成都都市圈地处四川盆地及长江流域上游，既是西部高原门户，为连接西南、西北和华中三大区域的天然纽带；又是我国向西向南开放的门户。从战略区位来看，成都都市圈是"一带一路"和长江经济带的重要交汇点，是成渝地区双城经济圈战略的极核、四川省"一干多支"战略的主干，都市圈中心城市成都还被国家赋予了全面建设践行新发展理念的公园城市示范区的独特使命。成都都市圈是我国西部地区最重要的都市圈之一，支持成都都市圈建设是国家的必然举措。

（二）落实成渝地区双城经济圈国家战略的必要举措

2020年初，中央财经委员会第六次会议明确提出成渝地区双城经济圈发展战略，习近平总书记把成德眉资同城化发展作为推动成渝地区双城经济圈建设的一项重要工作进行部署。同年10月，由中共中央政治局会议审议通过的《成渝地区双城经济圈建设规划纲要》明确要培育现代化都市圈，充分发挥成都的带动作用和德阳、眉山、资阳的比较优势，建设经济发达、生态优良、生活幸福的现代化都市圈，从而在空间上与重庆都市圈呼应、相向发展，形成带动全国高质量发展的重要增长极和动力源。自此，以成德眉资同城化发展为核心的成都都市圈建设，便成为国家战略落地落实的"全局之谋"，支持成都都市圈建设成为稳步推进成渝地区双城经济圈战略的必要举措。

（三）构建"双循环"新发展格局的重要举措

2020年5月，中共中央政治局常委会会议首次提出"加快构建以国内大循环为主体、国内国际双循环相互促进的新发展格局"，这是在中华民族伟大复兴的战略全局以及世界百年未有之大变局的发展背景下，推进我国经济向更高层次发展的重大战略部署。发挥我国超大规模市场优势，为世界各国提供更加广阔的市场机会，依托国内大循环吸引全球商品和资源要素，打造我国新的国际合作和竞争优势是构建新发展格局的关键所在。成都都市圈地处我国西部战略重点发展区，不仅是我国向西、向南开放的重要门户，也是我国中西部地区人口迁移的核心承载区。都市圈联系和辐射我国广大的中西部地区，经济腹地十分广阔，区域市场潜力巨大，有条件成为我国内陆地区最为重要的人口、经济和城镇密集区。在这种情况下，加速推进成都都市圈建设是"加快构建以国内大循环为主体、国内国际双循环相互促进的新发展格局"的重要举措。

（四）四川省实施"一干多支"发展战略的关键举措

2018年6月，四川省委第十一届三次全会首次提出实施"一干多支"

发展战略，2021年印发的《成都都市圈发展规划》明确"四川发展'主干'由成都拓展为成都都市圈"。成都都市圈地处成都平原，地势平坦、土地肥沃，自古便是四川盆地的中心。随着经济社会的发展，成都都市圈在四川的地位和作用日益重要。《成都统计年鉴2021》数据显示，成德眉资四市以四川省6.8%的土地面积承载了34.3%的常住人口，常住人口城镇化率高于全省13.6个百分点，地区生产总值、社会消费品零售总额以及进出口总额占比分别为46.0%、47.5%、90.7%。做强"主干"，有利于强化成都都市圈的辐射带动作用，推动环成都经济圈、川南经济区、川东北经济区、攀西经济区、川西北生态示范区充分发挥比较优势，形成多点支撑、统筹协调的发展格局。

二 《成都都市圈发展规划》为成都都市圈发展指明了方向和路径

2021年底，国家发改委批复、四川省政府印发了《成都都市圈发展规划》（以下简称《规划》），这是国家层面批复的第三个都市圈规划，也是中西部第一个。《规划》的批复和印发意味着成都都市圈正式步入国家级都市圈行列，肯定了成都都市圈对推进成渝地区双城经济圈等国家战略的重要意义，也为成都都市圈的建设与发展指明了方向和路径。

（一）《规划》兼顾了都市圈发展的一般规律与区域发展特点

《规划》体现了都市圈发展的一般规律，其提出的八大重点任务涵盖了都市圈空间布局、基础设施建设、创新发展、产业发展、开放合作、公共服务、生态环境、体制机制建设等领域，正是培育现代化都市圈的重点领域。与此同时，《规划》也突出了成都都市圈的特色，如强调要提升国际门户枢纽能级，建成绿色低碳公园城市形态，这正是基于成都都市圈位于"一带一路"和长江经济带重要交汇点的独特区位，成都承担建设践行新发展理念的公园城市示范区的重大历史使命的区域特色而提出的。不同于《南京都市圈发展规划》将提升基础设施互通互联水平作为第一大重点任务，《规划》将空间发展格局优化作为发展的第一大重点任务，表明成都都市圈仍然有较大空间布局红利有待释放。不同于《福州都市圈发展规划》《长株潭都市圈发展规划》将创新驱动与产业发展融合作为一大任务，《规划》将其分为两大任务进行表述，一方面表明成都都市圈在创新和产业方面面临的任务更重，另一方面表明成都都市圈的创新不局限于为产业服务，也是促进社会经济全面发展的重要驱动力。不同于《西安都市圈发展规划》将文化、城乡融合分列为两大任务，《规划》将文化和城乡融合融入产业、公共服务以及体制机制改革等重点任务中，更体现了成都都市圈的发展特点。

（二）《规划》强调宏观导向与建设路径相结合

《规划》明确都市圈的建设分两步走，在2025年基本建成空间结构清晰、城市功能互补、要素流动有序、产业分工协作、交通往来顺畅、公共服务均衡、环境和谐宜居的现代化都市圈；2035年基本建成面向未来、面向世界，具有国际竞争力和区域带动力的现代化都市圈。同时，《规划》明确同城化发展导向，通过强化成都作为中心城市的辐射带动作用，发挥德阳、眉山、资阳比较优势，增强小城市、县城及重点镇支撑作用，全面推进都市圈建设。

（三）《规划》具有先锋性

随着经济体制改革步入深水区，行政区划的分割对各类要素自主有序流动的影响日益显著，进一步影响了生产力布局的优化。《规划》在这种背景下提出深化体制机制改革，通过探索经济区与行政区适度分离的有效路径，创建成德眉资同城化综合试验区，开展成德眉资同城化综合试验，不但可为其他都市圈建设提供经验借鉴，也是我国经济体制改革过程中的重要尝试。

（四）《规划》注重与其他规划文件的衔接性

成都都市圈是成渝地区双城经济圈的两大极核之一，也是四川省的主干。《规划》紧扣《成渝地区双城经济圈建设规划纲要》《四川省国民经济和社会发展第十四个五年规划和2035年远景目标纲要》等要求,对上位规划中提到的成都都市圈建设相关内容进行了深化与拓展,同时十分注重成都都市圈与周边区域的协同发展。比如,强调要与重庆相向发展,积极开展合作,呼应成渝地区双城经济圈建设;深化与川南经济区、川东北经济区、攀西经济区、川西北生态示范区的协同发展,发挥四川省的"主干"功能。

三 成都都市圈建设进展成效与问题挑战

成渝地区双城经济圈战略实施两年以来,成都都市圈建设在顶层设计、基础设施建设、生产协同、生活共享、生态共治等方面取得了诸多进展与成效,也面临与外部对比发展差距过大、都市圈内部发展不平衡等问题与挑战。

(一)成都都市圈建设的进展与成效

1. "1+1+N"都市圈规划体系持续完善

成都都市圈于2019年底陆续启动各项规划编制工作,已建立起以发展规划为统领、以国土空间规划为基础、以各类专项规划和毗邻地区区域规划为支撑的"1+1+N"规划体系;秉持"一盘棋"思维,重大规划均由四市共同商议编制、协同实施。《成都都市圈发展规划》是成都都市圈建设的纲领性文件,已经国家发展改革委、四川省人民政府同意于2021年11月29日正式印发;《成都都市圈国土空间规划》着重都市圈国土空间保护、开发、利用及修复等统筹安排,已通过成德眉资四市规委会、四川省推进成德眉资同城化发展领导小组第三次会议审议,《成都市国土空间规划近期实施方案》已经四川省政府同意实施;《成德眉资同城化综合交通发展专项规划(2020~2025年)》等专项规划已完成编制工作,《成德眉资都市现代高效特色农业示范区总体规划(2021~2025年)》《成德眉资同城化公共服务规划》《成德眉资同城化综合试验区总体方案》已正式印发。

2. 都市圈体制机制改革创新成果初显

探索构建多级联动协调机制。都市圈建设由四川省委省政府统领，在成都平原经济区联席会议框架下推进；由四川省推进成德眉资同城化发展领导小组代表省委省政府行使领导统筹职能，并下设"四川省推进成德眉资同城化发展领导小组办公室"具体协调开展建设工作，各市相应成立相互协作的同城化推进机构，实现"常态化运作、实体化运行"；四市各相关部门协同成立共计15个专项合作组，分别具体推进国土空间规划、综合交通、创新产业协作、现代服务业与自贸试验区、现代高效特色农业、文旅产业融合、现代金融、公共服务、生态环境、水资源、机制政策、宣传、营商环境等领域同城化建设工作。

采用"清单制+责任制"管理方式推进关键领域重大项目建设。在明确八大重点领域基础上，成德眉资四市共同研究制定各领域当年的重大改革任务清单，采用"清单制+责任制"管理方式，逐步逐项推进改革落地。此外，为加快探索经济区与行政区适度分离改革，积极推进成德眉资同城化综合试验区建设，四市税务部门联合建立了税收风险管理工作联席会议机制。

3. "同城同网"都市圈综合交通建设"先锋"作用显著

都市圈综合立体交通网建设成效显著。规划建设多条连接成都与德眉资三市的轨道交通、高速公路与快速路。截至2021年底，成都至三市各建成2条轨道交通，高速公路与快速路也都部分建成。《成德眉资同城化暨成都都市圈交通基础设施互联互通三年实施方案（2020~2022年）》规划项目在建的32个项目已建成20个，建成率62.5%。

都市圈交通运输同城化服务水平持续提升。铁路公交化大力推进，成都至德阳、眉山、资阳每日开行动车数较同城化前分别增长80%、144%、108%，日均到发旅客分别达2.8万、2.8万、1.2万人次。跨市公交联合开行，陆续开通6条跨市公交线路、2条城际定制公交线路。此外，已开通8条定制客运线路，已实现四市公共交通一卡（码）通乘。

4. 创新驱动发展体制机制基本构建

"1+4+N"创新空间布局加快形成。都市圈正致力于构建以西部（成都）科学城为核心驱动，新经济活力区、生命科学创新区、成都未来科技城、新一代信息技术创新基地协同承载，产业链主要承载地、协同发展地、科创空间、环高校知识经济圈和德阳、眉山、资阳高新区等创新节点全域联动的"1+4+N"发展格局，打造"成德眉资创新共同体"。现已编制完成西部（成都）科学城战略规划、总体规划，并明确了管理运行机制以及相关政策，顶层设计不断优化。

重大创新平台建设加快推进。成都超算中心获批建设西部地区首个国家超算中心；国家川藏铁路技术创新中心正式揭牌，天府实验室、天府兴隆湖实验室挂牌运行；集聚了14家中科院系单位、7家中核系科研机构，统筹布局了电磁驱动聚变大科学装置等6个重大科技基础设施、宇宙线物理研究与探测技术研发平台等6个交叉研究平台；引进了54个院地协同创新平台。

"科创通"平台、成德眉资协同创新中心建设运营持续拓展。成都"科创通"平台获国务院第八次大督查通报表扬，德阳分平台已正式上线，眉山和资阳分平台已正式签约。"成资协同创新中心"已建成投运，推动中国牙谷孵化园通过省级小微企业创业创新示范基地评审、资阳市创新创业园获批省级科技企业孵化器；成德、成眉协同创新中心已完成签约。

5.三次产业协作共兴局面逐渐展现

顶层设计不断完善。四市相关部门联合成立创新产业协作、都市现代高效特色农业示范区、现代产业金融协调发展与风险协同防控、文旅产业融合发展等多个产业相关专项合作组，出台各专项合作组工作规则及实施细则，协同推进都市圈相关产业共建。

错位协同发展格局基本形成。一是毗邻地区融合发展卓有成效。探索毗邻地区农业合作园区建设，金堂—中江蔬菜（食用菌）产业建设合作示范园区获四川省农业农村厅2021年度成渝现代高效特色农业带合作园区试点项目支持；彭什川芎现代农业园区2021年川芎药材年产值达8.2亿元，全国市场占有率超75%。二是都市圈建圈强链稳步推进。四市共建产业对接平台、产业生态圈，组建电子信息、医药健康、智能制造、先进材料、汽车产业生态圈联盟；协作举办各类产品推介会、供需对接会、产业发展论坛；

启动面向全球的工业互联网供需对接平台。"成德高端能源装备产业集群"为全国25个先进制造业集群之一。成都510余户供应商为德阳东汽、东电、国机重装提供产业配套；资阳机车与中车（成都）等130余户成资企业实现产品配套；眉山阿格瑞与成都京东方实现产业配套合作，华西医美健康城与眉山经开区共建成眉大健康产业武侯总部基地、东坡生产基地；武侯区与东坡区、成华区与乐至县达成产业园区合作协议。三是金融服务合作进一步加深。加快推进西部金融中心建设，"交子金融综合服务平台"已研发上线，"银政通"平台已接入德眉资三市主要银行机构；推广"交子之星"经济证券化倍增行动计划，2021年共促进19家德眉资企业在天府（四川）联合股权交易中心挂牌。

6. 对外开放水平持续提升

进出口贸易水平不断提升。成都都市圈正由经济腹地转变为开放前沿。2010~2020年间，都市圈进出口总额占四川省的比重由82.9%上升至90.6%。成都自贸试验区建设取得成效。截至2021年7月，自贸区新增近1450家外商投资企业和超1700亿元外商投资额；成都国际铁路港综合保税区等多个国家级平台获批设立，其中成都国际铁路港获批国家级经济开发区；通过十余项合作协议，加强与重庆合作，加快融入成渝地区双城经济圈。

四市开放合作不断深化。成都自贸试验区与德眉资协同发展不断深入。截至2021年底，向德眉资复制推广18个自贸试验经验成果；青白江国际铁路港通过"进出口贸易在港区，生产基地在市州"的产业合作模式常态化保障眉山、德阳等地重点企业发送需求；与德阳合作设立"成都中欧班列德阳基地"；青白江与广汉市合作，率先打破行政区限制，实现审批服务跨区域通办。推动共建"一带一路"进出口商品集散中心。建成德阳·成都双流国际机场城市候机楼。成都发挥"干支联动+圈层互动"引领作用，推进四市与香港、澳门等地在蓉机构开展商业洽谈会，向德眉资开放跨境电商公共服务体系，与眉山协同建立进口贸易促进创新示范区外贸企业数据库。

7. 公共服务合作不断推进

八大教育平台共享共建共营持续推进。一是共享优质及数字教育资源、

师资培养资源。成都与德眉资三市共有230余对结对学校，成都七中网校等优质资源2021年共服务德眉资三市550余个班级；四市共同举办师资培训讲座，德阳、眉山多名教师到成都跟岗学习。组建同城化职教联盟教科研专委会，成都国际职教城项目获省政府支持建设。二是共建研学基地、国际交流、监测评价及教育生态四大共享共育平台。建立成德眉资教育督导联盟；签署《成德眉资教育督导同城化发展框架协议》；共享校外培训机构黑白名单，交换民办学校年检结果及处罚结果。

医疗健康保障服务合作不断深化。一是合作机制和内容持续深化。四市25家三甲医院58项临床检验、16项医学影像检查检验结果实现互认；印发了《成德眉资职工基本医疗保险关系转移接续办法（暂行）》，成都都市圈成为全国继长三角后第二个实现职工基本医疗保险关系跨统筹区转移接续的地区；实现职工医保关系转移接续转入地线上直接办理；四市每月交换突发公共卫生事件风险评估摘要和疫情相关信息；"成德眉资中医寻诊地图"正式上线。二是异地就医便捷度进一步提升。2021年，四市共开异地就医电子健康卡（码）"一码通"直接结算医药机构20107家，同比增长12.58%；成都参保人员至德眉资三市、德眉资三市参保人员至成都异地就医直接结算人次分别达143.2万和118.6万，较上年分别增长46.8%和24.2%；医保支付额分别达2.54亿元和10亿元，较上年分别增长34.1%和27.6%。

人力资源服务同城化体系基本形成。一是公共就业服务同城化水平持续提升。建立都市圈紧缺人才需求清单，协同开展同城化网络专场招聘会。其中，"天府招聘云"中四市加入平台机构超120家，累计发布单位4800余家，提供岗位需求人数18.9万人。二是其他相关服务同城化水平持续提升。共建成德眉资人力资源协同示范区；共享成都职业培训网络学院培训资源；深化人事考试交流合作，初步实现四地人事考试信息发布、考试报名、网上缴费一网通办；搭建人才测评服务平台；推进四市流动人员人事档案管理服务信息化建设。

社保经办服务同城化水平持续提升。一是社会保障卡个人业务基本实现"同城化无差别受理"。二是养老保险关系转移实现"网上办""零跑路"，养老、工伤保险待遇领取人可在居住地实现待遇领取资格认证，工伤认定和劳动能力鉴定实现同城化，社保欺诈案件异地协查协办持续推进。三是四市公积金缴存职工实现在都市圈内非缴存地购房。

8. 生态环境联防共治不断强化

四市积极推进联防共治。一是协同开展大气及跨流域污染联防共治，建立成都平原经济区 8 市空气质量预测预报系统；成都、资阳等地联合签订《老鹰水库饮用水水源保护联防联控机制合作协议》《关于建立沱江流域河长制管理协调机制联动推进流域水生态治理保护的合作协议》。二是协同开展环境执法检查，2021 年开展 2 次联合执法检查行动。三是协同开展水旱灾害防御及河湖水生态治理，建成启用成德眉资河长制 E 平台。截至 2021 年末，共有 1.3 万余名各级河长注册、7.4 万条基础数据录入，发现 3.2 万余个相关问题，解决 3.1 万个问题。

（二）成都都市圈面临的问题与挑战

1. 对标先进都市圈差距明显

2021 年成都都市圈地区生产总值约为 2.5 万亿元，相当于上海都市圈的 19.9%、深圳都市圈的 50.8%、广州都市圈的 52.4%。《2021 全球独角兽榜》表明，成都都市圈仅 5 家企业上榜，与上海都市圈（87 家）相距甚远，也与深圳都市圈（33 家）、广州都市圈（11 家）存在较大差距。

2. 周边县域经济发展水平较低

赛迪研究院《2021 中国县域经济百强研究》显示，成都都市圈只有简阳市位列百强县（第 100 位）。《2021 中国县域高质量发展报告》指出成都都市圈尚无全国高质量发展百强县；18 个县市中，2 个处于中等偏上发展水平，10 个处于中等偏下发展水平，其余处于低或超低发展水平。中心城区与周边地区发展落差过大，成为都市圈高质量发展的短板。

3. 产业行业企业发展有差距

2021 年工信部遴选出的 25 个先进制造业集群显示，成都都市圈共计 2 个产业集群入选重点培育对象，与深圳都市圈的 5 个差距较大，也少于广

州、上海、南京等都市圈。《财富》2021年榜单中，世界500强企业仅有一家总部设在成都（新希望集团为成都、北京双总部），而北京、上海、深圳、杭州和广州分别有56家、10家、8家、6家和6家。截至2021年底，成都都市圈有A股上市企业101家，仅为上海都市圈和深圳都市圈的11%和23%。

4. 科技创新综合能力短板明显

2021年成都全社会研发经费投入占比为3.2%，相比深圳的5.5%、上海的4.1%还有较大差距；胡润研究院公布的《2021全球独角兽榜》中，成都仅5家企业上榜，远落后于北京的91家。成都都市圈平均研发强度仅为2.5%，德眉资尚无"双一流"大学，都市圈10万人中拥有大学文化程度的人口仅为20258人，远低于沿海发达都市圈，也低于长株潭、西安等中西部都市圈。

5. 协同开放水平差距较大

成德眉资对外开放基础参差不齐，成都实际利用外资额、对外投资总额对都市圈的贡献分别为96%、99.95%，连续三年获评中国国际化营商环境标杆城市。而德眉资三市对外开放程度相对滞后，科技、文化、医疗、信息等现代服务业开放水平较低。

6. 体制机制创新突破不够

虽有多重国家战略叠加机遇，但是从国家战略发展角度承担的重大改革和政策创新成果不多，有关政策覆盖区域范围较小。比如，成都自贸试验区、成都西部片区国家城乡融合发展试验区等仅覆盖成都部分区域。四地存在地区间交叉执法难、执法法律依据不足，跨区域项目受土地用途管制制度的约束限制难以推进等问题。此外，多个领域跨区域协调机制的效率和效果也有待提升。

7. 公共服务一体化发展水平不高

德眉资三市与成都之间在公共服务资源质量和数量以及公共服务水平上均存在明显差距。比如，成都拥有的各类学校总数超过都市圈的60%，优质医疗资源的85%以上集中在成都，德阳、眉山、资阳合计拥有的养老机构数量不足成都的77%，社保政策待遇差别较大。四市未形成统一标准的公共服务数据信息平台，公共服务数据共享机制不健全。

四 推进成都都市圈高质量发展的对策建议

培育发展现代化都市圈，是立足新发展阶段、贯彻新发展理念、构建新发展格局的具体实践。成都都市圈要重塑比较优势，充分释放多重战略叠加实施的政策红利，强化科技创新和产业发展的内生动力，提升对外开放的外在推力，夯实公共服务的动力支撑，突出公园都市圈建设的特色优势，切实推进都市圈高质量发展。

（一）战略跃升：提升成都都市圈在国家战略中的显示度

一系列重大国家战略的实施推进使成都都市圈迎来了发展的黄金机遇期。借力国家战略，积极主动承担国家改革创新职能，可让成都都市圈抢占发展先机、获得改革红利。

1. 充分挖掘和释放国家战略政策合力

一是率先主动融入新发展格局。一方面，要加快推进国际开放，吸引外商直接投资，承接国际产业转移，扩大国际贸易往来，实施"走出去"战略，全面融入全球经济体系；另一方面，要注重对内开放，加强与沿海地区和周边城市及区域的经济合作，充分依托国内特别是西部地区的市场需求，利用国内经济要素，积极建设内源发展动力，发展内外源结合的开放型经济。

二是积极对接区域重大战略。发挥和强化成都都市圈在长江经济带、西部陆海新通道、成渝地区双城经济圈等重大战略中的战略支点功能作用，衔接长江经济带，以全方位开放引领西部内陆、沿海、沿江、沿边高质量并发开放；加强与粤港澳大湾区建设、京津冀协同发展、海南全面深化改革开放等重大战略衔接，加强科技创新、承接产业转移、对外开放等领域合作。

三是加强与国家"一带一路"建设衔接。积极对接国家"一带一路"

建设部署，提升国际门户枢纽能级，加速打造内陆开放高地，更好地在全省"四向拓展、全域开放"立体全面开发新态势中发挥引领辐射带动作用，为共建和平、繁荣、开放、创新、文明之路贡献成都都市圈力量。

2. 积极承担国家改革创新职能

一是积极争取国家支持，推出一批"标杆性"重大举措。探索推进在成都设立全国性证券交易所和期货交易所。对标进博会、中国服务贸易交易会等大型展会，力争得到国家层面支持，在成都举办中国国际消费博览会，打造陆海统筹开放和共建"一带一路"高质量发展新窗口。

二是争取扩大现有政策的覆盖范围。争取将中国（四川）自由贸易试验区成都青白江铁路港片区范围拓展至成德临港经济产业协作带，争取让眉山丹棱等交界地带也能享有国家城乡融合发展试验区同等优惠政策。争取将公园城市建设拓展至都市圈全域。

3. 加速推进经济区与行政区分离创新改革

一是建立改革清单。探索在招商引资、项目审批、市场监管等领域率先建立经济区与行政区适度分离的管理体制，加快建立都市圈人口、土地、产业、企业、生态环境等涉及经济社会全领域都市圈指标常态化监测及统计制度，在对地方政府高质量发展绩效考核评价中，增加同城化考核关键指标，适当增加考核权重。

二是进一步完善专项领域协同建设机制。全面推动创新、产业、公共服务、生态、城乡融合发展、对外开放以及要素市场等领域的协同机制建设，加速推进土地要素同城化改革，完善营商环境联建机制。

三是积极推进"飞地经济"建设。建立健全成本分担、GDP 统计分享和税收分成等合作机制，引导建设一批科技研发转化飞地、产业投资飞地。完善园区合作中各方共担运营成本、共享经济效益的合理机制，通过政策协同引导、协作企业利益结算等方式实现共赢。

（二）创新引领：打造西部科技创新策源地

原始创新是最根本的创新，也是我国突破国际科技垄断和封锁，实现由大国迈向强国的根本保障。提升创新能力，可为建设高质量发展的成都都市圈提供动力保障，也是成都都市圈为实现科技强国应该担负的历史使命。

1. 提升原始创新能力

一是对标上海张江、合肥、北京怀柔和深圳综合性国家科学中心，加快中国西部（成都）科学城建设，协同其他三市，统筹建设国家实验室、大科学装置集群。

二是要加速国家实验室、国家技术创新中心、重大科技基础设施等布局落地，充分激发成都高校及科研院所的人力资本优势，围绕优势领域强化"卡脖子"技术攻关，聚焦部分前沿领域力争尽快实现颠覆性技术突破引领，打造具有国际影响力的科技创新策源地。

2. 提升科技转化能力

一是积极研究出台科技创新条例。将科学研究、技术创新、成果转化、科技金融、知识产权、空间保障、创新环境等用法律形式固定下来，建立系统促进和保护科技创新的全链条法规。

二是创新科技创新组织模式。按照"原始创新、二次研发、产业实体、资本投资"全链条贯通路径，构建研发在成都、转化在都市圈的科技创新转化新格局。探索建立"前庭后院"创新创业综合体。优化科技创新与转化的空间布局，科研人员在"后院"开展原始创新活动，创业人员在"前庭"探索创新成果转化，提升科技成果转化效率。

三是协同构建技术交易市场。四市协同制定科技成果评价体系、共同制定技术类无形资产交易制度，打造国家级技术交易中心；共同打造技术转移服务平台，实现成果转化资金共同投入、技术共同转化、利益共同分享。

3. 强化人才吸引力

一是成都都市圈共同构建人才数据库，根据产业发展需要建立人才清单，动态调整人才政策。

二是要进一步优化人才激励机制。持续推进"揭榜挂帅"制度，优化高校科研院所科研人员管理机制，激发人才投入更多时间和精力于成都都市圈建设。充分发挥顶级人才的集聚效应，科研团队扎根成都都市圈实施一团队一政策。

三是要充分发挥成都人才的溢出效应。基于成都人才集聚的优势，充分利用现有人才资源以跨市服务积分等形式鼓励成都人才跨城市服务。

（三）产业驱动：打造链式紧密协作的产业集群

产业链条化、集群化发展是产业分工越来越细化趋势下生产组织方式的变革。构建链式分工、产业集群发展的产业格局有利于快速提升成都都市圈的产业竞争力。

1. 构建链式分工协作的产业格局

一是推进产业基础高级化。四市共同构建高标准工业产业"五基"体系，引导培育重点企业，加速推进"五基"补短板。

二是建立"城市链长"产业协作模式。出台都市圈重点打造产业链清单，每条重点产业链对应一个"城市链长"，"城市链长"负责统筹整个都市圈的资源要素。以发挥相对比较优势为导向，优化成都的引领作用，强化德眉资的责任主体。

三是科学谋划产业图谱。聚焦微笑曲线两端，开展重点产业链深度研究，完善产业链发展规划。

2. 共建世界级产业集群

一是要引导产业集聚发展。以园区为单位，全面梳理都市圈的优势产业、重点产业，以培育引进龙头企业为突破口，加速推进集成电路、新型显示、智能终端、高端软件等产业集群发展。

二是进一步优化产业发展模式。充分发挥主城区在研发设计以及营销服务方面的优势，激发区县在制造布局方面的潜能，大力推广"研发+基地""研发+转化""终端产品+协作配套"产业发展模式。

3. 加速推进毗邻地区产业融合发展

成都都市圈要强化县域相对比较优势，推动青白江—德阳高新区、什邡交界地带融合发展，加快建设通用航空制造基地；推动四川天府新区和眉山天府新区在交界区域共建新兴技术转化和试验基地；推动简阳—雁江、简阳—乐至交界地带在汽车机车产业、农旅融合产业等方面融合发展。

（四）开放助力：打造对外开放新高地

对外开放是经济全球化浪潮下的必然选择。成都都市圈要进一步提升协同开放水平，打造对外开放新高地。

1. 做强国际门户枢纽

一是加强通道建设。持续完善"两场一体"协同化运营模式，构建国际航空客运和货运战略大通道，形成"空中丝绸之路"和"国际陆海联运"双走廊。

二是打造面向全球的物流体系。加快推进陆港型、空港型国家物流枢纽建设，优化物流节点的功能布局，强化多式联运衔接。

三是提升信息通道能力。加速四市 5G、人工智能、数据中心等新兴信息基础设施布局、建设和场景应用，提升信息、数据等要素跨区域互通、集散和应用能力。

2. 共同搭建对外合作平台

一是持续推动自贸试验区创新发展。以川渝自贸试验区协同开放示范区建设为契机，争取更多国家事权下放，围绕数字贸易、生物医药、航空全产业链等都市圈主导产业，全面对接 CPTPP 等国际经贸规则。

二是加速推进国别合作园区发展。以建设都市圈"国际会客厅"为目标，聚焦各大合作园区发展主题，持续吸引集聚高端资源要素，打造引领国际合作的对外开放样板。

三是打造多元化对外交流平台。提升都市圈展会活动的国际影响力，积极创新展会新业态、延伸展会产业链，以展会带动国际消费。强化天府旅游的国际吸引力。依托都市圈优质旅游文化资源，塑造天府旅游文化品牌和产品体系，持续推进文化旅游融合发展。

3. 协同推进制度改革

一是继续优化对外贸易制度。建立分类通关时间清单，高标准实施海关

程序和贸易便利化规则，对于RCEP原产易腐货物和快件，力争实行6小时内放行的便利措施。

二是全面推行负面清单管理制度。全面落实外资准入前国民待遇加负面清单管理制度，建立健全事中事后监管体制。

三是推动协同开放合作体制创新。探索推行四市行政审批跨市"无差别化"受理，构建营商环境优化路线图和时间表。四市共建外商投资企业跟踪评估机制，加大面向欧洲、日韩、东盟、"一带一路"沿线等重点国家（地区）和世界500强企业的外资招引力度，全面提升外资利用能级。

（五）服务保障：打造公共服务发展共同体

公共服务便利共享是建设现代化都市圈的重要内容，成都都市圈要以打造公共服务发展共同体为目标持续提升都市圈市民幸福感。

1. 统筹四市公共服务行业领域布局

一是促进教育资源统一规划与共享。优化各类学校及教育资源空间布局，推进义务教育基本公共服务均等化，建立高校合作联盟，统一职业教育标准。

二是推进卫生医疗资源共建共享。以成德眉资医疗卫生协同发展为目标推进卫生医疗体系建设，以四川大学华西医院都市圈医联体模式推进都市圈医疗合作，逐步构建都市圈医疗网络联动协作机制。

三是推动社会保障与养老服务四市有序衔接。加速推进都市圈养老保障、医疗保险关系无障碍转移，推动建立有序、开放的公共就业服务平台，制定都市圈养老服务标准体系。

四是创新跨区域社会治理模式。建立都市圈社会治理联盟，深化都市圈基层治理与合作，推动社区代办政务服务全域通办，打造专业社会工作服务品牌，加速推进省直部门和四市联动开放政务服务数据资源。

2. 以智慧都市圈建设促进公共服务一体化发展

一是加速新型基础设施布局。建设并完善智能感知等新型基础设施，加速推动城市数字化协同。

二是加速数据共享。加快都市圈资源数据化、信息化进程，统一数据标准，整合共享各行业、各系统、各部门和各城市的信息，为社会和市民提供一体化、全方位的公共管理服务。

三是以数字化推进公共服务模式优化。加强大数据在教育、医疗等重要公共服务共同体构建领域的应用，形成集团化、集群化发展态势。通过数字化合作共建提升各领域公共服务发展能级，推进公共服务跨地域、跨人群均衡布局。

（六）公园城市建设塑造特色：构建公园都市圈协同新格局

1.稳步推进都市圈"双碳"建设

一是夯实生态本底。严守资源利用上限、环境质量底线、生态保护红线，进一步提升优化都市圈公园绿化布局，持续打好大气、水、土壤污染防治"三大战役"。

二是强化规划对"双碳"建设的引领作用。做好宏观层次的"碳汇"空间规划和微观尺度的"碳代谢"单元规划。制定碳达峰、碳中和路线图，明确主要能源碳排放行业达峰规划和行动方案。

三是聚焦重点领域推进"双碳"建设。有序推进能源转型，打造轨道上的都市圈，推动都市圈建筑节能，促进都市圈产业生态化以及生态产业化。

2.构建都市圈生态价值转化路径

一是构建生态产品调查监测和预警体系。建立都市圈自然资源数据库，编制生态资源资产负债表，构建生态产品实现路径。

二是构建生态产品价格核算和评级体系。创新生态产品经营开发模式和路径，打造生态及价值实现产业生态圈，完善生态产品保护补偿机制。

三是构建生态信用数据库与生态信用管理制度体系。利用新技术构建生态信用数据库，对数据库实施"动态计分、分类管理、智能评价"，提高管理效率。

四是构建创新绿色金融服务支撑体系。探索构建"绿道银行"和"生态账户"，支持四川联合环境交易所开展绿色债券评估认证业务，完善绿色认证评估体系。

案例篇
Case Reports

B.7 达州建设川渝陕交界区域中心城市研究[*]

中国区域经济学会课题组[**]

摘　要： 达州市地处四川省东北部、川渝陕三省市交界地区，是万达开川渝统筹发展示范区的核心城市之一，也是发展腹地最大、发展潜力最大的城市，有条件发展成为川渝陕交界区域中心城市。本报告在剖析达州发展基础与存在问题的基础上，分析了达州的优势与劣势、机遇与挑战并与周边地区进行了比较分析，然后提出了达州建设川渝陕交界区域中心城市的思路与对策。达州建设川渝陕交界区域中心城市，一要增强经济综合实力，二要壮大城市规模，三要完善城市功能，四要加强生态环境保护。借助成渝地区双城经济圈建设的机遇，把达州建设成为川渝陕交界区域中心城市，带动川渝陕交界地区经济社会快速健康发展。

---

[*] 本文系达州市发改委委托研究的课题成果。
[**] 课题负责人：马燕坤，经济学博士，国家发改委经济体制与管理研究所副研究员。课题组成员：肖金成，国家发改委国土开发与地区经济研究所研究员、博士生导师；李博雅，经济学博士，北京物资学院讲师；张晋晋，经济学博士，山西财经大学讲师。执笔：马燕坤、李博雅。审阅修改：肖金成。

关键词： 区域中心城市 统筹发展 成渝地区双城经济圈 达州

达州市地处四川省东北部、川渝陕三省市交界地区。2020年1月，中央财经委员会第六次会议首次提出了"成渝地区双城经济圈"的概念，习近平总书记提出建立万达开川渝统筹发展示范区，是新时代推进西部大开发形成新格局、促进区域协调发展、引领西部地区高质量发展的重大战略举措。达州是万达开川渝统筹发展示范区的核心城市之一，也是发展腹地最大、发展潜力最大的城市，有条件发展成为川渝陕交界区域中心城市。本报告在剖析达州市发展基础与存在问题的基础上，与周边地区进行了比较分析，然后分析了达州的优势与劣势、机遇与挑战，提出了达州建设川渝陕交界区域中心城市的思路与对策。

一 达州市发展的现状与问题

达州市南接广安市，西邻南充市和巴中市，北与陕西省安康市接壤，东连重庆市万州区、开州区、梁平区、垫江县和城口县，到成都的直线距离300多公里，到重庆的直线距离200多公里。下辖通川区、达川区、宣汉县、开江县、大竹县、渠县、万源市2区4县1市，土地面积1.66万平方公里，2019年常住人口574.1万人。不仅是四川省人口大市、农业大市、资源富市、工业重镇、交通枢纽和革命老区，也是四川巴渠文化的中心地带。

（一）发展现状

达州市地处大巴山南麓，属于秦巴山区，地形地貌以中低山、丘陵为主，经济发展处于四川省中低等水平，城市发展处于全省中上等水平。综合来看，达州市尚处于工业化中期阶段。

1. 地形地貌以中低山、丘陵为主

达州市东西绵延177.5公里，南北长223.8公里，地势东北高（大巴山区)、西南低(盆地丘陵区),地形复杂,高差较大,最高处为海拔2458米的宣汉县鸡唱街道大团堡,最低处为海拔222米的渠县望溪乡天关村。大巴山横亘在万源市、宣汉县北部,明月山、铜锣山、华蓥山由北而南,纵卧达州市境内,将达州市分割为山区、丘陵、平坝三个部分,其中,山地占土地面积的70.7%,丘陵占28.1%,平坝占1.2%。北部山体切割剧烈,山势陡峭,形成中低山地貌单元;中南部较为平缓,形成平坝谷地地貌单元。境内主要河流有州河、巴河、渠江、任河4条,前河、中河、后河汇入州河,与巴河在渠县三汇镇汇入渠江,后汇入嘉陵江于重庆汇入长江;任河自东向西流入汉江,为汉江源头,于武汉汇入长江。

2. 经济发展水平在四川省排名中等偏低

达州市经济发展水平不断提高,2010~2019年年均增速高达9.1%,比全国同期平均水平高1.5个百分点,但比四川省同期平均水平低0.4个百分点。2019年,达州市地区生产总值2041.5亿元,按可比价格计算比上年增长7.7%,经济总量和经济增速在四川省21个市(州)中均排名第7(见图1)。

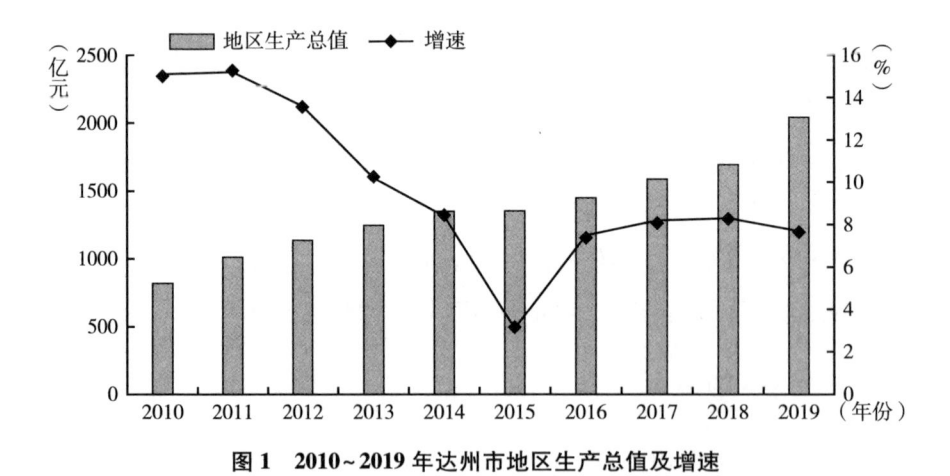

图1 2010~2019年达州市地区生产总值及增速

资料来源:根据达州市2010~2019年《国民经济和社会发展统计公报》数据整理。

达州市地方财政收入明显增加,2019年地方财政收入107.6亿元,相比2010年增加了77.01亿元;民营经济加快发展,2019年全市民营经济增加值达到1262.68亿元，比2010年提高了837.58亿元，占地区生产总值的比重提高了10个百分点。达州市人均地区生产总值明显提高，2019年达到35560元，是2010年的2.43倍，在全省居于第16位（见图2）。

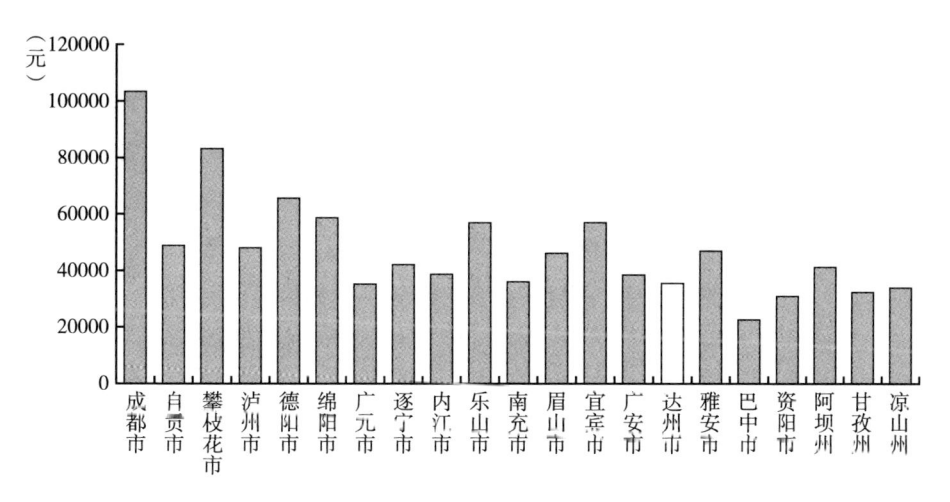

图2 2019年四川省各市州人均地区生产总值

资料来源：根据各市州2019年《国民经济和社会发展统计公报》数据整理。

3. 城市发展水平在四川省排名中上等

达州是人口大市，2019年常住人口为574.1万人，在四川省21个市（州）中始终位列第3，仅次于成都市和南充市。2010~2019年，达州市城镇化水平稳步提升，城镇化率由32.7%提高至47.1%，年均提高1.6个百分点，比四川省同期快0.1个百分点，但仍比四川省平均水平低6.7个百分点（见图3）。2018年，达州市城区常住人口达到90.84万人，少于成都、自贡、泸州、绵阳、南充、宜宾等城市，人口规模在四川省排名第7。

4. 产业发展处于工业化中期阶段

2019年，达州市人均地区生产总值达到35560元，按当年平均汇率计算为5155美元，处于工业化中期水平；产业结构为16.9：34.6：48.5，第一产业增加值占比小于20%但大于10%，第三产业增加值占比大于第二产业增加值占比，大致处于工业化中后期水平；城镇化率为47.1%，低于

图 3　2010~2019 年达州市常住人口及城镇化率

资料来源：根据达州市 2010~2019 年《国民经济和社会发展统计公报》数据整理。

50%，处于工业化初期水平；天然气、煤炭、钢铁、能源化工等能源原材料重化工业在工业中的比重较大，处于工业化中期水平。综合判断，达州市正处于工业化中期阶段（见表1）。

表 1　达州市所处工业化阶段对比判断

指标	工业化初期	工业化中期	工业化后期	达州市（2019年）
人均 GDP（2010年美元）	1654~3308	3308~6615	6615~12398	5279
产业结构	A>20%,且 A<I	A<20%,I>S	A<10%,I<S	16.9：34.6：48.5
城市化水平	30%~50%	50%~60%	60%~75%	47.1%
工业内部结构	以纺织、粮食加工等轻工业为主	以重化工业为中心	工业高加工度化	天然气、煤炭、钢铁、能源化工等能源原材料重化工业占比较大

资料来源：根据《达州市2019年国民经济和社会发展统计公报》整理。

（二）存在的突出问题

达州市发展整体保持向好趋势，但与四川省和全国平均水平的发展差距仍较大、人口流出较多、产业发展质量不高、城乡发展不平衡等问题也较为突出。

1. 与四川省和全国平均水平的发展差距较大

达州市发展整体向好，经济增速保持在较高区间，但发展水平与四川省和全国平均水平仍存在较大差距。2019年，达州市人均地区生产总值为35560元，在四川省21个市（州）中排名第16，明显低于四川省55774元的平均水平，仅为全国平均水平的50.2%；城镇化水平为47.1%，比四川省和全国平均水平分别低6.7个和13.5个百分点；第一产业增加值占比较高，高出四川省平均水平6.6个百分点，是全国平均水平的2倍多；居民人均可支配收入22995元，低于四川省24703元的平均水平，仅为全国平均水平30733元的74.8%。此外，达州市公共服务相对滞后，2019年每千人医疗卫生机构床位数为6.25张，低于四川省和全国的平均水平（见表2）。

表2 2019年达州市经济社会发展指标与四川省和全国对比

地区	人均地区生产总值（元）	城镇化水平（%）	产业结构	居民人均可支配收入（元）	每千人医疗卫生机构床位数（张）
达州市	35560	47.1	16.9∶34.6∶48.5	22995	6.25
四川省	55774	53.8	10.3∶37.3∶52.4	24703	6.95
全国	70892	60.6	7.1∶39.0∶53.9	30733	6.37

资料来源：根据达州市、四川省和中国2019年《国民经济和社会发展统计公报》整理。

2. 人口流出数量较大

达州市人口流出数量较多。2010~2019年，达州市历年人口净流出规模平均为121.4万人，2010~2017年8年间人口净流出规模均在100万人以上，2012年达到峰值138.9万人，之后出现逐年下降的趋势。2019年，达州市人口净流出84.8万人，占常住人口的比重为14.8%。值得指出的是，达州市人口净流出规模缩小是户籍人口与常住人口相互靠拢的结果，2010年以来常住人口逐年增加，2016年以来户籍人口开始逐年减少（见表3）。

表3　2010~2019年达州市人口情况

单位：万人

年份	户籍人口	常住人口	人口净流出
2010	682.7	546.8	135.9
2011	685.4	548.6	136.8
2012	688.2	549.3	138.9
2013	687.6	551.3	136.3
2014	688.1	553.0	135.1
2015	682.8	556.8	126.0
2016	683.6	559.8	123.8
2017	671.7	569.0	102.7
2018	665.8	572.0	94.0
2019	658.9	574.1	84.8

资料来源：根据达州市2010~2019年《国民经济和社会发展统计公报》整理。

3. 产业发展质量不高

达州市产业层次偏低的问题较为突出，产业发展仍以高耗能的重化工业为主，支柱产业为煤炭、钢铁、天然气、水泥、化工等资源能源型产业，高新技术制造业所占比重较小，产业链条较短，产品附加值较低。2019年，达州市产业结构为16.9∶34.6∶48.5，与2010年相比，第一、第二产业占比均有下降，第三产业占比提高了20个百分点，但其中交通运输、批发零售、住宿餐饮等传统服务业所占比重较大，信息服务、商务服务、旅游等高附加值服务业所占比重较小；工业增加值463.5亿元，增长8.7%，传统工业占规模以上工业的比重为56%，工业企业规模较小，利用新技术的能力也较低；规模以上工业六大产业集群实现产值607亿元，增长16.5%，增加值增长9.7%，对全市规模以上工业增加值增长的贡献率为43.8%，拉动规模以上工业增加值增长4.6个百分点，但六大产业带动引擎效应下降，生物医药、天然气能源化工、农副食品加工、电子信息产业集群增速均有所放缓，新材料、智能装备制造、电子信息等尚未形成规模，对工业增长的拉动作用不大。达州市资源丰富，环境优美，交通条件优越，但依托自身资源环境条件、发挥区位交通优势的特色农业、旅游业、新材料、智能装备制造等产业尚未形成规模。

4. 城乡发展不平衡问题较为突出

达州市城镇化水平较低，城乡发展不平衡不充分的问题依然比较严重，城乡居民收入差距较大，城乡公共服务和基础设施不均等，无法满足居民对美好生活的需要。2019年，达州市城镇化率仅为47.1%，意味着还有52.9%的农村人口从事着占经济产出16.9%的农业生产。2019年，达州市城镇居民人均可支配收入达到33823元，农村居民人均可支配收入为15504元，城镇居民人均消费支出达22660元，农村居民人均消费支出为11536元，总体上城镇居民的人均可支配收入和消费支出均为农村居民的2倍。达州市农业经济结构单一，农村经济活力不足，农业基础设施建设相对滞后，农业现代化水平较低，特别是以山地、丘陵为主的地形地貌一定程度上限制了现代农业机械作业。根据达州市第三次全国农业普查的结果，区县道路通行能力较差，直接联系不足，尽管达州市天然气能源资源丰富，但超过一半的农村仍未通天然气。

5. 经济集聚度不高

达州市共有8个产业园区，其中，达州经济开发区、四川大竹经济技术开发区、四川渠县经济技术开发区、四川达州普光经济技术开发区、达州开江经济技术开发区、达州通川经济技术开发区都是省级经济技术开发区（见表4）。除万源市外，达州市每个区县都设有省级经济技术开发区。2019年11月，达州经济开发区更名为达州高新技术产业园区，为省级高新技术产业园区。鉴于县级财政建设产业配套基础设施能力有限和县级政务服务水平不高以及区县间的发展竞争，达州市各产业园区很难快速形成产业集聚规模和产生经济集聚效应，从而造成经济集聚度不高。除达州高新技术产业园区和达州开江经济技术开发区外，达州市各产业园区建成区面积占规划面积的比重都在50%以下，而达州开江经济技术开发区规划面积只有4.5平方公里。2019年，达州市所有省级产业园区的工业产值都在100亿~300亿元；

通川区和达川区的地区生产总值均小于宣汉县、大竹县和渠县，合计仅占达州市地区生产总值的30.6%。

表4 达州市产业园区基本情况

单位：平方公里，亿元

产业园区	规划面积	建成区面积	主导产业	2019年工业产值
达州高新技术产业园区（达州经济开发区）	30.0	22.0	新材料、智能装备制造、新能源、电子信息	200
四川大竹经济技术开发区	47.1	4.6	机械制造、轻纺鞋服、电子信息	170
四川渠县经济技术开发区	10.0	2.4	农产品精深加工、机械电子制造、轻纺服饰	230
四川达州普光经济技术开发区	18.0	7.3	建筑建材及新材料、化工、农副产品加工	270
达州开江经济技术开发区	4.5	3.0	五金、电子、农副产品加工	100
达州通川经济技术开发区	46.0	5.2	生物医药与食品、机械电子与金属冶炼加工、现代物流	300
万源市工业园区	8.0	1.4	富硒农副产品加工、道地中药材加工、新型绿色建材及装饰材料加工	50
达州工业经济发展中心	36.1	1.1	军民融合、绿色包装、装配建材	50

（三）与周边地市比较

为综合分析达州建设川渝陕交界区域中心城市的优劣势条件，本部分对达州市及其相邻的万州、开州、南充、广安、广元、巴中、安康、襄阳9个市（区）进行比较，从区域面积、经济实力、人口规模、城乡发展、基础设施和旅游资源6个方面展开分析。

1. 达州市发展腹地较大

区域性中心城市发展需要拥有较大的经济腹地，否则很难做大做强。达州市土地面积16591平方公里，占四川省面积的3.4%，在周边地区中排名第2，小于陕西省安康市，略大于广元市，是万州、开州两个区面积之和的2倍多，这为达州城市发展提供了相对广阔的发展腹地。

2. 达州市经济综合实力偏弱

从经济总量来看，达州市并不是周边区域内经济总量较大的地区。2019年，达州市地区生产总值2041.5亿元，少于南充市。从财政收入来看，达州市也不是周边区域内财政收入最多的地区。2019年，达州市财政收入为107.6亿元，少于南充市。从固定资产投资和对外开放水平来看，达州市与周边地区相比也存在较大差距。2019年，达州市固定资产投资额为1568.48亿元，明显小于南充市；进出口总额为19.79亿元，更是排在南充市、广安市之后。与作为湖北省副中心的襄阳市相比，达州市地区生产总值、财政收入、固定资产投资额和进出口总额分别仅为襄阳市的42.4%、35.8%、34.1%和8.7%，经济综合实力的差距较大（见表5）。

表5 2019年达州与周边市（区）经济指标对比

单位：亿元

地区	地区生产总值	财政收入	固定资产投资额	进出口总额
达州	2041.5	107.6	1568.48	19.79
万州	920.91	53.36	187.02	13.62
开州	505.59	25.26	153.22	2.08
南充	2322.22	123.32	1897.47	63.74
广安	1250.4	85.7	1368.79	34.39
广元	941.85	48.49	757.58	6.34
巴中	754.29	47.67	1006.42	6.07
安康	1182.06	27.67	1435.28	8.82
襄阳	4812.8	300.2	4593.81	227.39

注：达州、南充、广元、安康四市的进出口总额按当年美元平均汇率折算。
资料来源：根据各地区2019年《国民经济和社会发展统计公报》整理。

3. 达州市劳动力较为丰富

无论是户籍人口还是常住人口，达州市劳动力资源都是比较丰富的。2019年，达州市户籍人口为658.94万人，常住人口为574.1万人，略少于南充市，在周边区域中排名第2，明显多于其他地区。达州市常住人口占川东北五市常住人口总量的比重为26.8%，占万达开三市（区）常住人口总量的66.3%，是安康市常住人口的2倍多。与襄阳市相比，达州市户籍人口和常住人口都略胜一筹（见图4）。

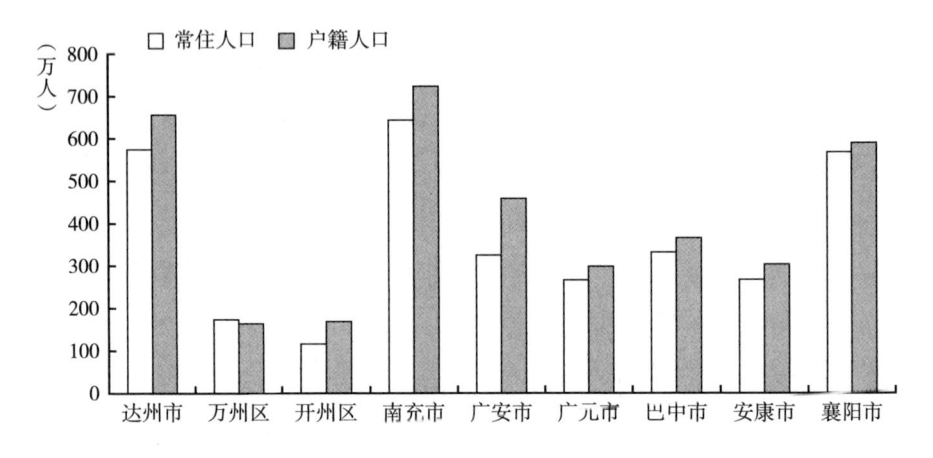

图4　2019年达州与周边市（区）人口规模对比

资料来源：根据各地区2019年《国民经济和社会发展统计公报》整理。

4. 达州市城镇化进程相对滞后

达州市城乡发展相对滞后，人民生活水平不高。从各市（区）城镇化水平的对比来看，9个市（区）的城镇化水平普遍较低，最高的是万州区，最低的是巴中市，达州市位列第7，略高于川东北5市46.8%的平均水平。城镇化水平低，意味着城镇化进程滞后。从人均可支配收入的对比看，城镇居民人均可支配收入最高的是万州区，其次为襄阳市，达州市位列第4，与开州区、南充市、巴中市基本持平；农村居民人均可支配收入最高的是襄阳市，最低的是安康市，达州继万州之后位列第4（见图5）。

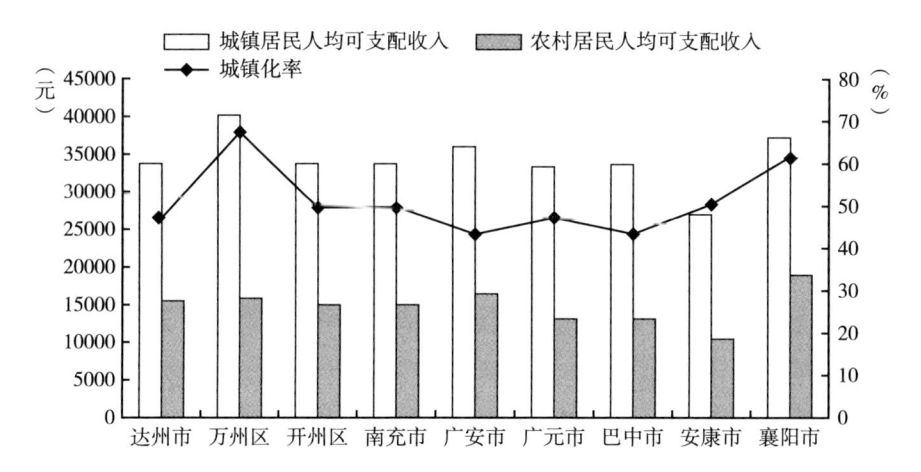

图 5　2019 年达州与周边市（区）人均可支配收入、城镇化水平对比

资料来源：根据各地区 2019 年《国民经济和社会发展统计公报》整理。

5. 达州市交通条件较为优越

达州、万州、开州、南充等地区地域相连，地形地貌相似。相较而言，达州区位优势突出，交通条件较为优越。2019 年，达州市公路里程达 20226 公里，在 9 市（区）中排名第 4，其中，高速公路 417 公里，在 9 市（区）中位列第 4，与排名第 1~3 位的襄阳、安康、南充仍有较大差距（见表 6）。达州市联通国家八纵八横铁路网，达成、达巴、达万、襄渝铁路贯通全市，包茂、达巴、达万、南大梁高速公路使境内形成了较为便捷的公路综合交通体系，但当前达州与周边市（区）的交通网络密度不足，也暂未联通国家高速铁路网，交通基础设施与周边互联互通水平有待进一步提高。

表 6　2019 年达州与周边市（区）基础设施指标对比

单位：公里

地区	公路里程	高速公路
达州	20226	417
万州	7198	195
开州	8101	60
南充	23100	574

续表

地区	公路里程	高速公路
广安	13961	368
广元	20033	392
巴中	18525	356
安康	25489	577
襄阳	30216	600

注：限于数据的可获得性，襄阳市公路里程、高速公路及广安市高速公路为2018年数据。
资料来源：根据各地区2019年《国民经济和社会发展统计公报》整理。

6. 达州市旅游资源优势尚未发挥出来

达州市旅游资源丰富，文化底蕴深厚，拥有真佛山、賨人谷、巴山大峡谷、罗家坝遗址、列宁街、宕渠古城等自然山水和文化旅游资源。2019年，达州市接待游客数4137万人次，比上年增长46%，综合收入达328.11亿元，但在周边市（区）中排名相对靠后，南充、广元、广安三市的旅游综合收入位列前三（见图6）。南充市拥有朱德故里、阆中古城景区两个国家5A级景区，国家4A级景区6个，2019年接待游客数7315.6万人次；广元市有剑门关1个5A级景区，4A级景区19个，3A级景区18个，2019年接待游客数5623.5万人次；襄阳市拥有隆中风景名胜区1个5A级景区，襄阳唐城影视基地、凤凰温泉旅游区2个4A级景区，2019年接待游客5500万人次。广安市旅游资源也较为丰富，A级景区达到24个，以国家5A级景区邓小平故里为主线，形成了独具特色的红色旅游资源，是全国12个"重点红色旅游区"和30条红色旅游精品线路之一。此外，乡村旅游发展较好，拥有全国休闲农业与乡村旅游示范县1个。可以看出，不论是自然风光还是红色旅游，周边市（区）与达州存在较强的竞争，特别是南充、广安、广元三市的旅游产业发展均已具备一定的规模，旅游项目不断扩充，投资力度不断加大，而达州依托自身资源环境条件、发挥区位交通优势的特色旅游产业尚未形成。

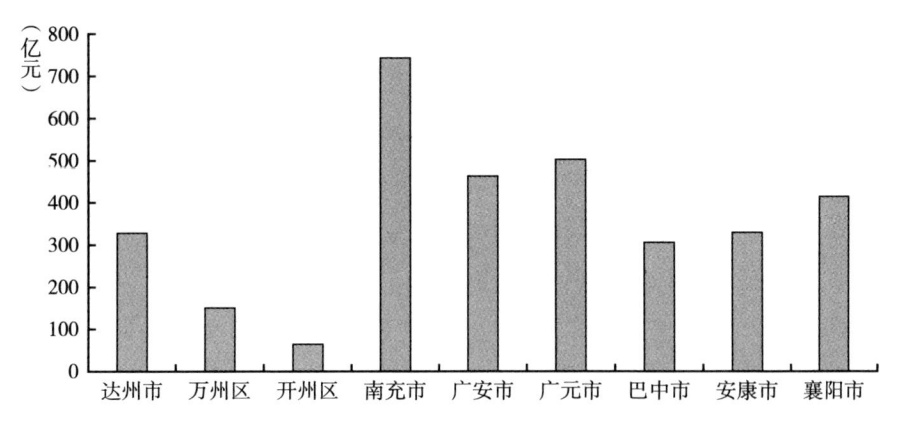

图 6　2019 年达州与周边市（区）旅游总收入对比

注：襄阳市为 2018 年数据。
资料来源：根据各地区 2019 年《国民经济和社会发展统计公报》整理。

二　达州市的 SWOT 分析

达州区位条件优越，优势资源丰富，但也存在各种影响城市发展的不利条件。达州的发展在享有若干重大发展机遇的同时，也面临着诸多挑战。只有充分发挥本地优势，将比较优势转化为竞争优势，全面辩证地分析劣势，正视和直面区域发展的挑战，才能实现达州建设川渝陕交界区域中心城市的目标。

（一）优势（S）分析

达州地处川渝陕三省市交界区域中心位置，是国家重大交通干线的交汇点，也是全国重要的资源能源基地，自然文化旅游资源丰富多彩，经济发展腹地相对广阔。

1. 川渝陕三省市交界区域中心位置

达州区位优势突出。第一，达州地处川渝陕三省市交界地区的几何中心，具备衔接引领川渝陕交界区域的独特区位，对于促进西部开放发展具有重要作用。第二，达州位于丝绸之路和长江经济带腹心区域，全国"两横

三纵"城镇战略格局中长江通道横轴和包昆通道纵轴的覆盖区域，是四川东向融入长三角和长江中游城市群、北向连通丝绸之路经济带和京津冀协同发展的战略支点，具备在西部地区承东启西、连接南北的区位条件。第三，达州与成都和重庆空间距离较远，有较大的经济腹地，能与周边地区实现要素流通、资源共享、产业互动，形成优势互补、合作共赢的空间格局。

2.国家重大交通干线的交汇点

达州具有交通枢纽优势。达州运输方式齐全、发展基础较好，是全国179个公路运输主枢纽之一和四川省12个区域性次级枢纽之一，是国家"八纵八横"高铁网包（银）海通道、沿江通道的交汇点，也是四川省委定位的"四川东出北上综合交通枢纽"。截至2019年末，达州市境内公路总里程20226公里，其中高速公路417公里，完成公路货运周转量102.21亿吨公里，完成公路客运周转量28.29亿人公里。

凭借区位优势和交通运输基础条件，达州在四川省"四向八廊五枢纽"现代综合立体交通运输体系中地位比较突出，最有条件形成四川东向长江北走廊、北向川陕蒙走廊的综合性交通枢纽。达州拥有四川境内第二大火车站和西南地区第四大火车站，达州新机场建设在加快推进，将开通至全国各大中城市航线。达州共有通航河流9条，州河、渠江航运经嘉陵江直通长江，基本形成以渠江、州河、巴河等干支流为主的水运网络，覆盖达州市2区4县1市。达州推进"五向综合交通大通道"建设，在东西向依托成达万高铁连通长江中游城市群和长江三角洲城市群，南北向依托西达渝高铁连接重庆、昆明和京津冀地区，西北向依托达广城际快铁经兰州接入蓉欧国际快铁，建成后，达州将融入国家"八纵八横"高铁路网，成为全国高速铁路网的重要节点。达州市交通基础设施建设概况如表7所示。

表7 达州市交通基础设施建设概况

类型	主要交通基础设施
机场	达州河市机场、达州百节机场(在建)
火车站	达州站、达州东站(只有会车功能)、达州南站(规划)

续表

类型	主要交通基础设施
铁路	达成铁路、襄渝铁路、达万铁路、达巴铁路、成达万高铁（规划）
高速公路	达渝高速公路、达陕高速公路、达万高速公路、达巴高速公路、南大梁高速公路、达营高速公路（在建）、万巴高速公路（在建）、达州绕城高速公路（在建）
城际快速通道	达州—宣汉快速通道（在建）、达州—开江快速通道（在建）、达州—渠县快速通道（在建）
国道	210国道、318国道、347国道、542国道
航运	共有通航河流9条，分别是渠江、州河、巴河、前河、后河、中河、铁溪河、清溪河、林岗溪，形成以渠江、州河、巴河为主干流的水路运输网络，流域覆盖达州市2区4县1市

3.全国重要的资源能源基地

达州拥有资源能源优势。达州是全国重要的资源能源基地，是国家西气东输工程的起点，拥有全国第一大海相气田和全国第一大天然气化工产业园，获批创建全国唯一的"国家天然气综合开发利用示范区"，享有"中国气都"之美誉。达州矿产资源种类较多，以能源、非金属矿产为主，已发现各类矿产资源42种，可开发利用矿产资源28种，已开发利用21种。

达州市天然气、煤、钾盐、石膏、水泥用灰岩等资源优势突出。其中，天然气资源总量达3.8万亿立方米，探明储量7200亿立方米，年外输天然气100亿立方米以上，附产硫黄220万吨以上，是亚洲最大的硫黄生产基地；锂钾资源储量丰富，富锂卤水经济价值超过3万亿元，富钾卤水储量3.39亿立方米，探明储量1.65亿立方米；钾盐资源丰富，现已探明资源储量近1500万立方米，主要集中分布于万源市、渠县；岩盐储量近2224万吨，优质水泥用灰岩远景储量34.47亿吨，石膏储量6055万吨；查明煤炭资源储量9.75亿吨，是四川省3个主焦煤基地之一，主要分布在达川区、通川区、大竹县、宣汉县、渠县境内。

4.丰富的自然文化旅游资源

达州历史悠久，人杰地灵，历为州、郡、府、县所在地，至今已有1900多年的建城史。达州自然景色与人文风光秀美，拥有包括八台山、龙潭河、賨人谷、巴山大峡谷、罗家坝巴人文化遗址、宕渠古城等自然山水和人文文化等旅游资源，正在建设全国生态文化旅游目的地；红色文化旅游资源丰富，达州是川陕革命根据地的重要组成部分，是徐向前、李先念等无产阶级革命家奋战之地，孕育了无产阶级革命家王维舟和张爱萍、陈伯钧、向守志、魏传统等50多位共和国将军。达州作为全国巴文化的核心区，正在构建以中心城区巴文化创意交流中心、巴文化历史博物馆和宣汉罗家坝遗址、渠县城坝遗址的"一轴两翼"支撑格局，加快建设全国巴文化高地。达州市旅游资源概况如表8所示。

表8 达州市旅游资源概况

旅游景点	旅游资源概述
巴山大峡谷	位于宣汉县境内，是国家4A级旅游景区、国家地质公园、省级自然保护区，是国家非物质文化遗产土家薅草锣鼓所在地。景区由百里峡、江口湖两部分组成,总面积为105平方公里。其中,百里峡景区65平方公里,海拔452~2148米,峡长140公里,江口湖水域面积20平方公里。百里峡景区历史悠久,有秦末汉初樊哙屯兵驻扎留下的将军坪、跑马梁、拴马石、大通险道及石栈道等遗址,有张献忠、白莲教留下的青龙寨、大寨子等遗址
八台山	地处万源市八台乡的东部,因地貌成层状梯级递降,有八层之多,故名八台山。主峰2348米,为川东第二高峰。八台山为大巴山石灰岩山地的一部分,融山景、峰景、崖景、生景、气景于一体,是四川省独一无二的石灰岩丘陵群景观
真佛山	位于达川区城南30余公里的七里峡山脉中段的福善乡境内,国家4A级风景区,风景区内古庙、石塔、林海、秀峰、溶洞、湖水浑然一体
賨人谷	地处渠县城东26公里,国家4A级旅游景区、省级风景名胜区、省级森林公园,以奇山、秀水、幽洞、丽峡、飞瀑、湖泊、涌泉、怪石、古栈、茂林著称,被誉为川东"小九寨"
罗家坝遗址	位于宣汉县普光镇进化村,是全国规模最大、年代最久远、规制等级最高的巴文化遗址,是距今5300~4500年的新石器时代遗存,是全国重点文物保护单位,被列入国家大遗址保护"十三五"专项规划名单,和成都金沙遗址、成都商业街古蜀大型船棺独木棺葬遗址一道,被称为"继三星堆遗址之后古巴蜀文化的三颗璀璨明珠"

续表

旅游景点	旅游资源概述
峨城山—观音山—五马归槽国家森林公园	位于宣汉县境内,辖区面积4621.27公顷,森林覆盖率高达95.02%,海拔330~1605米,空气负离子浓度为3000~7900个/立方厘米;PM2.5日均24微克/立方厘米。有着"川东林都、天然氧吧"的赞誉。由观音山景区、峨城竹海景区和五马归槽景区组成,景区有观音山的传说、神龙宫的传奇、宝盖寺的遗风、白莲教的义举、峨城庙楚汉争霸的刀光剑影、红军战场遗址等
渠县城坝遗址	位于渠县土溪镇城坝村,又名宕渠城遗址,是賨人文化遗址,总面积约230万平方米。是全国文物保护单位、"十三五"期间重要大遗址、省级文物保护单位。是西南地区发现的保存最好、内涵最丰富的汉晋县城遗址之一
列宁主义街	位于距达川区63公里的石桥镇西南角,由东向西一字排开的四座仿木结构的石牌坊,分别是清嘉庆、同治、光绪年间为旌表、诰封、节孝而建造的。石牌坊古朴隽秀,重檐斗拱蔚为壮观。每坊额端均镂雕"五龙捧圣"。其间贯穿"八仙""桃园结义""三英战吕布""二十四孝"等历史故事,把全长694米210间街坊装点得古香古色。1933年10月,红军在这里建立了苏维埃政权,在第二号牌坊刻上了光彩夺目的大字——列宁主义街
神剑园	位于四川省达州市通川区罗江镇高石村,是为纪念神剑将军张爱萍所建,主要由张爱萍故居、红军文化陈列馆两部分组成,为四川省级首批廉洁文化基地和国家3A级旅游景区,主要有川陕革命根据地战史馆、神剑馆,以及神剑广场、战史广场等
万源保卫战战史陈列馆	位于四川省万源市红军公园(原驮山公园)内,是为了纪念中国工农红军第四方面军,在第二次国内革命战争时期,为保卫全国第二大苏区——川陕革命根据地,而进行的一场艰苦卓绝的重大战役并取得辉煌胜利的专题纪念馆,是全国爱国主义教育基地、全国红色旅游经典景区,目前正实施迁建

(二)劣势(W)分析

达州市位于川渝陕三省交界地区,距离成渝两大都市的距离较远,很难接受到较强的辐射带动作用,国家区域发展战略与重大区域政策也很少波及,经济发展相对滞后,城市发展水平也不高。

1. 长期处于国家重大区域战略和政策的边缘

川渝陕交界地区目前尚属于国家战略的空白地带,缺乏顶层政策设计和专项规划支持。2000年后,国家对西部地区的发展开始重视,但西部地区

太大，政策效应不太明显。近年来，随着长江经济带、"一带一路"等重大国家战略或倡议的相继实施，国家和各省区市均纷纷加大对重点区域的倾斜力度。达州市位于四川省东北部边界，是川渝陕三省市的交界地区，常常成为政策盲区。虽然《长江经济带发展规划纲要》提出要依托长江黄金水道发挥成渝城市群中心城市的辐射作用，但对达州所处的川东北地区的战略支撑仍显不足，在发展战略中的地位相对弱化，对达州市的长远发展形成了较为明显的战略忽视和空间挤压。

2. 难以接受成渝两大都市的辐射带动

达州与成都直线距离约330公里，与重庆渝中区直线距离约210公里，远离四川省行政与经济中心成都，很难接受成都的经济辐射，尽管与重庆距离较近，但与重庆存在行政区划分割，并且重庆正处于要素加速集聚的阶段，集聚效应大于扩散效应，导致达州在接受成渝两大都市辐射作用时不具区位优势。达州市交通便利，但铁路网络建设不足，尚未融入国家"八纵八横"高铁路网。目前达州市到成都每日有13趟动车（城际快车），平均耗时3小时，到重庆每日只有3趟城际快车，平均耗时2小时7分钟，与成渝两地的联系不够密切。可见，达州市经济规模与产业发展和成渝存在较大落差，在产业衔接、区域合作方面不够顺畅，加之铁路网络不完善，对达州市招商引资、区域合作、旅游产业发展都产生了一定的影响。

3. 经济发展相对滞后

达州市经济总量不大，在全省国民经济中占比偏低，在川东北五市中也不具优势。从人均经济发展水平来看，达州市2018年人均地区生产总值29627元，不及万州区的一半，与开州、南充、广安等地区也存在明显差距。从工业化进程看，达州正处于刚步入工业化中期阶段，工业化进程落后于全国。从产业结构看，达州市第一产业比重较高，第三产业发展不足，以能源化工、原材料、农产品加工等为主的产业占比偏重，产品附加值较低，科技创新能力不足，培育新动能的任务比较艰巨。通过相关经济指标的对比可以看出，达州市经济发展相对滞后，产业结构偏重，经济集聚度较低。

4.城市发展水平不高

近年来,达州市城镇化水平快速提高。2015~2019年,达州市城镇化率由40.9%提高到47.1%,年均提高1.6个百分点,比四川省和全国平均水平分别高出0.1个和0.5个百分点。在川渝陕交界区域,达州市的城镇化水平低于南充市、广元市和安康市。2019年,达州市城镇化率比南充市、广元市和安康市分别低2.6个、0.1个和3.4个百分点。从城市人口规模来看,达州要远小于南充。2018年,达州城区常住人口①为90.84万人,而南充为137.00万人(见图7)。

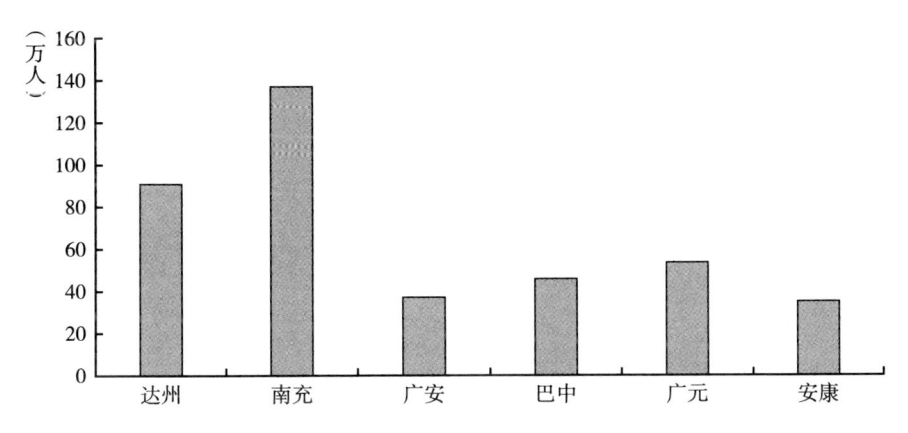

图7 2018年川渝陕交界区域各地级市中心城区的人口规模

资料来源:《中国城市建设统计年鉴2018》。

(三)机遇(O)分析

国家提出建设万达开川渝统筹发展示范区是达州千载难逢的重大机遇。长江经济带和西部陆海大通道建设的双重政策叠加,国家推动西部大开发形成新格局和重视省际交界地区发展,四川省强化向东开放、支持达万协同发展也都是达州发展应紧紧抓住的重要机遇。

---

① 城区常住人口等于城区人口加上城区暂住人口。

1. 成渝地区双城经济圈发展上升为国家战略

2016年，国务院批复《成渝城市群发展规划》，以重庆、成都为中心，包括自贡、泸州、德阳、绵阳、遂宁、内江、乐山、南充、眉山、宜宾、广安、达州、雅安、资阳等15个市在内的范围，其中明确提出"培育达万城镇密集区"，建设成渝城市群向东开放的走廊。2020年1月3日，习近平总书记在中央财经委员会第六次会议上指出，推动"成渝地区双城经济圈"建设。会议强调，成渝地区双城经济圈建设要"突出中心城市带动作用""加强交通基础设施建设"，推进成渝地区统筹发展，促进产业、人口及各类生产要素合理流动和高效集聚。习近平总书记在中央财经委会议上同时提出创建万达开川渝统筹发展示范区，对于增强万州、达州、开州中心城市的功能，示范引领川东北与渝东北地区一体化发展，推动成渝地区双城经济圈建设具有重要意义。万达开川渝统筹发展示范区包括重庆市万州区、开州区和四川省达州市，三地面积2.4万平方公里，2019年户籍人口1001万人，常住人口856.9万人，地区生产总值3468亿元。达州市辖区面积16591平方公里，占总面积的69.1%，户籍人口659万，占人口总量的65.77%，2019年GDP为2042亿元，占经济总量的58.88%。从数据来看，达州的土地面积、人口和GDP均占一半以上，是万达开川渝统筹发展示范区的主体，为加快达州的发展与区域性中心城市建设发挥了极其重要的作用。

2. 长江经济带和西部陆海大通道建设为达州中心城市建设带来重大机遇

达州位于川渝交界地区，又地处长江经济带和西部陆海新通道的交汇中心，资源条件优越，发展空间广阔，东西向面临长江经济带的发展机遇，南北向面临丝绸之路经济带和西部陆海新通道建设机遇，是四川省东出北上、通江达海的核心地区。

2016年9月，国务院发布《长江经济带发展规划纲要》（以下简称《纲要》），长江经济带范围包括上海、江苏、浙江、安徽、江西、湖北、湖南、重庆、四川、云南、贵州等11个省市，形成"一轴两翼、三极多点"的空间格局，其中成渝城市群是辐射带动周边地区发展的"三极"之一。《纲要》提出，发挥三大城市群以外地级城市的支撑作用，支持区域性中心城市的发展，带动区域经济发展。四川省委省政府也明确提出"支持建设达州—万州铁公水联运港，开辟经达州至万州港进入长江的货运出海新通道"。

西部陆海新通道位于我国西部地区腹地，对接"一带一路"、长江经济带发展、海南全面深化改革开放等国家战略或倡议。2019年8月，国家发展改革委印发《西部陆海新通道总体规划》，明确提出要"促进交通物流经济深度融合""提升综合交通枢纽功能"，建设"支撑西部地区参与国际经济合作的陆海贸易通道"，为达州建设区域性中心城市提供了强有力的政策支持。

达州市应紧抓双重叠加的重大历史机遇，做好与规划的衔接和协调，强化交通基础设施建设，加强西南、西北骨干通道衔接，延伸拓展辐射范围，成为陆海新通道的重要转乘区和联动中西部发展的桥头堡。

3. 国家推动西部大开发形成新格局和支持省际交界地区发展

党的十九大报告明确提出要实施区域协调发展战略，提出"加大力度支持革命老区、民族地区、边疆地区、贫困地区加快发展，强化举措推进西部大开发形成新格局"，并提出"建立更加有效的区域协调发展新机制"。国家实施区域协调发展战略，就是要把财政资金、产业项目和优惠政策向西部地区倾斜，尽可能抵消西部地区的区位劣势。

2018年11月18日，中共中央、国务院《关于建立更加有效的区域协调发展新机制的意见》发布，提出要建立区域统筹机制、健全市场一体化发展机制、深化区域合作机制、优化区域互助机制、健全区际利益补偿机制、完善基本公共服务均等化机制、创新区域政策调控机制和健全区域发展保障机制，加快形成统筹有力、竞争有序、绿色协调、共享共赢的区域协调发展新机制，促进区域协调发展，并特别指出要加强省际交界地区合作。

2020年5月17日，中共中央、国务院《关于新时代推进西部大开发形成新格局的指导意见》发布，提出"加强西北地区与西南地区合作互动，促进成渝、关中平原城市群协同发展，打造引领西部地区开放开发的核心引擎。支持陕甘宁、川陕、左右江等革命老区和川渝、川滇黔、渝黔等跨省

（自治区、直辖市）毗邻地区建立健全协同开放发展机制。加快推进重点区域一体化进程"。

达州市地处川渝陕结合部，既属于西部地区，也属于省际交界地区，还是西南地区与西北地区合作互动、成渝城市群与关中平原城市群协同发展的前沿。达州市要积极争取这方面的财政资金、产业项目和优惠政策，与发达的东部地区加强产业合作和经济联系，塑造政策"高地"和成本"洼地"，与周边地区加强区域合作，吸引企业投资和产业集聚，加快提升经济社会发展水平，加快壮大中心城区的规模。

4. 四川省强化向东开放，支持达万协同发展

近年来，四川省委省政府不断强化提升东向开放、敞开四川"东大门"，达州具有天然的区位优势，也具有广阔的发展空间。2018年，四川省委省政府发布《关于实施"一干多支"发展战略推动全省区域协同发展的指导意见》，明确"支持达州建设东出北上综合交通枢纽和川渝陕结合部区域中心城市，推动达州与万州协同发展"，提出要"大力发展川东北经济区""培育壮大区域中心城市"；四川省委十一届三次全会也明确提出"支持达州建设川渝陕结合部区域中心城市"。目前，达万两地一体化发展不断加快，两地已签订《深化达万合作推动全方位协同发展行动计划实施方案》《物流业协同发展合作协议》等系列合作协议，达万陆水联运体系建设等重大工作也取得积极进展。

（四）挑战（T）分析

达州市在紧紧抓住各种机遇加快发展的同时，也要想方设法迎接各方面的挑战，如周边地区的竞争、生态环境保护约束等挑战。

1. 面临周边地市的激烈竞争

根据四川省委省政府发布的《关于实施"一干多支"发展战略推动全省区域协同发展的指导意见》，"推动川东北经济区发展""培育壮大区域中心城市"是重要环节。川东北经济区包括南充、达州、广安、广元、巴中5市，这5市地缘相接，自然资源相似，经济实力和城市发展水平相当，均有条件建设东向北向出川综合交通枢纽和川渝陕甘结合部区域经济中心，特别是南充市，是达州建设川渝陕结合部区域中心城市的有力竞争者。南充的经济发展水平和承载人口能力更具优势，自然风光与红色旅游资源更具规模。

2. 重化工业发展的生态环境保护约束趋紧

达州为典型的资源型重工业城市，煤炭、钢铁、天然气、水泥、化工等资源能源型产业是支柱行业，面临促进经济发展与生态环境保护的双重压力，高耗能企业发展空间受限，面临更多的是压产限产。特别是达州市位于长江经济带上游，对生态环境保护的要求更加严格。如何平衡好经济发展与生态优先、绿色发展的关系，将生态优势转化为经济优势，是达州在提高经济发展水平、争创区域性中心城市中面临的重要挑战。

三 达州建设区域中心城市的短板

达州面临省内其余6个争创全省经济副中心备选市的强力竞争，经济实力较弱、城市功能不完善、空间布局分散、产业缺乏合力、创新能力不足、城市服务有待提升是制约达州加快建设区域性中心城市的短板和不足。

（一）城市经济支撑较弱

对比其他区域中心城市，达州市经济总量和人均水平排名靠后，与周边地区关联不强，经济实力和辐射带动能力还显不足，存在城市自我服务与带动周边力不从心的问题，直接影响了达州区域中心城市建设的推进和万达开地区的协同发展。从经济实力看，达州市2019年的地区生产总值为2041.5亿元，在7个区域性中心城市中总量排第6位，与宜宾、南充的差距进一步扩大，优势并不明显。再看长三角地区，中心城市上海的经济总量占全区的1/4以上。达州市经济实力较弱，制约了其集聚人口、发展要素和调动区内资源的能力，也制约了万达开统筹协同发展。推动达州建设区域中心城市，既要充分利用达州自然形成的区域中心地位，又要着力解决好其总体实力不够大、不够强的问题。

（二）城市功能有待加强

达州市地处内陆，虽然近年来通过立足西部大开发和内陆开放型经济目标保持较高的经济增长，但城市经济能级相对较低。城市首位度不高，经济、人口、科技创新、旅游等指标也不居于首位，三次产业结构矛盾突出，第一产业增加值占比较高，工业发展品质不高，天然气、煤炭、钢铁等能源化工在工业中的比重较大，城市开发正处于起步阶段，建筑业、房地产业、批零住餐业支撑和拉动不足，服务业发展水平与发达地区相比具有较大差距。因此，如何通过整合自身的区位优势和清洁能源化工、智能装备制造、电子信息、现代物流、文化旅游、生物医药等核心产业，导入金融、物流、科技研发等高品质产业资源，促进经济体系的完善，快速完善达州城市功能，提升达州经济能级是目前亟待解决的问题。

（三）城市空间布局分散

达州市辖2区4县1市，且地形复杂，土地资源不足，城镇建设用地拓展受限，主要集中在面积不足100平方公里的中心城区，而同期南充、宜宾、泸州中心城区面积均在120平方公里以上，绵阳更是高达150平方公里。达州中心城区人口密度过大，城市发展空间局促，宣汉、开江、大竹也显现出加强与渝东北地区合作发展的趋势，建制镇、乡集镇、村庄数量多而规模小，比较分散，有待整合。按照达州主城"双300"战略，达州城市空间南拓是必然趋势。随着高铁站、新机场建设的推进，主要交通干线对建设用地的分割，也不利于产业的集中布局。由于空间布局过于分散，城市基础设施不全，配套服务滞后，城市功能型场馆还很欠缺；城区道路密度不高，交通拥堵问题还比较突出，产城融合程度不高；精细化管理水平有待提升，城市的外向度和吸引力不强。

（四）产业链条较短

受园区分散、起步较晚等因素影响，达州市的产业发展没有形成合力，也没有形成主导优势产业链和产业集聚态势。目前,达州市工业还以化学原料和化学制品制造、非金属矿物制品、黑色金属冶炼加工等为支撑,产业链整体优势不明显。能源化工、机械等传统产业占比过大,产品初级单一,附加值不高,天然气资源优势转换不足,钾锂资源尚未进入实质性开发阶段,电子信息、新材料等其他新兴产业发展较为缓慢。尽管达州高新区已入驻一大批企业,但各企业间联系较少,配套服务发展滞后,缺乏集聚效应。对文化资源的挖掘和利用还有待提高,旅游景点过于分散,规模小、层次低,历史文化、自然生态资源缺乏整体规划,农业游、乡村游、休闲游缺乏统筹。总之,目前达州还处于从"抓大项目"向链式发展的过渡阶段,距离产业高端化、集群化、生态化的要求还有一定差距。

(五)创新驱动能力不足

达州面临省内其余6个争创全省经济副中心备选市的强力竞争,其创新驱动能力不足,R&D经费投入强度、专利授权量、高新技术企业数量在7个区域中心城市中排名第7,科研支出较少、创新成果较少、产学研合作程度不高。目前,达州以传统产业主导、基础性资源型产业主导、劳动密集型产业主导的区域产业结构还没有根本改变,在机械装备制造、建材工业、农副产品加工业等行业领域,与周边地区存在着生产方式雷同、产品结构相似、技术含量偏低、向中高端转型升级步伐较慢的问题。面对国外经济环境剧烈变化和国内经济下行压力增大的形势,达州市应对能力不足。

(六)城市服务能力有待提升

目前,达州市城乡居民收入处于较低水平状态,城镇化水平低于全国、全省平均水平,城市经济实力较弱,辐射带动作用不强,城乡基础设施建设一体化水平较低,城乡居民与城镇职工在医疗保险和社会保障标准上存在较大差距,教育、医疗等优质资源供给不足,社会保障与就业、住房保障等支出比例有待提高,城镇化严重滞后于工业化,农业劳动力转移滞后于城镇化,信息化与工业化融合程度不高,农业现代化水平亟待提升。

四 达州建设川渝陕交界区域中心城市的总体思路

达州建设川渝陕交界区域中心城市，不仅要充分发挥自身资源能源、人口、空间、产业等方面的优势，化解劣势，抓住机遇，迎接挑战，而且要克服自身存在的问题，形成加快发展、壮大经济实力和城市规模的合力。

（一）功能定位

达州城市发展定位要立足于川渝陕三省市交界地区、四川省、西部地区和全国等多个层面。

1. 四川省域副中心城市

省域副中心城市是指在一省范围内除经济中心城市之外，在全省国民经济发展中占有较为重要的地位、处于省域城镇体系的较高层级、具有较强的综合功能和区域辐射带动作用的规模较大的城市。省域副中心城市具有以下三个方面的主要特征：一是地理区位远离全省经济中心城市，确立省域副中心城市的目的在于弥补全省经济中心城市对全省经济社会发展辐射带动作用的不足；二是该城市是所在地区中经济综合实力较强、人口规模较大、城市功能较为完善的城市；三是交通条件较为优越、发展基础较好，通过特殊的政策支持在短时间内能够快速增强经济综合实力和壮大人口规模。如湖北省，作为全省经济中心城市的省会城市武汉地处全省东部，于是湖北省把位于鄂西南的宜昌和位于鄂西北的襄阳确定为省域副中心城市。

达州运输方式齐全，发展基础较好，为四川东向长江北走廊、北向川陕蒙走廊的门户，在全省"四向八廊五枢纽"现代综合立体交通运输体系中地位尤为突出，可与万州协同发展陆水联运，连通长江中游城市群和长三角地区，成为全省东向陆水联运大通道的门户枢纽。作为国家"八纵八横"高铁网包（银）海通道、沿江通道的交汇点，达州是全国高速铁路网的重要节点。达州市的经济体量和城区人口规模在川东北地区都仅次于南充市，已形成以能源化工、新材料、农产品加工、现代建筑业、智能装备制造、电子信息为主导的"6+3"重点产业体系。达州要充分发挥区位、交通、产业、劳动力、土地等方面的优势，加快补齐短板，抢抓国家推进成渝地区双城经济圈建设、国家重大交通干线建设过境等重大机遇，迎接周边地区竞争的挑战，重点加强与万州的多方位合作，拓展发展腹地和市场潜力，加快壮大经济综合实力和城市人口规模，完善城市功能，建成四川省东出北上综合交通枢纽和川东北地区通江达海对外开放的门户城市，争创四川省域副中心城市。

2. 川渝陕三省市交界区域中心城市

相对于一般城市而言，中心城市是指在经济上具有十分重要的地位和强大的吸引力、辐射力和综合服务能力的城市。区域性中心城市是指一定区域范围内居于经济社会中心地位的城市，是区域中经济发达、功能完善，能够渗透和辐射带动周边地区经济社会发展的城市。区域性中心城市有以下三个方面的主要特征：一是经济较为发达，经济综合实力是区域中所有城市中最强的；二是首位度较高，人口规模要明显大于区域中其他城市；三是城市功能完善，商贸、教育、医疗、文化、交通等功能不仅服务本市居民的生产和生活，还对周边地区发挥服务功能，对人口和人才具有较强的吸引力，是区域人口、物资、技术、资金、信息等经济要素流动的中心和枢纽。

达州地处四川、重庆、陕西三省市交界区域，周边100公里范围内没有实力和规模更大的城市，发展腹地较大，交通条件便利，已形成较强的经济综合实力和较大的人口规模，城市功能较为完善，有条件建设川渝陕交界区域中心城市。一要继续增强经济综合实力。要以改革创新为动力，以提高经济效率为保证，着力推进产业、科技、文化等不同领域的体制机制创新，优化产业结构和空间布局，推动制造业与服务业协同发展，加快产业集聚。二要加快扩大人口规模。要深化户籍制度改革，全面放开城区落户限制，鼓励就业稳定、有意愿的市内外农业转移人口举家落户，出台优惠政策吸引全国大学生和高端人才就业、创业和落户。三要不断完善城市功能。进一步推进对外交通建设，构建高效合理的网络体系，不断拓展区域性中心城市的发展腹地，进一步加大对教育、医疗、文化、商贸等城市功能建设的投入力度，提升城市品质和管理水平。

3.西部地区重要的能源重化工和现代制造业基地

达州是全国三大气田之一和川气东输工程的起点,是国家重要的能源资源战略基地。达州市天然气资源总量3.8万亿立方米,探明储量7000亿立方米,年对外输气100亿立方米以上,附产硫黄220万吨以上,是亚洲最大的硫黄生产基地。达州市还是四川省1/3主焦煤基地之一,已查明煤炭资源储量9.75亿吨;已探明钾盐储量近1500万立方米、岩盐储量近2224万吨,优质水泥用灰岩远景储量34.47亿吨、石膏储量6055万吨,开发利用价值巨大。已形成以天然气能源化工、农产品精深加工、智能装备制造、电子信息、新材料、生物医药六大产业集群,建立了高新技术开发区、通川经济开发区、普光经济开发区等产业集聚区。

达州要依托资源能源优势,聚焦天然气能源化工、农产品精深加工、智能装备制造、电子信息、新材料、生物医药六大主导产业,积极支持龙头企业发展,着力实施重点项目推进工程、龙头企业带动工程、创新型企业孵化工程、创新能力提升工程、新技术转化工程和传统产业改造提升工程,构建特色优势突出、富有竞争力的现代制造产业体系,加快拓展产业链条,做大做强产业集群,建设西部地区重要的能源重化工和现代制造产业基地。

4.全国产城融合发展示范区

产城融合是指产业与城市融合发展,以城市为基础,承载产业和发展产业,以产业为保障,推动城市更新和完善服务,产业、城市、人口、生态之间相互依托,和谐共生。产城融合是在我国转型升级的背景下相对于产城分离提出的一种发展思路。城市没有产业支撑,即便再奢华,也只是"空城";产业没有城市依托,即便再高端,也只能"空转"。产城融合要求产业与城市功能融合、空间整合,"以产兴城,以城促产"。产城融合发展不仅有利于产业可持续发展和转型升级,而且有利于人口集聚,做大做强城市规模。

推动达州城区与达州高新区、达州通川经济开发区相向发展,推动宣汉城区与普光经济开发区相向发展,强化商贸、居住、教育、医疗等功能对经济开发区的服务，建设组团式城市，强化城市功能配套建设，积极探索产城融合发展新路径、新模式，为全国其他地区提供示范。

（二）发展思路

达州建设川渝陕交界区域中心城市，一要增强经济综合实力，二要壮大城市规模，三要完善城市功能，四要加强生态环境保护。

1. 集聚产业，增强实力

产业发展是经济发展的原动力，也是财政收入的源泉。一个城市，如果没有产业的不断发展，不但经济实力做不强，各种城市功能建设也没有持续不断的资金来源。达州建设川渝陕交界区域中心城市，首先要增强经济综合实力，加快成为川渝陕交界区域内经济体量最大、经济综合实力最强的城市。增强经济综合实力，必须加快推进工业化进程，大力推动非农产业尤其是制造业发展，做大做强天然气能源化工、装备制造、电子信息、农产品精深加工、新材料、生物医药等主导产业，延长主导产业链，围绕主导产业促进制造业与金融、商务、科技、信息、物流等生产性服务业协同发展。重点依托达州高新区和通川经开区，引导主导产业向产业园区集聚发展，做大做强中心城区经济体量和经济综合实力。整合达州高新区和通川经济开发区的产业资源，联合申报国家级经济技术开发区。

2. 集中人口，壮大规模

人口不但是城市产业发展需要的劳动力和人才的蓄水池，也是工业品和农产品的消费市场，是服务业发展的基础。一个城市，在区域城市体系中属于哪一个层级，与其人口规模有着必然的联系。人口规模的大小直接决定了一个城市在区域中的功能和作用。达州建设川渝陕交界区域中心城市，需要尽快壮大人口规模，成为川渝陕交界区域人口规模最大的城市，形成较高的城市首位度。全面放宽城区落户条件限制，只要是有稳定的就业，且有落户意愿的市内外大学生、科技型人才、管理型人才和农业转移人口，不仅允许他们自己落户，而且允许他们的家人落户。通过就业引导、子女就学、人才调动等政策和措施，鼓励和引导全市人口向市区集聚。强化产城融合发展，达州中心城区要依托产业园区发展集聚人口，加快产业园区的居住、生活、医疗、教育等配套基础设施建设，形成新的城市组团。大幅度提升中心城区与宣汉县城之间的交通基础设施连通性，强化中心城区与宣汉县城之间的公共服务对接，把宣汉县城纳入达州城市发展框架，加快壮大城市人口规模。建议宣汉撤县改区，或另择新址规划建设新的宣汉县城。

3. 完善功能，提升品位

城市功能越完备，中心城市的层级越高。达州建设川渝陕交界区域中心城市，不仅要完善城市功能，而且要提升城市功能的品位。推进对外交通基础设施建设，完善对外交通网络体系，提升城市交通功能。加大对市政基础设施建设的投入力度，集聚一批具有区域影响力的金融、保险、科研、教育、医疗、卫生、文化、体育、商贸等机构和企业，承载和发挥教育、医疗、卫生、文化、体育、商贸、科研等服务中心功能和作用。深化"放管服"改革，打造便利化、法治化、国际化营商环境，充分发挥市场对资源要素配置的决定性作用，更好发挥政府作用，合理引导企业和社会组织参与到城市功能建设中来。创新城市管理理念，建立健全符合市场经济和现代化建设规律的城市管理体制，创建精干、懂法、高效的城市管理队伍，着力提高城市管理水平。

4. 生态优先，绿色发展

习近平总书记提出，长江经济带建设不搞大开发，共抓大保护。生态优先，绿色发展。生态环境不仅是城市发展的基底，而且是城市可持续发展的保障。达州建设川渝陕交界区域中心城市，必须贯彻落实新发展理念，统筹好经济发展与生态环境保护之间的关系，走生态优先、绿色发展的高质量发展新路子。产业项目建设要特别考虑对生态环境的影响，做好生态环境影响评估，坚决杜绝高污染、高排放项目建设。拓展城市发展空间，要统筹考虑工商用地、居住用地和生态用地的空间布局，合理增加生态建设用地面积，强化城市绿色发展。强化生态红线管控，加强资源环境保护，集约利用土地资源，加快推进土地综合整治。加强生活垃圾、污水、废气排放治理，提倡水的循环利用、中水回用和雨水利用，提升资源集约高效利用和循环利用水平。开展生态修复工程和水土保持工程，统筹推进山水林田湖草系统治理，严格控制农业面源污染，开展农村环境综合整治，开展重点河段河道整治，推进传统工业绿色化技术改造，降低工业发展对生态环境的损害。

（三）发展目标

根据达州市的发展潜力及各方面发展条件，合理预测到2035年和2050年的城市规模和经济实力，并提出达州区域中心城市的目标。

1.建成区面积

预测到2035年，达州城市建成区面积300平方公里；预测到2050年，达州城市建成区面积达到500平方公里。

2.人口规模

预测到2035年，达州城市的人口规模达到300万人；预测到2050年，达州城市人口规模达到500万人。

3.经济体量

预测到2035年，达州市经济综合实力显著增强，地区生产总值达到7000亿元，年均增速8%左右，人均地区生产总值达到10万元左右（见表9）。

表9 达州市的城市规模和经济实力预测

指标	2018年	预测2035年	预测2050年
建成区面积（平方公里）	100.30	300	500
城市人口规模（万人）	90.84	300	500
市域地区生产总值（亿元）	1690.17	7000	—
市域人均地区生产总值（万元）	2.96	10	—

五 达州城市空间布局

预测到2035年，达州全域形成"一主四副多支点"的城镇体系。其中，"一主"是指达州，"四副"是指万源、开江、大竹和渠县，"多支点"

是指除达州、万源、开江、大竹和渠县之外的所有建制镇的镇区。

预测到2035年，达州市区将形成以达州主城区组团为引领，达州高新区组团和"宣汉+普光"组团为支撑的"三组团"空间结构，包括达州主城区逐步向北、东、南拓展（包括亭子生态宜居新城）形成的达州主城区组团，依托达州高新技术产业园区通过产城融合发展形成的达州高新区组团和宣汉县城与普光经济技术开发区融合互动发展的"宣汉+普光"组团（见图8）。

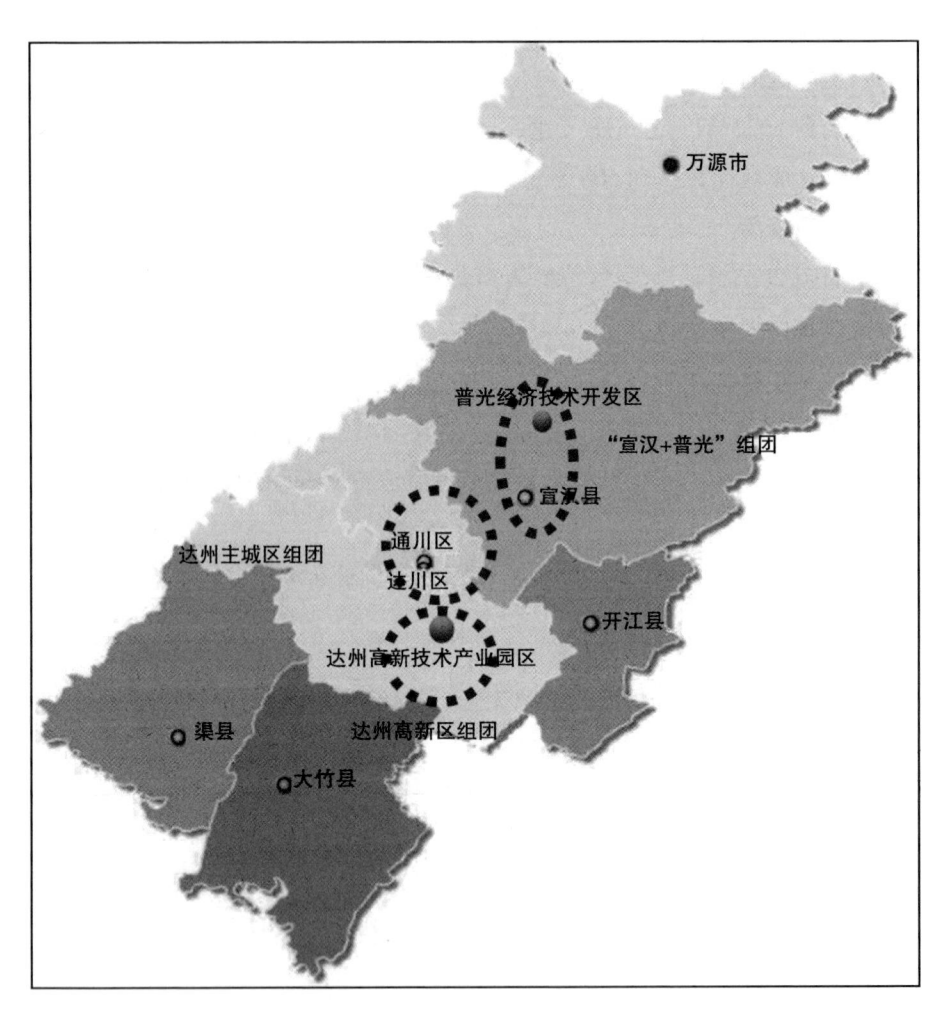

图8 达州城市"三组团"空间结构示意

预测到 2035 年，达州主城区组团的人口规模将达到 200 万人左右，达州高新区组团的人口规模将达到 50 万人左右，"宣汉+普光"组团的人口规模将达到 50 万人左右。

六 达州建设川渝陕交界区域中心城市的路径选择

达州建设川渝陕交界区域中心城市，要在交通运输和商贸物流、现代制造业、教育医疗、旅游、大数据和应急防控、对外开放等领域加强功能建设，强化支撑功能。

（一）建设川渝陕交界区域交通运输和商贸物流中心

坚持通道建设与枢纽建设并重，以东向连通长三角、北向连通京津冀的高速大通道和东向通江达海货运新通道为重点，以达州为中心建设五向综合运输大通道，构建"陆水空"立体综合枢纽体系，重点面向川渝陕交界区域市场，打造川渝陕交界区域交通运输和商贸物流中心。

建设川东北北上西进交通运输中心。突出东出北上战略性高速大通道建设，全面融入国家"八纵八横"高速铁路网，构建"三铁交汇、六向连通"的高铁路网格局。加快推进成南达高铁建设，形成西进承接西部地区、东出连通长三角和长江中游、北上连通京津冀的高铁主通道。加快推进西达渝高铁建设，途径大竹并在大竹设站，形成四川北上高铁新通道。积极推动建设兰州—广元—达州高铁，串联川东北，对接西北和中南地区。打造"136 高铁交通圈"，建成四川高铁次枢纽，成为四川东出连通长三角、北向连通京津冀、西北对接兰（州）西（安）地区、东南对接中南地区的高铁门户枢纽。加强与川渝陕交界区域性快铁通连，强化与周边城市的快铁互连，提高铁路路网密度，增强对周边地区的辐射影响力。着力提升普铁货运水平，加快完成巴中—达州、达州—万州铁路扩能改造，积极建设广安—大竹—梁平客货运专线、大竹—垫江—涪陵铁路支线、重庆—邻水—大竹—达州—宣汉—城口—万州货运铁路专线、达州普光经南坝再经开州至云阳等铁路专线，解决天然气、锂钾开发利用等大宗产品运输问题，追踪新型轨道货物载运工具发展。依托达成铁路、襄渝铁路、达万铁路、广巴达铁路，构建"四铁交汇、五向连通"的货运铁路网。与万州、北部湾地区深化交通运输合作，强化达州铁路、公路与万州内河水运及北部湾港口的有机无缝衔接，大力发展铁水、公水联运。增开四川东出铁水联运班列和西部陆海新通道达州—北部湾"冷链+普货"班列，强化四川及秦巴地区货物经达州实现通江达海。建设达万直达高速公路和通宣开高速公路，形成达万陆水联运双通道。加强陆水联运通道货运接驳设施建设，形成与万州港的无缝连接，强化陆水联运的连续性、无缝性和全程性。以达万陆水联运合作为平台，开展陆水联运政策设计、体制机制创新，实施"一单制"联运服务模式，争创全省陆水联运创新示范区。加快城口—宣汉—大竹—邻水等北上陕甘地区的高速公路新线建设，提升达州辐射川渝陕交界地区的高速公路通达能力。加快达州机场迁建，按开放口岸标准建成投用达州新机场，补齐达州综合交通体系的短板。积极开辟连接"一带一路"和长江经济带节点城市的新航线，实现航空与全国重点城市3小时通达，积极争取开辟国际航线。加快完善达州新机场集疏运体系建设，加强达州新机场与成都天府国际机场的对接，干支结合融入全省航线网络体系，成为四川民用航空网络的重要节点。

建设川渝陕交界区域综合物流中心。高标准高起点规划建设达州高铁站，完成达州铁路站改建，建设铁路集装箱基地、货场及铁路外绕线，建成四川省铁路次级枢纽和国家重要铁路枢纽。以达州铁路综合枢纽为载体，在既有拼拆箱、货物换装、仓储、中转等货物集散功能基础上，拓展保税、加工、配送、报关、报检、货运代理等功能，加强与沿海沿边港口合作，促进沿海沿边港口功能向达州延伸，建设具有港口服务功能的西部国际铁路内陆无水港。以秦巴综合物流园为主，以复兴现代商贸物流园、双龙铁路物流园、达川商贸物流园、高新区物流园、临（空、高铁）港物流园为辅，着力发展大宗物流，构建集在线交易、实物交割、物流服务、金融服务于一体的大宗商品交易平台，建成四川及西北通江达海大宗物流转运中心。大力发展集装箱、甩挂等运输方式，提高普货物流效率，建成川渝陕交界区域普货物流中心。积极发展高铁快递物流、航空快递物流，建成川渝陕交界区域快递物流中心。鼓励企业建设面向城市消费的低温加工处理中心，探索和发展冷链共同配送、"生鲜电商+冷链宅配"等新模式，做大做强东盟冷链（秦巴）分拨中心，打造冷链供应链一体化交易平台，推动东盟特色产品在达州集散交易。加强铁路枢纽、公路枢纽、航空枢纽之间的有机衔接和便捷转换，构建完善高效的铁路、公路、航空集疏运体系。围绕集中实现货物集散、存储、分拨、转运的功能要求，建设现代化、信息化、智能化的物流基础设施，完善货运站场、专用线、专业化仓储、多式联运转运、区域分拨配送等物流基础设施。坚持生产性物流、服务性物流并举，完善枢纽物流网络体系。强化互联网、物联网、区块链技术在物流领域的应用，推进商流、物流、信息流、资金流全面协同，提高物流信息化水平。以西部陆海新通道为依托建设川渝陕交界区域南向陆海国际物流通道，以中欧国际班列西部通道为依托建设川渝陕交界区域西向陆路国际物流通道。

建设川渝陕交界区域综合商贸中心。积极招引国际国内品牌零售巨头"入达"，培育发展本土大零售企业。鼓励国内外品牌企业在达开设概念店、体验店、定制店、旗舰店等区域首店，集聚国际时尚品牌和国内知名品牌，提升消费层次和零售市场能级。丰富完善零售业态，积极发展连锁经营、无店铺销售、无人零售等零售业态，加快发展"互联网+生活服务+社区""现代物流+零售""场景营销"等零售新业态，推动实体零售与网络零售融合共生。优化提升零售产业集聚，建设具备区域辐射力的大商圈、标志性商业综合体、时尚购物中心和功能性商业中心。加快推进通川复兴、达川杨柳等商贸集聚区建设，做大五金、家居建材、农副产品批发市场，积极发展二手车、再生资源交易等新兴专业市场，打造具有区域特色的品牌专业市场。推进专业市场商场化、集成化、展厅化、物流化发展，全面提升专业市场服务能级。积极与沿海地区协同建设蔬菜、海产品双向流通批发中心。大力发展电子商务，在中心城区打造辐射影响川渝陕交界区域的电商集聚区。积极引进国内知名电商平台区域性、专业性总部，强化龙头电商引领示范效应，吸引和培育一批有基础、有潜力、有创新能力的高成长性电商企业和平台集聚

发展。支持和推动家具、建材、二手车等线下专业市场拓展线上业务，建设线上交易专业平台。促进商贸与物流融合互动发展，提升和拓展商品展示、货物交付、仓储加工、物流配送、信息交换、货款支付等中心功能，提升秦巴地区商品交易会等区域性品牌展会的辐射影响力。

（二）建设川渝陕交界区域先进制造业中心

落实省委省政府构建"5+1"现代产业体系重大部署，聚焦天然气能源化工、智能装备制造、农产品深加工、电子信息、新材料五大主导产业，以五大主导产业为引领，构建特色优势突出、综合竞争力强的先进制造业体系，打造川渝陕交界区域先进制造业中心。

建设西部地区天然气能源绿色化工产业基地。充分发挥国家天然气综合开发利用示范区的平台优势、政策优势，以终端化工品衍生应用为突破方向，拓展和培育天然气能源化工产业链，抢占天然气能源化工产业链的技术核心和价值高端，推进天然气能源化工产业链绿色化改造升级，打造西部地区天然气能源绿色化工"千亿级"产业基地。应用先进制造技术，改造提升传统天然气能源化工产业，强化磷、硫资源的深度开发，推动传统天然气能源化工产业向下游产业链高端延伸，形成链条更加完整、附加值更高的产业链。以三聚氰胺纤维、阻燃泡沫为产品方向，延伸"天然气—合成氨—尿素—三聚氰胺"产业链。以食品级磷酸盐、工业级不溶性硫黄为产品方向，延伸"硫黄、磷矿—磷酸—磷铵"产业链。以二甲醚及其新利用为产品方向，延伸"天然气+高炉煤气—甲醇—二甲醚"产业链。着力促进三大传统天然气能源化工产业链融合叠加、互促共进、倍增发展，培育具有达州特色的天然气能源化工生态体系。加快构建电子级化工和医药级化工产品技术生产线，发展先进天然气能源化工产业。谋划发展以硫酸、盐酸为原料的显影液、剥离液、清洗液、刻蚀液等湿电子化学品，打造湿电子化学品产业链。积极拓展医药级氯化钾、碳酸氢钾、硫酸钾镁肥等化工产品领域，打造医药级化工产业链。着力推进天然气综合开发利用，全面提升天然气留存使用率。大力发展以天然气为工业燃料的产业，积极培育天然气重载汽车、浮法玻璃、天然气分布式能源站以及气电项目等高耗气产业。

建设川渝陕交界区域绿色智能装备制造产业基地。以达州华川汽车制造有限公司为依托,围绕新能源汽车、特种专用车,大力发展汽车零部件产业,引进和做强汽车零部件生产龙头企业,推进汽车产业链向上下游延伸,培育发展绿色整车制造,做大做强汽车配套零部件产业集群。引导达州既有冶金及装备制造企业转型升级,研发与油气勘探、开采、储气及管输相关的专用设备。大力招引油气专业设备生产商,集聚发展智能开采、智能管道运输以及远程监控等相关设备制造产业,打造四川新兴智能天然气装备制造基地。强化与成渝地区装备制造核心区的产业协作,培育发展电气机械设备制造、通用设备制造、医疗装备制造、农用机械制造等产业。利用省内外科研机构的技术智力,整合现有重点装备制造企业资源,提升绿色智能装备制造研发能力。承接沿海地区和成渝等地产业转移,重点生产电子器械、绿色照明和阀门等产品,培育发展智谷机电产业。加快发展铜产品精加工制造业。引进国内绿色智能铸造重点企业,生产精密铸件产品。

建设秦巴地区农产品精深加工产业基地。立足秦巴地区农产品丰富多样的基础条件,发挥达州农业地广、量大、质优、富硒、洁净等优势,以绿色生态富硒农产品为重点,大力发展农产品精深加工产业,提升农产品附加值。坚持招大引强、扶优扶强两手抓,做强农产品深加工龙头企业,推动农产品加工企业由小到大、加工层次由粗(初)向精(深),打造一批农产品深加工领军企业。积极招引国内外知名农产品深加工企业,培育扶持本土农产品深加工龙头企业,支持龙头企业建立大型企业集团。强化农产品深加工企业品牌建设,围绕优质粮油、富硒茶、蜀宣花牛、苎麻等达州特色农产品资源,引进和培育一批支柱型农产品加工龙头企业,塑造若干全省、全国知名的农产品加工品牌,提升农产品深加工龙头企业市场竞争力与占有率。强化农产品加工与专用原料生产基地、农产品仓储与冷链物流、农产品流通渠道、市场销售网点等上下游产业有机衔接,构建产业链条完整、业态发展良好、综合效益高的集标准化原料基地、集约化加工、便利化网络服务于一体的现代农业发展体系。鼓励农产品深加工企业向研发设计和品牌营销的产业链中高端延伸，加强技术改造、设备更新和营销管理，提升农产品加工企业转化增值能力。引导农产品加工企业向优势基地和产业园区集中，推动农产品加工业集聚发展。以达州市农产品加工集中区为载体，引导和支持农产品加工企业创新发展，搭建农产品加工行业共享研发平台，组织攻克农产品加工重大关键技术难题，开发富有秦巴地区特色的农产品精深加工新产品，提升达州农产品的市场竞争力。鼓励农产品加工龙头企业与省内外科研机构、高等院校联合组建农产品加工研发中心，支持农产品加工企业建立院士工作站。

建设新兴电子信息产业基地。抓住智能终端电子龙头企业来达发展的重大机遇，以龙头企业带动专属配件生产，以专属配件生产衍生自有品牌配件生产，以自有品牌配件生产推动终端产品生产，实现达州电子信息产业跨越发展，建设行业有竞争力、全国有影响力的智能终端电子及核心配件生产基地，成为达州先进制造业的新支柱。以川渝合作（达州·大竹）示范园区OPPO配套产业园为基础，大力引进绿色电源、印制电路板、新型光电显示、手机配件、平板电脑配件、智能穿戴设备、智能机器人等OPPO供应链相关企业，建成OPPO零部件配套生产基地。积极争取OPPO在达州布局终端产品生产线，推动零配件检测、整机检测发展，形成终端、器件与系统的产业链协作格局。瞄准VR及AR设备、汽车电子、个人智能穿戴设备、智能音箱等领域，吸引国内外知名智能终端电子企业来达布局终端产品生产线，积极培育本土智能终端电子产品配件生产企业发展，建设具有区域影响力和竞争力的智能终端电子产品配件生产基地。鼓励和支持智能终端电子产品配件生产企业探索自主品牌发展道路，提高自主设计能力，推进智能终端电子配件自主化，形成集群化、链条化的智能终端电子配件产品自有品牌。

建设新材料产业基地。依托普光锂钾综合开发产业园，争取国家制造业转型升级基金支持，加快锂钾资源勘探开发，打造以锂钾资源综合开发利用为核心，兼顾钠、溴、硼等副产资源综合利用的长产业链，加快建设全国锂钾综合开发利用示范区。积极争取与国内知名科研院所建立战略合作关系，建立锂钾资源综合开发技术支撑团队，加快推进科技研发、专利技术的申请与应用，推动建设世界领先的卤水锂钾研究基地。充分发挥龙头企业示范带动作用，引进先进锂电隔膜配套企业。围绕 3C 电子产品发展配套用锂电池，加强技术创新研发，搭建固态锂电池开发与生产平台。积极探索石墨烯材料在锂电池中的应用。聚力"三纤+"发展，高标准建设达州玄武岩纤维产业园、中国（普光）微玻纤新材料产业园，加强技术创新和联合应用开发，推动在特种管道、保温绝热、高端服饰等领域的示范应用，形成纤维产业集聚集群集约发展。推动钒钛钢铁产业向钒钛新材料方向转型，积极发展铜基新材料、钒钛特钢、钒钛合金、钒钛制品等先进材料产业，打造四川钒钛钢铁先进材料产业集群。引进国际及国内先进竹、木工艺技术，积极发展竹木复合地板、竹家具、竹工艺品、多层实木复合地板、强化地板、防水防火地板等建筑新材料产业。

大力推动生物医药产业发展。实施中药材规范化种植、加工、生产、流通、使用全产业链开发，培育达州道地中药材大品种。依托达州医药食品加工业集中区，大力建设现代医药集聚发展区，打造秦巴地区道地中药材加工基地。加强与全国高等院校、中医药科研究院所合作，共建中药材研发中心，加强第三方检验检测平台、科技创新平台及孵化平台建设，大力开展中药饮片、提取物、中药创新药物、中成药大品种和传统经典制剂二次开发等研究，积极开发拥有自主知识产权的技术和产品，全面提升达州中药研发能力和生产水平，打造达州药企品牌。

（三）建设川渝陕交界区域教育医疗中心

以"学在达州""医在达州"为导向，构建"基础全覆盖、高端有亮点"的教育体系和优质高效的医疗服务体系，全面提升教育医疗水平。

建设川渝陕交界区域教育中心。以"学在达州"为导向，实施名校名师培育工程、学前教育保障工程、基础教育提质工程、职业教育突破工程、高等教育创优工程和信息化建设推进工程，构建"基础全覆盖、高端有亮点"的教育体系，培塑达州教育品牌。支持四川文理学院扩容转型，创建达州大学。突出职业教育发展，支持达州职业技术学院"双高"型高职院校建设，支持达州中医药职业学院、达州技师学院提质升级，筹建航空职业学院，选择合适的时机，推动达州职业技术学院与达州中医药职业学院、达州技师学院、达州航空职业学院合并办学，创建达州职业技术大学。深化完善职业教育联盟跨区域合作发展机制，建成西南职业教育中心和技能型人才培养基地。吸引和对接国内外高校在达设立分校、分院和研究机构，支持达州教育机构与国内外、省内外名牌大学的深度合作，使达州成为四川高等教育的新兴生长点。

建设川渝陕交界区域医疗中心。坚持以"医在达州"为导向，构建优质高效的医疗卫生服务体系。加快推进华西达州医院、奥美德国际医院、华西妇儿医院建设，积极争取省人民医院、省骨科医院等优质医疗机构来达州设立分院。培育一批诊疗中心，将华西达州医院建成区域疑难重症救治中心，将达州中心医院建成区域医疗综合救治中心，将达州市中西结合医院建成区域中医医疗保健中心，将达州市妇女儿童医院建成区域妇幼保健服务中心。提升医学教育科研水平，鼓励和支持四川文理学院创办医学院系。推进县级医疗卫生机构创等达标，提升县域医疗救治服务水平。支持通川区元达联合医院、达州南方医院、达州骨科医院等民营医院提档升级，鼓励民营医院创建三级医院。积极支持特色医疗、健康管理、美容保健、中医药养生、健康养老、特殊护理等医疗康养服务机构发展，建设川渝陕交界区域医疗康养中心。

（四）建设川渝陕交界区域旅游集散中心

凸显巴人故里历史脉络，拓展巴山渠水生态格局，弘扬川陕苏区红色基因，推进文旅深度融合发展，打造川渝陕交界区域旅游集散中心。

建设川渝陕交界区域文化旅游中心。依托"一山两址三河"（大巴山，罗家坝遗址、城坝遗址，州河、巴河、渠江），大力实施遗址保护发掘、学术研究、成果展示运用"三大工程"，建成巴文化考古发掘中心、巴文化遗址保护示范中心、巴文化研究中心、巴文化展示中心、巴文化旅游中心，成为全国最为重要、最具代表性的巴文化遗址保护地、学术研究基地和成果展示地。优化文化旅游发展布局，依托"两山两湖两岸"（铁山—凤凰山—莲花湖—双鱼湖—州河两岸），建设中心城区休闲娱乐文化旅游产业集中区。做好山、水、城、文"四篇文章"，推出一批具有文化内涵的旅游产品，建设一批文化旅游综合体。

建设川渝陕交界区域游客集散中心。加快建设智慧旅游综合服务平台，实现应急管理深度互联互通、共享共用，推动旅游产品网络化定制、旅游商品全渠道营销、旅游服务在线预售预订、旅游管理在线实时调度。依托火车站、长途汽车站和机场，加强旅游配套基础设施建设，重点建设客运调度中心、旅游服务中心、特色商务商业设施和旅游产业监测及应急指挥、安全监控设施。

（五）建设川渝陕交界区域大数据和应急防控中心

顺应网络强国、数字中国发展大势，抢占信息枢纽建设先机，打造川渝陕交界区域大数据中心。强化区域大数据中心的应急调度功能，打造川渝陕交界区域应急防控中心。

建设川渝陕交界区域大数据中心。顺应移动互联时代产业发展的大格局、大趋势，以5G协同布局为引领，超前建设城市新一代信息基础设施，统筹行业数字化信息化建设与城市数字平台建设。高质量建设秦巴数字经济产业园、川渝合作示范园和西南数字化服务中心、秦巴互联网医疗中心、川东大数据中心、川东城乡公共信息服务中心"两园四中心"，依托已入驻的数字经济重点企业，突出智慧泛呼叫产业特色，带动打造集"专精特新"企业培育、技术研发运用、电子信息制造等于一体的数字产业集群。布局5G网络发展，推进试点应用，规划5G网络示范区，推动高可靠、低时延、广覆盖的5G网络共建共享。加强与重庆、成都、广安、巴中、南充、万州、安康等区域的信息交换共享，建设川渝陕交界区域数字平台。以川东灾备中心建设为突破口，建设川渝陕交界区域金融数据中心、社保数据中心、医疗数据中心、旅游数据中心，形成若干具有优势特色的区域性数据服务中心。以国家商贸服务型国家物流枢纽承载城市建设为契机，精准对接行业领域和用户终端，推进川渝陕交界区域基于直连的数据信息港建设。

建设川渝陕交界区域应急防控中心。依托区域大数据中心建设，充分发挥区域数据信息调度功能，建设川渝陕交界区域突发卫生事件应急防控指挥中心。依托重要物流园区，加强应急医疗物资集散储存配套基础设施建设，建设川渝陕交界区域应急医疗物资储备中心。完善和提升医学院和医护职业学院的教育培训功能，加强与国内外高水平医学院和医学科研院所的教育和科研合作，加快医护人才培养和储备。引领川渝陕交界区域医疗卫生体制改革，推动医疗卫生服务区域合作，建立健全突发事件卫生应急和传染病疫情信息共享、防控联动机制和应急处置协作机制。

（六）建设川渝陕交界区域内陆开放型经济高地

建设对接东部沿海省区、沟通东亚欧美的四川东向开放门户，成为全省"四向拓展、全域开放"立体全面开放格局的重要节点，打造川渝陕交界区域内陆开放型经济高地。

加强对外开放平台建设。依托"国家商贸服务型物流枢纽承载城市"建设，积极创建国家内陆铁路对外开放口岸，建设公路、航空及电子口岸，推进区域性口岸协作。积极拓展对外开放口岸建设领域，前瞻性谋划建设水果、肉类、粮食、木材等功能性口岸。全力争取设立综合保税区或保税物流中心（B型），创造条件争取获设出口加工区、保税港区。大力发展外向型经济，建设一批出口示范园区和国家级特色农产品出口基地，积极争取将达州纳入四川自贸试验区协同改革先行区。

推进开放合作。缔结一批国际友好合作城市，积极建设中外合作园区。与万州加强合作，争取将万州五桥机场144小时落地签证扩展至达州。加强与省内及沿海沿边省市口岸之间的合作，加强与沿江通道、西部陆海新通道、中欧班列西部通道进出境口岸的协同，全面推进跨部门、跨区域的通关一体化协作，融入全省、全国对外开放口岸体系，形成口岸功能互补。

积极融入西部对外开放通道。全面对接西部陆海新通道中线、东线，做强"达州—北部湾"国际铁海联运班列，打造西部陆海新通道重要节点。深度融入蓉欧、渝新欧中欧国际班列通道，建设"蓉欧+川渝陕结合部基地""渝新欧+川渝陕结合部基地"，成为中欧国际班列西部通道的重要集疏运节点。

（七）建设川渝陕交界区域人口最多的城市

在规划中践行新发展理念。规划引导产业创新发展，提高附加值，推动产业结构转型升级。规划引导城乡区域协调发展，优化产业和人口的空间布局，加强区域分工合作和城乡融合发展。规划引导经济绿色发展，提高城市绿化用地的比重，提高资源要素的利用效率，降低经济产出的单位能耗。规划引导城市开放发展，利用好内外部两个市场两种资源，融入国内国际经济双循环。规划引导共享发展，推进城市公共服务实现常住人口全覆盖，推进城市公共服务向城镇和农村居民延伸。

进一步放宽中心城区落户条件。一是中心城区落户仅需满足稳定就业和稳定住所两个硬性条件，全面取消其他不合理的落户限制，只要常住人口在中心城区就业月份核算满两年和有自有住房或租房就可以到当地户籍部门直接申请落户。二是专科及以上学历的人在中心城区可以申请先落户后就业。三是针对拥有本地户籍的外来人口，其子女投靠可以直接落户，并享有在父母其中一方就业地申请高中及以下入学接受教育的权利，不允许设置任何障碍。建议达州市人力资源和社会保障局提供无落户地个人户籍有偿保管服务。

实施城乡建设用地增减挂钩。探索实施达州市"人地挂钩"的建设用地指标调配方式，"地随人走"，人口迁移到哪里，这些人口所占用的建设用地面积就转移到哪里，从哪里迁出人口，哪里就相应减少建设用地面积，从而实现城乡土地要素的流动，促进新型城镇化加快推进。借鉴重庆市地票制度，构建达州市农村建设用地指标交易平台，合理引导人口向中心城区集中，壮大达州城市人口规模。

七 达州建设川渝陕交界区域中心城市的对策

围绕达州推进川渝陕交界区域中心城市建设，在行政管理体制改革、促进产业集聚发展、投融资体制机制创新、人才培养和引进、强化土地要素保障、加强区域合作、改善营商环境等方面提出相应的对策建议。

（一）推进行政管理体制改革

适时推进行政区划调整。围绕做大做强中心城市规模、增强中心城市辐射带动功能的战略要求，适时推进行政区划调整。推动宣汉县撤县设区，从市级层面优化宣汉县产业、人口、城镇和基础设施的空间布局，推动宣汉县城与达州中心城区融合互动、相向发展，逐步成为达州城市的一部分。将宣汉县邻近达州中心城区的乡镇，在产业发展、人口集中、基础设施建设等方面纳入达州中心城区管理，实现一体化规划，以便降低行政管理成本和提升区域资源整合优化配置能力。推动大竹县、渠江县、开江县撤县建市，提升财税管理权限，增强城市发展能力。

推进政府治理体系和治理能力现代化。按照"精简、统一、高效"的要求，优化、精简行政管理机构设置。围绕规范化、法治化、民主化、效率化和协调化的目标，不断完善政治治理、经济治理、社会治理、文化治理、生态治理和党的建设六大体系，建立特色高效的政府治理体系，提升政府治理能力。建立健全决策、执行、监督相互协调又适度分离的行政运行机制，用机制再造流程、简事降费、强化监督、提高效能，实现科学决策、有力执行和有效监督。

（二）构筑产业发展平台

提升产业园区综合承载能力。鼓励和支持各类产业园区加大资金投入，加快补齐基础设施建设的短板，不断完善各类产业园区的基础设施建设，加快实现水通、电通、路通、气通、热通、信通、网络通和土地平整的"七通一平"，满足企业和项目入驻的基本需求。进一步优化各类产业园区的生活条件和环境，加强就医、子女入学、住房、健身、购物、娱乐等方面的配套设施建设，打造优质人才生活圈，增强各类产业园区对人才的吸引力，促进产城融合发展。鼓励和支持达州高新区、通川经开区等产业园区试点建设信息通、市场通、法规通、配套通、物流通、资金通、人才通、技术通、服务通和双创平台的"新九通一平",打造产业园区投资环境升级版,进一步增强产业承载能力。以达州高新区为主体,整合通川经开区、四川达州普光经开区的产业资源,将其打造成为达州市推进创新发展、协调发展、绿色发展、开放发展、共享发展的重要载体、产业平台和新的增长极,形成各具特色、功能互补、分工合作的产业格局。

探索开发区行政管理与开发建设相分离的新体制。开发区管委会,主要负责开发区行政管理、组织规划和提供优质、专业、周到的政务服务等事务。为了更好地推进开发区基础设施建设和产业发展,成立开发投资公司,主要负责开发区基础设施建设、招商引资、产业项目配套设施建设、运营管理等事务。开发投资公司是达州市国有企业,由开发区管委会领导,是开发区开发建设的融资平台。开发投资公司要充分发挥整合资源和调配资源的功能,把抓基础设施建设作为主要职责,以"园区+项目"集聚产业,以"基金+项目"引导产业,以"资本+股权"投资产业,以"资本+研发"提升产业,实现以园区集聚产业发展、以资本驱动产业发展。

(三)创新投融资体制机制

创新财政资金投入机制。落实公共财政对市政基础设施和产业配套基础设施建设的投入责任。调整财政资金扶持政策,充分发挥财政资金"四两拨千斤"的杠杆作用,通过贴息贷款、股权投资、信用担保等方式,重点支持战略性新兴产业项目建设、城镇建设、生态环保和民生项目建设。致力于破解城区建设、产业发展的资金瓶颈,积极组建基础设施建设类和产业发展类引导基金,发挥政府引导金融资本、社会资金共同参与城市建设的功能。

打造政府综合性投融资平台。整合市县专业性投融资平台公司,将经营性资源、优质资产以及未来需要资金推动的投资项目划拨进入政府综合性投融资公司,确保其拥有质量良好的资产和稳定的资金流及利润来源。完善政府投融资公司内控制度和公司治理,促使它们成为资本规模大、投融资能力

强、市场化程度高的独立法人。鼓励符合条件的投融资公司采取发行城市建设债券、上市融资、信托计划等形式筹集建设资金。搭建银企合作平台,进一步为银行与项目合作创造条件,积极争取信贷资金。

鼓励和引导社会资本参与城市建设。为加快推进城市建设,除传统融资模式、基金投资模式外,探索基础设施领域PPP合作模式。积极推进政府与社会资本合作,拓宽政府新建投资项目融资渠道。允许投资公司参与土地收储和土地一级开发,用市场化手段加快产业园区开发建设。规范举债融资,严控举债资金用途,建立债务风险预警及化解机制,健全债务考核和问责机制,有效防范和化解债务风险。建立债务管理、债务成本控制、风险预警机制和偿债准备金制度。

(四)创新人才培养和引进机制

实施本地人才培养计划。开展应用技能型人才培育行动,瞄准人才紧缺领域重点开展应用技能职业培训。围绕教育、文化、医疗、卫生、科技等社会事业领域,着力培养一支满足城市能级提升发展需要的多层次专业技术人才队伍。围绕推进产业和经济高质量发展,着力培养一批具有创新开拓精神、市场管理能力和社会责任感的优秀企业家、高水平企业经营管理人才和专业化现代服务人才。

加强人才发展平台建设。依托重大项目建设和研发,汇聚产业发展需要的人才,加快构建人才网络体系。发展众创、众包、众扶、众筹等新型孵化模式,为产业创新创业人才成长提供工作空间、网络空间、社交空间和资源共享空间,发挥"大众创业、万众创新"和"互联网+"集众智、汇众力的乘数效应。加强产业人才需求预测,完善各类人才信息库,构建人才水平评价制度和信息发布平台。

推进干部人事制度改革。针对政府机构中专业性较强的领导岗位和学校、医院等事业单位的领导岗位,通过全球招聘选拔人才,并给予市场化待遇。在科研院所、行业组织和重点企事业单位,探索设立首席经济学家、首席科学家、首席顾问等职位,给予合理的工作经费和福利待遇,不求所在,但求所用。实施柔性引才引智计划，对经认定以项目合作、短期挂职等方式引才引智的企事业单位，按项目投入或人员报酬给予一定比例的经费补助。

完善人才引进与培育合作机制。加强与成都、重庆及北京、上海等智力资源富集城市之间的产学研合作，开展科技人才引进和联合培养，积极推进产学研合作基地建设，联合推进重大产业技术研发的突破和应用。创建人才开发协作服务中心，搭建人才对接平台，与成渝相关部门及用人单位共建三方协调和人才互认机制，建立沟通合作机制和权益保障跟踪服务机制，加强人才和劳务信息对接和交流。

（五）深化土地制度改革

实施城乡建设用地增减挂钩。将城乡建设用地增减挂钩节余指标优先用于中心城市建设，保障中心城市用地指标需求。综合考虑区域发展实际，搭建建设用地指标流转平台，加强对增减挂钩项目和节余指标流转的监管，规范节余指标流转交易，提高增减挂钩节余指标收益。充分考虑资源环境承载能力、农业转移人口落户、易地扶贫搬迁任务等因素，做好城乡建设用地增减挂钩专项规划与土地利用总体规划调整完善方案等的衔接。

推进征地制度及土地出让制度改革。要从征地规模控制、占补平衡控制、安置补偿控制、土地用途控制等方面入手，规范和加强土地征用管理。推进土地出让制度改革，探索以租赁方式供应土地制度，探索实施基于不同租期的土地出让金制度。

深化集体建设用地改革。借鉴其他地区集体经营性建设用地直接入市改革的经验，遵循明确入市规模、优化项目布局、创新构建入市主体、完善收益分配机制和健全政策配套的思路，依托农村集体资产管理公司实施土地入市，引导产业集中布局，通过内部挖潜的方式满足产业发展的用地需求。进一步深化宅基地改革，加快形成"面积固定、超占有偿、节约有奖、退出补偿"的使用制度和农村宅基地"规划引领、总量管控、村民自治、民主监督"的管理制度，允许农村宅基地自愿有偿退出。支持和鼓励宅基地使用权置换城镇住房、土地承包经营权置换股权、集体资产收益分配权置换股权"三置换",提高中心城镇集中度,推进土地适度规模经营,规范集体资产收益分配,鼓励和引导农民就近向镇区集中。

创新建设用地经营模式。探索采用BT、土地补偿、PPP等模式,积极引入社会资本,推动城区国有建设用地滚动开发。积极引进战略投资者,承担市政基础设施建设、产业园区开发运营、公共事务管理等工作,强化土地一、二级市场联动开发。创建集体资产管理公司,创新集体建设用地流转方式,鼓励集体建设用地集中、集约利用,推动集体建设用地保值增值。

(六)建立健全区域合作机制

建立多层次的区域合作协调机制。推动组建川渝陕交界区域合作领导小组,协调解决区域合作的重大问题。设立川渝陕交界区域合作办公室,具体推动区域合作的深化。重点推进达万交通基础设施协调对接和共建共享机制建设,强化达州四川东出开放门户功能。鼓励各种非政府的横向协调机构发展,支持组建区域性行业协会、商会等社会团体,发挥社会组织在制定区域行业发展规划、规范区域市场秩序和市场行为准则的作用。

建立区域信息共享机制。共建政府信息资源共享平台,实现川渝陕交界区域相关政策、重要规划、项目建设及政府文件等公共信息共享。充分利用已有信息基础设施,围绕人口、企业、交通、执法、生态环境等内容,推进信息共享平台建设,逐步形成跨城市、跨部门共享的区域信息资源共享体系。建立川渝陕交界区域经济信息共享系统,推进经济数据库、经济运行监测和专题研究等信息共享共用。积极促进对外招商、环境保护、公共服务、社会管理等信息平台的对接,实现各类信息资源的共享共用。

共建跨界生态环境联防联治机制。将跨界河流水污染防控作为生态环境保护的重点内容,纳入各自辖区的生态环境保护规划,采取有力措施切实加强辖区内污染防控工作,建立相关流域生态环境保护和水污染联防联控联治长效机制,努力防控和减少流域水环境污染影响。对各自辖区内影响跨界流域水环境的工业、生活、农业污染源加强排查和监控,大力整治环境安全隐患,坚决查处破坏和威胁生态环境的违法行为,积极防范突发环境事件和污染纠纷。协同推进水环境质量监控网建设，确定跨界流域监测断面、监测项目、监测频次、监测方法，互相通报跨界断面水质监测数据。推动空气质量数据联网，加快大气自动监测数据共享，按照国家新修订的《环境空气质量标准》实时发布空气质量监测数据。

建立次区域合作联合执法机制。构建次区域合作执法信息共享机制，建立信息月通报制度、信息通报直通渠道，完善信息发布。健全边界纠纷排查调处机制，依托基层推动工作联动，定期开展联合执法检查，推动矛盾纠纷联调。建立社会治安联防联控机制，在边界地区通过治安联防、乱点联治、犯罪联打、平安联创等手段，解决平安边界创建中出现的问题。

（七）营造法治化、便利化、国际化营商环境

深入推进行政审批制度改革。深化行政审批制度改革，最大限度减少审批事项，简化审批程序，规范审批流程，降低收费标准。加强行政效能建设，提高行政办事效率，完善"一条龙"服务制度，实现企业和居民办事"只跑一次"。建设和完善网上政务大厅，实现审批事项网上全程办理，打造政务服务特别是审批服务"单一窗口"。

全面实施市场准入负面清单管理。制定市场准入负面清单，遵循"非禁即入"的理念，明确清单以外的行业、领域、业务等不得设置市场准入审批事项，国内各类市场主体皆可依法平等进入。组织开展"三个全面清理"工作，要求各部门、各县区要认真梳理正在运转的市场准入类审批事项，不在清单之内、设立依据效力层级不足的，一律取消。同时，在市场准入、审批许可、投资经营等方面，明确打破各种形式的不合理限制和隐性壁垒，清理在市场准入负面清单之外对民营企业设置的不合理或歧视性准入措施。对外商投资实行准入前国民待遇加负面清单管理模式，提高外资准入的开放度和透明度。实施外资企业依法承诺制、备案制和事后监管制，实现外商投资从项目审批、市场准入、工程建设到运营监管的全流程优化。

创建公平有序的市场环境。整顿和规范市场秩序，完善市场监管体系，严厉打击制售假冒伪劣商品的行为，切实维护和保护经营者和消费者的合法

权益。强化企业社会责任，坚守道德底线，做到守法经营、诚信经营和公平经营。健全综合监管平台，实现各领域监管信息的实时传递和无障碍交换，构建覆盖企业全生命周期的企业信息大数据平台。完善公共信用信息服务平台，建立和实施"一处违法，处处受限"的失信惩戒及约束联动机制。探索建立市场主体利益相关方协商机制，在政府经济决策过程中扩大社会公众参与。推进社会信用体系建设，营造诚实守信的人文环境，构建"政府主导、部门监管、企业自律、社会监督"的多元共治体系。

B.8
开江县发展战略研究[*]

国家发展改革委国土开发与地区经济研究所课题组[**]

摘　要： 开江县隶属于达州市，地处重庆市万州区、开州区与四川省达州市的交界地带，万达开川渝统筹发展示范区的几何中心位置。本报告系统分析了开江县的优势与劣势、机遇与挑战、现状与问题，提出了开江县在区域发展中的战略定位、发展思路与对策。开江县应抓住成渝地区双城经济圈建设和万达开川渝统筹发展示范区建设的机遇，发挥优势，化解劣势，加强与万州、开州等的紧密合作，共建产业发展平台，形成发展合力，改善营商环境，加大招商引资力度，迅速发展成为川东北乃至四川省取道万州、通江达海的门户城市。

关键词： 营商环境　招商引资　万达开川渝统筹发展示范区　开江县

2020年1月，在中央财经委员会第六次会议上，习近平总书记提出建立万达开川渝统筹发展示范区，推进省际交界区域开放合作，引领西部地区

---

[*] 本报告系四川省开江县委托研究的课题成果。
[**] 课题负责人：肖金成，中国区域经济学会副会长、研究员、博士生导师；周江，四川省区域科学学会会长、研究员、博士生导师；覃成林，暨南大学区域发展研究院教授、博士生导师。课题组成员：李忠，国家发改委国土开发与地区经济研究所环境室主任、研究员；李军培，潍坊学院教授、博士生导师；李爱民，国家发改委国土开发与地区经济研究所城镇室副主任、副研究员；马燕坤，经济学博士，国家发改委经济体制与管理研究所副研究员；杨霞，经济学博士，广东金融学院讲师；岑燕，经济学博士，东北师范大学讲师；吴振明，经济学博士，四川省区域科学协会秘书长、副研究员；张雪原，经济学博士，成都信息工程大学讲师。

高质量融合发展。开江县位于四川省东北部，隶属于达州市，地处重庆市万州区、开州区与四川省达州市的交界地带，万达开区域的几何中心位置，是深化川渝合作、建设万达开川渝统筹发展示范区的重要组成部分，有条件建设川东北乃至四川省取道万州、通江达海的门户城市。本报告系统分析了开江县的优势与劣势、机遇与挑战、现状与问题，提出了开江县在区域发展中的战略定位、发展思路与对策。

一 基础条件

（一）优势与劣势

开江县区位条件优越、资源富集，近十年来，经济发展基础不断增强，但也存在一些制约经济发展的不利因素。认清开江县的优势与劣势，充分发挥本地优势，并将本地优势转化为竞争优势，才能将开江建设成为达州市乃至川东地区经万州方向融入长江经济带协同发展的桥头堡。

1. 优势分析

（1）地处万达开区域的几何中心，区位优势突出

开江县是四川省达州市唯一与重庆市万州区接壤的区域，也是达州市唯一与万州区、开州区、梁平区3个区都接壤的区域，地处万达开扇形交界区域的几何中心位置，距离万州港、开州港约45公里，可经由万州进入长江黄金水道；与达州机场、万州机场均1小时可达。达万铁路、达万高速、国道G542和省道S201、S305纵贯开江全境，基本形成"国道、高速公路、铁路"兼备的交通干线网络，联通达州、万州、开州，接入沪蓉高速、宜万铁路。

（2）几百平方公里平坦的土地，具有空间优势

在万达开川渝统筹发展示范区中，开江县地势相对平坦，拥有可供发展的几百平方公里平坦的土地，空间优势明显。地形地貌以低山丘陵和平坝为主，其中，平坝面积约占总面积的70%，素有"川东小平原"之称。毗邻

开江县的重庆市万州区、开州区以及达州市的其他区县，均受地形地势的制约，面临城市建设用地和工业用地紧张，招商新项目落地困难①等问题，开江县拥有可供发展的几百平方公里的平坦土地，为承接成渝及其他中东部地区的产业转移，吸引制造业集聚提供了空间。

（3）农业发展条件好

开江县属于中亚热带湿润季风气候区，地形地势以低山丘陵和平坝为主，开江县土地面积1033平方公里，适宜种植的土地面积占土地总面积的44.95%，土壤以肥力等级较高的水稻土和紫色土为主。2019年，开江县耕地面积40954.38公顷，占土地总面积的39.64%，全年粮食产量301557吨，比上年增产113吨，平均每公顷粮食产量7.34吨，在达州市下辖的7个区县中排名第2。

2. 劣势分析

（1）地处边缘，难以接受都市的辐射和带动

开江县处于四川省与重庆市的交界地带，距离成都、重庆两大城市较远，与万州区、达州市、开州区的中心城区也存在一定的距离，属于边缘的边缘，难以获得来自中心城市的辐射带动，集聚资源要素的难度较大。一方面，劳动力、资本等经济要素从经济发展程度较低的开江县流向经济发展程度更高的成都、重庆和万达开区域中心城市，经济要素很难在开江集聚；另一方面，开江县吸引和获取外部区域经济要素的成本较高，经济要素在流向开江时需途径达州、万州中转，直接增加了开江集聚经济要素的成本和集聚资源要素的难度。

（2）经济总量和县城规模较小

开江县经济总量和县城规模较小，市场空间有限，发展竞争力不强。2019年，开江县地区生产总值142.1亿元，仅占达州市地区生产总值的6.96%，占万州区地区生产总值的15.43%，占开州区地区生产总值的28.11%，在达州市和万达开区域中均排名倒数第2（见图1）。与万达开的

---

① 《宣汉县土地利用总体规划（2006~2020年）调整方案》。

其他区域相比，开江县县城规模小，市场需求不足。2018年，县城建成区面积12.5平方公里，户籍城镇人口21.77万人，常住城镇人口18.06万人，在达州市排名倒数第2，并且户籍城镇人口大于常住城镇人口，人口处于净流失的状态（见图2）。

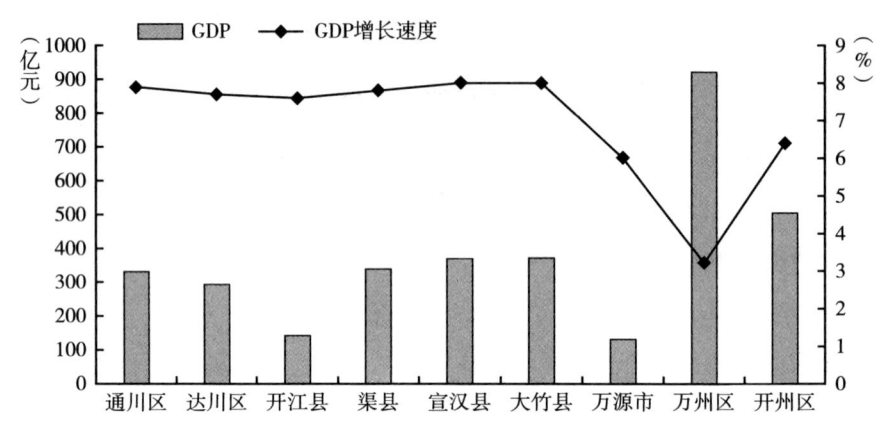

图1　2019年万州、开州和达州各市区县地区生产总值及增长率

资料来源：2019年各市区县《国民经济和社会发展统计公报》。

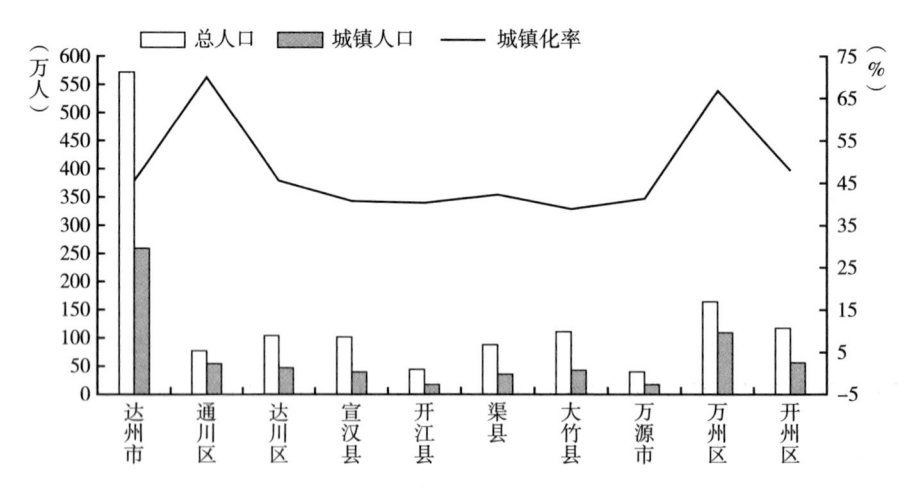

图2　2018年万州、开州、达州及各市区县常住人口指标

资料来源：2019年各市区县《国民经济和社会发展统计公报》。

（3）工业基础薄弱

开江县的工业发展处于工业化初期向中期过渡阶段，2018年，开江县工业增加值24.16亿元，同比增长9.1%，工业增加值占全县GDP的18.93%，占达州市工业增加值的5.38%，工业对经济增长的贡献率为22.8%（见图3）。工业支柱产业在2010年为天然气能源化工、煤电、五金工具、建材、农产品加工5大产业，到2019年转变为非金属矿物制品业、酒、饮料和精制茶制造业、农副食品加工业5大产业。2019年，普安工业园成功升级为省级经济技术开发区，建成标准化厂房15.5万平方米，累计入驻企业50家，其中规模以上工业企业24家、高新科技企业2家、"中国驰名商标"1家，但是，与毗邻区县相比，开江县工业企业数量较少，高新技术制造业所占比重较小，工业集聚规模有限。

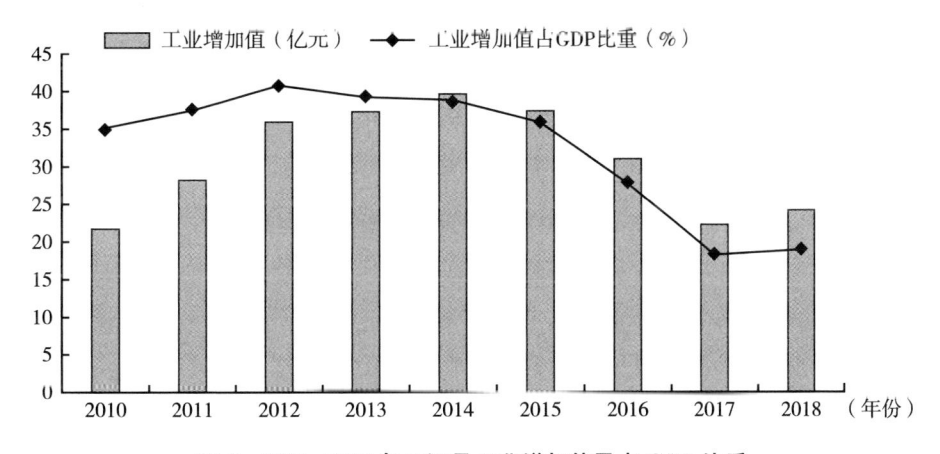

图3　2010~2018年开江县工业增加值及占GDP比重

资料来源：2010~2018年《开江县国民经济和社会发展统计公报》。

（4）水资源相对稀缺

开江地势为略高于毗邻区县的小台地，降雨量较大，但通过河流迅速流到下游。境内有新宁河、白岩河、任市河和拔妙河4条河流，但是，这些河流的流域面积大多在100平方公里左右，积雨面积小，水源涵养差，流程短，季节性强，河流流量均比较小。县域境内拥有大小水库22座，除了宝石桥水库之外，其他水库的蓄水容量都非常有限。宝石桥水库，积雨面积162平方公里，总库容1.01亿立方米，有效库容7190万立方米，承担了县城及周边地区近20万人的饮用水源供给重任，控灌全县60%的耕地。所蓄水资源仅够维持当前的生产与生活，工业化、城镇化所产生的用水需求，仅靠宝石桥水库难以满足。

（二）机遇与挑战

国家提出建设成渝地区双城经济圈和万达开川渝统筹发展示范区成为开江县千载难逢的重大机遇，同时，国家实施区域协调发展战略，重点支持省际交界地区发展以及为应对全球经济环境变化，国家提出构建国内国际经济双循环成为开江县加快发展的重要机遇，但也面临比较严峻的挑战。

1. 机遇分析

（1）成渝地区双城经济圈上升为国家战略

2020年1月3日，习近平总书记在中央财经委员会第六次会议上提出，推动成渝地区双城经济圈建设。推进成渝地区统筹发展，"统一谋划、一体部署、相互协作、共同实施"，促进产业、人口及各类生产要素合理流动和高效集聚，在西部地区形成高质量发展的重要一极、内陆开放战略高地。创建万达开川渝统筹发展示范区，对于引领川东北与渝东北地区一体化发展、推动成渝地区双城经济圈建设具有重要意义。万达开川渝统筹发展示范区包括重庆市万州区、开州区和四川省达州市，三地面积共2.4万平方公里，2019年户籍人口1001万人，常住人口856.9万人，地区生产总值3468亿元，发展潜力大。开江县是沟通3个行政区，高质量推进万达开川渝统筹发展示范区建设的重要组成部分。在万达开川渝统筹发展示范区建设中，开江县将迎来快速发展的良机。

（2）国家实施区域协调发展战略，重点支持省际交界地区发展

党的十九大报告提出实施区域协调发展战略，强调"建立更加有效的区域协调发展新机制"。2018年11月18日，中共中央、国务院《关于建立更加有效的区域协调发展新机制的意见》明确，重点支持省际交界地区发

展。"以承接产业转移示范区、跨省合作园区等平台，支持发达地区与欠发达地区共建产业合作基地和资源深加工基地"；建立健全长江"上下游毗邻省市规划对接机制，协调解决地区间合作发展重大问题"；推进长江流域"产业有序转移和优化升级，推动上下游地区协调发展"；支持"川渝等省际交界地区合作发展，探索统一规划、统一管理、合作共建、利益共享的合作新机制"，"加强省际交界地区城市间交流合作"，"动态调整西部地区有关产业指导目录，对西部地区优势产业和适宜产业发展给予必要的政策倾斜"。

2020年5月17日，中共中央、国务院《关于新时代推进西部大开发形成新格局的指导意见》提出："加强西北地区与西南地区合作互动，促成成渝、关中平原城市群协同发展，打造引领西部地区开放开发的核心引擎。支持陕甘宁、川陕、左右江等革命老区和川渝、川滇黔、渝黔等跨省（自治区、直辖市）毗邻地区建立健全协同开放发展机制。"

开江县既属于西部地区，也属于省际交界地区，是成渝地区互动发展、成渝城市群与关中城市群协同发展、西南地区与西北地区开展合作与互动的重要组成部分。

(3) 构建以国内大循环为主体、国内国际双循环相互促进的新发展格局

我国经济发展正处在转方式调结构的攻关期，全球经济衰退、中美贸易摩擦、逆全球化、国际保护主义思潮和单边主义盛行、地缘政治风险上升等导致我国外部发展环境不确定性大幅增加，习近平总书记根据我国发展阶段、环境、条件的变化，做出了构建以国内大循环为主体、国内国际双循环相互促进的新发展格局的战略决策。

2020年7月21日，习近平总书记在北京主持召开企业家座谈会并发表重要讲话强调，"在当前保护主义上升、世界经济低迷、全球经济萎缩的外部环境下，我们必须充分发挥国内超大规模市场优势，通过繁荣国内经济、畅通国内大循环为我国经济发展增添动力，带动世界经济复苏。要提升产业链供应链现代化水平，大力推动科技创新，加快关键核心技术攻关，打造未

来发展新优势","通过发挥内需潜力,使国内市场和国际市场更好联通,更好利用国际国内两个市场、两种资源,实现更加强劲可持续的发展"。

开江县属于西部地区,是西北地区与西南地区互动合作的重要组成部分,要充分认识我国在应对新一轮科技革命和产业变革中的战略部署,增强与东部发达地区的经济联系,承接发达地区的产业转移,深度嵌入国内产业链、供应链;充分利用区位优势,深化与成渝地区的合作,实施开放发展,切实融入国内国际双循环。

2.挑战分析

(1) 周边地区同质化竞争激烈

开江县地处川东北地区,周边地区发展条件与发展阶段相似,同质化竞争激烈。其中,宣汉县、大竹县、渠县等邻近区县的经济规模与城市发展均优于开江县,承接产业转移更有优势。

重庆市梁平区与万州区属于同一行政区,合作优势更加突出。梁平区距离重庆市主城区100公里,拥有"六高五铁一机场"交通网络干线,到万州机场、达州机场、万州新田港、忠县新生港均1小时车程,交通基础设施内联外通,基础条件优于开江县。

(2) 县政府能级的限制

开江受到县一级经济和社会发展管理权限的限制。开江县相邻的万州、开州、梁平均为地厅级,开江只是县处级,无论是开展区域合作,还是协调有关事项,均不在一个层级。开江撤县设区后,规划权、财政权、经济管理权将被收归达州市,职能部门的相对独立性也大幅下降,在制定相关规划、重要项目审批、财政权力等方面均依赖于达州市,开江的发展权限进一步收缩。

(3) 国家对基本农田的严格保护

我国人均耕地面积少,耕地是我国最为宝贵的资源,是国家粮食安全的基石,是社会稳定和经济发展的"生命线"。为控制非农业建设占用农用地而影响国家粮食安全,我国实施最严格的耕地保护制度。2020年9月10日,国务院办公厅印发《关于坚决制止耕地"非农化"行为的通知》,提出

"落实好最严格的耕地保护制度,坚决制止各类耕地'非农化'行为,坚决守住耕地红线"。

开江县已划定永久基本农田面积30030.71公顷,占土地面积的29.07%。根据国家对基本农田的严格保护,开江县可供开发利用的国土空间大大缩小,工业和城市发展的空间也将大幅压缩。

(4) 国家对生态环境保护加倍重视

党的十八大以来,国家对生态环境保护的认识高度、实践深度、推进力度前所未有。中共中央、国务院发布了《关于全面加强生态环境保护 坚决打好污染防治攻坚战的意见》,提出"坚持用最严格制度最严密法治保护生态环境",强调"开展长江流域生态隐患和环境风险调查评估,划定高风险区域,从严实施生态环境风险防控措施。优化长江经济带产业布局和规模,严禁污染型产业、企业向上中游地区转移"。

开江县地处长江上游主要支流渠江流域片区,属于三峡库区,是长江上游、三峡库区生态环境保护的重要区域,如何处理资源开发与环境保护、生态建设、绿色发展之间的协调问题,在落实"三峡库区就是要大保护"的同时,有效融入万达开川渝统筹发展示范区建设,是开江未来发展的重要挑战。

(三)现状与问题

开江县东连重庆市开州区,南邻重庆市梁平区,东南接重庆市万州区,西靠达州市达川区,北依达州市宣汉县,到达州、万州、开州的直线距离分别是40公里、60公里和50公里[①],位于万达开扇形交界区域的几何中心位置。全县土地面积1033平方公里,2019年,常住人口44.9万人。全县以丘陵和平坝为主,资源富集,具备一定的发展基础,也存在一些问题。

1. 发展现状

(1) 经济发展处于达州市中低水平

近十年来,开江县经济增长较快,经济发展水平不断提高。2019年,

---

① 直线距离数据根据百度地图直线距离测度获得。

开江县GDP总量达到142.1亿元，占达州市GDP总量的6.96%，与2010年的61.79亿元相比，年均增长速度达到9.7%，比四川省同期平均水平低2.03个百分点，比全国同期平均水平低0.97个百分点。2019年，按可比价格计算，GDP比上年增长7.6%，经济总量和经济增速均赶超万源市，在达州市所辖的7个区县中排名第6（见图4）。

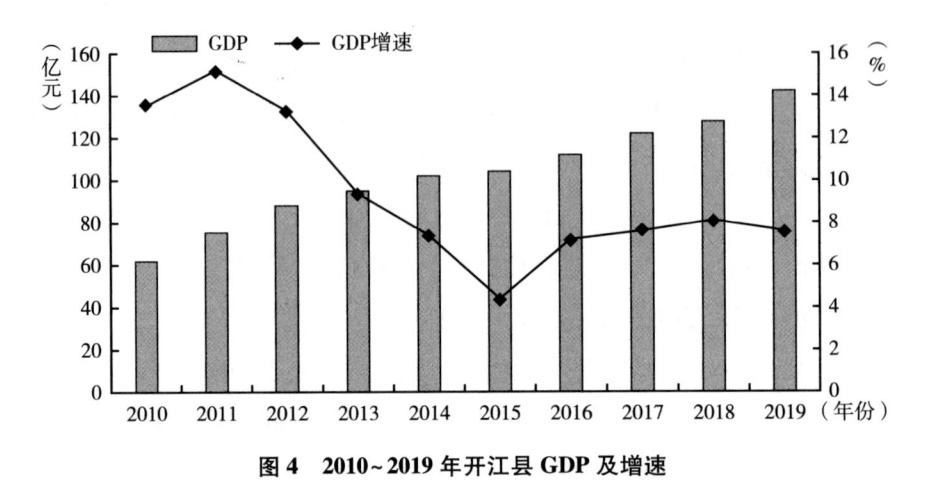

图4 2010~2019年开江县GDP及增速

资料来源：2010~2019年《开江县国民经济和社会发展统计公报》。

（2）开江县城镇化水平稳步提升

2019年，开江县户籍城镇人口21.99万人，户籍人口城镇化水平37.96%，同比增长0.86个百分点，接近全省户籍人口城镇化水平。2019年城镇常住人口18.8万人，常住人口城镇化水平41.92%，同比增长1.60个百分点，与2012年的32.44%相比，城镇化水平提升了9.48个百分点，相当于年均提升1.35个百分点（见图5）。2019年开江县建成区面积13平方公里，与2010年的7平方公里相比，扩大了6平方公里，建成区绿化面积3.98平方公里。

（3）交通基础设施互联互通在达州处于中上等水平

开江县基本形成由铁路、公路组成的内联外通的交通基础设施网络，交通基础设施互联互通在达州市处于中上等水平。与达州、成都、重庆等邻近

图5 2012~2019年开江县常住人口及城镇化水平

资料来源：根据2012~2019年《开江县国民经济和社会发展统计公报》整理。

大城市实现铁路互联互通，全县公路通车里程2265.58公里，其中高速公路32公里，达万高速、国道542、省道201、省道305纵贯全境，与达州、万州、开州实现互联互通。县域公路密度2.19公里/平方公里，在达州市所辖7个区县中排名第1，是达州市公路平均密度的1.8倍。2019年，全县公路货运周转量1.99亿吨公里，公路客运周转量1.62万人公里，客货运输潜能有待进一步激发。

（4）对外开放与区域合作积极推进

近年来，开江县的对外开放和区域合作积极推进，为县域经济发展创造了良好的条件。在对外开放方面，2019年，开江县全年进出口总额1239万美元，同比增长70.9%，占达州市进出口总额的4.3%。在区域合作方面，开江县与邻近的重庆市梁平区、万州区、开州区等地就共建明月山绿色发展示范带、人社事业协同发展合作、交通基础设施互联互通、区域警务合作机制等签订合作协议书，区域合作积极推进，也为万达开川渝统筹发展示范区建设开了先河。

2. 存在的问题

（1）经济发展水平与达州市、四川省和全国平均水平差距较大

开江县的发展趋势整体向好，经济增长速度保持在较高的区间，但是，

经济规模小、实力不强,经济发展水平与达州市、四川省及全国平均水平存在较大的差距。2019年,开江县GDP总量142.1亿元,在达州市所辖7个区县中排名倒数第2,仅为邻近的大竹县GDP总量的38%。2010~2019年,开江县GDP总量虽然不断增加,但其占达州市GDP的比重由7.54%下降至6.96%,降幅为0.58个百分点。除了2015年之外,开江县GDP增长速度均低于达州市的增长速度(见图6)。开江县人均地区生产总值仅为31675元,在达州市所辖7个区县中排名第6,明显低于达州市人均地区生产总值的35560元,仅为四川省人均地区生产总值的56.79%、全国平均水平的44.68%。

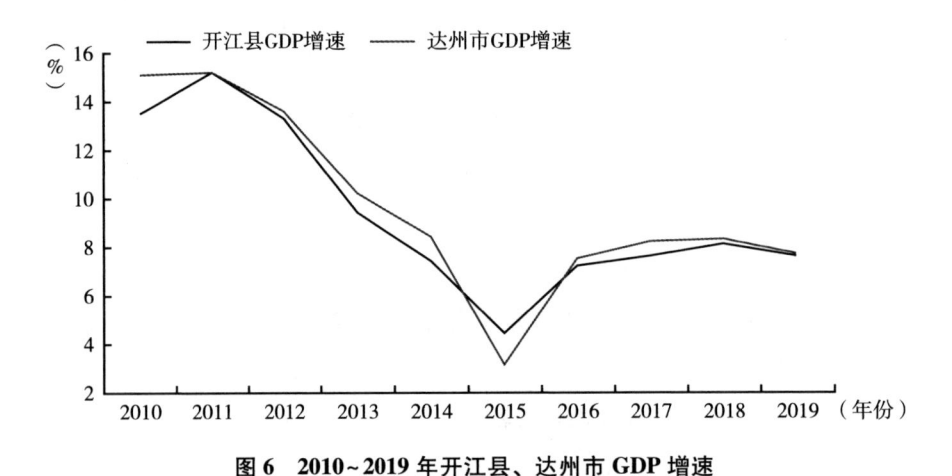

图6　2010~2019年开江县、达州市GDP增速

资料来源:根据2010~2019年《开江县国民经济和社会发展统计公报》整理。

(2)县城规模小,人口净流出问题突出

近年来人口净流出问题较为突出。2019年,开江县户籍人口57.93万人,常住人口44.9万人,在达州市所辖7个区县中均排名倒数第2。全县户籍人口始终大于常住人口,处于人口净流出状态。2012~2019年,开江县每年人口净流出规模平均为15.25万人,其中,在2012~2016年的5年间,开江县人口净流出规模均在15万以上,2012年的流出规模最大为17.50万人,之后逐年下降。2019年,开江人口净流出13.03万人,占常住人口的29.02%。值得一提的是，开江县人口净流出规模缩小也是户籍人口与常住人口相互靠拢的结果。

（3）产业结构质量不高，工业对经济的拉动力不足

开江县产业发展质量不高，缺乏主导产业，工业对经济的拉动力不足的问题较为突出。2019年，开江县三次产业结构比为22.1∶29.9∶48.0，与2010年相比，第一产业占GDP比重下降10.64个百分点，第二产业占GDP比重下降11.33个百分点，第三产业占GDP比重上升21.97个百分点（见图7）。

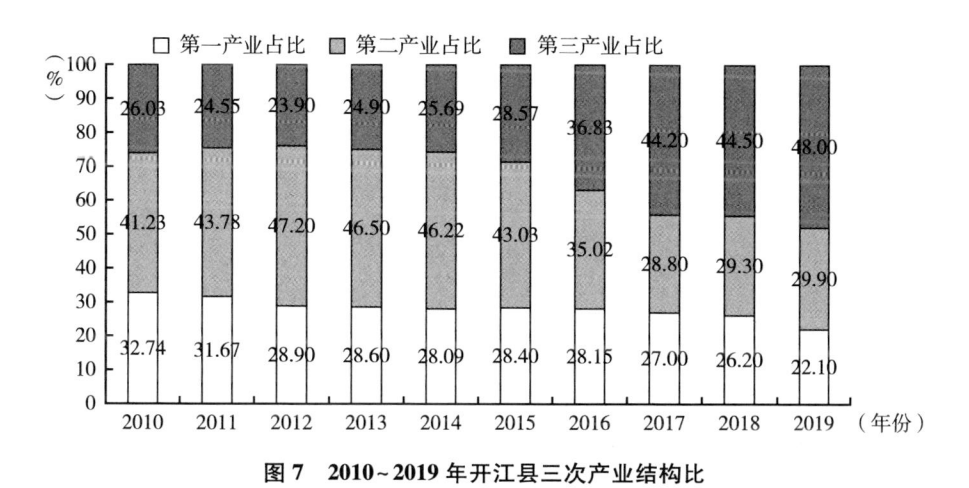

图7 2010~2019年开江县三次产业结构比

资料来源：2010~2019年《开江县国民经济和社会发展统计公报》。

（4）城乡收入差距明显

近年来，开江县城乡居民生活水平不断提升，但城乡收入差距问题较为突出。2019年，开江县城镇居民人均收入为31075元，同比增长9.5%，与2010年相比，城镇居民人均收入提升165%。城镇居民人均收入低于达州市和四川省的平均水平，仅为全国平均水平的73.36%。2019年开江县农村居民人均收入15978元，同比增长10.20%，与2010年相比，农村居民人均收入提升200%（见图8）。城乡之间绝对收入差距在扩大，相对收入差距在缩小。

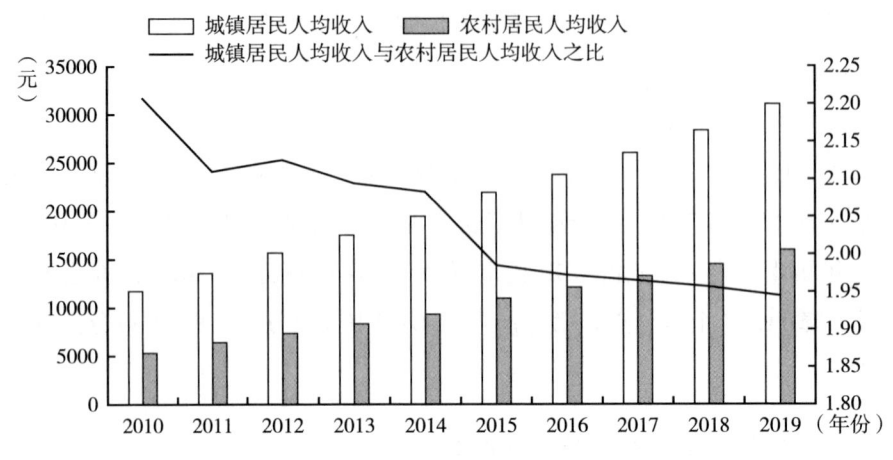

图8　2010~2019年开江县城镇与农村居民人均收入及二者之比

资料来源：2010~2019年《开江县国民经济和社会发展统计公报》。

二　总体思路

开江县正处于多重历史性发展机遇的交汇期，一是长江经济带发展战略，二是成渝地区双城经济圈建设战略，三是万达开川渝统筹发展示范区建设。这几个发展机遇叠加，使开江县在全国经济格局中的区位发生了根本性的改变，出现了由边缘区向中心区转变的可能。开江县位居万达开川渝统筹发展示范区的几何中心，通过空间布局优化、区域合作等方式，有可能发展成为示范区的经济中心。开江县必须全力以赴，毫不迟疑地抢抓眼前的发展机遇，实现跨越式发展，实现由经济空间的边缘向中心的华丽转身，实现从经济社会发展到生态文明建设、从城镇到乡村的全面崛起。

（一）指导思想

以习近平新时代中国特色社会主义思想为指导，全面贯彻党的十九大和十九届二中、三中、四中、五中、六中全会精神，坚持和加强党的全面领导，坚持以人民为中心的发展思想，坚持新发展理念，紧紧抓住成渝地区双城经济圈建设和万达开川渝统筹发展示范区建设的重大历史性机遇，勇担重任，奋力争先，以绿色发展为引领，以高质量发展为导向，以改革开放合作为动力，加快推进工业化、城镇化，加强乡村振兴和生态文明建设，加强与万州、开州的经济合作，将开江建设成为万达开川渝统筹发展示范区的先行区、成渝地区双城经济圈先进制造业与绿色农产品基地、川渝交界地区县域高质量发展示范区、行政区与经济区适度分离的试验区、达州市的经济副中心，实现开江县经济社会全面崛起。

（二）基本原则

1. 坚持科学规划

在深入分析发展形势和发展条件的基础上，对全县经济发展与空间布局、城乡发展、基础设施建设、生态环境保护、区域经济合作、体制机制创新等做出科学规划，为抢抓成渝地区双城经济圈建设和万达开川渝统筹发展示范区建设的机遇做出总体部署，指导全县各项建设事业步入协调、有序、高效的发展快车道。

2. 坚持绿色引领

主动适应全国经济进入高质量发展阶段的新形势，自觉践行习近平总书记"绿水青山就是金山银山"理念和关于长江经济带发展"共抓大保护、不搞大开发"的要求，以绿色发展引领全县的建设，擦亮发展底色，积极探索生态优先、绿色发展的新路子、新模式和新办法。

3. 坚持开放合作

面向万达开周边中心城市及地区、北上广深等沿海发达城市，以及成都、重庆、武汉、西安等大都市，扩大开放，积极承接产业转移，吸引人才、资金和技术，汇集优质资源，助推全县工业化、城镇化、农业现代化和信息化进程。主动与万达开川渝统筹发展示范区内的中心城市及县区开展合作，积极推动重大合作平台建设，共同建设万达开川渝统筹发展示范区的先行区，共同争取国家和四川、重庆等上级政府的政策支持。

4. 坚持改革创新

用好用足开江县作为县域集成改革试点的有利条件，积极学习深圳、上海等发达城市改革创新发展的先进经验以及全国各地自贸试验区、国家级经济技术开发区、国家高新区等成功经验，紧密围绕战略定位和发展目标，解放思想，大力推进体制机制改革，破除制约发展的体制机制障碍，探索行政区与经济区适度分离和高质量发展的新体制新机制。大力实施创新驱动发展战略，统筹推进生产技术、企业管理、政务服务、产业发展、城乡建设、区域合作、生态建设等领域创新，培育和引进各类创新人才及要素，增强发展新动能。

（三）战略定位

1. 万达开川渝统筹发展示范区的先行区

建设万达开川渝统筹发展示范区是成渝地区双城经济圈区域发展战略的重要组成部分。万达开川渝统筹发展示范区总面积2.4万平方公里，人口1001万，分属于重庆和四川，总体上属于发展中区域。在这样一个区域里推动统筹发展，是一项十分复杂艰巨的系统工程。比较行之有效的办法是，选择示范区内各方面条件相对优越的地方，建设统筹发展的先行区。依靠先行区的探索，取得点上的突破，以点带面，推进示范区建设。开江县地处万达开川渝统筹发展示范区的几何中心位置，拥有工业发展和城市建设所必需的空间条件。因此，开江县要争当万达开川渝统筹发展示范区的先行区。

2. 成渝地区双城经济圈先进制造业与绿色农产品基地

开江县在承接东部地区产业转移，发展先进制造业方面有了一定的基础。全县规模以上工业企业83家。引进了浙江玉环闸阀生产企业10家，基本建成2万平方米的智谷机电产业孵化中心，有望形成具有较大规模的闸阀全产业链产业集群。在五金机电、电子信息、农产品加工等方面也有较好的生产基础。在现代农业发展方面，高标准建设了优质粮油、优质果蔬、特色水产、特色林业4个10万亩现代农业产业基地，创出了一批知名农产品品牌。完全有条件乘势而上，继续增强初步形成的产业发展特色和比较优势，努力建设成为成渝地区双城经济圈的先进制造业和绿色农产品基地。

3. 川渝交界地区高质量发展示范区

高质量发展是成渝地区双城经济圈建设的大方向和主基调。在川渝交界地区，推动县域高质量发展又有其特殊性，主要表现在发展的起点普遍不高，推进高质量发展的基础相当薄弱。在这样的情况下，促进川渝交界地区高质量发展既有必要，又十分艰巨。开江县在自然资源和生态环境方面拥有相对较好的条件，经济社会发展的基础也比较好。开江县应以高质量发展为导向，规划和推动经济高质量发展，积极参与万达开川渝统筹发展示范区建设，探索县域高质量发展的途径和体制机制，努力建设川渝交界地区县域高质量发展示范区。

4. 行政区与经济区适度分离的试验区

行政区与经济区在空间范围上的不匹配是困扰我国区域经济发展的一大难题。从根本上讲，解决这个难题有赖于体制机制上的大胆创新。在万达开川渝统筹发展示范区建设中，需要解决的关键问题之一就是如何破解省级行政区划对于川渝交界地区之间要素流动、市场一体、产业分工、区域合作、生态环境保护等的掣肘。开江县是四川省确定的成渝地区双城经济圈建设县域集成改革9个试点县市之一，拥有较丰富的改革经验，在经济社会发展的体制机制改革与创新方面享有先行先试的权利。因此，开江县应争取成为推行行政区与经济区适度分离改革创新的试验区。

（四）战略方针

1. 抢抓机遇，跨越发展

发展机遇是多种外部因素发生变化且综合作用而催生出来的。对于区域经济发展而言，机遇往往可遇而不可求。对于开江而言，目前正处于多重历史性发展机遇的交汇期。长江经济带发展战略依托长江黄金水道，通江达海，打造中国经济升级版的支撑带。成渝地区双城经济圈建设将增强重庆和成都的辐射力和带动力，开江可以借势发展。万达开川渝统筹发展示范区建设，开江县身处其中。机遇叠加，使开江县在全国和川渝地区经济格局中的区位发生了根本性改变，出现了由边缘区向中心区转变的可能。开江县必须全力以赴，毫不迟疑地抢抓眼前的发展机遇，实现跨越式发展，实现由经济空间的边缘向区域中心的华丽转身，实现从经济社会发展到生态文明建设、从城镇到乡村的全面崛起。

开江县要积极谋划，努力实现五大跨越。其一，尽快实现由看客、配角向主角的转变，在万达开川渝统筹发展示范区建设、成渝地区双城经济圈建设、长江经济带建设过程中勇挑重担，敢为人先，奋力争先。其二，尽快实现由只重视发展速度向高质量发展的转变，用高质量发展统领一切。其三，尽快实现由县城向现代化城市转变，培育新的经济增长极。其四，尽快实现由传统产业向富有特色、竞争力强的现代产业转型，构建产业发展优势。其五，尽快实现由传统农村自然状态向绿色、美丽、宜居宜业的生态环境转变。

2. 开放合作，协同发展

区域发展是开放的经济系统。对外开放、区域合作是加快经济发展的重要途径。对于开江县而言，走开放合作、协同发展的路子，是抓住上述历史性发展机遇、加快全面崛起的必然选择。

首先，开江县要积极谋划多层次开放合作的新格局，为全县经济社会发展和生态建设注入新活力。在当前世界经济低迷的情况下，在国内大循环中发现开放合作的良机。具体而言，就是要以周边的万州、达州、开州和梁平，成都、重庆、武汉、西安等大都市以及东部沿海发达地区为主要的开放合作区域。

其次，要进一步解放思想，开阔视野，探索开放合作的新方式。在共建合作园区、发展"飞地经济"、合作建设重大项目和产业集群、联合打造区域品牌等开放合作中，敢于让渡部分发展权利，在一定时期内当好"配角"，把外部资源引到开江来，种好"梧桐树"，引来"金凤凰"。

最后，树立协同发展理念，在协同中谋求发展，提高发展效率。一要转变思想观念，摒弃单干想法，把统筹发展、一体化发展、合作共赢的理念根植于心，转化为行。二要按照示范区整体发展规划，主动投入示范区建设，高标准完成所承担的功能和建设任务。三要与示范区内的万州、开州及周边的县区一道,积极争取国家和省级政策支持,共同打造发展平台,共同做好合作园区建设,共同推动产业专业化、集群化发展,协同培育发展优势,开创发展新格局。

3. 建设平台,集聚发展

我国近十多年来的经济发展的实践证明,在发展基础弱、所能够支配的资源有限的情况下,集中力量建设发展平台,取得点上突破、搞活全局的效果,是一个区域实现发展层次跃升的有效办法。开江县要想抓住发展机遇,就需要学习和运用这个成功经验。一是要大胆构划,主动联合万州、开州毗邻地区,积极向国家建议,规划建设"三峡新区",为万达开川渝统筹发展示范区建设搭建一个国家级的建设平台。二是要积极谋划,以闸阀制造为依托,搭建省级或国家级的承接东部发达地区、成渝等都市产业转移的平台。三是要把"稻田+""果林+"现代农业发展模式与休闲旅游、美丽乡村建设结合起来,打造乡村振兴示范平台。四是要围绕明月山绿色发展,打造万达开川渝统筹发展示范区的绿色发展平台。遵循经济社会活动空间集聚的内在规律,调整优化全县空间布局,引导人口向县城和城镇集聚、制造业向园区集聚,推动农业、旅游业、康养产业专业化发展,完善基础设施,构建分工合理、有序高效的发展新格局。

4. 创新体制,融合发展

体制机制是决定区域发展的关键性因素之一。开江县要充分利用县域集成改革试点的有利条件,围绕实现战略定位的需要,坚定地改革制约加快发展的体制机制障碍,着力推动行政区与经济区适度分离、要素自由流动、区域一体化发展,推动区域合作,发展"飞地经济",共建合作园区,联合承接产业转移,扩大国家经济技术开发区、高新技术产业开发区、保税港区的范围,在区域性基础设施网络建设、区域生态环境治理等方面进行体制机制创新,为抢抓发展机遇、实现全面崛起提供体制机制保障。

融合发展是当代经济社会发展的新趋势。在产业发展上,积极引导制造业、服务业、现代农业融合发展,延长产业链,优化供应链,搭建创新链,

建立健全产业生态，增强经济发展竞争力和韧性。在空间布局上，积极推动产城融合、城乡融合、一二三产业融合，促进县城与乡镇功能互补，努力开创全县融合发展、协调发展的新局面。

（五）发展目标

根据开江县的发展条件和发展潜力，预测到2025年和2035年开江县的发展目标。

1. 到2025年的发展目标

保持较高的经济增长速度，经济规模和城市发展水平快速提升，承接产业转移成效显著、产业结构质量大幅提升，交通基础设施更加完善，社会发展稳定和谐，生态文明建设取得显著成效。

（1）保持较高的经济增长速度，经济规模和城市发展水平快速提升

到2025年，地区生产总值预计增加至247.65亿元，年均增长速度为9.7%。人均地区生产总值预计提升至55202元，与达州市、四川省平均水平的差距进一步缩小。常住人口预计增加至50.06万人，常住人口城镇化水平预计提升至48%，建成区面积由13平方公里扩大至18.85平方公里，在达州市的综合排名提升1~2位。

（2）承接产业转移成效显著，质量大幅提升

到2025年，全县第一产业增加值预计达到45.30亿元，年均增长速度约为6.3%，现代农业快速发展，特色农业、绿色农业亮点纷呈；第二产业增加值预计为75.29亿元，年均增长速度约为10%，工业对经济的拉动作用大大提升，工业增加值预计增加至44.77亿元，年均增长速度约为11.5%，规模以上工业企业增加值预计为36.47亿元，年均增长速度约为11%。

（3）交通基础设施更加完善

经过5年的发展，开江县基本建成集高铁、普通铁路、高速公路、省级交通干线于一体的交通干线网络，交通基础设施服务经济发展的能力大幅提升。到2025年，公路通车里程预计达到2551.40公里，公路密度约为2.47公里/平方公里，高速公路里程约为63.16公里。成达万高铁顺利开通运行，

将开江接入全国高速铁路网；与达州机场、万州机场、万州港、开州港互联互通，开通高速直达；以交通干线为依托，开江初步建成万达开物流集散中心。

（4）社会稳定和谐

居民人均可支配收入高于经济增长速度的增幅，年均增长率约为12%，到2025年，居民人均可支配收入预计达到43341.20元，与四川省和全国平均水平之间的差距大大缩小，城镇与乡村的恩格尔系数下降，城乡居民收入差距明显缩小；就业、教育、文化、医疗、保险、住房等公共服务体系更加健全，城市综合服务设施覆盖面更广，基本公共服务均等化水平稳步提高；就业人数稳步提升，城镇登记失业率保持在全国平均水平以下，劳动年龄人口平均受教育年限大大提高；贫困发生率和返贫率得到有效控制，人民群众的获得感和幸福感显著增强。

（5）生态文明建设取得显著成效

长江上游渠江支流片区生态屏障建设、美丽开江建设取得显著成效，生产方式和生活方式加快向低碳、绿色转变，资源节约型和环境友好型社会建设取得重大进展。到2025年，全县资源综合利用水平提高，能源和水资源消耗得到有效控制，万元GDP能耗、单位工业增加值能耗下降，主要污染物排放总量进一步减少，水、大气、土壤等生态环境质量持续改善；森林覆盖率预计达到44.97%，城区空气质量达标率预计达到97%以上，城乡集中式饮用水源地水质达标率达到100%，基本建成全国绿色发展模范县。

2. 到2035年的发展目标

通过15年的努力，开江县位于万达开几何中心的区位优势切实转化为竞争优势，建设成为万达开川渝统筹发展示范区的核心区。建成区面积预计扩大至35平方公里，常住人口预计达到60万人，常住人口城镇化水平预计达到60%。开江县经济规模和城市发展水平、产业结构质量、交通基础设施网络现代化水平、社会发展和生态环境质量等均进一步提升（见表1）。

表1 开江县国民经济和社会发展水平及预测

项目	主要指标	单位	2019年	预测2025年	预测2035年	年均增长速度(%)
经济规模	GDP总量	亿元	142.10	247.65	625.02	9.70
	人均GDP	元	31675.00	55202.00	139322.00	9.70
城市发展	常住人口	万人	44.90	50.06	60.00	1.83
	常住人口城镇化率	%	41.92	48.00	60.00	2.30
	建成区面积	平方公里	13.00	18.85	35.00	6.39
产业发展	第一产业增加值	亿元	31.40	45.30	83.45	6.30
	第二产业增加值	亿元	42.50	75.29	195.31	10.00
	第三产业增加值	亿元	68.20	125.51	346.86	10.70
	工业增加值	亿元	23.30	44.77	132.96	11.50
	规模以上工业增加值	亿元	19.50	36.47	103.55	11.00
交通发展	公路里程	公里	2265.58	2551.40	3110.10	2.00
	公路网络密度	公里/平方公里	2.19	2.47	3.01	2.00
	高速公路里程	公里	32.00	63.16	196.17	12.00
社会发展	全体居民人均可支配收入	元	21958.00	43341.20	134611.18	12.00
	城镇居民恩格尔系数	%	40.20	34.50	26.78	2.50
	农村居民恩格尔系数	%	33.40	29.58	24.17	2.00
生态文明建设	森林覆盖率	%	42.62	44.97	49.19	0.90
	城区空气质量达标率	%	93.70	97.00	100.00	0.58
	城乡集中式饮用水源地水质达标率	%	100	100	100	0
	万元GDP能耗	吨标准煤	0.58	0.54	0.48	1.20
	单位工业增加值能耗	吨标准煤	1.6438	1.4561	1.1897	2.00

注：表中年均增长速度（%）均为2019~2035年的年平均增长速度。

三 空间布局优化

"十四五"时期，开江县应全面贯彻落实新发展理念，根据发挥优势、合理分工、梯次推进原则，促进产业进一步向园区集中，人口进一步向城镇集中，做大做强县城，形成各具特色、分工明确的城镇空间格局。按照布局合理、功能完善、分工协作、共同发展的要求，促进开江县人口、产业和空间合理布局，促进乡镇分工合理、布局优化。

（一）空间格局：一主一副多支点

开江县依然处于集聚经济发展阶段，应进一步做大做强中心城区，形成辐射带动全县经济发展的龙头，促进任市副中心建设，促进多支点、特色化发展，形成"一主一副多支点"的开发格局。

1. 一主：开江中心城区

按照做大做强中心城区的思路，推动城市"东优西拓、南北延伸"，"东至新宁镇五里桥、西至莲花世界、南至高铁新区、北至观音寨城市森林公园"，到2035年，城区人口达到35万人，建成区面积35平方公里。加快完善城市基础设施，提升公共服务水平，打造就业创业平台，健全农业转移人口市民化政策措施，加大返乡人员就业创业支持力度，增强人口定居开江的吸引力。做强城市功能、做优城市服务、做绿城市生态，全力打造高品质宜居城市，不断提升城市品质。

2. 一副：任市镇

依托开江任市公路、达万铁路交会和开江火车站的交通优势以及紧临万州深水港的区位优势，加快建设任市现代综合物流园，把任市打造成县域经济副中心，形成达州南向出川的窗口。加强任市现代综合物流园与万州新田港和达州秦巴物流园区的对接合作，推动万州港保税物流政策和相关功能延伸到园区，协同发展公铁水综合多式联运，积极打造万达开地区物流集散中心。

3. 多支点：长岭、回龙、甘棠、讲治、永兴

依托当地条件，规划建设若干重点城镇，完善城镇基础设施，推动特色化发展，使其成为承载村镇人口的居民聚居地，进一步发挥连接城乡、辐射乡村的中心功能，推动城乡融合发展和乡村振兴。

长岭镇：发挥紧邻万州、开州区位优势，加强区域合作。围绕"建设

香料小镇、打造五彩长岭",推动发展农产品加工业;积极承接万州产业转移,发展电子信息、物流相关产业。

回龙镇:依托达万高速加强与达州方向产业联系,配套发展电子及汽摩配套加工、气电能源等。重点发展不同门类的公铁集装、存储及加工制造。

甘棠镇:以建设四川百强示范镇为契机,大力推进稻田经济革命,建设"稻田+"现代化农业园区,发展特色水产养殖、稻渔综合种养以及"稻田+"生态养殖旅游基地。

讲治镇:加快建设银杏旅游观光产业园、环湖生态康养区以及种养循环示范区、采茶园、花果园等现代高效生态农业,加强与开州联系,全力打造农业观光旅游基地。

永兴镇:发挥开江县东北部经济中心功能,完善基础设施建设、公共服务配套、产业发展支撑,吸纳周边居民,带动灵岩、梅家等乡镇发展。依托现有油橄榄产业基地,积极发展油橄榄特色现代农业园区。

(二)提升城镇能级

依托各城镇发展基础,打破行政区划,实行统一规划、建设、管理,通过城乡一体化提升发展能级,形成县域经济强有力支撑。

1. 推动淙城、普安、新宁一体化

将普安、新宁统一纳入开江县城规划管理,与淙城街道实现统一规划、统一标准、统一政策、统一管控,适时将普安镇、新宁镇改为街道,与淙城街道一起构成开江中心城区组成部分,实现开江中心城区现有规模扩大到"双35"的目标,增强中心城区辐射力和带动力。支持普安打造产城融合、城乡一体的新型城市社区,支持新宁打造现代服务业集聚区。

2. 推动长岭、八庙、广福一体化

打破长岭、八庙、广福行政区划壁垒,依托资源环境基础和产业发展优势,加快规划衔接和基础设施互联互通,推进长岭—八庙—广福一体化建设,形成共同市场,加强产业分工协作、技术联合攻关、公共服务共创共享等方面的合作,形成开江新的产业集聚发展高地,并以此为基础,深入推动

与万州、开州合作，提升合作层次和水平，协力打造万达开川渝统筹发展先行区。

3.推动永兴、灵岩、梅家一体化

以生态移民搬迁为抓手推动永兴、灵岩、梅家一体化发展。按照政府引导、群众自愿的原则，充分尊重退耕还林、移民搬迁农户的意愿，推动灵岩、梅家等生态环境比较脆弱的乡镇移民搬迁。在永兴镇统一布置生态移民集中安置点，统一安排基础设施建设和产业支撑项目，保障周边乡镇搬迁群众的基本生活和就业。加大对永兴镇的支持力度，相关部门在项目、政策、资金上给予相应倾斜，加强对周边乡镇居民统一实行属地化管理。

（三）建设产业发展平台

扩大经济技术开发区规模，承接产业转移，集聚经济要素。规划建设万达开产业集聚区（三峡新区），形成万达开川渝统筹发展示范区重要平台。

1.做大做强开江经济技术开发区

按照进一步做大做强开江经济技术开发区的思路，加快经开区基础设施建设，大力拓展发展空间，规划经开区从现有4.48平方公里提高到10平方公里左右。加大招商引资力度，围绕机械制造、电子信息、农产品加工三大主导产业，不断延伸产业链条，精准对接东部产业转移；突出招大引强，瞄准大企业、大集团开展招商，制定"一企一策"精准招商方案，引进一批大项目，推动项目落地实施。

2.规划万达开统筹发展产业集聚区（三峡新区）

建议以长岭周边镇为中心，涵盖万州余家，开州南雅镇、铁桥镇，利用现有产业基础和地势平坦的空间优势，规划建设500平方公里左右的万达开川渝统筹发展产业集聚区。由万达开三地政府共同组建集聚区管委会，对集聚区进行规划，经批准后，筹集资金进行基础设施建设。发展"飞地经济"，三峡库区和秦巴山区各县市均可在集聚区内投资建设产业园区，重点围绕农产品加工、阀门机电、电子轻工、能源建材、天然气加工、智能装备制造、服装家居、电子信息等产业，分工协作，发展产业集群，形成万达开川渝统筹发展示范区发展高地，将其培育成为成渝地区双城经济圈的新的经济增长极，成为川东北、渝东北地区一体化发展的动力源。

（四）划定三区三线，强化空间管控

根据自然资源部的部署，科学编制空间规划，划定"三区"即生态、农业、建设三类空间和"三线"即生态保护红线、基本农田红线、城镇开发红线，加强空间管控，强化对生产力布局和资源环境利用的空间约束，协调空间开发秩序。

1. 优化空间开发格局

将全县划分为建设、农业、生态三类空间，通过三类空间的合理布局，形成统领全域发展的蓝图。

规划城乡发展空间。优化城镇建成区、规划建设区以及开发区的空间布局，在乡镇规划中落实城乡建设、产业发展、基础设施、生态保护等规划内容。加强建设用地管控，按照新农村建设的要求，切实搞好乡村规划，优化整合居民点，鼓励弃置不用的农民宅基地恢复为耕地，并在地票交易所交易，在保证城镇建设用地增加的同时，耕地不减少。

规划农业生产空间。划定基本农田保护红线，以促进农业现代化为目标，推进农用地整理，促进农用地规模化、标准化建设。推进自然村落适度撤并，开展旧村庄整理复垦，提高土地利用效率。

规划生态保护空间。加强林地、草地、河流、湖泊、湿地等生态空间的保护和修复，提升生态产品服务功能。对依法划定的生态保护红线范围内的土地实行严格保护，确保生态功能不降低、面积不减少、性质不改变。对生态退化严重的区域，可按照自然恢复为主的原则开展土地整治和保护工程，提高退化土地生态系统的自我修复能力，遏制生态环境恶化趋势。

2. 从严管理三条控制线

划定生态保护红线。生态保护红线是保障和维护生态安全的底线和生命线。严格按照禁止开发区域管控要求划定生态保护红线，严禁不符合生态功能定位的各类开发活动。

划定基本农田红线。将集中连片、质量等级较高的耕地划为基本农田。基本农田比重保持在40%左右。确定四至范围，树立界桩和标志，非农建设项目不得占用基本农田。

划定城镇建设红线。以2035年县城和城镇发展规模为依据，划定城镇建设红线。城镇建设区严格按照城市规划用地要求，预留满足未来重大项目建设和城镇发展需要的空间。

四 产业发展

开江县应抓住川渝深化合作、万达开统筹发展契机，在厘清产业发展现状、发展思路和发展重点的基础上，构建现代产业体系，提升产业发展竞争力。近年来，开江县高标准建设优质粮油、优质果蔬、特色水产、特色林业4个10万亩现代农业产业基地，成功引进浙江玉环闸阀全产业链企业10家，基本建成2万平方米的智谷机电产业孵化中心。同时，开江在五金机电、电子信息、农产品加工等方面具有一定的优势。

（一）加快发展具有地域特色的农业"新六产"

开江县农业发展条件较好，特色农业、生态农业具有一定的发展基础，"稻田+""果林+"种养模式，小龙虾、大闸蟹养殖，油橄榄种植有了一定规模，部分农产品品牌在区域内有一定知名度，农业观光游开始起步。开江农业发展水平和发展质量尚有很大的提升空间，加快发展具有地域特色的农业"新六产"，对进一步挖掘开江农业发展潜力，促进农业转型升级、高质量发展和增加农民经营性收入具有重要的意义。

应鼓励农民兴办专业合作和股份合作等多种类型的合作社，鼓励农业企业、专业大户、家庭农场、供销社、高等院校和中等职业学校毕业生，以及农业科技人员、返乡农民工等多元主体领办合作社；逐级建立政府优先扶持目录，探索建立合作社退出机制，清理和淘汰"空壳社"和"挂牌社"，推进合作社规范有序发展。

积极培育终端型、体验型和智慧型农业新业态。立足农产品的开发生产与加工、流通增值，在农产品产加销一体化的基础上，采取"直营直销""中央厨房""农超对接""农校对接""农社对接""众筹预售"等模式，构建农产品从田头到餐桌、从初级产品到终端产品无缝对接的产业体系。立足科技进步和模式创新，对农业生产、加工、流通进行全面改造和整体提升，发展智慧大棚、创意农业、智慧工厂、智能物流、农村电商等新产业、新业态。

按照以产兴城、以城带产、产城融合、城乡一体的思路，以培育发展优势特色产业为导向，积极引导一二三产业向重点乡镇、产业园区等集中，着力打造一批现代农业示范区和农村产业融合发展示范园，加快培育一批现代农业型、农产品加工、商贸物流、休闲旅游、生态型等特色小镇。

（二）打造具有比较优势的制造业集群

开江制造业在闸阀机电、电子信息、智能装备制造等方面具有一定的发展基础，但从总体上看，现代制造业规模较小，实力较弱，集群化程度不高。根据开江现有产业发展基础、产业园区建设情况、区位资源条件和万达开川渝统筹发展示范区建设的要求，开江应发展的重点领域为五金装备制造、电子信息、农副产品精深加工、纺织服装、健康家电、绿色建材等领域。

鉴于开江制造业发展滞后的现实，开江制造业集群的发展离不开合作开放平台的强力支撑。因此，需要同万达开其他地区共建合作开放平台。全方位深化周边合作，加强人才引进、技术交流和产业承接；积极参与"西博会""渝洽会""广交会"等重大投资促进活动，联动重点毗邻地区实现制造业"补链强链"，建设双向产业转移"飞地园区"。制订万达开一体化制造业发展规划，积极争取国家政策支持，给予跨省区域内项目资金支持。

受特殊台地地势的影响，开江水资源相对缺乏，对制造业发展的制约更为明显。因此，打造开江制造业集群，需要破解土地、水资源等要素的制约。编制合理的空间规划，形成人口、经济、环境协同的空间开发格局。健全产业园区空间规划和建设用地保障机制，开展全域土地综合整治试点，保障重大项目用地需求。建立土地增减挂钩指标交易平台，促进土地要素在区域内平等交换和合理流动。加快推进宣汉土溪口水库引水工程，切实解决制造业用水问题。

（三）积极推动服务业转型升级

2019年，开江县的第三产业中，商品批发零售、住宿餐饮和房地产服务等传统服务业占比超过了40%，存在总体实力较弱和现代服务业发展滞后问题。应积极推动传统服务业向现代服务业转型升级。

立足开江现有基础，把握服务业发展环境和趋势，围绕万达开川渝统筹发展示范区建设的要求，重点发展现代物流、休闲旅游、电子商务，提升现代商贸、健康服务，配套发展现代金融、商务服务，培育发展科技服务。

加快发展港口物流。积极探索"前港后园"发展模式，依托万州达州"双空港"、万州开州"双水港"和即将规划建设的达万直线货运铁路，优化通航线路，延伸港口、机场和物流园区功能，推进大宗货物"公转铁""公转水""公铁水"联运，建设集仓储物流、物资集散于一体的临港物流园区，打造川东融入长江经济带、"一带一路"的开放门户。

完善城乡配送体系。优化配送网点，构建包含大型公共配送平台、专业化配送中心、末端配送终端、配送装卸货场地等城乡配送体系；推动城乡配送物流与电商融合发展，建设共享配送公共信息服务平台，推进电商物流指挥调度系统建设，完善快递智能便民设施。

万达开地区丰富的旅游资源、悠久的农耕文化和优美的田园风光以及万达开区域合作机制的逐步推进，是开江参与区域公共旅游品牌创建，推进休闲康养旅游业发展的重要依托。依托任市、甘棠"稻田+"现代农业园区，发展包括民俗文化博览、院坝民宿体验、农事体验、乡村爱情文化体验等项目的农旅产业。打造品牌餐饮，整体包装小龙虾、大闸蟹等地方美食成为旅游商品，做大做强地方餐饮品牌，开发美食街、夜市等餐饮业态，定期举办

特色美食节会；开发集装箱酒店、汽车露营地、乡村民宿等个性化、多元化的住宿业态，打造万达开区域休闲旅游集散地。

整合全县农村现有市场、信息资源，积极引导邮政内部电商平台、自建平台、乡镇电商服务站、村级电商服务点开拓农村市场，与"万村千乡"市场工程、农家店、乡镇商贸中心、农业专业合作社组织、邮政服务网点等存量资源有机结合，与供销、邮政、党员干部现代远程教育深度融合，建立和完善农村商务信息运用与共享机制；加强农副产品网络销售，推进工业品下行和农产品上行，扩大乡村级电商服务站数量。

进一步完善现代商贸市场体系。加快零售业升级，大力发展居民服务业，加大社区连锁生鲜超市、便利店等终端的社区覆盖率，完善社区商业服务网点；运用连锁形式改组、提升传统商业，加快发展家电、食品、药品、建材等专业连锁，支持惠利多、名人、互惠等连锁零售企业通过行业整合实现规模化、品牌化发展；重点发展以品牌高端酒店为引领、以连锁商务酒店为骨干、以乡村休闲民宿为延伸的住宿体系，提升接待能力和居住体验。

随着人们生活水平的提升和对健康需求的不断增加，开江康养服务业发展水平需要进一步提升。应高度重视医疗人才队伍建设，灵活运用人才引进、专家坐诊、离退休专家返聘等多种方式，引进高级医疗服务人才；依托开江县人民医院、中医院和妇幼保健医院等高等级医院，通过远程会诊、远程影像、远程病理、远程心电诊断等方式，进一步提升各乡镇卫生院基层医疗机构服务水平。提升发展居家社区养老，加大县财政对日间照料中心、老年活动中心等养老基础设施的投入；引导家庭养老向居家社区养老转变，加大政府购买服务力度，支持社会资本创新发展居家养老上门服务，构建"普通家政服务—居家养老服务—社区养老服务—民办机构养老服务"闭环式链条；积极落实各项医养融合政策，整合医疗与养老资源，大力发展医护型、养护型养老机构，促进医养结合。

出台相关优惠政策，培育和引进金融机构，为开江县及万达开企业的发展提供金融服务支持。鼓励专业创投基金投资技术前沿、风险较大、回报较高且前景广阔的领域；设立政府引导基金，发挥杠杆作用，撬动更多社会资本，壮大产业基金规模，扶持创新创业。支持达州银行等金融机构完善针对小微企业的金融产品设计，扎根基层、服务社区，为小微企业、"三农"和城镇居民提供针对性强、便利性高的金融服务；引进金融租赁公司及融资租赁公司，围绕开江及万达开地区小微企业、"三农"等提供相应租赁服务，满足小微企业、"三农"设备投入和技术改造融资需求；鼓励金融机构加快创新金融产品及服务，开发针对万达开地区小微企业、高校毕业生、农户、弱势群体及贫困对象的金融产品，提升金融服务精准度和普惠性。

五 基础设施建设

坚持统筹规划、适度超前的原则，建设一批重大支撑性项目，构建功能配套、安全高效的现代基础设施体系，为加快建设万达开川渝统筹发展示范区建设的核心区提供强有力的支撑和保障。

（一）强联系，推动内外基础设施连接

1. 加快建成县内"三条大环线"

以中心城区为核心，以重点城镇及旅游景点为支点，构建以公路为基础的网络交通骨架，形成县内"三条大环线"。提升新宁—普安—永兴—灵岩—梅家产业旅游环线能级，形成开江"县城大环线"。建成甘棠—任市—广福—长岭—八庙产业旅游"大环线"，特别提升长岭—广福—八庙互联互通水平。启动建设梅家—讲治内畅"大环线"，实现100%的行政村通客运，加强南北经济联系。

2. 强化与万州、开州、达州、梁平等外部交通连接

围绕构建"外联、互通、内畅"交通网络，加快建设川东北地区东出北上"大通道"、秦巴地区通江达海"桥头堡"。构建以"一快、二铁、三高速"为骨架，以国省干道为支撑，以农村公路为依托的支干连接、布局合理的交通网络。依托达开、开梁快速通道，规划建设开江至梁平和开州城际轨道交通，开（江）开（州）、开（江）百（百节机场）、开（江）宣

（汉）快速通道和达万直线高速公路、城（口）宣（汉）大（竹）邻（水）高速公路、达万铁路扩能改造等重大项目，为川东北乃至全省、长江经济带及沿海物资等出入川提供成本最低、效率最高的货运大通道。加快实施大梁山隧道工程，推动长岭与万州余家直联直通。配合落实成（都）南（充）达（州）万（州）铁路开江站建设工作。

3. 建设万达开综合物流枢纽

充分发挥开江作为"万达开区域合作连接点"的区位优势，探索"前港后园"发展模式，依托万州达州"双空港"、万州开州"双水港"和即将规划建设的达万直线货运铁路，延伸港口、机场和物流园区功能，在开江设立区域综合保税区和保税物流中心，以推进大宗货物"公转铁""公转水""公铁水"联运为核心，建设物流园区和仓储配送基地，加快推进冷链物流配送中心、农特产品交易配送中心、任市现代物流产业园建设，积极谋划培育多式联运体系，集中力量发展中转物流。引进培育一批运输专业性强的大中型现代物流企业，建成承接达万的集仓储物流、批发交易、加工制造等功能于一体的综合物流枢纽，打造川东融入长江经济带、"一带一路"开放门户。

（二）补短板，完善市政基础设施建设

1. 加快工业园区基础设施建设

加快工业园区基础设施建设，加快建设智谷机电产业园区、企业服务中心、商务中心、标准厂房配套设施及生活区工程、污水管网建设工程，为高速融入万达开川渝统筹发展示范区建设和成渝地区双城经济圈发展夯实基础。

2. 完善城镇基础设施

加强城镇道路、公共交通、供水、排水、燃气、热力、园林、环卫、污水处理、垃圾处理、防洪、地下公共设施及附属设施建设，提升城镇精细化管理水平。优化城镇道路交通网络，整治低洼路，打通"断头路"。加大停车场建设力度，打造以"公交+慢行"为主导的绿色交通体系。完善给水设施，实现给水管网全覆盖。疏通改造城区雨污管网，提升城区污水收集和处

理能力。加快乡镇污水处理设施建设，提高污水管网覆盖率和雨污分流率。推动垃圾处理设施提升改造，持续开展供水设施提标扩面工程。

3. 加快推进新型基础设施建设

完善信息基础设施建设，实施农村网络提速降费，推进各要素全面数字化，加快打造数字开江和智慧开江。推进光网城市建设，全面提升骨干光纤网络、IPv6（互联网协议第6版）、5G网络等新一代信息通信基础设施综合服务能力，实现县城和重点乡镇5G网络信号全覆盖。加快推进5G、工业互联网、物联网、人工智能等新型基础设施建设。建设应急管理信息化综合管理服务平台。全面提高光纤宽带入户率。

（三）重保障，加快能源水利基础设施建设

1. 完善清洁高效的能源供应体系

加快能源结构调整，着力构建安全、可靠、清洁的能源保障体系。构建完善供电系统，加强能源基础网络建设，增设220千伏城乡供电主电源，加强城区及各乡镇110千伏"N-1"供电网络建设，确保城乡供电安全性。加快天然气利用推广，优化油气等能源基础设施布局，加强县域内各超高压燃气管线管理维护，对城区现有配气站进行扩容，增设天然气储气调峰设施和燃气抢险维修中心。继续推进城农网改造升级，为实现乡村振兴和城乡融合发展提供电力基础保障。

2. 巩固提升水利基础设施网络

紧扣薄弱环节，补齐发展短板，全力保障城乡供水安全、民生水利安全、防灾减灾安全、水生态安全。推进各乡镇小型水库的维护工程，加强宝石桥水库、明月水库等水源地保护。重视"宣开引水"工程，根本解决开江工业城市用水问题。加强农业灌溉用水设施建设，推进大中型灌区续建配套。加快实施农村饮水安全巩固提升和供水保障工程，提高城乡供水和工农业供水保障率。巩固提升重要支流防洪工程设施体系，实施河道综合治理、中小河流治理、山洪灾害防治、城市防洪排涝整治等补短板项目建设，提升灾害防治能力，加快防洪减灾工程建设。实施全县水资源监控能力建设、河

（湖）长制工作管理系统和水土保持监测站网建设，加快开展智慧水利建设。

六 加强生态环境保护

开江县生态本底条件好，境内没有污染性产业，环境质量较高。但是，随着开发建设步伐的加快，也面临着环境污染加大的风险。开江县要牢固树立绿水青山就是金山银山的理念，加大生态环境保护和修复力度，提升优质生态产品供给能力和供给水平。同时，立足生态优势，加快推进生态产品价值转化，让良好的生态环境成为最普惠的民生福祉。

（一）加强生态保护和修复

坚持节约优先、保护优先、自然恢复为主的方针，加强森林、河流、湖泊、湿地等自然生态保护，促进生态系统休养生息，统筹山水林田湖草系统治理，深入实施生态修复和保护工程，以基本农田优化结构和高效利用及植被建设为重点，显著提升生态系统功能，实现人与自然和谐共生。

1. 推进国土绿化行动

大规模开展植树造林，不断扩大林木植被资源，提高林分质量，保障森林水土保持与水源涵养能力。开展宝石湖湖滨生态林带绿化建设，打造"绿色西湖、金色东湖、彩色北湖"生态景区。推进公路沿线、村社周边绿化美化，建设环城环村林带和城乡绿道。建设一批生态景观大道和绿色林荫大道。

2. 严格耕地保护

妥善处理生态保护修复和严格保护耕地的关系，严禁违规占用耕地造林，严禁超标准建设绿色通道，严禁违规占用耕地挖湖造景，严禁占用基本农田扩大自然保护地，严禁违规占用耕地从事非农建设。科学开展土地综合整治，加大高标准农田建设力度，统筹推进轮作休耕。整理复垦土地、恢复治理矿山地质环境，激励社会投资主体从事生态保护修复。

3. 完善河湖林管护体制机制

严格落实河长制，健全县、乡（镇、社区）、村三级河长制、湖长制体系，细化实化各级河长、湖长的职责，层层建立责任制，健全河长制、湖长制督导检查制度、奖惩制度、信息报送制度和信息管理平台，实现河长制、湖长制工作规范化和制度化。探索实施林长制，建立以县、乡镇、村三级林长为主要内容的林长制组织体系，进一步提高森林生态质量，提升森林综合效益。

4. 建立健全生态补偿机制

逐步健全各领域生态补偿办法。在完善现有水流、森林等生态补偿办法的基础上，进一步研究建立湿地、空气等的生态补偿办法。落实生态补偿资金来源，规范生态补偿资金的使用，不断完善生态环境质量考核办法，建立生态环境保护成效和生态补偿资金相挂钩的奖惩机制，形成常态化、可持续的生态补偿办法。

（二）加大环境治理力度

1. 加强水污染治理

针对新宁河大石堡平桥出境断面监测达标率较低，以及全县地表水监测断面平均达标率不高的问题，加快城乡生活污水治理，补齐城镇污水收集和处理设施短板，实现污水管网全覆盖，污水全收集、全处理，全面推进城镇和农村污水处理设施建设与雨污分流改造，特别是城中村、老旧城区和城乡结合部，实现管网全覆盖，大幅提升城镇污水收集处理能力。突出新宁河综合治理，加快推进南河、新盛河中小河流治理，制定流域控源减污达标方案，实施水污染防治综合整治工程，强化流域水污染综合治理，确保考核断面水质达到上级目标要求。

2. 加强大气污染防治

抓好大气污染治理，加快产业结构调整和传统产业技术改造，减少污染物排放。推进交通大气污染治理，开展柴油货车超标排放专项整治，推进充电基础设施建设和新能源汽车推广应用。实施大气污染综合管控，加快环境修复和绿化，开展大规模国土绿化行动，强化扬尘污染治理，开展餐饮油烟专项整治，提高秸秆综合利用效率。

3. 强化土壤污染防控

强化土壤污染风险管控和修复，严格执行重金属污染物排放标准。加快推进垃圾分类和处理，探索垃圾无害化、资源化多种处理方式。加强固体废物环境监管，合理布局固体废物处置场所，完善医疗废物全收集和全处置体系。鼓励农民增施有机肥，推广高效低毒低残留农药，推动化肥、农药减量化。

4. 推进农村环境整治

以建设美丽宜居村庄为导向，持续开展农村人居环境整治行动，推进农村污水、垃圾处理设施规划、建设和管理，普及不同水平的卫生厕所，逐步建立农村生活污水、垃圾处理收费制度，合理分担污水处理、垃圾收集运营费用，改善和提升农村人居环境。

（三）推进资源节约集约利用

1. 优化配置水资源

加快推进宝石水库扩容工程建设，加强与通川区、大竹县沟通对接，共同推进从宣汉土溪口水库引水工程建设。加强应急备用水源工程新建和水源连通工程建设。加快研究论证地下水资源的开发利用。加强雨水集蓄利用和中水回用等非常规水源工程建设，进一步挖掘水资源供给潜力，增强水资源保障能力。

2. 提高土地资源利用效率

实施建设用地"双控"制度和城乡建设用地"增减挂钩"制度，推进城镇低效用地再开发。促进各镇工业集中布局到县城的工业园区。鼓励发展特色农产品加工业。鼓励县城和各镇积极探索飞地经济模式，建立GDP、税收等利益共享机制。

3. 加强资源综合利用

推动固体废物源头减量、资源化利用和无害化处理，构建资源循环利用的闭环产业群，建立从垃圾产生到资源利用的再生资源循环体系。加快实现再生资源回收利用体系与生活垃圾清运体系的有效衔接，制定强制垃圾分类和减量化相关制度，培养居民绿色消费习惯，减少生活垃圾产生量和处置量。促进秸秆综合利用。

（四）加强生态环境合作

1. 加强与梁平区的合作

与梁平区共同推进新盛河联防联控，共同制定新盛河治理方案，以河长制工作为载体，加强河域生活污水和工业污水治理，从严控制规模化畜禽养殖污染，加强农村面源污染治理，强化环境执法监管，合力打造川渝河流环境生态示范区。

2. 加强与开州区的合作

与开州区共同推进南河联防联控，共同争取南河防洪治理工程立项，共同推进南河流域生态环境保护工作。共同推进大雄水库工程，共同商议水库大坝建设及淹没区补偿以及开州境内的灌区建设方案。

（五）促进生态产品价值转化

开江县要依托生态资源优势，打响生态产品品牌，积极探索"生态+"产业发展模式，大力发展生态农业、生态工业和生态旅游业，实现生态优势向生态经济转化。

1. 推动生态产品转化为生态农产品

围绕打造"开江生态绿色农产品"品牌，大力发展生态农业。深入挖掘各种"绿色要素"，保护和拯救原生物种，充分发挥多样化物种的互抵性和互补性，增强自然的恢复能力。

2. 推动生态产品转化为生态旅游产品

依托开江县丰富的旅游资源和生态优势，推进生态与健康、旅游、文化、休闲相融合，通过发展生态旅游业带动运动休闲、养生保健以及配套的导游、餐饮、购物等多产业、多业态发展。因地制宜建设一批生态休闲养生基地，积极培育和丰富生态休闲养生产品，打造一批有品牌、有品质、有品位的湖边渔家、温泉小镇、森林小镇、茶叶小镇等生态休闲养生基地，实现生态产品的增值。推动资源向资产、资本转变，努力拓宽绿色惠民、富民途径，打通"绿水青山"和"金山银山"的转换通道，让绿水青山的守护者和绿色发展的让利方共享发展成果，全面实现生态产品价值。

七 推进体制机制创新

体制是组织机构和制度体系的统称。机制是动力体系、传导体系和控制体系组成的系统。体制决定机制。加快经济和社会发展，必须进行体制的变革，继而促进机制的创新。开江县在抢抓机遇、加快发展、借势崛起的过程中，必须强力推进体制改革和机制创新，并在诸多领域取得突破。2020年7月，开江县入选首批成渝地区双城经济圈建设县域集成改革试点。县域集成改革的成效在很大程度上影响着开江产业发展的环境。为此，需要结合开江实际，坚持以建设万达开川渝统筹发展示范区为引领，全面梳理开江融入成渝地区双城经济圈建设的体制性障碍、机制性梗阻和政策性短板，以系统思维推动各方面各领域改革举措有机衔接、融会贯通，形成叠加放大效应，促进县域高质量发展和高效能治理，构建市场机制更加有效、微观主体更有活力、治理体系更加完善的体制机制。

（一）推进行政管理体制创新

明确界定淙城街道办事处的职能。淙城是开江县唯一的街道建制，于2019年12月31日挂牌成立。由城镇改街道，应伴随着体制机制的创新。应明确界定淙城街道办事处的职能，要与交通、住建、经信、教育等部门职能形成分工，避免职能冲突。根据我国现行法律的规定，作为街道的管理机构，街道办事处主要负责做人的工作，主要为街道辖区范围内的居民提供公共服务和营造宜居良好的生活环境。

推进村庄改城镇的体制创新。城镇与农村存在体制的根本区别就是封闭的村庄改为开放的社区，土地集体所有制改为国有制，不再实行一户一宅制度，居民的财产权得到法律保护等，房屋的所有权与土地的使用权可以依法转让。

进一步推进撤乡并镇。乡镇面积小、人口少，很难产生集聚效应。开江县应进一步推进撤乡并镇，把那些区位交通条件不佳、产业基础薄弱的乡镇并入邻近的镇，壮大交通便利或产业基础好的镇的人口规模，从而壮大镇区规模。那些撤并的乡镇，可在原镇区或原乡政府所在地设立办事处，主要负责为当地居民提供公共服务，不再开展较大规模的基础设施建设。

（二）推进财政管理体制创新

当前，我国普遍实行的"乡财县管"体制已经不适应现实发展的需要，镇政府没有独立的财政管理权限，严重制约了各镇基础设施的完善，进而制约了各城镇对产业的集聚能力，经济社会发展困难重重。开江县应率先试点示范，推进财政管理体制改革创新，打破"乡财县管"的财政体制，设立镇级财政，由镇政府统筹谋划本镇尤其是城镇的基础设施建设。

（三）推进土地管理体制创新

推进城镇土地管理体制创新，探索城镇土地使用权市场化新模式。对于集体建设用地，弱化其所有权，强化其使用权，搞活其经营权。对城镇房屋确权办证，允许其合法交易过户，以房产证作为城镇房屋所有权归属的判定依据。学习重庆经验，推进城乡建设用地增减挂钩，建立开江县农村建设用地指标交易市场，允许农民把闲置宅基地恢复为标准农田后形成的建设用地指标进行合法交易。通过城乡建设用地增减挂钩，减少农村建设用地，增加城镇建设用地指标，用于开江县城和重点镇的建设。

（四）推进工业园区管理体制创新

依托开江火车站，在任市镇、甘棠镇规划建设产业园区，组建"精干、高效、集中、统一"的管委会，由镇党委书记兼任管委会主任，级别要高

于乡镇，建议由副县级县委常委兼任，以此强化县直部门对工业园区的支持。

八 促进开江县借势崛起的对策

发展思路是战略，是格局，是行动的指南和总方针，主要解决认识问题。对策是策略，是行动方案，重在解决现实问题。战略决定策略，但没有策略，战略就是空谈。开江县既有优势，也有劣势，如何发挥优势、化解劣势，要有切实的对策。开江县迎来了前所未有的机遇，但机遇转瞬即逝，面临的挑战也不小，要抢抓机遇，迎接挑战。

（一）加强统筹协调，形成发展合力

高水平编制开江县发展规划，加强"十四五"规划与空间规划、交通规划、产业规划等重大规划紧密衔接，形成发展合力，凝心聚力搞好"十四五"规划实施工作。特别要顺势而为，积极参与万达开川渝统筹发展示范区规划工作，提出开江加快发展的诉求，取得达州市委市政府与市有关部门的支持，争取将三峡新区落地开江与万州、开州交界地区，将开江县相关重大项目纳入万达开川渝统筹发展示范区的大盘子，并加强与万州、开州等紧密合作，在万达开统筹发展的大局下谋发展、抓项目，并争取政策上的支持。

（二）改善营商环境，加大招商引资力度

市场经济条件下，营造良好的营商环境是政府这只"看得见的手"的最主要职责，是招商引资工作能否顺利进行的关键。优化融资环境，针对企业融资、生产经营等实际困难和问题，不断健全银政企合作长效机制。优化发展环境，简政放权、落实税收优惠、提高要素供给质量和效率，帮助企业降低要素成本，进一步减轻企业负担。优化服务环境，坚持以诚待商、以法护商、以情感商，对外来投资者严诺守信，积极推行项目流程代办制、服务

承诺制和服务质量评价制。完善"一站式"办公和"一条龙"服务机制,提高工作效率,改善服务质量。对各类园区发展用地做到高起点、高标准规划,加大园区基础设施建设力度,加强电力、给排水、道路、供热、工业蒸汽、天然气、通信、互联网、有线电视和土地平整等基础设施建设,做好美化、亮化、绿化工程。重点做好以下几项工作。

第一,进一步提高政务服务质量,显著降低经济社会发展的行政成本。一是大力建设智慧政务,力争智慧政务服务全覆盖,提高政务服务办事效率。二是优化政务服务中心办事程序,真正做到"只进一扇门,最多跑一次"。三是积极创新政务服务模式,对重点企业、重要产业、重大项目、工业园区、高层次人才等提供专门的贴心服务。

第二,建立健全市场综合治理体系,努力建设公开、公平、透明、法治的市场环境。统筹与市场管理相关的行政执法部门,开展联合执法、综合治理。建立和完善市场信用管理系统,加强政府信用建设,提高政府公信力,督促各类市场主体依法依规行事。坚决及时地依法打击一切破坏市场的行为。

第三,提高教育、医疗卫生、文化、公共交通、安全等公共服务水平,做好城镇环境的绿化美化,努力建设高水平的宜居宜业环境。

第四,创新"亲""清"政商关系,促进政府与市场主体的良性互动。进一步完善领导干部和有关职能部门联系重点企业、行业协会、商会,以及企业家和高层次人才的制度及工作模式,从事业发展、参政议政等方面,对这些市场主体给予合法合规的支持,同时从工作和政绩考核、精神和物质激励等方面对领导干部和有关职能部门给予相应的奖惩。

(三)做大做强中心城区,加快淙城、普安、新宁一体化

开江县目前依然处于集聚经济发展阶段,而当前最大的问题就在于集聚程度不够。"十四五"期间,必须坚持集聚发展的战略思路,通过淙城、普安、新宁一体化建设,形成辐射全县县域经济的动力源,增强对全县的辐射带动力。

县城是开江县经济社会发展的中心，在功能上要发挥增长极作用。一方面，吸纳县外的要素、资源、企业、产业，从而增强发展动能；另一方面，通过自身的发展带动全县经济社会发展。把做大做强县城作为开江县抢抓发展机遇、实现全面崛起的一项重要举措。

第一，要按照中等城市的规模编制县城规划。开江县委县政府提出到2035年把县城建设成为"双35"规模的城市，即城区面积35平方公里和常住人口达到35万。应按照"双35"的设想，规划县城空间发展框架，合理安排各个功能区的空间布局及基础设施网络建设布局，为做大做强县城提供规划指引。

第二，要大力增强县城的经济实力，重点提升制造业发展能力。规划建设好经开区，特别是为经开区预留发展空间，引导产业转移项目、企业等入园集聚发展。

第三，放开户籍限制，吸引县内外的人口向县城集聚，增大县城的人口规模。

第四，按照现代化城市的建设标准，加强教育、医疗和公共卫生、文化、体育等公共服务设施建设，提升公共服务水平。高标准建设县城的居住环境，提升零售业、宾馆业、餐饮业的设施及服务水平。规划建设智慧城市，提升县城的现代化水平。

（四）加强区域合作，提升对接精准度

开江县所处地理区位以及万达开川渝统筹发展示范区建设的发展机遇，决定了未来发展必须要搭上万州发展的快车，加强与万州的联系，紧紧围绕万州做文章，提升对接精准度。依托毗邻万州深水港的优势以及相对万州而言发展空间充足的优势，进一步做大做强开江物流产业发展，依托开江经济开发区和任市临港物流园区，加快达万直线高速建设，联动万州新田港区，以智能制造、电子信息产业为重点，采取"飞地经济"合作、分设生产车间、提供配套产品、延伸万州港口功能等方式，积极承接达万合作的重点产业和重大项目，共同发展对外口岸，将潜在区位优势有效转化为发展优势。

建立区域协作机制。有效的区域协作机制是万达开川渝统筹发展示范区建设和产业发展顺利进行的关键。在区域层面，建立与毗邻地区的党政联席会议制度和各产业主管部门对口联系制度，组建产业发展联合办公室，设置产业发展专项工作组，制定产业发展专项合作规划，强化产业优势互补、错位发展、互利共赢新机制。

当前，国家在积极构建以国内大循环为主体、国内国际双循环相互促进的新发展格局，为开江县引入和利用外部资源提供了更加有利的条件。一是增大对内开放合作的广度。积极对接东部沿海发达地区、重庆、成都、武汉、西安等大都市，承接产业转移，共建产业发展合作平台。二是加大利用外部资源的力度。在园区建设、产业集群、平台建设以及县城建设等方面，敢于让渡一定时期的发展管理"主权"，舍得出让近期的发展收益，引进其他地区有经验、实力雄厚的地方政府或知名企业承担整体性开发建设任务。三是开创引智新局面。按照不求所在、但求所用的原则，采取灵活多样的市场化方式，大力引进外地和从开江走出去的各类人才，切实做好保护各类人才合法权益的工作，为其提供力所能及的服务，树立开江尊重人才、爱护人才的良好形象。

（五）重视空间规划，强化空间管控

2020年，国家开展国土空间规划工作，重点是划定"三区三线"。"三区三线"一旦划定，将具有法律约束力。因此，一定要重视空间规划的编制工作，规划要具有前瞻性、合理性和科学性。县城和各乡镇的建设范围，应进行充分论证，留足发展空间。生态保护红线要保证生态功能的系统性和完整性，确保生态功能不降低、面积不减少、性质不改变；基本农田要保证适度合理的规模和稳定性，确保数量不减少、质量不降低。抓住万达开川渝统筹发展示范区建设契机，加快对"三区三线"进行调整，保障重大项目用地需求，应尽快对相关土地性质进行调整，适度扩大建设用地规模，为未来发展留下空间。

（六）扭住产业发展不放松

着力在制造业、现代农业及一二三产业融合发展中培育主导产业。加快制造业发展，提升制造业在经济发展中的地位。

第一，加快制造业发展，形成引领全县经济发展的主导产业。一是抓住闸阀制造的良好发展势头，继续做好承接闸阀产业转移工作，把培育壮大闸阀产业集群作为发展制造业的头等大事来抓，力争闸阀制造企业的数量和规模有新的重大突破。二是大力发展农产品加工业。把开江县已经初步建立的农产品生产优势和大米加工等有利条件转化为农产品加工业的发展优势，形成以绿色农产品为主的特色高档农产品加工业及产业集群。三是积极在健康家电、电子信息、智能制造、生物制药等领域寻找机遇，通过承接产业转移、开展产业合作，培育制造业的新增长点。

第二，大力发展现代农业，扩大生产规模，增强在国内市场的竞争力。积极扩大"稻田+""果林+"农业生产基地，形成专业化、规模化的现代绿色农业发展格局，同时做好"开江农品"的区域品牌建设工作，建立质量监控体系，以建设"西部虾蟹之都"和"鱼米之乡"为引领，形成特色水产、粮油、果蔬等生产体系。支持油橄榄产业发展，扩大油橄榄种植基地规模，支持油橄榄加工企业扩大市场和提高效益。

第三，积极发展现代服务业，增强产业间互动。在生产性服务业方面，要重点发展物流业，为制造业和现代农业发展提供强有力的支撑。要积极引进和培育物流业龙头企业，提升物流业的现代化水平。

第四，促进产业发展方式转变和创新。促进一二三产业融合发展，支持种植、加工、销售"一条龙"发展。贯彻绿色发展理念，形成绿色发展方式，使绿色成为开江县产业竞争力的重要元素。树立产业生态理念，围绕龙头企业、特色产业和产业集群，积极推动本地生产链、价值链的延伸，创造条件构建产业创新链，显著提高产业的增值能力和发展韧性。

（七）加快基础设施建设，打破水资源对经济发展的制约

一是积极推动和配合万达开川渝统筹发展示范区的交通网络建设，以建

设直达万州空港和水港、达州空港和铁路枢纽的快速交通干线为重点，使对外交通条件有根本性的提升。积极推动达万直线高速和直线货运铁路、达万快速通道、开梁快速通道、开开快速通道、达开快速通道等线路建设。积极谋划任市铁路货运枢纽站建设。

二是规划建设县域内的交通网络。提升县城与乡镇之间及各乡镇之间的快速路联通水平，优化联通路径，同时实现城镇交通干线与上述区域交通网络的高效对接。优化提升以县城为枢纽、以城镇为重要节点的公共交通网络运输能力。

三是从万达开川渝统筹发展示范区水资源统筹调配出发，推动规划建设土宝灌区，从宣汉县的土溪口水库引水至开江县的宝石桥水库，增强宝石桥水库对全县的供水能力，解决水资源对全县未来发展的约束问题。

（八）创新体制机制，探索行政区与经济区适度分离

创新体制机制是开江县抓住当前的重大历史性机遇，实现经济社会全面崛起的重要保证。开江县是四川省的县域集成改革试点县，拥有进行体制机制改革和创新的独特条件。开江县要从加快经济社会发展，抢抓万达开川渝统筹发展示范区建设机遇出发，下大力气做好体制机制改革和创新工作。

要着力探索推动行政区与经济区适度分离的体制机制。开江县要积极争取达州市、四川省的支持，成为行政区与经济区适度分离的试验区。突破既有体制机制的限制，建立有利于开江县全面崛起，有利于万达开川渝统筹发展示范区建设的新体制机制。

在体制机制改革和创新的方式方法上，开江县一是要学习粤港澳大湾区建设、长三角区域一体化发展、京津冀协同发展以及国内其他地区推动协调发展的先进经验，把这些先进经验移植到开江县和万达开川渝统筹发展示范区。二是要主动作为，率先在本县所能够把控的领域进行改革创新，同时积极联合万达开川渝统筹发展示范区内的有关县区联合开展互惠互利式的体制机制改革创新。三是要积极向四川省和国家提出在万达开川渝统筹发展示范

区开展行政区与经济区适度分离的体制机制改革创新建议，推动示范区开展体制机制改革和创新。

（九）加强组织领导

加强党和政府对区域发展的组织领导，是促进区域持续、健康、快速发展的重要保障。开江县要进一步采取有效措施，加强党和政府对全县经济社会发展的组织领导，为抓住当前重大历史性机遇，实现经济社会发展全面崛起，提供强有力的组织领导保障。

第一，加强党的政治领导。紧密围绕国家实施成渝地区双城经济圈建设重大战略和万达开川渝统筹发展示范区建设重大部署，推动全县干部群众解放思想，营造抢抓重大历史性机遇，实现开江全面崛起的舆论氛围。选拔政治觉悟高、业务能力强、有担当、敢闯敢干的人才充实关键岗位，打造一支政治过硬、领导有力的党政干部队伍。

第二，加强干部和公务员队伍建设。建立规范的培训制度，采取政治教育与业务培训相结合、本地培训与外地培训相结合、线下培训与线上培训相结合等方式，大力提升各级干部和公务员的政治觉悟及业务水平，增强其履职能力及效率。积极吸纳政治觉悟高、专业能力强的干部到经开区和物流园区任职，提升有关政府部门的管理能力和服务意识。

第三，进一步完善党政部门考核评价机制。根据党政部门的职能和承担的发展任务，建立分类考核、科学评价、奖惩分明、公开透明、公正公平的绩效考核制度。明确划分职责，建立制度规范，防止责任全部由基层政府和工作人员承担，预防问责机制对部门和干部工作积极性、创造性产生抑制作用。

第四，加强科学民主决策。一是积极与知名的科研机构、智库以及专家学者建立联系，以委托课题、参与决策咨询、购买服务等方式，请其为开江县经济社会发展提供决策建议和方案。二是在全县范围内广开言路，积极发挥人大、政协、社会组织、行业协会、商会、专业人士的资政作用，充分听取广大群众的建议和呼声，确保以人民为中心的发展思想落到实处。

B.9 成渝地区双城经济圈背景下泸州红色旅游发展路径研究

唐子豪 茹裕聪[*]

摘 要： 红色旅游有着重要的政治作用、深刻的文化价值以及良好的经济效益。泸州作为国家历史文化名城，位于川渝滇黔交界区域中心以及成渝地区双城经济圈南翼中心。作为红军长征四渡赤水战役的重要战略地，泸州的红色文化旅游资源丰富多样。红色旅游目前已成为泸州旅游业新的增长点，但也存在着旅游产品单一雷同、旅游品牌知名度低、景点特色不突出等问题。在成渝地区双城经济圈背景下，泸州应主动融入成渝文旅协同发展大格局，完善全域文旅功能，全面推进泸州公共文旅设施建设，促进红色文旅业态发展，鼓励红色文旅创意创新，提升红色研学品质，创新开发研学产品。

关键词： 红色旅游 文旅融合 成渝地区双城经济圈 泸州

一 引言

作为中国西部人口最密集、工业化水平最高、经济发展程度最高的区域，成渝地区双城经济圈已经逐步成型。《成渝地区双城经济圈建设规划纲要》（以下简称《纲要》）提出，成渝地区要打造巴蜀特色的国际消费目的

---

[*] 唐子豪、茹裕聪，西南民族大学旅游与历史文化学院。

地、协同建设现代服务业、构建双城经济圈发展的新格局。这也让地处成渝地区双城经济圈南翼中心的泸州得到了前所未有的发展机遇。按照《纲要》的具体要求，成渝城市群将会在加强区域合作、共享教育文化资源、开发文化旅游产品等方面进行深入合作，共推红色文化旅游品牌，共建老区红色文旅走廊。

立足于成渝地区双城经济圈重要地带的区位优势，泸州拥有红色元素、生态山水等丰富的文旅资源，更应紧扣成渝地区双城经济圈建设以及共推红色文化旅游品牌机遇，以"融入""发展"为主线，在已有的川渝合作项目的基础上，抢抓机遇，积极参与川渝文旅协同发展，推动红色文化旅游品牌建设。由此，本文以泸州的视角，对成渝地区双城经济圈背景下红色旅游的发展路径进行研究。

二 文献综述

红色旅游如今已经从最初接待参观型事业逐渐发展为具有重要的政治作用、深刻的文化价值以及良好的经济效益的观光体验型产业。国内目前尚未出现一部以泸州红色旅游为研究对象的学术性著作。现有的著作多是以介绍泸州红色旅游概况、宣传泸州红色旅游景点为主。例如《体验红色旅游》、"四川黄金旅游线丛书"等中就有对泸州红色旅游景点、红色旅游线路、红色历史故事、红色精神等方面的详细介绍，并配有大量图片，所收录的资料全面。黄华等主编的《长征路线（四川段）文化资源研究》梳理了红军长征经过四川的路线的历史文化资源。其中的泸州卷部分，论述了红军长征经过泸州的叙永、古蔺等地的史实以及产生的影响，对长征路线泸州段的名胜古迹、红色文化遗产等进行了梳理。[①] 泸州市档案局主编的《泸州红色记忆》讲述了辛亥革命时期泸州的革命运动、泸州起义、红军长征转战泸州

[①] 黄华、陈鑫明主编《长征路线（四川段）文化资源研究：泸州卷》，四川人民出版社，2018。

和泸州解放等事件,详细地收录了革命人物的生平事迹以及历史故事,记载了革命先烈为泸州人民留下的红色精神财富。①

期刊论文方面,陈磊认为泸州叙永县拥有三溪村殿会议旧址、天堂村烂坝沟、红军造币厂旧址、跛脚村工农兵旅店、墩子场老街等种类多样的红色旅游资源,应整合叙永县的红色文化旅游资源,推出红色精品旅游产品。②陈强认为泸州红色旅游资源多分布在贫困地区,发展红色旅游业有利于泸州各区县的贫困地区脱贫。③张群芳等基于SWOT分析,泸州各区县普遍存在红色文化资源的旅游开发程度较浅的情况,有针对性地提出需要重视旅游资源的基础设施建设,提高从事红色旅游业人员的素质等建议。④周志荣等详述了泸州红色文化资源,认为该类资源丰富且地域特色明显、种类多样,应通过加大资金投入、挖掘文化内涵、加快市场开发等形式推动泸州的红色文化建设。⑤

综上所述,目前国内学者从各种角度主要分析了泸州红色旅游资源的概况,普遍认为应重视与利用泸州红色旅游资源的价值,积极推动泸州各县区红色旅游的发展。毫无疑问,上述的研究成果给予了本文借鉴。但现有泸州红色旅游的研究仍然存在不足之处,大多没有涉及成渝地区双城经济圈的建设背景,对于泸州红色旅游发展的路径关注也不足,泸州红色旅游发展路径的研究还有待深入。

三 泸州红色旅游发展现状

泸州作为国家历史文化名城,拥有红色文化、白酒文化、旅游生态等丰

---

① 泸州市档案局编《泸州红色记忆》,天地出版社,2017。
② 陈磊:《泸州叙永长征旅游文化资源整理保护与开发利用》,《当代旅游》2022年第4期。
③ 陈强:《红色旅游扶贫助推脱贫攻坚与乡村振兴有机衔接研究——基于四川省古蔺县的实践》,《百色学院学报》2021年第2期。
④ 张群芳、贾秋容、关小凤:《基于SWOT分析的泸州市旅游可持续发展研究》,《旅游纵览(下半月)》2014年第24期。
⑤ 周志荣、胡文丽:《组合优势资源 传承红色文化——泸州红色文化建设现状及策略探析》,《才智》2011年第25期。

富多样的自然旅游资源以及人文旅游资源。按照泸州市统计局公布的旅游指标数据来看，2010~2020年，泸州旅游人数从1125.8万人次上升到3944.49万人次，增长了250.3%，泸州国内旅游总收入从66.08亿元上升到416.28亿元，增长了529.9%。2021年的国庆假期，泸州的三个红色旅游景区接待游客47万余人次，较2020年增长70.62%。泸州21家A级旅游景区共接待游客77万余人次，比2020年增长23.4%。泸州市图书馆、文化馆以及博物馆共开展线上活动39场次，线下活动14场次，接待游客7万余人次。泸州首条四渡赤水红色旅游公交专线目前已经开通使用，该专线不仅能让游客了解泸州红色景点身后的历史典故，观看四渡赤水的影视剧，感受泸州的红色文化，也方便了游客的出行。四渡赤水旅游线路是泸州推出的红色精品旅游线路，该线路主要景点包括朱德况场纪念馆、二郎滩渡口、鸡鸣三省巨石、石厢子会议旧址、红军长征四渡赤水博物馆等，此线路在2021年也入选了中国100条红色旅游精品线路。2021年，四川省发布的40个红色旅游经典景区中，泸州的鸡鸣三省石厢子会议旧址、二郎古镇和太平古镇都位列其中。泸州红色旅游资源种类及具体内容如表1所示。

表1 泸州红色旅游资源种类及具体内容

种类		具体内容
有形红色旅游资源	杰出人物故居	况场朱德旧居、白沙镇毛主席住地等
	革命历史事件以及活动遗址	纳溪区永宁街道护国战争战壕遗址、二郎滩渡口、鸡鸣三省石厢子会议旧址等
	烈士陵园、墓碑	泸州市烈士陵园、老街烈士墓、多坝村田湾头革命烈士墓等
	综合性历史纪念馆	四渡赤水太平渡陈列馆、纳溪区护国战争纪念馆等
	红色教育基地	泸州市博物馆、太平古镇等
无形红色旅游资源	红色精神	长征精神、三线建设精神等
	红色故事	泸州起义、洁白的红军花、打双草鞋送红军等
	红色标语	"只有苏维埃才能救中国""欢迎被反动派欺骗的穷人回家安居乐业""红军是穷人的军队"等
	红色歌谣	"二月红军到扎西""红军处处受欢迎""纪律歌"等

四 泸州红色旅游发展中存在的不足

泸州的红色旅游产业整体上呈现上升的趋势，取得了显著的成绩。但相比同处于成渝地区双城经济圈的重庆、广安等城市，泸州红色旅游资源的开发利用程度还有待提高，红色旅游在泸州整个旅游产业中所占的比例也不高，依然有很大的进步空间。泸州红色旅游主要存在以下几方面的不足。

（一）旅游开发缺乏统一规划，交通基础设施落后

泸州虽然是一片红色资源热土，但由于泸州各区县的红色旅游有着较为迟缓的发展，且开发较晚，又受限于政府的旅游规划、交通设施及经济发展水平等因素，泸州红色文化遗产影响力较低。泸州的红色旅游资源分布较为零散，加之缺乏统一规划的旅游开发，在相当程度上限制了红色文化遗产的传承、保护以及利用，从而也影响了红色旅游的全面发展。这也使得游客没有得到更多与红色文化相关的旅游体验。此外，由于泸州境内多以山地为主，山地面积较大，泸州的对外交通网布局尚未完善，机场、公路、铁路等交通规划建设还存在不足，交通状况相对落后。泸州红色旅游景点又分散在各区县，市、区、县间的旅游路线规划不足，部分景点往返的交通不便，从而降低了游客的旅游体验满意度，降低了对较远地区游客的吸引力。

（二）旅游景点特色不突出，旅游产品创新水平低

泸州及其各区县的许多重要红色纪念场馆，其展示的内容形式，一方面是过于"现代"，另一方面又过于"新"，且展品较少，缺乏真实感和一定的历史底蕴。但这些场馆投入的建设资金巨大，动辄数千万元甚至上亿元，服务于表现这些场馆庄严肃穆的形象。泸州红色景区的景点大多形式单一、雷同，创新水平不高，基本以纪念馆、碑林等为主。目前泸州红色旅游还是

采取带着游客参观纪念馆、红色遗址等历史建筑的传统方式，观光旅游路线比较单一。泸州的红色旅游，主要以传统的被动项目为主，即看景点、听介绍等，显得过于格式化。能够让游客有体验感的旅游产品比较少。放眼全国，很多地方的红色旅游坚持突出当地的特色，增强游客体验感。例如枣庄市就突出了台儿庄抗战特色的主题，泸州也应该借鉴枣庄市等地区红色旅游产业发展的经验。

（三）红色研学景点单一，研学体验感不强

泸州的红色研学目前还是以参观名人故居、观看红色经典影片、听讲座等简单的形式为主，在红色研学的过程中存在参观景点单调、研学体验度不高等问题。除此之外，红色研学还需要表现出地域特点，例如井冈山精神、南泥湾精神、延安精神等都有不同的时代特点和精神内涵，其红色研学体验活动也自然有所区别。泸州作为四渡赤水战役的重要战略地，更应在红色研学中突出传承长征精神，体现泸州红色研学的地域特色。

（四）新媒体宣传力度弱，旅游景点知名度低

泸州的红色文化旅游资源虽然丰富多样，但由于其知名度不高、规模较小，许多游客对其的了解不足。在知乎、小红书、携程等旅游信息平台，基本都是由泸州当地的旅行社或者到过泸州旅游的游客自主上传泸州旅游的攻略。泸州红色资源所在的单位虽然大多入驻了微博、抖音、知乎等平台，但是更新频率并不高，发布的信息也比较杂乱。泸州旅游微博的官方账号上一次更新已经是2019年，基本处于停止服务状态。泸州入驻的微信官方公众号"打开手机游泸州"目前共发布了49篇原创内容，平均一周更新一次，但发布的内容比较杂，红色旅游方面的资讯也不多。泸州红色旅游线上宣传的效果较弱，是导致泸州红色旅游景点鲜为人知的原因之一。

五　推进泸州红色旅游的发展路径

（一）以巴蜀文旅走廊建设为引领，主动融入成渝红色文旅协同发展大格局

1. 全力建设川渝红色文化旅游合作先导区

泸州应积极参与川渝文旅协同发展，深度融入巴蜀文旅走廊建设，推进与重庆北碚区、渝中区、沙坪坝区等地的沿线红色文化旅游资源整合，共创三线建设等经典的红色文旅品牌，打造三线建设等经典红色主题的文旅融合示范项目。这需要建立项目联动开发与工作机制，确立调研与评价指标体系，编制专项规划与完善配套设施，加强产业对接协作，推动统一市场建设。

2. 建立文物保护传承区域合作机制

由泸州市牵头，邀请川渝两地专家顾问加盟，携手组建联合红色文献学术研究机构，推动红军长征等三地共有的红色项目研究、梳理以及保护传承。通过打造巴蜀红色文化共享文创产品，提升红色文化旅游商品的知名度。主动向省级主管部门申请加入《川陕片区革命文物保护利用合作协议》示范项目，加强对泸州境内红色文物的调查整理，争取与同处于成渝地区双城经济圈的重庆、广安等城市合作建立革命文物资源数据库。

3. 加强红色文化艺术交流

一方面，通过加强泸州与成渝两地文艺团体、文化活动的交流合作，加强三地之间的红色文化旅游人才的交流与合作，加大成渝对泸州红色文化旅游人才培训、培育的支持力度；另一方面，邀请已经加入成渝地区双城经济圈的各大知名高校在泸州开展合作交流项目。总之，三地可以开展红色文化资源共享、人才互动、课程研发、师资互派等多方面深度合作。

（二）促进多元化的文旅业态发展，鼓励泸州红色文旅创意创新

1. 完善泸州的红色文旅产品体系

泸州应增强红色文旅融合在资源整合、产品开发、大数据、人才和文创新业态等领域的实力，完善和提升泸州红色文旅融合发展的产品体系，确立泸州红色文旅融合发展在国内红色旅游中端产业链的领先优势，做大做强红色旅游胜地品牌。紧紧抓住泸州的红色之魂，充分利用泸州红色文化、白酒文化、绿色生态等丰富多样的自然旅游资源以及人文旅游资源，加快泸州红色文旅融合发展，全面参与市场竞争，建设国际化机制，培育国际化业态，形成国际化运作，为泸州的红色文旅发展带来持续性的引领和带动作用。

2. 积极利用线上推广平台

通过泸州红色文旅创意大赛等方式，积极创新营销手段，加强市场营销与推进。从融媒体的技术角度出发，占据新闻媒体、专业旅游网站等资讯媒体和百度等各种搜索引擎，将泸州红色旅游信息精准地推介给不同的搜索用户及潜在用户，并让游客喜欢、让游客觉得受用。利用短视频传播形式，开展"抖音带你游红色泸州"等活动，通过抖音、西瓜视频、火山视频等对泸州红色文化进行主题宣传。适时推出泸州红色旅游的定制攻略以及旅游消费券、优惠券福利，吸引更多潜在的游客。

3. 大力发展新型红色文旅产业

以泸州本地文化资源和物产资源为依托，围绕游客消费体验需求与市民休闲，打造一批消费型红色文化特色旅游创意体验产品。鼓励创意设计、工艺美术等产业发展，开发泸州精品红色路线跑酷游戏，制作红色主题 VR 动漫等一大批易推广、互动性强的创新型文旅产品。做好景区文创产品商标、Logo 的申报、宣传营销等工作，研发包装精美、有泸州地方特色的快消品及工艺品。突出新媒体、新技术文旅创意体验，建设泸州大数据中心，为游客带来良好的线上购物体验。利用 AI 技术灯光秀等方式丰富演艺型文化产品，在红色景区或旅游街区提供互动等体验，降低人力成本，增强体验效果。结合建党、建军、红军长征到泸州的纪念日、泸州解放纪念日以及"黄金周"等节假日，在泸州组织开展内涵丰富、多姿多彩的红色文旅活动，这样不仅能发挥红色旅游的经济效益，还能让红色旅游与教育互相融合，提升泸州当地的文化软实力与宣传工作。

（三）以完善全域文旅功能为重点，推进公共基础设施建设

1. 加强基础配套设施建设

旅游业是高投入、高产出、高效益的产业，泸州红色旅游景区的配套基础设施建设、交通道路的改扩建、旅游道路建设还存在很多不足。通过加快"文化路、生态路、旅游路、交通路"的旅游公路建设，统一规划建设红色旅游沿线旅游交通标识牌、旅游驿站、旅游厕所等设施，重点推进红色旅游示范公路，以健全泸州全域文旅功能，提升城市整体形象，吸引游客留住泸州。此外，应该争取开辟成渝到泸州的旅游绿色通道，扩大与巩固成渝核心市场的份额。通过提升成（川）渝游客游泸州的数量，与周边城市合作培育"成渝地·泸州情"等文旅活动品牌，主动对接成（川）渝两地行业主管部门，将泸州红色精品旅游线路加入官方主推的旅游线路序列。

2. 健全城市旅游休闲功能

以提升城市旅游休闲水平和旅游消费为抓手，打造一批红色特色街区、旅游演艺场所、主题文化餐饮场所、特色民宿、旅游商品展示销售场所。通过加快创建泸州市文旅集散中心，抓准设计定位，统筹规划，全力培育公共文旅新空间，打造泸州文旅消费的新载体、新平台、新场景，以吸引游客留在城区。

3. 注重红色文化注入及形象展示

在开展设施体系建设的同时，以泸州红色文化形象符号，将红色文化与精神融入城市主要道路、娱乐街区、文化餐饮场所、景观小品、旅游驿站、观景台、旅游标牌等设施中，进一步提升和展示泸州的地方形象。比如，推动重现红军四渡赤水英雄壮举的精品剧目的演出，展现红军四渡赤水不畏艰险的革命精神，让游客在剧目展演中得到良好的红色文化体验感。

（四）加强红色旅游规划，深入挖掘红色遗产内涵

1. 整合红色文化旅游资源

实施红军长征四渡赤水博物馆、况场朱德旧居等红色旅游经典景区提质

工程，争取国家层面规划建设长征精神红色文化公园，构建红色文旅精品旅游线路。通过整合打造红军长征四渡赤水战役遗址、太平镇长征街、石厢子会议旧址等红军长征遗迹系列景点，以变换的时空场景展现红军长征。

2. 加大红色文化学术研究力度

鉴于泸州各县区有着大量红色文化遗产的珍贵资料，可以此开展相关学术研究，挖掘出泸州各县区红色文化遗产的深刻内涵。在泸州红色文化的传承保护和利用中，需要主动加强与广安、雅安、乐山以及绵阳等地区的党史部门、学会进行学术沟通与交流协作。在充分发挥泸州各级党史办、党校等的桥梁纽带作用的基础上，吸收市内外党史工作人才和专家学者参与红色文化研究和学术交流。

3. 健全城市旅游休闲功能

旅游的灵魂是文化，一个城市的特色街区保留着历史的记忆以及独特的人文基因。通过以红色文化为主题，打造一批红色文化特色街区、旅游演艺场所、主题文化餐饮场所、特色民宿以及旅游商品展示销售场所，提升城市旅游休闲水平以吸引游客留住城区。

（五）以提升红色旅游品质为重心，提高红色研学质量

1. 加大红色研学投入

泸州应主动对接国家大力发展的研学旅游，充分发挥况场朱德旧居、红军四渡赤水太平渡陈列馆等地的教育功能对接高水平大数据平台研发服务供应商，链接全国红色文化研究院校以及机构，共同建设红色文化资源数据库，联合创建有关红色文旅的研学产品体系。

2. 高品质打造现场教学点

针对泸州市红色文化旅游资源点多面广较分散的实际情况，可以考虑将目前比较成熟的红色文化旅游资源点包括纪念场馆、革命遗址遗迹等，按照高规格现场教学点的标准进行打造，配套学员食宿等服务。通过开展重走红军路、品尝红军饭等活动，在红军长征途经的地方设立现场教学点，实现资源整合，达到共享共赢，从而带动泸州各县区红色文化旅游的共同发展。

3. 突出泸州红色研学的创新性，深度挖掘文化元素内涵

加强泸州红色研学的创造性，深度开发文化元素内容。通过突出泸州红色研学的创新性和先导性，内引外联，深度挖掘三线建设、改革开放、长征精神等文化元素内涵，创新开发红色研学产品、红色研学线路、红色研学课程体系等，建设达到全国一流水平的红色文化研学旅游营地，传承红色文化基因。红色研学产品类型上寻求创新和自身突破，实现"研学旅游+"的全域发展格局。建立研学营地的复合型人才库，为红色研学赋予新动能。通过实施引智工程，加强与联合国教科文组织、世界旅游组织、世界研学旅游组织（加拿大）、国外高校等机构的合作，就红色研学旅游的课程设置、管理运营开展合作，为红色研学阵地提供有效的智力支持。南充市以红色文化教育培训作为培育红色文化旅游产业的重要助推器，通过建立干部培训教育机构、开展党性党风教育，让红色文化旅游景点成为高效且生动的文化学习课堂。这种教学模式融党校和旅行功能于一体，使得红色文旅资源可以与教育功能很好地融合在一起，形成既有党性教育又生动活泼的大课堂，更有助于推动当地红色文化旅游蓬勃发展。[1] 泸州应该结合自身的优势，及时学习南充、广安等地的红色研学经验。

---

[1] 杨力主编、政协雅安市委员会编《雅安市文史资源挖掘与传承研讨文集》，2018，第65页。

附 录
Appendices

B.10
附录一 大事记（2020年1月1日至2021年12月31日）

2020年

1月

1月3日

中央财经委员会第六次会议召开。会议指出，推动成渝地区双城经济圈建设，有利于在西部形成高质量发展的重要增长极，打造内陆开放战略高地，对于推动高质量发展具有重要意义。

1月6日

重庆市委常委会召开扩大会议，传达学习习近平总书记在中央财经委员会第六次会议上的重要讲话精神，研究重庆市贯彻落实意见。

同日，四川省委常委会召开扩大会议，专题传达学习中央财经委员会第六次会议精神，研究四川省贯彻落实意见。

附录一 大事记（2020年1月1日至2021年12月31日）

1月10日

四川省委财经委员会第四次会议强调要深入学习贯彻习近平总书记在中央财经委员会第六次会议上的重要讲话精神，抓住用好重大战略机遇，高质量谋划推动成渝地区双城经济圈建设。

1月17日

深化川渝合作推动成渝地区双城经济圈建设两省市发展改革委主任2020年第一次调度会（5月后会议名称改为成渝地区双城经济圈建设联合办公室主任调度会）在重庆召开。

2月

2月21日

深化川渝合作推动成渝地区双城经济圈建设两省市发展改革委主任2020年第二次调度会在成都召开。

2月28日

四川省委编委批复设立四川省推进成德眉资同城化发展领导小组办公室。

3月

3月12日

推动成渝地区双城经济圈建设四川重庆常务副省市长协调会议第一次会议在成都召开。

3月17日

推动成渝地区双城经济圈建设四川重庆党政联席会议第一次会议因新冠肺炎疫情以视频会议形式召开。

3月23日

重庆市推动成渝地区双城经济圈建设动员大会召开。

3月31日

两省市党委联合印发《深化四川重庆合作推动成渝地区双城经济圈建设工作方案》，两省市党委办公厅联合印发《推动成渝地区双城经济圈建设工作机制》，两省市政府办公厅联合印发《深化四川重庆合作推动成渝地区双城经济圈建设2020年重点任务》。

4月

4月7日

重庆市委理论学习中心组（扩大）专题学习会暨推动成渝地区双城经济圈建设市领导集中调研成果交流会召开。

4月13日

重庆市推动成渝地区双城经济圈建设领导小组会议召开。

4月15日

中共重庆市第五届委员会第八次全体会议召开，审议通过《中共重庆市委关于立足"四个优势"发挥"三个作用"加快推动成渝地区双城经济圈建设的决定》。

4月17日

重庆市委编委批复同意在市发展改革委合作处加挂推动成渝地区双城经济圈建设统筹处，新设推动成渝地区双城经济圈建设政策协同处、项目推进处。

4月23日

四川省委编委批复同意在省发展改革委地区处加挂推动成渝地区双城经济圈建设统筹处，新设推动成渝地区双城经济圈建设政策协同处、项目推进处。

4月28日

深化川渝合作推动成渝地区双城经济圈建设两省市发展改革委主任2020年第三次调度会在重庆召开。

6月

6月9～11日

国家发展改革委推进城镇化办公室综合组组长、成渝地区双城经济圈建设规划纲要起草组副组长吴越涛率队到川渝开展调研。

附录一 大事记（2020年1月1日至2021年12月31日）

6月12日

重庆市委编办批复重庆市综合经济研究院增设推动成渝地区双城经济圈建设研究中心。

6月17日

遂潼川渝毗邻地区一体化发展先行区规划建设启动会在潼南召开。

7月

7月1日

万达开川渝统筹发展示范区规划建设启动会在重庆召开。

7月3~4日

川渝毗邻地区一体化发展成渝地区双城经济圈建设高端论坛在潼南举行。

7月10日

中共四川省第十一届委员会第七次全体会议在成都举行，审议通过《中共四川省委关于深入贯彻习近平总书记重要讲话精神、加快推动成渝地区双城经济圈建设的决定》。

7月13日

四川省推动成渝地区双城经济圈建设暨推进区域协同发展领导小组第一次会议在成都召开。

7月18日

推动成渝地区双城经济圈建设联合办公室2020年第四次主任调度会在成都召开。

7月27日

两省市政府办公厅联合印发《川渝毗邻地区合作共建区域发展功能平台推进方案》。

8月

8月3日

川渝高竹新区规划建设启动会在渝北召开。

同日，内江荣昌现代农业高新技术产业示范区规划建设启动会在内江召开。

8月26~27日

重庆市委常委、常务副市长吴存荣带队赴四川调研。

9月

9月8日

推动成渝地区双城经济圈建设联合办公室2020年第五次主任调度会在重庆召开。

9月16日

川渝两地各选派51名、50名优秀年轻干部互派挂职（顶岗）工作。

9月19日

中共中央政治局委员、国务院副总理刘鹤出席绵阳科技城建设部际协调小组会议。

9月23日

资大文旅融合发展示范区规划建设启动会在安岳召开。

同日，明月山绿色发展示范带规划建设启动会召开。

9月24日

泸永江融合发展示范区规划建设启动会在永川召开。

9月25日

万达开川渝统筹发展示范区创建工作推进会在重庆召开。

10月

10月12~16日

推动成渝地区双城经济圈建设专题研讨班在上海交通大学举办。

10月16日

中共中央政治局召开会议审议《成渝地区双城经济圈建设规划纲要》。

10月18日

中共重庆市委常委会召开会议,传达学习贯彻中央政治局会议精神,研究部署成渝地区双城经济圈建设工作。

10月19日

中共四川省委召开省委常委会会议,传达学习中央政治局会议审议《成渝地区双城经济圈建设规划纲要》的有关精神。

同日,遂潼川渝毗邻地区一体化发展先行区、川渝高竹新区建设总体方案专家评审会议在重庆召开。

10月28~29日

2020年成渝地区双城经济圈青年企业家峰会在荣昌举行。

10月30日

两省市政府办公厅联合印发川渝通办事项清单(第一批),要求95个高频政府服务事项年底前实现线上"全网通办"、线下"异地可办"。

11月

11月4日

国家发展改革委正式批复成达万高铁可研报告。

11月9日

合广长环重庆主城都市区经济协同发展示范区规划建设启动会在合川召开。

11月14日

成渝地区双城经济圈联合办公室2020年第六次主任调度会在成都召开。

11月25日

四川重庆常务副省市长协调会议第二次会议在重庆召开。

11月30日

重庆市政府第120次常务会审议贯彻落实《成渝地区双城经济圈建设规划纲要》有关文件及两省市领导联系双城经济圈建设重点项目工作机制、双城经济圈重点规划编制工作方案、双城经济圈便捷生活行动方案等文件。

同日，重庆市政府第 120 次常务会审议《遂潼川渝毗邻地区一体化发展先行区总体方案（送审稿）》《川渝高竹新区总体方案（送审稿）》。

12月

12月1日

城宣万革命老区发展示范区规划建设启动会在城口召开。

12月2日

中共重庆市委常委会会议审议贯彻落实《成渝地区双城经济圈建设规划纲要》有关文件及两省市领导联系双城经济圈建设重点项目工作机制、双城经济圈重点规划编制工作方案、双城经济圈便捷生活行动方案等文件。

12月7日

四川省政府第 59 次常务会议审议《遂潼川渝毗邻地区一体化发展先行区总体方案（送审稿）》《川渝高竹新区总体方案（送审稿）》。

12月11日

四川省委常委会会议审议贯彻落实《成渝地区双城经济圈建设规划纲要》有关文件及两省市领导联系双城经济圈建设重点项目工作机制、双城经济圈重点规划编制工作方案等文件。

12月14日

推动成渝地区双城经济圈建设重庆四川党政联席会议第二次会议以视频会议形式召开。会议深入学习贯彻党的十九届五中全会精神和习近平总书记关于推动成渝地区双城经济圈建设的重要讲话精神，共同研究贯彻落实双城经济圈建设规划纲要有关重点工作。

12月31日

川渝高竹新区、遂潼川渝毗邻地区一体化发展先行区获批设立。

同日，与川渝两地群众、企业等密切相关的 95 个服务事项已全部实现"川渝通办"。

同日，川南渝西融合发展试验区规划建设启动会在自贡召开，标志着川南渝西融合发展试验区规划建设正式启动，川南渝西地区开启新一轮协同发展之路。

2021年

1月

1月4日

四川省召开推动成渝地区双城经济圈建设暨推进区域协同发展领导小组第二次会议。

同日，两省市政府办公厅印发《推动成渝地区双城经济圈建设重点规划编制工作方案》和《成渝地区双城经济圈便捷生活行动方案》。

1月13日

最高人民法院出台《关于为成渝地区双城经济圈提供司法服务和保障的意见》。

2月

《国家综合立体交通网规划纲要》明确将京津冀、长三角、粤港澳大湾区和成渝地区双城经济圈四"极"列为国际性综合交通枢纽集群。

3月

3月5日

推动成渝地区双城经济圈建设联合办公室在永川召开2021年第一次主任调度会。

3月8日

两省市政府办公厅联合印发《成渝地区双城经济圈"放管服"改革2021年重点任务清单》《川渝通办事项清单（第二批）》。

3月30日

国家发展改革委组织召开城镇化工作暨城乡融合发展工作部际联席会议第二次会议，审议推动成渝地区双城经济圈建设2021年工作要点。

3月31日

川渝两地首个协同立法项目《重庆市优化营商环境条例》经重庆市五届人大常委会第二十五次会议通过，于7月1日实施。

4月

工业和信息化部批复支持重庆市和四川省建设成渝地区工业互联网一体化发展示范区。

4月15日

中国贸促会与四川省政府、重庆市政府签署三方合作协议《关于促进成渝地区双城经济圈建设合作协议》。

4月25日

推动成渝地区双城经济圈建设联合办公室印发《成渝地区双城经济圈建设2021年川渝合作共建重大项目名单》。

4月29日

推动成渝地区双城经济圈建设联合办公室2021年第二次主任调度会在成都召开。

5月

5月15日

推动成渝地区双城经济圈建设重庆四川常务副省市长协调会议第三次会议在成都召开。

5月22日

四川省委办公厅、省政府办公厅印发《关于建设具有全国影响力的重要经济中心的实施意见》《关于建设具有全国影响力的科技创新中心的实施意见》《关于建设改革开放新高地的实施意见》《关于建设高品质生活宜居地的实施意见》。

5月27日

推动成渝地区双城经济圈建设重庆四川党政联席会议第三次会议在重庆市永川区召开，审议《汽车产业高质量协同发展实施方案》《电子信息产业协同发展实施方案》《加强重庆成都双核联动引领带动成渝地区双城经济圈建设行动方案》等文件。

同日，重庆市·四川省共建具有影响力的科技创新中心2021年重大项目举行集中开工。

6月

6月7日

国家发展改革委、交通运输部联合印发《成渝地区双城经济圈综合交通运输发展规划》。

6月17日

两省市人民政府联合在上海举办成渝地区双城经济圈全球投资推介会。

6月27日

成都天府国际机场正式投入运营。

7月

7月15日

推动成渝地区双城经济圈建设联合办公室2021年第三次主任调度会在重庆召开。

8月

人力资源和社会保障部与两省市人民政府签署《推动成渝地区双城经济圈建设深化人力资源社会保障战略合作协议》。

8月17日

国家发展改革委正式批复成渝中线铁路（含十陵南站）可行性研究

报告。

8月23日

四川省召开推动成渝地区双城经济圈建设暨推进区域协同发展领导小组第三次会议。

9月

9月26日

推动成渝地区双城经济圈建设联合办公室2021年第四次主任调度会在成都召开。

同日，成渝中线高铁建设全面启动。

10月

10月20日

中共中央、国务院印发的《成渝地区双城经济圈建设规划纲要》发布。

11月

11月15日

成都市推动成渝地区双城经济圈建设工作领导小组办公室正式印发《发挥区（市）县改革创新主体作用推动成渝地区双城经济圈建设工作方案（2021~2025）》。

12月

12月1日

正式取消川渝两地间座机通话长途费，实现全国首例跨省级行政区域固定电话通信资费一体化。

12月14日

推动成渝地区双城经济圈建设重庆四川党政联席会议第四次会议在四川省宜宾市举行。会议深入学习贯彻党的十九届六中全会精神和习近平总书记关于推动成渝地区双城经济圈建设的重要讲话精神，贯彻落实《成渝地区双城经济圈建设规划纲要》，携手推动双城经济圈建设走深走实。

12月27日

川渝高竹新区管理机构正式揭牌。高竹新区28个重点项目集中签约落地，这一全国唯一实体化运行的跨省域共建新区步入发展快车道。

12月30日

重庆市委、四川省委、重庆市政府、四川省政府联合印发《重庆四川两省市贯彻落实〈成渝地区双城经济圈建设规划纲要〉联合实施方案》。

B.11
附录二 成渝地区双城经济圈综合交通运输发展规划

目　录

- 一　规划基础
- 二　总体要求
  - （一）指导思想
  - （二）基本原则
  - （三）发展目标
- 三　构建高品质对外运输网络
  - （一）畅通陆海互济、四向拓展运输大通道
  - （二）建设高水平国际枢纽集群
- 四　完善成渝"双核"辐射综合交通网络
  - （一）打造高效互联城际交通网
  - （二）构建都市圈通勤交通网
  - （三）分类推进大中小城市综合交通网络建设
  - （四）优化城乡融合交通网络
- 五　打造高品质出行服务系统
  - （一）优化综合客运枢纽衔接
  - （二）完善多样化城际客运服务
  - （三）提高都市圈通勤服务品质
  - （四）推动城乡客运服务均等化

（五）培育壮大枢纽经济新业态

（六）打造美丽宜游交通系统

六　构建高效率物流体系

（一）提升国际物流服务能力

（二）推进物流枢纽建设

（三）提升多式联运水平

（四）提高城乡货运效率

（五）推动物流与制造业融合

七　提升绿色智能安全发展水平

（一）推动绿色低碳可持续发展

（二）打造全国智能交通发展高地

（三）全面提升建设运营安全水平

八　创建一体化协同治理样板

（一）建立规划共绘机制

（二）建立设施共建机制

（三）建立服务共享机制

（四）建立运营共管机制

（五）有序推进毗邻地区交通融合发展先行先试

九　保障措施

（一）加强组织保障

（二）加大政策支持

（三）优化标准体系

（四）强化规划引领

十　环境影响评价

（一）环境影响分析

（二）预防和减缓不良影响的对策措施

为贯彻落实《中华人民共和国国民经济和社会发展第十四个五年规划和2035年远景目标纲要》《成渝地区双城经济圈建设规划纲要》《国家综合立体交通网规划纲要》，加快推动成渝地区双城经济圈综合交通运输体系高质量发展，编制本规划。规划期至2025年，展望到2035年。

一 规划基础

改革开放特别是党的十八大以来，成渝地区双城经济圈综合交通网络加快完善，运输服务水平显著提升，交通一体化发展取得明显成效，有力支撑了经济社会发展。一是内畅外达的综合交通网络初步形成。基本建成以干线铁路、高速公路和长江黄金水道为主体的多向对外联系通道，多层次轨道交通网络骨架逐步形成，公路连通覆盖水平显著提升。二是一体衔接的综合交通枢纽初具优势。建成一批集多种运输方式的立体换乘、无缝衔接综合交通枢纽，国际航空枢纽基本形成，长江上游航运中心地位凸显，国际铁路港功能领先，围绕枢纽的土地综合开发利用取得突破性进展。三是集约高效的运输服务水平不断提升。机场旅客吞吐量、中欧班列开行量位居全国前列，铁路公交化运营、省际城际公交开行和铁海铁水联运稳步推进，成渝"双核"之间基本实现1小时通达。四是协同联动的体制机制初见成效。以规划编制、重大项目建设等为重点，初步建立横向联动、纵深推进的协同工作机制，重点领域合作持续深化。

对标高质量发展要求，成渝地区双城经济圈交通基础设施瓶颈依然明显，综合交通运输发展质量和效益还有较大提升空间。一是对外运输通道不畅。部分出渝、出川大通道能力有待提升，长江上游内河航道能力受限。二是互联互通仍有短板。规划城际铁路建设进展滞后，高速公路繁忙路段通而不畅，三峡水运通道"中梗阻"，毗邻地区路网连通性不足。三是枢纽辐射带动力不强。成都—重庆国际性综合交通枢纽能级不高，东出、北上、南下等门户型枢纽发展不足，航空口岸机场偏少。四是运输服务质量不优。城际间联程联运出行不便捷，货物多式联运发展缓慢，物流成本偏高，智能安全水平有待提升。五是绿色低碳化水平不高。运输结构不尽合理，绿色运输、出行比例偏低，新能源与清洁能源公交车比例不高，机场、码头场内燃油车辆替代进展缓慢。六是协调机制尚不健全。跨区域规划、建设、运营、管理等统筹协调尚不到位，市场政策不统一，数据资源共享存在壁垒。

当今世界正经历百年未有之大变局，新一轮科技革命和产业变革深入发展，我国已转向高质量发展阶段，立足新发展阶段，贯彻新发展理念，加快形成以国内大循环为主体、国内国际双循环相互促进的新发展格局，推动共建"一带一路"高质量发展，实施长江经济带发展、西部大开发等重大战略，赋予成渝地区双城经济圈新的定位，对综合交通运输发展提出了新的更高要求。一是建设具有全国影响力的重要经济中心，要求打造高品质综合立体交通网络，提高运输效率、降低运输成本，支撑产业、人口及生产要素高效流动集聚，提升参与全球资源配置能力和整体经济效率，服务构建新发展格局。二是建设具有全国影响力的科技创新中心，要求抢抓新一轮科技革命发展机遇，加快5G、人工智能、大数据等与交通运输深度融合，推动交通运输成为新科技示范应用的重要场景，提升智能化水平。三是建设改革开放新高地，要求创新交通一体化发展机制，畅通对外开放大通道，建设国际门户枢纽，积极融入长江经济带发展、"一带一路"和西部陆海新通道建设，提升对外开放和区域协作水平。四是建设高品质生活宜居地，要求加快转变交通运输发展方式，集约节约利用资源，优化运输结构，全方位提升运输服务品质，满足多样化、个性化运输需求。

二 总体要求

（一）指导思想

以习近平新时代中国特色社会主义思想为指导，深入贯彻党的十九大和十九届二中、三中、四中、五中全会精神，立足新发展阶段、贯彻新发展理

念、构建新发展格局，坚持稳中求进工作总基调，以推动高质量发展为主题，以深化供给侧结构性改革为主线，以改革创新为根本动力，以满足人民日益增长的美好生活需要为根本目的，落实加快建设交通强国要求，紧扣"两中心两地"发展定位，以打造"轨道上的双城经济圈"为重点，优化完善基础设施网络，强化成渝地区对外交通、城际交通、都市圈交通合理布局和高效衔接，全面推进设施内外联通、管理高效协同、服务一体便捷，构建安全、便捷、高效、绿色、经济的现代化综合交通运输体系，有力支撑成渝地区双城经济圈建设。

（二）基本原则

双核引领、衔接高效。以强化重庆、成都"双核"联系及对外联通、开放辐射为重点，统筹推动大中小城市发展和乡村振兴，构建以轨道交通为骨干，多种运输方式高效协同、多类产业融合发展的综合交通运输体系。

立体互联、创新驱动。促进交通通道由单一向综合、由平面向立体发展，注重提高地下空间使用效率，减少对空间的分割。加快新技术系统集成应用，全面赋能基础设施升级、运输组织优化和治理能力提升，促进新业态、新模式健康发展。

低碳环保、绿色安全。落实长江大保护要求，降低生态空间占用和资源能源消耗，加强污染防治，有效控制碳排放。提升交通运输适应气候变化、应对自然灾害和突发事件能力，增强发展韧性。改革开放、合作共建。深化重点领域和关键环节改革，服务推动更高层次开放。强化协同对接，打破行政分割和市场壁垒，实现成渝地区双城经济圈运输市场、运输组织服务一体化。

（三）发展目标

到2025年，以补短板、强弱项为重点，着力构建多种运输方式无缝衔接的综合立体交通网络。一体衔接联通设施网络总体形成。对外运输大通道、城际交通主骨架、都市圈通勤网基本完善。

——基本建成"轨道上的双城经济圈，轨道交通总规模达到10000公里以上，其中铁路网规模达到9000公里以上。大宗货物年运量150万吨以上的大型工矿企业、新建物流园区铁路专用线力争接入比例达到85%，长江干流主要港口基本实现铁路进港。公路通达能力进一步提升，高速公路通车里程达到15000公里以上。

——内外通达服务能力大幅提升。世界级机场群航线网络通达全球，国际航空枢纽地位日益凸显，重庆长江上游航运中心基本建成，国际铁路港竞争力进一步提升。

——重庆、成都"双核"之间以及"双核"与成渝地区双城经济圈区域中心城市、主要节点城市1小时通达，重庆、成都都市圈内享受1小时公交化通勤客运服务。

——智能绿色安全发展水平明显提高。5G网络覆盖交通重点场景，重庆、成都中心城区绿色出行比例超过70%，公交、环卫、邮政、出租、轻型物流配送全部使用新能源或清洁能源车辆，交通环境污染和碳排放联防联治取得积极成效，安全水平明显提升。

——共绘共建共享共治机制更加健全。港口、机场等领域协调发展取得更大进展，一体化的市场管理政策、协调机制基本建立。到2035年，以一体化发展为重点，全面建成设施互联互通、运行智能安全、服务优质高效的现代化综合交通运输体系，全面实现对外开放通道通欧达海、立体互联，重庆、成都国际门户枢纽联通全球，运输组织水平、创新能力、体制机制一体化合作国内领先。

三 构建高品质对外运输网络

依托国家综合立体交通网主骨架，主动服务和融入国家重大发展战略，加快构建陆海互济、四向拓展的综合运输大通道，实现国内通达、国际开放，支撑打造内陆开放战略高地。

（一）畅通陆海互济、四向拓展运输大通道

完善综合运输通道格局。加强与国家综合立体交通网衔接，向东强化与

长三角、粤港澳大湾区连通，通江达海；向西融入亚欧通道，打通出疆入藏战略通道；向南畅通西部陆海新通道，辐射东南亚、南亚；向北衔接京津冀地区、中蒙俄国际经济走廊，对接东北亚地区。有效发挥成渝地区双城经济圈带动作用，畅通与秦巴山区、武陵山区、乌蒙山区、涉藏地区、大小凉山彝区等周边欠发达地区的运输通道，支持川陕革命老区完善交通基础设施网络。

专栏1 对外综合运输通道布局

1 东向通道

依托长三角—成渝主轴，沿长江经济带通往长江中游城市群、长三角城市群。依托粤港澳—成渝主轴，经遵义、桂林至粤港澳大湾区。沿厦蓉通道，经长株潭通往福建，衔接海上丝绸之路。

2 西向通道

沿川藏通道经林芝至樟木，通往中尼印和孟中印缅经济走廊。向北经兰西，沿大陆桥走廊经乌鲁木齐至霍尔果斯/阿拉山口，对接新亚欧大陆桥、中国—中亚—西亚、中巴等国际经济走廊。

3 南向通道

沿西部陆海新通道，通往北部湾出海口（北部湾港、洋浦港），衔接中国—中南半岛国际经济走廊。沿成渝昆通道经滇中，连接瑞丽、磨憨、河口等边境口岸，衔接孟中印缅国际经济走廊。

4 北向通道

依托京津冀—成渝主轴，沟通关中平原城市群，连接京津冀地区、呼包鄂榆城市群，并通过二连浩特、甘其毛都等口岸，对接中蒙俄国际经济走廊。

优化综合交通运输网络布局。以高速铁路、普速干线铁路建设为重点，推动沿江、陆海等对外运输通道加速形成，高质量建设川藏铁路，全面推进沿江高铁建设，推进实施一批普速铁路，恢复沪汉蓉铁路货运功能。加快构建广安经南充至成都等快速通道，实现相关区市与成都、重庆快速连通。着力完善高速公路网络，畅通对外高速公路通道，加快国家高速公路繁忙路段扩能改造，打通省际待贯通路段。推进国省干线剩余待贯通路段建设、低等级路段升级改造以及拥堵路段扩容，提高干线路网运行效率。充分发挥长江黄金水道功能，健全以长江干线为主通道、重要支流为骨架的航道网络，加快长江上游干支航道整治和梯级渠化，全面畅通岷江、嘉陵江、乌江、渠江等航道，探索有效疏解三峡枢纽瓶颈制约方案。共同推进油气输送管道及配套设施建设。

专栏 2　综合交通运输网络重点项目

1　高速铁路

推进建设重庆至昆明、重庆至万州、西宁至成都、成都至达州至万州等铁路。开工建设重庆至西安、重庆至宜昌、成渝中线等高速铁路。规划研究重庆至贵阳等高速铁路。

2　普速铁路

推进建设隆黄铁路叙永至毕节段。开工建设黄桶至百色铁路及隆黄铁路隆昌至叙永段、成渝铁路成都至隆昌段扩能改造工程等西部陆海新通道西线补短板项目。规划研究安康至张家界、广安至涪陵至柳州铁路以及广元至达州至万州、内江至宜宾等铁路扩能改造工程。

3　国家公路

加快建设 G0615 久治至马尔康、G4216 新市至攀枝花、G4218 康定过境段、G8513 九寨沟至绵阳、G69 城口至开州、G6911 镇坪至巫溪（重庆段）和奉节至建始（重庆段）等高速公路和国道剩余待贯通路段建设、低等级路段升级改造以及拥堵路段扩容，力争开工建设 G0611 汶川至川主寺等高速公路。全面推动 G318 川藏公路提质改造，开展 G4218、G4217 等国家高速公路远期展望线项目前期研究。

4　干线航道

加快建设长江朝天门至涪陵河段、羊石盘至上白沙水道、渠江等航道整治工程，嘉陵江利泽、乌江白马、岷江犍为、龙溪口等航电枢纽。推进岷江老木孔、东风岩、张坎、嘉陵江水东坝、渠江风洞子等航电枢纽工程，岷江龙溪口至宜宾段、嘉陵江草街库尾、乌江白马至彭水、渠江达州至广安等航道建设整治工程。积极研究岷江板桥航电枢纽、嘉陵江井口航运枢纽等级提升工程可行性。

5 油气管道及储气设施

开工建设川气东送二线管道项目及配套威远泸州自贡区块页岩气集输干线、川气外联、渝西天然气管网等管道工程和西南百亿立方米级储气调峰基地，打通广西经贵州、重庆入川成品油管道，推进兰成渝成品油管道与遵义—重庆成品油管道互联互通。

（二）建设高水平国际枢纽集群

完善综合交通枢纽体系。优化国际性、全国性和区域性综合交通枢纽布局，形成分工明确、功能清晰、有机衔接的综合交通枢纽体系。重点打造以成都、重庆为中心的成渝地区双城经济圈国际性综合交通枢纽集群，发挥通达全球、衔接高效、功能完善的交通中枢作用。推进泸州—宜宾、万州—达州—开州全国性综合交通枢纽建设，强化南充、遂宁、广安、绵阳、内江、自贡、乐山、黔江等区域性综合交通枢纽衔接带动作用，优化不同层次枢纽城市分工协作。

推进世界级机场群建设。统筹区域航空运输需求和机场功能定位，重点提高成都、重庆国际航空枢纽综合保障能力和服务水平，逐步提升国际枢纽竞争力。科学有序推进一批支线机场建设，完善区域机场布局。充分挖掘既有综合性机场货运设施能力，提升服务品质和使用效能。拓展航空枢纽航线网络，新开和加密国内外航线航班，扩大面向欧美、"一带一路"沿线国家的航权开放。强化机场与多层次轨道交通有效衔接，提升机场集疏运能力。统筹军民航发展需求，优化空域结构，提升空域资源配置使用效率，加快通用航空发展。

专栏3 机场群重点工程

高质量建成成都天府国际机场，加快推进重庆江北机场改扩建工程，实施成都双流机场提质增效改造。推进阆中、达州（迁建）、乐山等机场建设，以及遂宁、广安等机场前期工作。规划研究重庆新机场、雅安、内江机场建设。

共建重庆长江上游航运中心。加强港口分工协作，构建结构合理、功能完善的港口集群，形成以重庆长江上游航运中心为核心，以泸州港、宜宾港等为骨干，其他港口共同发展的总体格局。提升长江上游港口码头装卸作业和货物集散能力，建成一批进港铁路专用线和配套设施，推动江海联运、水水中转。组建长江上游港口联盟，推进港口企业间加强合资合作，加强与上海国际航运中心对接合作。进一步提升长江上游航运中心内河航运交易、信息、人才、金融、保险、船舶检测认证等功能，打造要素集聚、功能完善的港航服务体系。

四 完善成渝"双核"辐射综合交通网络

以轨道交通为骨干、公路网络为基础，推进一体化综合交通网络建设，基本形成成渝"双核"之间、"双核"与两翼等区域中心城市之间1小时交通圈、通勤圈，分类打造绿色高效城市综合交通体系，优化城乡融合交通网络。

（一）打造高效互联城际交通网

以重庆、成都为核心，优先利用干线铁路富余能力开行城际列车，适当新建城际铁路，构建以成渝主轴为骨架、双核放射为主体、其他节点城市连接为补充的城际铁路网。优化城际快速路网，实施成渝扩容、遂渝扩容、大竹至垫江等一批高速公路工程，强化城际间高速公路互联互通。实施城际快速路功能提升工程，优化干线公路与城市道路衔接，疏通主要节点城市进出通道。推动普通国省道改造升级，加强毗邻地区县乡道路互联互通，打通瓶颈路和"宽窄路，完善防护栏、减速带、标志标线、信号灯等设施。有序推进支线航道建设。

专栏 4　城际交通网重点工程

1　城际铁路

推进建设川南城际铁路内江至自贡至泸州段。开工建设绵阳至遂宁至内江等城际铁路。规划研究成都外环等城际铁路。研究论证重庆至自贡至雅安城际铁路。

2　高速公路

加快成渝、渝遂、渝泸、渝邻、成自泸赤、成绵广、成渝地区环线等高速公路繁忙路段扩容改造。推动毗邻地区互联互通，建设重庆至合江至叙永、泸州至永川、大足至内江、铜梁至安岳、南充至潼南、大竹至垫江、开江至梁平等高速公路。

（二）构建都市圈通勤交通网

加强重庆都市圈、成都都市圈轨道交通、道路交通、公交线路对接，打造1小时通勤圈。推进干线铁路、城际铁路、市域（郊）铁路融合建设，并做好与城市轨道交通衔接协调，打造"轨道上的都市圈"，优先利用干线铁路、城际铁路富余能力开行市域（郊）列车，有序新建部分都市圈市域（郊）铁路，有机衔接中心城区城市轨道交通。推进重庆中心城区与渝西地区融合发展，推动广安全面融入重庆都市圈，加快推动成德眉资同城化发展。加强干线公路与城市道路有效衔接，疏通主要节点城市进出通道，加强城郊道路改造升级，加快道路安全设施建设。推进实施成都东西城市轴线、天府大道北延线等一体化交通项目，推动都市圈交通同城同网。强化中心城市与郊区新城交通衔接。

专栏 5　都市圈通勤交通网重点工程

1　市域（郊）铁路

推进重庆至合川、重庆至江津、璧山至铜梁等市域（郊）铁路建设。

规划研究重庆都市圈环线及成都都市圈等市域（郊）铁路。

2 都市圈道路

加快实施梓州大道南延线、天府大道眉山段、成资大道、两江新区至长寿、两江新区至涪陵等项目。规划研究重庆主城至永川、合川及綦江、万盛等项目。

（三）分类推进大中小城市综合交通网络建设

有序推进重庆、成都城市轨道交通规划建设，完善多层次轨道交通枢纽功能布局，优化城市道路网结构，提高路网密度，形成城市快速路、主次干路和支路合理配置的道路网络，打通"断头路"，畅通微循环。绵阳、南充、泸州、宜宾、达州、万州、黔江等城市，要充分发挥地面公交主体作用，加强步行和自行车交通系统、城市停车设施建设。城区常住人口在100万人及以下城市，建立地面公交骨干通道，因地制宜打造优越的步行和自行车出行环境，积极倡导绿色出行。

（四）优化城乡融合交通网络

加强县城公共停车场、公路客运站等补短板强弱项建设，提升县城道路交通设施服务能力。有序推进各市、县中心城区与外围乡镇间干线公路提档升级，改造一批串联重要枢纽、旅游景区、交通量大的国省干线公路，推动重要经济节点和中心乡镇实现三级及以上等级公路连通。全面推进"四好农村路"建设，逐步提高农村公路通达通畅深度并向一定规模自然村延伸，有序推进乡村旅游路、资源路、产业路等建设。加强农村公路桥梁安全隐患排查整治。深化农村公路管养体制改革，加快实施农村公路路网改善工程。推进交通建设项目尽量向进村入户倾斜，加强通村公路和村内道路连接，统筹规划和实施农村公路的穿村路段，兼顾村内主干道功能，补齐村内道路、村级公交站点设施短板。

五 打造高品质出行服务系统

按照"出行即服务"发展方向，加快构建便捷舒适、服务优质的客运服务系统，积极推进旅游交通便捷服务网络建设，满足多样化、个性化的美好出行需要，支撑打造高品质生活宜居地。

（一）优化综合客运枢纽衔接

以成都天府国际机场、成都天府站、简州站、重庆东站、重庆科学城站等为示范，高质量打造综合客运枢纽"零距离"立体换乘体系，有效衔接长途公路客运、城市轨道、地面公交等。加强重点枢纽站场之间互联互通，推进机场、火车站、重要港区集疏运铁路和公路建设。推进成都站、成都南站、十陵站、重庆站、重庆江北国际机场等既有综合客运枢纽改扩建，提升一体化衔接换乘水平。

> **专栏6 综合客运枢纽重点工程**
>
> 推进成都天府国际机场、成都天府站、资阳西、遂宁、南充北、达州南、广安东、泸州东、自贡东、宜宾、雅安、内江北、绵阳、德阳、乐山、眉山东、永川南、江津南、大足石刻、铜梁、长寿北、涪陵北、万州北、黔江、合川东等综合客运枢纽建设或改扩建。

（二）完善多样化城际客运服务

推动多层次轨道交通网络运营管理衔接融合，研究建立一体化建设运营机制，推广交通"一卡通""一票式""一码畅行"，加快实现运营公交化。在重庆都市圈、成都都市圈、广安川渝合作示范区、万达开川渝统筹发展示范区、川南渝西融合发展试验区等率先推动交通出行"同城待遇"。加强轨道交通与主要机场的衔接，探索空铁联程联运新技术、新模式。推进具备条件的毗邻地区开行跨省、跨市公交线路，开展跨运输方式异地候机候车、行李直挂等业务。

（三）提高都市圈通勤服务品质

推动城际铁路、市域（郊）铁路实现公交化运营，发展"站站停"与"大站停"相结合的灵活运输组织模式，提供多样化、便捷化出行服务。鼓励和规范发展道路客运定制服务。积极推进干线铁路、城际铁路与城市轨道安检互信，逐步统一都市圈公共交通一卡互通、票制资费标准，推行月票、年票、积分等多样化票制。

（四）推动城乡客运服务均等化

完善级配合理的城乡路网和衔接便利的客运网络，推进城乡客运网络有序对接，鼓励公交线网布局向农村延伸，有序推动近郊班线公交化。扩大村级公交站点覆盖范围，实施乡村客运"金通工程"，打造统一规范、服务一流、管理高效、人民满意的乡村客运服务品牌，推动乡村客运与城市公交有效接驳。稳步发展农村客运预约响应式服务。

（五）培育壮大枢纽经济新业态

以民用运输机场、高铁客运站点、轨道交通站点、大型公交枢纽、国家物流枢纽、港口等为重点，推动一体规划、设计、开发、建设和运营，大力发展枢纽经济，激发城市新动能。加快建设成都和重庆临空经济示范区，发展现代服务业、高端制造业等临空产业。推行TOD开发模式，以轨道交通站点为中心，合理规划站点地区开发范围、业态和规模，形成满足居住工作、购物娱乐、公共服务等需求的多功能、绿色低碳社区，实现城市高质量发展。以重庆、泸州、宜宾等港口为主，发展港航物流、临港工业、商贸旅游等临港产业。

（六）打造美丽宜游交通系统

积极推进交通与旅游融合发展，构建成渝城际一体化旅游新模式，打造贯通四川、重庆的文化遗产探秘、自然生态体验、红色文化体验等一批交旅融合精品线路，加快推进成都西部片区国家城乡融合发展试验区旅游轨道交通环线工程、龙泉山城市森林公园环线公路工程建设，加快高速公路服务区向交通服务、智慧绿色、旅游消费等复合功能型服务区转型。布局建设自驾游营地，推出特色化、品质化旅游产品。共同打造川渝水上旅游圈，鼓励发展水上都市一日游、城市夜游、长途休闲慢游等精品旅游项目。完善城市慢行交通体系，构建城市健康休闲绿道系统，建设成都天府绿道体系，打造安心舒适的慢行交通环境。

六　构建高效率物流体系

以重庆、成都国家物流枢纽为核心，建设多层次物流枢纽，合力强化国际物流服务网络，提升多式联运和城乡货运物流服务水平，推动物流与制造业融合发展。

（一）提升国际物流服务能力

做优做强中欧班列品牌，打造西部陆海新通道班列运输品牌，推动南向陆海联运提质增效，提升贯通亚欧大陆的国际陆路新通道运输水平。加快中欧班列集结中心建设，强化重庆团结村、成都城厢铁路物流基地中欧班列枢纽集结作用，统筹共建中欧班列运营平台和西部陆海新通道物流运营平台，加速完善成渝中欧班列和西部陆海新通道海铁联运班列市场化运营机制、全程仓配体系、运贸一体模式、供应链金融服务等，打造满足跨国企业需求的全球供应链综合服务中心。拓展完善国际航空货运航线网络，优化货运航线航班管理，培育壮大国际航空货运企业。主动拓展国际市场、加强境外投资合作，打通至中亚、俄罗斯及欧洲的西向、北向跨境道路货运线路，畅通至东南亚的南向跨境道路货运线路。依托长江黄金水道和沿江铁路，完善江海联运、铁海联运、公铁联运服务体系，打通与日韩及欧美等国家和地区的国际贸易大通道。鼓励成渝地区枢纽机场发展全货机航空运输，开辟国际货运航线，补齐航空货运短板。探索"一单制"金融创新，率先实现国际货物运输"一次委托、一口报价、一单到底、一票结算。

（二）推进物流枢纽建设

强化重庆、成都、遂宁、达州、泸州国家物流枢纽功能，依托多模式集疏运网络衔接万州、涪陵、长寿、江津、宜宾、自贡、南充、雅安等区域性物流中心，形成功能完备、层次分明、布局合理的物流枢纽体系。加快打造重庆内陆国际物流分拨中心和运营组织中心、成都—德阳国际铁路港，推进重庆团结村集装箱中心站、重庆鱼嘴铁路货运站、成都天府国际机场空港铁路货站、成都龙泉驿铁路货站、泸州江北物流园区一期工程等建设。实施铁路枢纽改造工程，新建和改扩建一批具有集装箱办理能力的铁路货运基地，提高铁路货运服务能力，增强铁路班列始发直达和集零成整的中转能力。实施公路货运枢纽改造工程，新建或改扩建一批具有集货运集散、仓储配送、信息交易等功能的公路货运枢纽，推动公路专线、零担货运向实体平台或线上交易平台集中。

（三）提升多式联运水平

实施多式联运示范工程，建设一批多式联运物流园区，加快建设中新（重庆）多式联运示范基地、成都天府国际空铁公多式联运物流港、成都国际铁路港多式联运项目。加快发展铁水、公铁联运和"一单制"联运服务。以至上海洋山集装箱运输、宁波舟山港大宗散货及集装箱运输为重点，大力发展江海直达运输，优化"沪渝直达快线"运行机制，加密沪蓉直达班列，提高通关效率。加强陆水、港航联动，开通往返主要港口的"水上穿梭巴士"和铁水联运班列，构建统一运营品牌，完善多式联运枢纽集疏运体系，推进铁路专用线、公路连接线建设。积极推进长江上游船型标准化，统一转运、装卸场站等设施标准，完善货物装载要求、危险品界定等作业规范，加强物流票证单据、服务标准协调对接。积极培育多式联运承运人，支持企业、协会、联盟加强业务协同，推动使用货运电子运单。支持高铁快运、电商快递班列、多式联运班列发展。

（四）提高城乡货运效率

推进城市绿色货运配送示范工程，加快构建以综合物流中心、公共配送中心、末端配送网点为支撑的城市配送网络，鼓励发展共同配送、统一配送、即时递送等组织模式。加快快递扩容增效和数字化、智能化转型。加快培育农村物流服务品牌。完善农村寄递物流网络，促进城乡物流双向顺畅流通，推动具备条件的行政村实现农村物流快递服务全面覆盖。加快生鲜农产品及食品全程冷链物流体系建设，推进农产品产地"最先一公里"预冷、保鲜等商品化处理，以及面向城市消费者"最后一公里"的低温加工配送等设施建设。积极发展无人机（车）物流递送、城市地下物流配送等。

（五）推动物流与制造业融合

加强物流业制造业有机衔接，统筹做好工业园区与物流枢纽、铁路专用线等物流基础设施规划布局和用地安排。依托专业化第三方物流信息平台，加快推动大型工业园区、产业集聚区、物流枢纽等互联互通，实现物流信息全程透明化和可追溯，提升对高端制造业支撑能力。积极探索区块链、5G等新兴技术在物流信息共享和物流信用体系建设中应用。围绕国际产能合作重点领域，推动骨干制造企业与物流、快递企业合作开辟国际市场，打造安全可靠的生产型寄递物流体系，培育一批具有全球采购、全球配送能力的国际供应链服务商。发展面向集成电路、生物制药、高端电子消费产品、高端精密设备等高附加值制造业的全流程航空物流，促进"买全球、卖全球"。加快物流与制造业融合发展体制机制改革，降低制造业物流成本。

七 提升绿色智能安全发展水平

将生态优先、绿色发展理念贯穿综合交通运输体系建设全过程，以科技创新为引领，加快推动5G、物联网、大数据、人工智能等先进技术在交通领域应用，增强综合交通运输发展韧性。

（一）推动绿色低碳可持续发展

优化调整运输结构，推进大宗货物运输"公转铁、公转水"，提升钢铁、煤炭、有色、化工等大型企业的铁路、水路集疏运比重。集约节约利用通道、线位、土地等资源，统筹建设基础设施网络。加强充电、加气、加氢基础设施建设，加快新能源和清洁能源汽车、船舶推广应用。强化船舶和港口污染防治，促进港口船舶污染物接收设施与城市公共转运处置设施有效衔接，落实船舶排放控制区政策，强化船用燃油监管协调机制。加快推进船舶靠港使用岸电。加快推动机场场内通勤、摆渡、牵引等地勤电动车更新替代，全面建成辅助动力装置（APU）岸电替代。

（二）打造全国智能交通发展高地

构建基于北斗、物联网等先进技术的智能交通系统，推动智慧城市基础设施和智能网联汽车协同发展，推进车联网和车路协同技术创新应用。以拥堵路段、事故多发路段等为重点，推进基础设施数字化、智能化改造。推动成渝、成遂渝智慧高速公路建设，鼓励建设融合智能停车、能源补给、救援维护等功能的现代智慧服务区。以内河主要港口为重点，推动既有码头、堆场运行智能化改造升级。推动智慧航道建设，提高航运服务效率。实施智慧机场工程，提升旅客出行全流程便捷化水平。推动跨地区、跨领域、跨行业数据实时共享，提高交通运输协同治理和运输服务水平。推进成都公园城市示范区智慧交通基础设施建设。

（三）全面提升建设运营安全水平

强化基础设施运行状态监测，加强骨干线路、高铁客运站、民用运输机场等重点环节安全监管能力建设，完善安全防护设施。加快危旧桥改造、隐患隧道整治、灾害易发路段防治、渡口渡船提档升级、撤渡建桥、老旧车船更新改造。强化公路运输超载超限治理，大力推进货车车型标准化。研究制定应急交通运输体系实施方案，加强交通运输安全防控关键技术和装备研

发，建立危险化学品道路运输数据"一张网"，畅通跨地区、跨部门间信息协同共享渠道，建立健全多部门联动应急机制和科学有效的应急能力评估机制。优化专业应急救援力量布局，加强消防救援等应急救援基础设施建设和装备配备、物资储备，建立完善应急救援力量、装备、物资跨区域快速投送机制，建立以企业为主体的应急队伍。充分考虑煤炭等能源产品调入运输需求，加强货运能力保障。研究建设国家级城市轨道交通（西南片区）应急演练中心，持续开展多种形式的实战演练演习。

八 创建一体化协同治理样板

创新协同治理体制机制，以要素市场化配置改革为指引，探索共建共享利益联结机制，搭建联合建管平台，协调解决交通基础设施投资、建设、运营等重大问题，推进一体化发展。

（一）建立规划共绘机制

建立跨省（市）综合交通运输规划联动工作机制，以央地联动方式统筹推进重大交通规划编制工作，协调解决跨区域交通基础设施规划布局、走向等重大问题，协同制定交通建设三年行动计划和分年度工作方案。

（二）建立设施共建机制

统筹推进跨省（市）交通基础设施项目技术标准、建设时序、建设进展等协调统一。探索开展跨省（市）交通基础设施项目建设共同审批试点。建立省际互联互通项目储备库。构建多元化投融资模式，支持民营企业参与交通基础设施建设。探索对重大交通基础设施实行共同出资、交叉持股，强化协同合作、互利共赢。

（三）建立服务共享机制

加强跨省（市）运输服务标准和监管制度衔接，建立跨区域运输服务联合运营管理机制。强化政策协同，推动形成统一开放、竞争有序的交通运输大市场，促进资本、人才、数据等要素跨区域自由流动。

（四）建立运营共管机制

加强区域联合执法，建立公路治超、运输船舶污染物监管、"两客一危"案件协查等常态化联动监管机制。探索推进区域内交通运输行政审批"无差别化"受理，推进大件运输一地办证、全线通行。推动两地运输服务证照资质互认，推进异地证照办理。探索市场信用修复、信用报告等同步互认，推动两地"红黑名单"共享互查。

（五）有序推进毗邻地区交通融合发展先行先试

以一批毗邻地区作为试点，加快基础设施共建、深化交流合作、探索省际通道项目共同审批，率先建立跨区域交通一体化机制。推进运输服务共享先行先试，因地制宜推进毗邻地区客运一体化发展。在不新增地方政府隐性债务的前提下，推进投融资模式创新，协同建立毗邻地区交通融资平台，推动资金共筹、风险共担、利益共享。

专栏7　毗邻地区交通融合发展试点

建设万达开川渝统筹发展示范区、川南渝西融合发展试验区、川渝高竹新区、遂宁潼南川渝毗邻地区一体化发展先行区、资阳大足文旅融合发展示范区等。

九　保障措施

按照成渝地区双城经济圈发展总体要求，把交通一体化作为先行领域，实现规划同图、建设同步、运输衔接、管理协同。

（一）加强组织保障

川渝两省（市）要按照职能分工完善相关政策配套措施，加强省部际合作。国家发展改革委、交通运输部牵头协调推进重大政策落实、重大项目建设，为本规划实施创造条件。川渝两省（市）要紧密结合发展实际，细化落实本规划确定的主要目标和重点任务。国家发展改革委、交通运输部会同有关部门将适时开展中期评估，根据规划落实情况及时动态调整。

（二）加大政策支持

加强债务风险防控，建立并强化交通运输发展规划与资金保障协同机制，防止过度举债。在切实防范地方政府债务风险的前提下发行地方政府债券。推动绿色、低碳交通项目进入绿色项目库。鼓励各类金融机构加大支持力度，创新金融产品和融资模式。鼓励依法合规采用政府和社会资本合作（PPP）模式，吸引社会资本投资交通项目。支持地方交通投资平台盘活存量资产，推进交通沿线用地综合开发增值收益支持交通发展，用好用活地方交通投资基金。优先保障重大交通项目用地需求，在空间规划、用地指标和审批等方面予以积极支持。

（三）优化标准体系

强化政策标准协同，重点推动交通基础设施建设、技术装备、运输服务等标准一体化，加快制定完善符合地区实际的城际铁路、市域（郊）铁路、综合交通枢纽、智能交通等技术标准，强化各类标准衔接。

（四）强化规划引领

强化规划对两地交通发展的指导作用，增强规划执行力和约束力，指导编制成渝地区双城经济圈智能交通发展、运输服务提升等专项规划，研究编制成渝地区双城经济圈多层次轨道交通规划等行业专项规划。强化顶层设计引领，推进交通运输信息化、智能化管理，加强交通基础信息共享，协同推进成渝地区交通一体化发展。

十　环境影响评价

（一）环境影响分析

本规划与《中共中央 国务院关于加快推进生态文明建设的意见》《全国主体功能区规划》《节能中长期专项规划》《成渝地区双城经济圈建设规划纲要》《国家综合立体交通网规划纲要》等作了衔接，坚持绿色发展理念，注重提升资源、能源综合利用水平，与各类环境敏感区相协调，对气、声、水环境的影响均在可控范围之内，对支持成渝地区双城经济圈构建绿色综合交通运输体系、推进生态文明建设将发挥重要作用。

（二）预防和减缓不良影响的对策措施

交通基础设施要依据国土空间规划合理布局，坚持"保护优先、避让为主"原则，加强对沿线环境敏感区保护，尽量利用既有交通廊道，合理避让生态保护红线和永久基本农田，避绕水源地、自然保护区、风景名胜等环境敏感区域。建设单位严格落实生态环境保护要求，节约集约利用土地、岸线、水域、空域、过江通道等资源。大力推广采用环保新技术，发展先进适用节能减排技术，加强节能环保等技术装备研发应用，提高资源再利用和循环利用水平。采取综合措施有效防治铁路沿线噪声、震动，严格落实生态保护和水土保持措施，按照安全第一、注重生态功能、兼顾景观的原则，严格实施生态修复、地质环境治理恢复与土地复垦。

B.12
附录三 成渝地区双城经济圈建设规划纲要

目 录

前言

第一章 规划背景

第二章 总体要求

  第一节 指导思想

  第二节 主要原则

  第三节 战略定位

  第四节 发展目标

第三章 构建双城经济圈发展新格局

  第一节 提升双城发展能级

  第二节 培育发展现代化都市圈

  第三节 促进双圈互动两翼协同

  第四节 分类推进大中小城市和县城发展

第四章 合力建设现代基础设施网络

  第一节 构建一体化综合交通运输体系

  第二节 强化能源保障

  第三节 加强水利基础设施建设

第五章 协同建设现代产业体系

  第一节 推动制造业高质量发展

第二节　大力发展数字经济

第三节　培育发展现代服务业

第四节　建设现代高效特色农业带

第六章　共建具有全国影响力的科技创新中心

第一节　建设成渝综合性科学中心

第二节　优化创新空间布局

第三节　提升协同创新能力

第四节　营造鼓励创新的政策环境

第七章　打造富有巴蜀特色的国际消费目的地

第一节　营造高品质消费空间

第二节　构建多元融合的消费业态

第三节　塑造安全友好的消费环境

第八章　共筑长江上游生态屏障

第一节　推动生态共建共保

第二节　加强污染跨界协同治理

第三节　探索绿色转型发展新路径

第九章　联手打造内陆改革开放高地

第一节　加快构建对外开放大通道

第二节　高水平推进开放平台建设

第三节　加强国内区域合作

第四节　营造一流营商环境

第五节　增强市场主体活力

第六节　探索经济区与行政区适度分离改革

第十章　共同推动城乡融合发展

第一节　推动城乡要素高效配置

第二节　推动城乡公共资源均衡配置

第三节　推动城乡产业协同发展

第十一章　强化公共服务共建共享
　　第一节　推进基本公共服务标准化便利化
　　第二节　共享教育文化体育资源
　　第三节　推动公共卫生和医疗养老合作
　　第四节　健全应急联动机制
第十二章　推进规划实施
　　第一节　加强党的集中统一领导
　　第二节　强化组织实施
　　第三节　完善配套政策体系
　　第四节　健全合作机制

前　言

　　党中央、国务院高度重视成渝地区发展。2020年1月3日，习近平总书记主持召开中央财经委员会第六次会议，作出推动成渝地区双城经济圈建设、打造高质量发展重要增长极的重大决策部署，为未来一段时期成渝地区发展提供了根本遵循和重要指引。

　　成渝地区双城经济圈位于"一带一路"和长江经济带交汇处，是西部陆海新通道的起点，具有连接西南西北，沟通东亚与东南亚、南亚的独特优势。区域内生态禀赋优良、能源矿产丰富、城镇密布、风物多样，是我国西部人口最密集、产业基础最雄厚、创新能力最强、市场空间最广阔、开放程度最高的区域，在国家发展大局中具有独特而重要的战略地位。为加强顶层设计和统筹协调，加快推动成渝地区形成有实力、有特色的双城经济圈，编制本规划纲要。

　　规划范围包括重庆市的中心城区及万州、涪陵、綦江、大足、黔江、长寿、江津、合川、永川、南川、璧山、铜梁、潼南、荣昌、梁平、丰都、垫江、忠县等27个区（县）以及开州、云阳的部分地区，四川省的成都、自贡、泸州、德阳、绵阳（除平武县、北川县）、遂宁、内江、乐山、南充、眉山、宜宾、广安、达州（除万源市）、雅安（除天全县、宝兴县）、资阳等15个市，总面积18.5万平方公里，2019年常住人口9600万人，地区生产总值近6.3万亿元，分别占全国的1.9%、6.9%、6.3%。

本规划纲要是指导当前和今后一个时期成渝地区双城经济圈建设的纲领性文件，是制定相关规划和政策的依据。规划期至2025年，展望到2035年。

第一章 规划背景

"十三五"以来，成渝地区发展驶入快车道。中心城市辐射带动作用持续提升，中小城市加快发展，基础设施更加完备，产业体系日渐完善，科技实力显著增强，内需空间不断拓展，对外交往功能进一步强化。到2019年，地区生产总值年均增长8%以上，社会消费品零售总额年均增长10%以上，常住人口城镇化率超过60%，铁路密度达3.5公里/百平方公里，机场群旅客吞吐量超过1亿人次，常住人口规模、地区经济总量占全国比重持续上升，呈现出重庆和成都双核相向发展、联动引领区域高质量发展的良好态势，已经成为西部地区经济社会发展、生态文明建设、改革创新和对外开放的重要引擎。与此同时，成渝地区综合实力和竞争力仍与东部发达地区存在较大差距，特别是基础设施瓶颈依然明显，城镇规模结构不尽合理，产业链分工协同程度不高，科技创新支撑能力偏弱，城乡发展差距仍然较大，生态环境保护任务艰巨，民生保障还存在不少短板。

当今世界正经历百年未有之大变局，新一轮科技革命和产业变革深入发展，国际分工体系面临系统性调整。我国已转向高质量发展阶段，共建"一带一路"、长江经济带发展、西部大开发等重大战略深入实施，供给侧结构性改革稳步推进，扩大内需战略深入实施，为成渝地区新一轮发展赋予了全新优势、创造了重大机遇。在这样的背景下，推动成渝地区双城经济圈建设，符合我国经济高质量发展的客观要求，是新形势下促进区域协调发展，形成优势互补、高质量发展区域经济布局的重大战略支撑，也是构建以国内大循环为主体、国内国际双循环相互促进新发展格局的一项重大举措，有利于在西部形成高质量发展的重要增长极，增强人口和经济承载力；有助于打造内陆开放战略高地和参与国际竞争的新基地，助推形成陆海内外联动、东西双向互济的对外开放新格局；有利于吸收生态功能区人口向城市群集中，使西部形成优势区域重点发展、生态功能区重点保护的新格局，保护长江上游和西部地区生态环境，增强空间治理和保护能力。

第二章 总体要求

加强顶层设计和统筹协调，牢固树立一体化发展理念，唱好"双城记"，共建经济圈，合力打造区域协作的高水平样板，在推进新时代西部大开发中发挥支撑作用，在共建"一带一路"中发挥带动作用，在推进长江经济带绿色发展中发挥示范作用。

第一节 指导思想

以习近平新时代中国特色社会主义思想为指导，全面贯彻党的十九大和十九届二中、三中、四中、五中全会精神，坚持党中央集中统一领导，坚定不移贯彻新发展理念，坚持稳中求进工作总基调，以推动高质量发展为主题，以深化供给侧结构性改革为主线，立足构建以国内大循环为主体、国内国际双循环相互促进的新发展格局，围绕推动形成优势互补、高质量发展的区域经济布局，强化重庆和成都中心城市带动作用，引领带动成渝地区统筹协同发展，促进产业、人口及各类生产要素合理流动和高效集聚，加快形成改革开放新动力，加快塑造创新发展新优势，加快构建与沿海地区协作互动新局面，加快拓展参与国际合作新空间，推动成渝地区形成有实力、有特色的双城经济圈，打造带动全国高质量发展的重要增长极和新的动力源。

第二节 主要原则

——双核引领，区域联动。提升重庆、成都中心城市综合能级和国际竞争力，处理好中心和区域的关系，强化协同辐射带动作用，以大带小、加快培育中小城市，以点带面、推动区域均衡发展，以城带乡、有效促进乡村振兴，形成特色鲜明、布局合理、集约高效的城市群发展格局。

——改革开放，创新驱动。充分发挥市场在资源配置中的决定性作用，更好发挥政府作用，强化改革的先导和突破作用，积极推动更高层次开放。强化体制创新，面向国内外集聚创新资源，推动科技创新应用与产业转型升级深度融合，构建协同创新体系。

——生态优先，绿色发展。全面践行生态文明理念，强化长江上游生态大保护，严守生态保护红线、永久基本农田、城镇开发边界三条控制线，优化国土空间开发格局，提高用地、用水、用能效率，构建绿色低碳的生产生活方式和建设运营模式，实现可持续发展。

——共享包容，改善民生。坚持以人民为中心的发展思想，增加优质公共产品和服务供给，持续改善民生福祉，构建多元包容的社会治理格局，让改革发展成果更多更公平惠及人民，提高人民群众获得感、幸福感、安全感。

——统筹协同，合作共建。坚持"川渝一盘棋"思维，发挥优势、错位发展，优化整合区域资源，加强交通、产业、科技、环保、民生政策协同对接，做到统一谋划、一体部署、相互协作、共同实施，辐射带动周边地区发展，显著提升区域整体竞争力。

第三节 战略定位

尊重客观规律，发挥比较优势，把成渝地区双城经济圈建设成为具有全国影响力的重要经济中心、科技创新中心、改革开放新高地、高品质生活宜居地。

具有全国影响力的重要经济中心。依托综合交通枢纽和立体开放通道，提高参与全球资源配置能力和整体经济效率，培育竞争优势突出的现代产业体系，发展富有巴蜀特色的多元消费业态，打造西部金融中心、国际消费目的地，共建全国重要的先进制造业基地和现代服务业高地。

具有全国影响力的科技创新中心。紧抓新一轮科技革命机遇，发挥科教人才和特色产业优势，推动创新环境优化，加强创新开放合作，促进创新资源集成，激发各类创新主体活力，大力推进科技和经济发展深度融合，打造全国重要的科技创新和协同创新示范区。

改革开放新高地。积极推进要素市场化配置、科研体制、跨行政区经济社会管理等重点领域改革。依托南向、西向、东向大通道，扩大全方位高水平开放，形成"一带一路"、长江经济带、西部陆海新通道联动发展的战略性枢纽，成为区域合作和对外开放典范。

高品质生活宜居地。大力推进生态文明建设，筑牢长江上游生态屏障，在西部地区生态保护中发挥示范作用，促进社会事业共建共享，大幅改善城乡人居环境，打造世界级休闲旅游胜地和城乡融合发展样板区，建设包容和谐、美丽宜居、充满魅力的高品质城市群。

第四节　发展目标

到2025年，成渝地区双城经济圈经济实力、发展活力、国际影响力大幅提升，一体化发展水平明显提高，区域特色进一步彰显，支撑全国高质量发展的作用显著增强。

——双城引领的空间格局初步形成。重庆、成都作为国家中心城市的发展能级显著提升，区域带动力和国际竞争力明显增强。都市圈同城化取得显著突破，中小城市和县城发展提速，大中小城市和小城镇优势互补、分工合理、良性互动、协调发展的城镇格局初步形成，常住人口城镇化率达到66%左右。

——基础设施联通水平大幅提升。现代化多层次轨道交通网络初步建成，出渝出川四向通道基本形成，重庆、成都间1小时可达，铁路网总规模达到9000公里以上、覆盖全部20万以上人口城市，航空枢纽地位更加凸显，长江上游航运中心和物流中心基本建成，5G网络实现城镇和重点场景全覆盖，新型基础设施水平明显提高，能源保障能力进一步增强。

——现代经济体系初步形成。区域协同创新体系基本建成，研发投入强度达到2.5%左右，科技进步贡献率达到63%，科技创新中心核心功能基本形成。优势产业区域内分工更加合理、协作效率大幅提升，初步形成相对完整的区域产业链供应链体系，呈现世界级先进制造业集群雏形，数字经济蓬勃发展，西部金融中心初步建成，现代服务业优势明显增强。

——改革开放成果更加丰硕。制度性交易成本明显降低，跨行政区利益共享和成本共担机制不断创新完善，阻碍生产要素自由流动的行政壁垒和体制机制障碍基本消除，营商环境达到国内一流水平，统一开放的市场体系基本建立。重庆、四川自由贸易试验区等重大开放平台建设取得突破，协同开放水平显著提高，内陆开放战略高地基本建成，对共建"一带一路"支撑作用显著提升。

——生态宜居水平大幅提高。生态安全格局基本形成，环境突出问题得到有效治理，生态环境协同监管和区域生态保护补偿机制更加完善，地级及以上城市空气质量优良天数比率达到88%，跨界河流断面水质达标率达到95%，河流主要断面生态流量满足程度达到90%以上，城市开发模式更加集约高效，公共服务便利共享水平明显提高，精细化治理能力显著增强。

到2035年，建成实力雄厚、特色鲜明的双城经济圈，重庆、成都进入现代化国际都市行列，大中小城市协同发展的城镇体系更加完善，基础设施互联互通基本实现，具有全国影响力的科技创新中心基本建成，世界级先进制造业集群优势全面形成，现代产业体系趋于成熟，融入全球的开放型经济体系基本建成，人民生活品质大幅提升，对全国高质量发展的支撑带动能力显著增强，成为具有国际影响力的活跃增长极和强劲动力源。

第三章 构建双城经济圈发展新格局

以发挥优势、彰显特色、协同发展为导向，突出双城引领，强化双圈互动，促进两翼协同，统筹大中小城市和小城镇发展，促进形成疏密有致、集约高效的空间格局。

第一节 提升双城发展能级

面向新发展阶段、着眼现代化，优化重庆主城和成都功能布局，全面提升发展能级和综合竞争力，引领带动双城经济圈发展。

重庆。以建成高质量发展高品质生活新范例为统领，在全面深化改革和扩大开放中先行先试，建设国际化、绿色化、智能化、人文化现代城市，打造国家重要先进制造业中心、西部金融中心、西部国际综合交通枢纽和国际门户枢纽，增强国家中心城市国际影响力和区域带动力。以长江、嘉陵江为主轴，沿三大平行槽谷组团式发展，高标准建设两江新区、西部（重庆）科学城等，重塑"两江四岸"国际化山水都市风貌。

成都。以建成践行新发展理念的公园城市示范区为统领，厚植高品质宜居优势，提升国际国内高端要素运筹能力，构建支撑高质量发展的现代产业体系、创新体系、城市治理体系，打造区域经济中心、科技中心、世界文化名城和国际门户枢纽，提升国家中心城市国际竞争力和区域辐射力。高水平建设天府新区、西部（成都）科学城等，形成"一山连两翼"城市发展新格局。

第二节 培育发展现代化都市圈

把握要素流动和产业分工规律，围绕重庆主城和成都培育现代化都市圈，带动中心城市周边市地和区县加快发展。

重庆都市圈。梯次推动重庆中心城区与渝西地区融合发展。畅通璧山、江津、长寿、南川联系中心城区通道，率先实现同城化。强化涪陵对渝东北、渝东南带动功能，支持永川建设现代制造业基地和西部职教基地，支持合川加快发展网络安全产业、推动建成区域性公共服务中心，推进綦江、万盛一体建设西部陆海新通道渝黔综合服务区和渝黔合作先行示范区，打造重庆中心城区辐射带动周边的战略支点。推进重庆向西发展，提升荣昌、铜梁、大足、潼南特色化功能，建设与成都相向发展的桥头堡。推动广安全面融入重庆都市圈，打造川渝合作示范区。

成都都市圈。充分发挥成都带动作用和德阳、眉山、资阳比较优势，加快生产力一体化布局，促进基础设施同网、公共服务资源共享、政务事项通办、开放门户共建，创建成德眉资同城化综合试验区，建设经济发达、生态优良、生活幸福的现代化都市圈。推动成都、德阳共建重大装备制造基地，打造成德临港经济产业带。加快天府新区成都片区和眉山片区融合发展，打造成眉高新技术产业带。促进成都空港新城与资阳临空经济区协同发展，打造成资临空经济产业带。推动成都东进，以促进制造业高质量发展为重点将成都东部建成与重庆联动的重要支点。

第三节　促进双圈互动两翼协同

依托资源禀赋、人员往来、产业联系等方面优势，强化区域中心城市互动和毗邻地区协同，优化成渝地区双城经济圈协同发展格局。

推动重庆、成都都市圈相向发展。依托成渝北线、中线和南线综合运输通道，夯实成渝主轴发展基础，强化重庆都市圈和成都都市圈互动。支持遂宁与潼南、资阳与大足等探索一体规划、成本共担、利益共享的建设模式。强化都市圈辐射作用，带动成都平原一体化发展，把绵阳、乐山打造为成都平原区域中心城市，支持雅安建设绿色发展示范市，支持黔江建设渝东南区域中心城市。

推动渝东北、川东北地区一体化发展。支持万州建设渝东北区域中心城市，支持南充、达州建设川东北区域中心城市，发挥垫江、梁平、丰都、忠县、云阳节点作用，带动双城经济圈北翼发展。支持万州、达州、开州共建川渝统筹发展示范区，加强规划、政策、项目统筹，在产业发展、公共服务、生态环保等领域探索建立符合高质量发展要求的利益共享机制。

推动川南、渝西地区融合发展。支持宜宾、泸州建设川南区域中心城市，推动内江、自贡同城化，带动双城经济圈南翼跨越发展。支持自贡、泸州、内江、宜宾、江津、永川、荣昌等共建川南渝西融合发展试验区，探索建立重大政策协同、重点领域协作、市场主体联动机制，协同建设承接产业转移创新发展示范区，打造西部陆海新通道和长江经济带物流枢纽。

辐射带动川渝两省市全域发展。强化双城经济圈对重庆市、四川省其他地区特色产业发展、基础设施建设的引领带动，促进基本公共服务均等化，引导秦巴山区、武陵山区、乌蒙山区、涉藏州县、大小凉山等周边欠发达地区人口向双城经济圈集中，强化生态环境保护，切实巩固提升脱贫成果，促进城乡区域协调发展。

第四节 分类推进大中小城市和县城发展

分类指导、科学施策，推动公共资源在双城经济圈各级各类城市间合理配置，优化城市规模结构和功能布局。

推动超大特大城市中心城区瘦身健体。统筹兼顾经济、生态、安全、健康等多元需求，推动重庆和成都中心城区功能升级，合理控制规模，优化开发格局，推动城市发展由外延扩张式向内涵提升式转变，防止城市"摊大饼"，积极破解"大城市病"，合理控制开发强度和人口密度。集聚创新要素，增强高端服务功能，率先形成以现代服务业为主体、先进制造业为支撑的产业结构。建设产城融合、职住平衡、生态宜居、交通便利的郊区新城，实现多中心、串联式、组团化发展。

加快提升大中城市产业水平和功能品质。主动承接超大特大城市产业转移和功能疏解，夯实实体经济发展基础。立足特色资源和产业基础，推动制造业差异化、规模化、集群化发展，因地制宜打造先进制造业基地、商贸物流中心和区域专业服务中心。优化大中城市管辖范围和市辖区规模结构。支持三级医院和新建高校、高校新建校区在大中城市布局，增加医疗、文化、体育资源供给。优化市政设施功能，改善人居环境，营造现代时尚的消费场景，提升城市生活品质。

推进县城城镇化补短板强弱项。加快县城城镇化建设，推动农业转移人口就地就近城镇化。推动重庆市郊区和四川省县城及县级市城区公共服务设施、环境卫生基础设施、市政公用设施、县域经济培育设施提级扩能，推动公共资源适当向县城（郊区、县级市城区）倾斜，补齐短板、补强弱项，提升县域经济发展能力。引导产业项目向资源环境承载力强、发展潜力大的县城（郊区、县级市城区）布局，培育壮大特色优势产业。推动具备条件的县有序改市。

分类引导小城镇发展。切实放权赋能，支持位于都市圈范围内的重点镇加强与周边城市的规划统筹、功能配套、分担城市功能。通过规划引导、市场运作，将具有特色资源、区位优势的小城镇培育成为专业特色镇。引导一般小城镇完善基础设施和公共服务，增强服务农村、带动周边功能。

第四章　合力建设现代基础设施网络

以提升内联外通水平为导向，强化门户枢纽功能，加快完善传统和新型基础设施，构建互联互通、管理协同、安全高效的基础设施网络。

第一节　构建一体化综合交通运输体系

打造国际航空门户枢纽。高质量建成成都天府国际机场，打造国际航空枢纽，实施双流国际机场扩能改造，实现天府国际机场与双流国际机场"两场一体"运营。推进重庆江北国际机场改扩建，规划研究重庆新机场建设，提升重庆国际枢纽功能。布局建设乐山、阆中、遂宁、雅安等一批支线机场，研究广安机场建设。织密国际航线网络，提高与全球主要城市之间的通达性。推动两省市机场集团交叉持股，强化城市群机场协同运营，合力打造世界级机场群。优化空域结构，提升空域资源配置使用效率。深化低空空域管理改革，加快通用航空发展。

共建轨道上的双城经济圈。科学规划干线铁路、城际铁路、都市圈市域（郊）铁路和城市轨道交通，完善多层次轨道交通网络体系。规划建设川藏铁路，适时推动引入成都枢纽的天府—朝阳湖铁路项目实施。加快建设成都至西宁、重庆至昆明、成都至自贡至宜宾、重庆至黔江、郑州至万州铁路襄阳至万州段等铁路项目，规划建设重庆至万州、成都至达州至万州、重庆至西安、重庆至宜昌、成渝中线等铁路项目，规划研究重庆至贵阳铁路，研究论证重庆至自贡至雅安铁路，拓展出渝出川客运大通道。推进叙永至毕节等

铁路及铁路专用线等货运设施建设，逐步恢复沪汉蓉铁路货运功能，完善货运通道布局。研究规划重庆都市圈环线、成都外环、绵遂内等连接重庆中心城区、成都与周边城市的城际铁路和都市圈市域（郊）铁路，优先利用铁路资源开行城际、市域（郊）列车，基本建成中心城市间、中心城市与周边城市（镇）间1小时交通圈和通勤圈。有序推进重庆、成都城市轨道交通规划建设。

完善双城经济圈公路体系。畅通对外高速公路通道，强化主要城市间快速联通，加快推进省际待贯通路段建设。提高既有路网通行能力，全面推动G318川藏公路升级改造，加快成渝、渝遂、渝泸、渝邻和成自泸赤等国家高速公路繁忙路段扩能改造，加强干线公路与城市道路有效衔接。优化城际快速路网，疏通主要节点城市进出通道，增强公路对客货运枢纽的集疏运服务能力，提升路网通达效率和安全水平。推动毗邻地区互联互通，建设重庆至合江至叙永、泸州至永川、大足至内江、铜梁至安岳、南充至潼南、大竹至垫江、开江至梁平等高速公路。

推动长江上游航运枢纽建设。健全以长江干线为主通道、重要支流为骨架的航道网络，优化干支流水库群联合调度，研究优化长江上游分段通航标准，加快长江上游航道整治和梯级渠化，全面畅通岷江、嘉陵江、乌江、渠江等。推进利泽、白马、犍为、龙溪口、凤洞子等航电枢纽建设。加强港口分工协作，构建结构合理、功能完善的港口群，打造要素集聚、功能完善的港航服务体系。组建长江上游港口联盟，加强与上海国际航运中心合作，推进港口企业加强合资合作，促进区域港口码头管理运营一体化。

提升客货运输服务水平。推动多层次轨道交通网络运营管理衔接融合，研究建立一体化建设运营机制，推广交通"一卡通"服务和二维码"一码畅行"，加快实现运营公交化。加强机场与轨道交通衔接，完善机场集疏运体系，探索空铁联程联运新技术新模式。推进一体化综合客运枢纽和衔接高效的综合货运枢纽建设，提升枢纽运营智能化水平。推进铁路专用线进重要枢纽型港区、大型工矿企业和物流园区，加快发展铁水、公铁联运和"一单制"联运服务。支持高铁快运、电商快递班列、多式联运班列发展。

第二节 强化能源保障

优化区域电力供给。稳步推进金沙江、雅砻江、大渡河水电基地开发，优先建设具有调节能力的水库电站。统筹推进风光水多能互补能源基地建设，积极推广分布式能源发展，研究开展氢能运营试点示范，建设优质清洁能源基地。优化川渝电力资源配置，完善川渝电网主网架结构，优化重庆都市圈500千伏目标网架。研究论证疆电入渝工程。推进白鹤滩水电站留存部分电量在川渝电网消纳。培育发展电力现货市场和川渝一体化电力辅助服务市场。

统筹油气资源开发。发挥长宁—威远、涪陵国家级页岩气示范区引领作用，推动页岩气滚动开发，建设天然气千亿立方米产能基地，打造中国"气大庆"。完善天然气管网布局。优化完善成品油储运设施，有序开展中航油西南战略储运基地、陕西入川渝成品油管道、沿江成品油管道等前期工作。发挥重庆石油天然气交易中心作用，形成具有影响力的价格基准。完善页岩气开发利益共享机制，有序放开油气勘探开发市场，加大安岳等地天然气勘探开发力度。

第三节 加强水利基础设施建设

研究推进跨区域重大蓄水、提水、调水工程建设，增强跨区域水资源调配能力，推动形成多源互补、引排得当的水网体系。推动大型水库及引水供水重点工程建设。有序推进引大济岷、涪江右岸、向家坝灌区二期、长征渠、渝南及重庆中部水资源配置、沱江团结等引水供水重大工程的研究论证。加强大中型灌区续建配套和现代化改造。加强饮用水水源地和备用水源建设，推进人口分散区域重点小型标准化供水设施建设，保障区域供水安全。推进防洪减灾设施建设，加强主要江河和中小河流防洪治理，实施防洪控制性水库联合调度。系统推进城市堤防、排水管渠、排涝除险、蓄水空间等设施建设，有效治理城市内涝问题。构建智慧水利平台，健全水资源监控体系，推进水利资源共享、调配、监管一体化。

第五章　协同建设现代产业体系

以全球新一轮科技革命和产业链重塑为契机，坚持市场主导、政府引导，强化机制创新，优化、稳定、提升产业链供应链，加快构建高效分工、错位发展、有序竞争、相互融合的现代产业体系。

第一节　推动制造业高质量发展

优化重大生产力布局。整合提升优势产业，加快补齐关键短板，增强全产业链优势，形成特色鲜明、相对完整、安全可靠的区域产业链供应链体系。提升重庆、成都产业创新发展能力，打造制造业高质量发展双引擎，推动都市圈外围地区加快发展电子信息、汽车等产业，形成研发在中心、制造在周边、链式配套、梯度布局的都市圈产业分工体系。强化双城经济圈北翼地区先进材料、汽摩配件等产业协作，南翼地区联动集聚食品饮料、装备制造、能源化工、节能环保等产业。

培育具有国际竞争力的先进制造业集群。以智能网联和新能源为主攻方向，共建高水平汽车产业研发生产制造基地。聚焦航空航天、轨道交通、能源装备、工业机器人、仪器仪表、数控机床、摩托车等领域，培育世界级装备制造产业集群。整合白酒主产区优质资源，壮大健康食品、精品服饰、特色轻工等产业，培育特色消费品产业集群。深入推进国家战略性新兴产业集群发展工程，前瞻布局一批先导产业，壮大先进材料产业，协同发展生物医药、医疗器械、现代中药产业，共建西部大健康产业基地。

大力承接产业转移。发挥要素成本、市场和通道优势，以更大力度、更高标准承接东部地区和境外产业链整体转移、关联产业协同转移，补齐建强产业链。积极发挥产业转移项目库作用，建立跨区域承接产业转移协调机制，完善信息对接、权益分享、税收分成等政策体系。布局产业转移集中承接地，继续安排中央预算内投资支持国家级新区、承接产业转移示范区重点园区的基础设施和公共服务平台建设，不断提升承接产业能力。研究以市场化方式设立区域产业协同发展投资基金,支持先导型、牵引性重大产业项目落地。

整合优化重大产业平台。发挥重庆两江新区、四川天府新区旗舰作用,加快重庆经济技术开发区、海峡两岸产业合作区、成都国际铁路港经济开发区及其他国家级、省级开发区建设,推动成都天府临空经济区建设。鼓励涪陵、綦江、合川、资阳、遂宁、宜宾等创建国家高新技术产业开发区,打造一批国家新型工业化产业示范基地,推动建设广安—渝北等一批跨省市毗邻地区产业合作园区。支持自贡等老工业城市转型升级,建设新时代深化改革扩大开放示范城市。创新"一区多园"、"飞地经济"等建园方式,推动各类开发区和产业集聚区政策叠加、服务体系共建。

第二节 大力发展数字经济

布局完善新一代信息基础设施。加快 5G 网络建设,推进千兆光纤接入网络广泛覆盖,加快推进基于 IPv6 的下一代互联网部署,推动国家级互联网骨干直联点宽带扩容。统筹布局大型云计算和边缘计算数据中心。完善工业互联网标识解析国家顶级节点功能,加快建设二级节点。积极发展物联网,建设全面覆盖、泛在互联的城市智能感知网络。开展新一代移动通信网络试验验证,实施车联网试点示范建设工程。加快提升传统基础设施智能化水平。

合力打造数字产业新高地。聚焦集成电路、新型显示、智能终端等领域,打造"云联数算用"要素集群和"芯屏器核网"全产业链,培育超高清视频、人工智能、区块链、数字文创等创新应用,联手打造具有国际竞争力的电子信息产业集群。大力发展数字经济,推动数字产业化、产业数字化,促进软件、互联网、大数据等信息技术与实体经济深度融合,加快重点领域数字化发展,引领产业转型升级。围绕产业发展需要,推动共建成渝工业互联网一体化发展示范区、区域协同公共服务平台和服务体系,构建全国领先的"5G+工业互联网"生态。支持联合建设国家数字经济创新发展试验区和国家数字服务出口基地,建设"智造重镇"和"智慧名城"。

积极拓展数字化应用。探索建立统一标准、开放互通的公共应用平台，推动双城经济圈政务数据资源共享共用，推动地级以上城市全面建立数字化管理平台。推进城市基础设施、建筑楼宇等的数字化管理，稳步推进"数字+"与城市运营管理各领域深度融合。完善大数据辅助科学决策机制，加快提高治理数字化水平。适应数字技术全面融入社会交往和日常生活新趋势，促进公共服务、社会运行和治理方式创新，构筑全民畅享的数字生活。

全面提升数字安全水平。加强通信网络、重要信息系统和数据资源保护，增强关键信息基础设施安全防护能力。深化网络安全等级保护制度和关键信息基础设施安全保护制度。完善重庆和成都重要数据灾备中心功能，建设联合异地灾备数据基地。建设网络安全产业基地，支持开展法定数字货币研究及移动支付创新应用。

第三节 培育发展现代服务业

推动先进制造业和服务业融合发展。引导制造企业延伸服务链条、发展服务环节，推动生产服务型企业创新服务供给，提升制造业服务化水平和全产业链价值。在研发设计、科技服务、商务咨询、人力资源服务等领域，联合打造一批服务品牌。依托优势企业培育发展工业设计中心，支持食品药品检测基地、重庆工业设计产业城等建设。支持在成渝地区建设国家检验检测高技术服务业集聚区。支持川渝毗邻地区建立人力资源服务产业园。鼓励重庆、成都等开展先进制造业和现代服务业融合发展试点。

提升商贸物流发展水平。强化重庆、成都国家物流枢纽功能，合力建设国际货运中心。支持万州、涪陵、长寿、遂宁、达州、泸州、自贡等打造区域性物流中心。支持全货运航空公司在成渝地区设立基地，加快完善多式联运国际物流服务网络，打造多元化、国际化、高水平物流产业体系，培育发展龙头企业。围绕优势产业和主导产品，差异化建设一批内外贸相结合的专业市场。扎实推进跨境电子商务综合试验区建设。大力发展数字商务，探索建立反向定制（C2M）产业基地。强化会展经济对商贸物流的带动作用，联合打造一批专业会展品牌。

共建西部金融中心。支持重庆开展区域性股权市场制度和业务创新。支持开展共建"一带一路"金融服务。开展本外币合一账户试点。支持跨境人民币业务创新，探索开展跨国企业集团本外币合一跨境资金池等试点业务，支持在自由贸易试验区设立人民币海外投贷基金。支持开展合格境内投资企业（QDIE）和合格境内有限合伙人（QDLP）试点。积极支持区域金融改革创新，开展绿色金融、金融科技等创新试点，在成都建设基于区块链技术的知识产权融资服务平台。推进金融市场和监管区域一体化，推动在担保、不良资产处置、创业投资和私募股权投资等领域跨区域合作。支持设立市场化征信机构，研发适合西部地区的征信产品，支持中外信用评级机构在成渝地区设立实体机构，推动信用融资产品和服务创新。设立破产法庭，健全金融审判体系。

第四节 建设现代高效特色农业带

推动农业高质量发展。支持川渝平坝和浅丘地区建设国家优质粮油保障基地，打造国家重要的生猪生产基地、渝遂绵优质蔬菜生产带、优质道地中药材产业带、长江上游柑橘产业带和安岳、潼南柠檬产区。推进特色农产品精深加工，打造全球泡（榨）菜出口基地、川菜产业和竹产业基地。发展都市农业，高质量打造成渝都市现代高效特色农业示范区。

强化农业科技支撑。共建国家农业高新技术产业示范区。支持建设西南特色作物种质资源库、西部农业人工智能技术创新中心、国家现代农业产业科技创新中心等。推动畜禽遗传资源保护利用，建设区域性畜禽基因库、畜牧科技城、国家级重庆（荣昌）生猪大数据中心。

大力拓展农产品市场。积极开展有机产品认证，健全农产品质量安全追溯体系。做强地理标志农产品，推广巴味渝珍、天府龙芽等特色品牌，打造川菜渝味等区域公用品牌。强化农产品分拣、加工、包装、预冷等一体化集配设施建设，大力建设自贡等国家骨干冷链物流基地。大力发展农村电商，建设一批重点网货生产基地和产地直播基地。建设国际农产品加工产业园。

第六章　共建具有全国影响力的科技创新中心

坚定实施创新驱动发展战略，瞄准突破共性关键技术尤其是"卡脖子"技术，强化战略科技力量，深化新一轮全面创新改革试验，增强协同创新发展能力，增进与"一带一路"沿线国家等创新合作，合力打造科技创新高地，为构建现代产业体系提供科技支撑。

第一节　建设成渝综合性科学中心

聚焦核能、航空航天、智能制造和电子信息等领域的战略性产品开发，在四川天府新区、重庆高新区集中布局建设若干重大科技基础设施和一批科教基础设施，引导地方、科研机构和企业建设系列交叉研究平台和科技创新基地，打造学科内涵关联、空间分布集聚的原始创新集群。发挥基础研究和原始创新的引领作用，吸引高水平大学、科研机构和创新型企业入驻，强化开放共享，促进科技成果转化，有效支撑成渝全域高水平创新活动。

第二节　优化创新空间布局

统筹天府国际生物城、未来科技城和成都高新区等资源，建设西部（成都）科学城。瞄准新兴产业设立开放式、国际化高端研发机构，建设重庆两江协同创新区。依托重庆大学城、重庆高新区等，夯实智能产业、生物医学发展基础，建设西部（重庆）科学城。高水平建设中国（绵阳）科技城，鼓励大院大所发展孵化器、产业园。以"一城多园"模式合作共建西部科学城。推动中国科学院等在双城经济圈布局科研平台。

第三节　提升协同创新能力

强化创新链产业链协同。坚持企业主体、市场导向，健全产学研用深度融合的科技创新体系，建设产业创新高地。鼓励有条件的企业组建面向行业共性基础技术、前沿引领技术开发的研究院，支持创新型领军企业联合行业上下游组建创新联合体。支持高校、科研机构和企业共建联合实验室或新型研究机构，共同承担科技项目、共享科技成果。建设一批产业创新中心、技术创新中心、制造业创新中心、工程研究中心等创新平台和综合性检验检测平台。

推动区域协同创新。实施成渝科技创新合作计划，联合开展技术攻关，参与实施高分卫星、载人航天、大型飞机、长江上游生态环境修复等国家重大科技任务，积极申报航空发动机、网络空间安全等科技创新重大项目。鼓励共用科技创新平台和大型科研仪器设备，共建创业孵化、科技金融、成果转化平台，打造成渝地区一体化技术交易市场。完善区域知识产权快速协同保护机制，支持设立知识产权法庭。鼓励区域内高校、科研院所、企业共同参与国际大科学计划和大科学工程。

第四节 营造鼓励创新的政策环境

大力吸引创新人才。实施有吸引力的人才政策，引进和培养高水平创新人才队伍，鼓励科技人才在区域内自主流动、择业创业。支持在人才评价、外籍人才引进等政策创新方面先行先试。鼓励成渝地区大学面向全球招生，引进优秀博士后和青年学者。支持引进国内外顶尖高校和科研机构在成渝地区合作建设研究院和研发中心，设立长期、灵活、有吸引力的科研岗位。

深化科技创新体制改革。深入推进职务科技成果所有权或长期使用权改革试点，探索高校和科研院所职务科技成果国有资产管理新模式。深化政府部门和科研单位项目资金管理制度改革，允许科研资金跨省市使用。探索建立两省市改革举措和支持政策异地同享机制。

健全创新激励政策体系。加大对引进高水平研发机构和先进科技成果的支持力度。综合运用财政、金融等政策手段激励企业加大研发投入力度，引导创业投资机构投资早中期、初创期科技型企业，依法运用技术、能耗、环保等方面的标准促进企业技术改造和新技术应用。支持通过股权与债权相结合等方式，为企业创新活动提供融资服务。支持符合条件的创新型企业上市融资。

第七章　打造富有巴蜀特色的国际消费目的地

以高质量供给引领和创造市场新需求，坚持高端化与大众化并重、快节奏与慢生活兼具，激发市场消费活力，不断增强巴蜀消费知名度、美誉度、影响力。

第一节　营造高品质消费空间

打造城市消费品牌。支持重庆、成都塑造城市特色消费品牌，打造国际消费中心城市。推动涪陵、合川、乐山、雅安、南充等发展人文休闲、度假康养，打造成渝"后花园"。发挥宜宾、泸州白酒品牌优势。推动万州、江津、铜梁、自贡、内江等围绕特色美食、传统工艺产品、民俗节庆、自然遗迹等，建设特色消费聚集区。改造提升商业街区，集聚高端消费资源，打造世界知名商圈。建设一批人文气息浓厚的特色商业名镇。

共建巴蜀文化旅游走廊。充分挖掘文化旅游资源，以文促旅、以旅彰文，讲好巴蜀故事，打造国际范、中国味、巴蜀韵的世界级休闲旅游胜地。打造贯通四川、重庆的文化遗产探秘、自然生态体验、红色文化体验等一批精品旅游线路，扩大长江三峡、九寨沟、武隆喀斯特、都江堰—青城山、峨眉山—乐山大佛、三星堆—金沙、三国文化、大足石刻、自贡彩灯等国际旅游品牌影响力。规划建设长征国家文化公园（重庆段、四川段）。打造绵竹熊猫谷和玫瑰谷，探索川西林盘、巴渝村寨保护性开发，依托特色自然风光、民俗风情、农事活动等，发展巴蜀乡村旅游。推动黔江与周边区县文旅融合发展，建设文化产业和旅游产业融合发展示范区。

第二节　构建多元融合的消费业态

推动消费供给升级。促进经典川菜、重庆火锅、盖碗茶等餐饮产品品牌化，创建美食地标。推动传统文化和全新科技元素融入创意设计产业，提升传媒影视、动漫游戏、音乐演艺等产业发展水平，支持举办有国际影响力的时装周、电影节、艺术节等文化展演活动。发展水上运动、山地户外运动、汽车摩托车运动、航空运动等，布局建设自驾游营地和野外露营地，发展乡村民宿，推出温泉、游轮、徒步、自驾等一批特色化、品质化旅游产品，大力发展"旅游+"产品。提升健康、养老、托育、家政服务等市场化供给质量，壮大社会服务消费。

发展消费新场景。引导网络直播、短视频等新消费形态健康发展，促进直播电商、社交电商等线上新模式新业态发展，推动教育、医疗等服务线上线下交互融合。鼓励发展智慧门店、自助终端、智能机器人等"无接触"零售。发展更多参与式、体验式消费模式和业态。发展假日经济，丰富夜市、夜展、夜秀、夜游等夜间经济产品，建设一批夜间文旅消费集聚区，擦亮"两江游"、"街巷游"等夜间经济名片，展现国际时尚范、巴蜀慢生活。

第三节　塑造安全友好的消费环境

完善消费促进政策。规范发展消费金融，在风险可控、商业可持续前提下稳妥开发适应新消费趋势的金融产品和服务。拓展移动支付使用范围，提升境外人员在境内使用移动支付便利化水平。研究将闲置厂房、办公用房等改为商业用途的支持政策。支持符合条件的地区建设市内免税店、口岸免税店、离境提货点。优化离境退税服务，促进国际消费便利化。

健全消费者权益保障制度。推动服务标准化建设，发布行业优质企业名录，鼓励企业开展消费体验评价并公开评价结果。对涉及安全、健康、环保等方面的产品依法实施强制性产品认证（CCC认证），建设针对食品、药品等重点产品的溯源公共服务平台，推动溯源信息资源稳妥有序向社会开放。加强重点领域广告监管。鼓励线下实体店自主承诺无理由退货，探索建立特色旅游商品无理由退货制度。健全消费领域信用监管体系，加强信用信息采集，开展消费投诉信息公示，强化社会监督。完善消费环节经营者首问责任制和赔偿先付制度。

第八章 共筑长江上游生态屏障

坚持共抓大保护、不搞大开发，把修复长江生态环境摆在压倒性位置，深入践行绿水青山就是金山银山理念，坚持山水林田湖草是一个生命共同体，深入实施主体功能区战略，全面加快生态文明建设，建立健全国土空间规划体系，形成人与自然和谐共生的格局。

第一节 推动生态共建共保

共建生态网络。构建以长江、嘉陵江、乌江、岷江、沱江、涪江为主体，其他支流、湖泊、水库、渠系为支撑的绿色生态廊道。依托龙门山、华蓥山、大巴山、明月山等，实施森林生态系统休养生息和矿区恢复治理，共筑绿色生态屏障。加大对重点流域、三峡库区"共抓大保护"项目支持力度，实施"两岸青山·千里林带"等生态治理工程。推动大熊猫国家公园建设，加强珍稀濒危动植物保护。加快各类自然保护地整合优化，强化重要生态空间保护。打造龙泉山城市森林公园。强化周边地区生态系统保护和治理，加强三峡库区小流域和坡耕地水土流失综合治理，实施三峡库区消落带治理和岩溶地区石漠化综合治理。

共抓生态管控。统筹建立并实施双城经济圈及其周边地区"三线一单"生态环境分区管控制度。加强流域水资源统一管理和联合调度。建立跨流域跨区域横向生态保护补偿机制。加大国家和省级生态保护补偿资金对长江上游生态屏障建设支持力度。严格执行生态损害赔偿制度。试点推进生态敏感区生态搬迁。落实好长江十年禁渔，实施长江上游流域重点水域全面禁捕，严厉打击非法捕捞，建立禁捕长效机制。依法联合查处交界区域破坏生态环境的违法行为。

第二节 加强污染跨界协同治理

统一环保标准。制定统一的环保标准编制技术规范，联合开展现行环保标准差异分析评估,有序制定修订统一的大气、水、土壤以及危险废物、噪声等领域环保标准。坚持一张负面清单管川渝两地,严格执行长江经济带发展负面清单管理制度体系,建立健全生态环境硬约束机制。开展跨区域联合环境执法,统一管控对象的界定标准和管控尺度,共同预防和处置突发环境事件。完善重大基础设施建设项目环境影响评价制度。

推进跨界水体环境治理。完善跨省市水体监测网络,建立上下游水质信息共享和异常响应机制。开展联合巡河,加强工业污染、畜禽养殖、入河排污口、环境风险隐患点等协同管理。加强三峡库区入库水污染联合防治,加快长江入河排污口整改提升,统筹规划建设港口船舶污染物接收、转运及处置设施,推进水域"清漂"联动。推动毗邻地区污水处理设施共建共享。支持在长江、嘉陵江一级支流开展水环境治理试点示范,深化沱江、龙溪河、岷江流域水环境综合治理与可持续发展试点。完善饮用水水源地风险联合防控体系。

深化大气污染联防联控。建设跨省市空气质量信息交换平台,发挥西南区域空气质量预测预报中心作用,实施联合预报预警。建立重污染天气共同应对机制,推进应急响应一体联动。探索实施细颗粒物(PM2.5)和臭氧(O_3)污染连片整治。实施"散乱污"企业清理整治,依法淘汰落后产能,加快淘汰老旧车辆,加强油品质量联合监督。创建清洁能源高质量发展示范区,提高清洁能源消费比例。

加强土壤污染及固废危废协同治理。以沿江工业园区、矿山、受污染耕地、污染地块为重点开展修复与治理。推动固体废物区域转移合作,建立健全固体废物信息化监管体系。统筹规划建设工业固体废物资源回收基地和危险废物资源处置中心,加强尾矿库污染治理,推进毗邻地区处置设施共建共享。依法严厉打击危险废物非法跨界转移、倾倒等违法行为。推动地级以上城市医疗废物集中处置设施全覆盖,县级以上城市及县城医疗废物全收集、全处理,并逐步覆盖到建制镇。协同开展"无废城市"建设。

第三节 探索绿色转型发展新路径

构建绿色产业体系。培育壮大节能环保、清洁生产、清洁能源产业,

打造国家绿色产业示范基地。联合打造绿色技术创新中心和绿色工程研究中心，实施重大绿色技术研发与示范工程。实施政府绿色采购，推行绿色产品优先。鼓励国家绿色发展基金加大向双城经济圈投资力度。推行企业循环式生产、产业循环式组合、园区循环化改造，开展工业园区清洁生产试点。落实最严格的水资源管理制度，实施节水行动，加大节能技术、节能产品推广应用力度。深化跨省市排污权、水权、用能权、碳排放权等交易合作。

倡导绿色生活方式。共建绿色城市标准化技术支撑平台，完善统一的绿色建筑标准及认证体系，推广装配式建筑、钢结构建筑和新型建材。推动可再生能源利用，支持能源互联网创新，统筹布局电动汽车充换电配套设施。加快推进垃圾分类，共建区域一体化垃圾分类回收网络体系。完善对汽车等的强制报废配套政策，统筹布局再生资源分拣中心，建设城市废弃资源循环利用基地。鼓励创建国家生态文明建设示范市县，深入开展爱国卫生运动。

开展绿色发展试验示范。支持万州及渝东北地区探索三峡绿色发展新模式，在生态产品价值实现、生态保护和补偿、绿色金融等领域先行先试、尽快突破，引导人口和产业向城镇化地区集聚，走出整体保护与局部开发平衡互促新路径，保护好三峡库区和长江母亲河。支持四川天府新区在公园城市建设中先行先试，开展可持续发展创新示范，实施城市生态用地改革创新，探索建立公园城市规划导则、指标评价、价值转化等体系。支持重庆广阳岛开展长江经济带绿色发展示范。建设沱江绿色发展经济带。

第九章 联手打造内陆改革开放高地

以共建"一带一路"为引领，打造陆海互济、四向拓展、综合立体的国际大通道，加快建设内陆开放枢纽，深入推进制度型开放，聚焦要素市场化配置等关键领域，深化综合配套改革试验，全面提升市场活力，在西部改革开放中发挥示范带动作用。

第一节 加快构建对外开放大通道

合力建设西部陆海新通道。深化西部省区市协作,支持发挥重庆通道物流和运营组织中心、成都国家重要商贸物流中心作用,共同建设跨区域平台,统筹设置境内外枢纽和集货分拨节点。支持建立铁路运输市场化与政府购买服务相结合的定价机制,降低综合运价水平。对接21世纪海上丝绸之路,推动国际陆海贸易新通道合作,与新加坡合作推动东盟及相关国家共同参与通道建设,探讨衔接中国—中南半岛、孟中印缅等经济走廊和中欧班列建设合作。

统筹完善亚欧通道。加强协调联动,推动中欧班列高质量发展,打造西向开放前沿高地,紧密对接丝绸之路经济带。统筹优化中欧班列(成渝)去回程线路和运力,推动集结点、代理、运输、仓储、信息等资源共建共享,强化多式联运衔接,探索国际贸易新规则,提高通关便利化水平,增强国际竞争力。完善跨境邮递体系,建设铁路口岸国际邮件互换中心。打造重庆兴隆场、成都北中欧班列枢纽节点。开拓中欧班列中、东通道,积极衔接中蒙俄经济走廊。

优化畅通东向开放通道。依托长江黄金水道和沿江铁路,构建通江达海、首尾联动的东向国际开放通道,扩大与日韩、欧美等国家和地区经贸合作。加强陆水、港航联动,开通往返主要港口的"水上穿梭巴士"和铁水联运班列,建设统一运营品牌,提高进出口货物运输效率、降低运输成本。推进沿江省市港口、口岸合作,优化"沪渝直达快线"运行机制,提高通关效率。

第二节 高水平推进开放平台建设

建设川渝自由贸易试验区协同开放示范区。加大力度推进首创性、差异化改革,支持重庆、四川自由贸易试验区协同开放,试行有利于促进跨境贸易便利化的外汇管理政策。探索更加便利的贸易监管制度。在双城经济圈复制推广自由贸易试验区改革创新成果。扩大金融、科技、医疗、贸易和数字

经济等领域开放。

打造内陆开放门户。以重庆两江新区、四川天府新区为重点，优先布局国家重大战略项目、试点示范项目，创建内陆开放型经济试验区。扩大包括第五航权在内的国际航权开放，按规定积极扩大铁路、港口、机场以适当方式对外开放，合理规划发展综合保税区、保税物流中心（B型）。加快建设中德、中法、中瑞（士）、中意等双边合作园区。培育进口贸易促进创新示范区，建设"一带一路"进出口商品集散中心。

高标准实施高层级开放合作项目。推进中新（重庆）战略性互联互通示范项目，合规有序发展供应链金融和特色跨境金融服务平台，依托贸易金融区块链平台，探索形成贸易金融区块链标准体系。推动建设中新金融科技、航空产业、跨境交易、多式联运等领域合作示范区，建设第三方飞机维修中心，共同打造国际数据港。开展中日（成都）城市建设和现代服务业开放合作示范项目，建设药物供应链服务中心、先进医疗服务中心，推动科技、金融等领域合作。

共建"一带一路"对外交往中心。支持举办重要国际会议和赛事。支持共建"一带一路"科技创新合作区和国际技术转移中心，共同举办"一带一路"科技交流大会。高标准举办中国国际智能产业博览会、中国西部国际投资贸易洽谈会、中国西部国际博览会、中国（绵阳）科技城国际科技博览会等国际大型会展。深化文化、教育、医疗、体育等领域国际交流，高质量建设国家文化出口基地，支持川剧、彩灯等中国文化走出去。加强国际友好城市往来。支持建立境外专业人才执业制度，放宽境外人员参加各类职业资格（不包括医疗卫生人员资格）考试限制，支持为外籍高层次人才来华投资就业提供入出境和停居留便利。

第三节 加强国内区域合作

加强与西部地区协调联动。加强与关中平原、兰州—西宁城市群联动，深化能源、物流、产业等领域合作，辐射带动西北地区发展。加强与北部湾、滇中城市群协作，把出境出海通道优势转化为贸易和产业优势，促进西南地区全方位开放。深化与黔中城市群合作，带动黔北地区发展。

有力支撑长江经济带发展。加强与长江中游和下游协作，共同推动长江经济带绿色发展。促进生态环境联防联治，加快建立长江流域常态化横向生态保护补偿机制。共同推进长江黄金水道、沿江铁路、成品油输送管道等建设。优化沿江经济布局，有序承接产业转移和人口迁移。

深化与东部沿海地区交流互动。对接京津冀协同发展、粤港澳大湾区建设、长三角一体化发展等重大战略，加强科技创新合作与科技联合攻关。鼓励与东部沿海城市建立产业合作结对关系，共建跨区域产业园区，促进项目、技术、人才等高效配置。支持沿海港口在双城经济圈设立无水港。深化三峡库区对口支援工作。

第四节　营造一流营商环境

建设高标准市场体系。共建统一的市场规则、互联互通的市场基础设施，加快清理废除妨碍统一市场和公平竞争的各种规定和做法。打破行政区划对要素流动的不合理限制，推动要素市场一体化，探索以电子营业执照为基础，加快建立公共资源交易平台市场主体信息共享与互认机制。探索建立"市场准入异地同标"机制，推进双城经济圈内同一事项无差别受理、同标准办理。全面实施外商投资准入前国民待遇加负面清单管理制度。推动信用一体化建设，逐步形成统一的区域信用政策法规制度和标准体系，支持共同开发适应经济社会发展需求的信用产品。

持续转变政府职能。深化"放管服"改革，对标国际一流水平，加快服务型政府建设，最大限度精简行政审批事项和环节，推行政务服务"最多跑一次"改革，发布"零跑腿"事项清单，加快实现区域内"一网通办"。推行企业简易注销登记，开展企业投资项目承诺制改革，深化工程建设项目审批制度改革。优化综合监管体系，建立健全行政执法联动响应和协作机制。

第五节　增强市场主体活力

深化国有企业改革。有力有序推进国有企业混合所有制改革，推动国有企业建立健全有效制衡的现代企业治理体制、高度市场化和灵活高效的现代企业经营机制、激励和约束并重的现代企业激励机制，推进国有企业经理层成员任期制和契约化管理，完善中国特色现代企业制度，切实激发国有企业发展活力和内生动力。支持开展区域性国资国企综合改革试验。支持以市场化方式设立成渝混合所有制改革产业基金，吸引更多资本参与国有企业改革。加快完善国资监管体制，充分发挥国有资本投资运营公司作用，推动国资监管从管企业向管资本转变，真正实现政企分开、政资分开，使国有企业真正成为独立市场主体。深化效率导向的国资经营评价制度改革。

大力发展民营经济。建立规范化、常态化政商沟通机制，畅通民营企业反映问题和诉求的渠道。积极缓解民营企业和中小微企业发展难题，创建民营经济示范城市。搭建川商渝商综合服务平台，引导川渝两省市商（协）会和重点民营企业共同开展项目推介、银企对接，鼓励川商渝商回乡创业。支持举办川渝民营经济发展合作峰会。

第六节 探索经济区与行政区适度分离改革

支持在重庆都市圈、成都都市圈以及川渝统筹发展示范区、川南渝西融合发展试验区等地，率先探索建立统一编制、联合报批、共同实施的规划管理体制，试行建设用地指标、收储和出让统一管理机制，探索招商引资、项目审批、市场监管等经济管理权限与行政区范围适度分离。支持在合作园区共同组建平台公司，协作开发建设运营，建立跨行政区财政协同投入机制，允许合作园区内企业自由选择注册地。以市场化为原则、资本为纽带、平台为载体，推动两省市机场、港口、中欧班列、西部陆海新通道等领域企业采取共同出资、互相持股等模式促进资源整合和高效运营。允许能源、电信、医疗等行业有序提供跨行政区服务。探索经济统计分算方式，支持建立互利共赢的地方留存部分税收分享机制，推进税收征管一体化。

第十章 共同推动城乡融合发展

以缩小城乡区域发展差距为目标，推动要素市场化配置，破除体制机制弊端，加快建设国家城乡融合发展试验区，形成工农互促、城乡互补、协调发展、共同繁荣的新型工农城乡关系。

第一节 推动城乡要素高效配置

促进城乡人口有序流动。在重庆主城和成都加快取消对稳定就业居住3年以上农业转移人口等重点群体的落户限制，推动都市圈内实现户籍准入年限同城化累计互认、居住证互通互认，完善居民户籍迁移便利化政策措施。尽快实现公共资源按常住人口规模配置。完善集体经济组织人力资源培育和开发利用机制，探索农业职业经理人培育模式和多种人才引进方式。维护进城落户农民在农村的土地承包权、宅基地使用权、集体收益分配权，研究通过合资、合作、投资入股等方式保障新村民依法享有农村相关权益。健全统一的人力资源市场体系，加快建立衔接协调的劳动力流动政策体系和交流合作机制。

深化城乡土地制度改革。探索工业项目标准地出让，探索建立国有土地使用权到期续期制度。深化土地用途转用模式探索，推进城镇低效用地再开发，探索混合产业用地供给和点状供地模式，允许不同产业用地类型依法合理转换。完善建设用地使用权分层管理、统筹开发利用制度，促进地下空间开发。

增强城乡建设资金保障。鼓励发展基础设施领域不动产投资信托基金，在防范债务风险前提下，推动城市建设投资稳定增长。发挥中央预算内投资作用，支持引导工商资本在农村投资。依法积极拓宽农业农村抵质押物范围，鼓励创新开发适应农业农村发展、农民需求的金融产品。通过发行地方政府专项债券等支持乡村振兴、农村产业融合发展等领域建设项目。运用大数据、区块链等技术，提高涉农信贷风险管理水平，优化普惠金融发展环境。

第二节 推动城乡公共资源均衡配置

推动城乡一体规划。加快推进"多规合一"，统筹生产、生活、生态、安全需要，建立国土空间规划留白机制和动态调整机制，提高规划适应性。开展城市体检，查找城市规划建设管理存在的风险和问题，探索可持续的城市更新模式，有序推进老旧小区、老旧厂区、老旧街区及城中村改造。强化城市风貌管理，促进建筑物设计更加适用、经济、绿色、美观，推动天际线、街道立面、建筑色彩更加协调，严格控制超高层建筑建设。加强历史文化街区、古镇古村、全国重点文物保护单位等遗产遗迹的整体保护和合理利用，延续城市和乡村文脉，保护传统的山水城格局。严禁违背农民意愿和超越发展阶段撤村并居。

推动城乡基础设施一体化。完善级配合理的城乡路网和衔接便利的公交网络。推进城市电力、通信、供水、燃气、污水收集等市政管网升级改造和向乡村延伸，合理建设城市地下综合管廊。开展国家数字乡村试点。大力推进生活垃圾分类处理及再生利用设施建设，全面改善城乡居民卫生环境。加强城乡无障碍设施建设和设施适老化改造。推进城市公共基础设施管护资源、模式和手段逐步向乡村延伸，明确乡村基础设施产权归属，合理确定管护标准和模式，以政府购买服务等方式引入专业化机构管理运行。优化应急避难场所布局，完善抗震、防洪、排涝、消防等安全设施。

推动城乡基本公共服务均等化。建立城乡教育联合体和县域医共体。深化义务教育阶段教师"县管校聘"管理改革，鼓励招募优秀退休教师到乡村和基层学校支教讲学，动态调整乡村教师岗位生活补助标准，在职称评审和分配特级教师名额时适当向农村薄弱学校倾斜。加快基层医疗卫生机构标准化建设，提高医护人员专业技术水平，对在农村基层工作的卫生技术人员在职称晋升等方面给予政策倾斜，推动对符合条件的全科医生实行"乡管村用"。把防止返贫摆在重要位置。

健全城乡基层治理体系。健全党组织领导的自治、法治、德治相结合的城乡基层治理体系，加强农村新型经济组织和社会组织的党建工作。培育专业化社会组织和社会工作者队伍，调动企业履行社会责任积极性，畅通公众参与城乡治理渠道，推动政府、社会、企业、居民多方共治。推动基层治理重心下沉，完善社区网格化管理体系和便民服务体系，显著提升社区在流动人口服务管理、公共服务提供、社情民意收集等方面的作用。积极运用现代化手段，推动实现智慧化治理。妥善解决村改社区遗留问题。加强交界地带管理联动，建立重大工程项目选址协商制度，充分征求毗邻地区意见。

第三节 推动城乡产业协同发展

依托相应公共资源交易平台，推动农村集体经营性建设用地、承包地经营权、宅基地使用权、集体林权等依法流转和高效配置，盘活农村闲置资源资产。培育高品质特色小镇，着力发展优势主导特色产业。优化提升美丽乡村和各类农业园区，创建一批城乡融合发展典型项目，打造城乡产业协同发展先行区。

第十一章 强化公共服务共建共享

以更好满足人民群众美好生活需要为目标，扩大民生保障覆盖面，提升公共服务质量和水平，不断增强人民群众获得感、幸福感、安全感。

第一节 推进基本公共服务标准化便利化

建立基本公共服务标准体系。实施基本公共服务标准化管理，以标准化促进均等化、普惠化、便利化。联合制定基本公共服务标准，建立标准动态调整机制，合理增加保障项目，稳妥提高保障标准。创新政府公共服务投入机制，鼓励社会力量参与公共服务供给。加大双城经济圈对周边地区支持力度，保障基本公共服务全覆盖。

提升基本公共服务便利化水平。共建公共就业综合服务平台，打造"智汇巴蜀"、"才兴川渝"人力资源品牌。重庆市和四川省互设劳务办事机构，推动农民工劳务企业规范化发展。支持探索发展灵活共享就业方式，强化对灵活就业人员的就业服务和权益保障。加快实现双城经济圈社会保险关系无障碍转移接续，推动养老金领取资格核查互认，加快推进全国统一医保信息平台跨省异地就医管理子系统建设，推进跨省市异地就医门急诊医疗直

接结算，推进工伤认定和保险待遇政策统一。建设统一的社会保险公共服务平台，推广以社会保障卡为载体的"一卡通"服务管理模式。将常住人口纳入城镇公共租赁住房保障范围，逐步实现住房公积金转移接续和异地贷款信息共享、政策协同。

第二节 共享教育文化体育资源

推动教育合作发展。扩大普惠性幼儿园供给，加大对社会力量开展托育服务的支持力度。鼓励有条件的中小学集团化办学、开展对口帮扶，完善进城务工人员随迁子女就学和在流入地升学考试的政策措施。统筹职业教育布局和专业设置，扩大招生规模，打造一批职业教育基地。建设一批实训基地和国家级创业孵化基地，联手打造"巴蜀工匠"职业技能大赛品牌，打造有区域特色的产教融合行业、企业和院校。组建双城经济圈高校联盟，联手开展世界一流大学和一流学科建设，支持高校向区域性中心城市布局。建设城乡义务教育一体化发展试验区。支持引进境外高水平大学开展中外合作办学，允许外国教育机构、其他组织和个人在自由贸易试验区内单独设立非学制类职业培训机构、学制类职业教育机构，支持建设国际合作教育园区。

构建现代公共文化服务体系。构建"书香成渝"全民阅读服务体系，鼓励博物馆、美术馆、文化馆等建立合作联盟，实现公共文化资源共享。建设三星堆国家文物保护利用示范区。推动出版、影视、舞台艺术发展，共同打造"成渝地·巴蜀情"等文化品牌。放宽文化演艺准入，研究建设文化艺术品和文物拍卖中心。建立非物质文化遗产保护协调机制，支持川剧、蜀锦、羌绣、夏布等非物质文化遗产的保护传承发展，研究建设巴蜀非遗文化产业园。

共同推进体育事业发展。促进全民健身，推动公共体育场馆、全民健身活动中心、体育公园、社区体育场地等资源设施建设和开放共享，支持公办中小学校和高校的体育场馆、附属设施向社会分时段开放。建立成渝体育产业联盟，支持建设国家级足球竞训基地等专业场地，推动体育项目合作和竞技人才交流培养，协同申办国际国内高水准大型体育赛事。

第三节　推动公共卫生和医疗养老合作

构建强大公共卫生服务体系。增强公共卫生早期监测预警能力。健全重大突发公共卫生事件医疗救治体系，建设省级和市地级重大疫情救治基地、公共卫生综合临床中心。分级推动城市传染病救治体系建设，实现地级市传染病医院全覆盖，加强县级医院感染疾病科和相对独立的传染病区建设。提高公共卫生应急能力，完善联防联控常态机制。加强公共卫生应急物资储备，提升应急物资生产动员能力。

优化医疗资源配置。依托四川大学华西医院、重庆医科大学附属医院等优质医疗资源，加快建设国家医学中心。支持共建区域医疗中心和国家临床重点专科群。推进国家老年疾病临床医学研究中心创新基地建设，支持重庆整合有关资源建设国家儿童区域医疗中心，推进四川省儿童医学中心建设。深化中医药创新协作。推动优质医疗资源下沉，支持医联体建设和跨区办医，推动中心城市三甲医院异地设置医疗机构。加强基层医疗卫生服务体系和全科医生队伍建设，构建更加成熟定型的分级诊疗制度。发展在线医疗，建立区域专科联盟和远程医疗协作体系，实现会诊、联网挂号等远程医疗服务。完善二级以上医疗机构医学检验结果互认和双向转诊合作机制。

推进养老服务体系共建共享。开展普惠养老城企联动专项行动，发展居家养老、社区养老、机构养老，构建综合连续、覆盖城乡的老年健康服务体系。支持以市场化方式稳妥设立养老产业发展引导基金，制定产业资本和品牌机构进入养老市场指引，支持民营养老机构品牌化、连锁化发展。推动老年人照护需求评估、老年人入住评估等互通互认。鼓励养老设施跨区域共建。统筹医疗卫生和养老服务资源，促进医养融合。推动人口信息互通共享，率先建立人口发展监测分析系统，开展积极应对人口老龄化综合创新试点。

第四节　健全应急联动机制

健全公共安全风险防控标准和规划体系。强化防灾备灾体系和能力建

设，完善重大灾害事件预防处理和紧急救援联动机制，加快建设国家西南区域应急救援中心以及物资储备中心，打造2小时应急救援圈，推进防灾减灾救灾一体化。建立健全安全生产责任体系和联动长效机制，有效防范和坚决遏制重特大安全生产事故发生。推广实施公共设施平急两用改造，提升平急转换能力。在跨界毗邻地区，按可达性统筹120、110等服务范围。

第十二章 推进规划实施

加强党对成渝地区双城经济圈建设的领导，明确各级党委和政府职责，细化各项政策措施，建立健全协同实施机制，确保规划纲要主要目标和任务顺利实现。

第一节 加强党的集中统一领导

坚定不移加强党的全面领导，增强"四个意识"，坚定"四个自信"，做到"两个维护"。充分发挥党总揽全局、协调各方的领导核心作用，把党的领导始终贯穿成渝地区双城经济圈建设重大事项决策、重大规划制定调整等各方面全过程。充分发挥党的各级组织在推进成渝地区双城经济圈建设中的领导作用和战斗堡垒作用，激励干部锐意进取、担当作为，组织动员全社会力量落实规划纲要，形成强大合力。

第二节 强化组织实施

重庆市、四川省作为成渝地区双城经济圈建设的责任主体，要明确工作分工，完善工作机制，共同研究制定年度工作计划，落实工作责任，把规划纲要确定的各项任务落到实处。中央有关部门要按照职责分工，加强对规划纲要实施的指导，在规划编制、体制创新、政策制定、项目安排等方面给予积极支持。国家发展改革委要依托城镇化工作暨城乡融合发展工作部际联席会议制度，加强对规划纲要实施的统筹指导，协调解决规划纲要实施中面临的突出问题，督促落实重大事项，适时组织开展评估，及时总结经验做法。

重大规划、重大政策、重大项目按程序报批，重大问题及时向党中央、国务院请示报告。

第三节 完善配套政策体系

中央有关部门要加强与重庆市、四川省沟通衔接，负责编制印发实施成渝地区双城经济圈国土空间规划以及多层次轨道交通体系、综合交通发展、西部金融中心建设、科技创新中心建设、生态环境保护、巴蜀文化旅游走廊等规划或实施方案，指导编制践行新发展理念的公园城市示范区、川渝统筹发展示范区、川南渝西融合发展试验区等建设方案，研究出台产业、人才、土地、投资、财政、金融等领域配套政策和综合改革措施。重庆市、四川省编制出台重庆都市圈、成都都市圈发展规划，共同推动形成规划和政策体系，不改变不减弱对三峡库区等周边地区的支持政策。

第四节 健全合作机制

健全推动成渝地区双城经济圈建设重庆四川党政联席会议机制，研究落实重点任务、重大改革、重大项目等，压茬推进各项任务。建立交通、产业、创新、市场、资源环境、公共服务等专项合作机制，分领域策划和推进具体合作事项及项目。培育合作文化，鼓励两省市地方建立合作协同机制。推动与东部地区开展干部人才双向交流、挂职任职。广泛听取社会各界意见和建议，营造全社会共同推动成渝地区双城经济圈建设的良好氛围。

B.13
附录四 四川省区域发展学会

四川省区域发展学会由四川大学、西华大学、西华师范大学、四川省社会科学院、合信置业集团有限公司等多家高校、科研机构和企事业单位共同发起，由四川省社会科学界联合会主管，经四川省民政厅批准成立，具有社会团体法人资格。学会旨在为区域发展领域从业者开展调查研究、理论探索以及学术交流搭建平台，为政府和企事业单位提供信息咨询、规划编写以及战略发展提供决策咨询服务。

学会以区域经济社会协调发展为主线，围绕成渝地区双城经济圈建设契机，将创新、协调、绿色、开放、共享五大发展理念作为主要研究方向，聘请国内外知名专家、学者及领导担任顾问和特邀研究员，集聚相关领域专业技术人才，成立成渝地区双城经济圈、区域高质量发展、区域规划编制、双碳战略发展以及投融资发展等专业研究委员会，努力成为新时代构建新发展格局、推动高质量发展的生力军。

学会将按照"理论政策站得住脚、实际操作落得了地、结果检验见得了效"的整体思路，创新服务方式和模式，丰富服务内容和载体，为成渝地区形成功能清晰、分工合理、各具特色的区域发展新格局添砖加瓦、献智献策，逐步建成"立足四川、面向成渝、辐射西部"，并在全国区域发展领域有一定影响力的学会，成为全省经济社会高质量发展的智囊机构、学术机构和指导机构，为治蜀兴川伟大事业再上新台阶贡献力量。

B.14
附录五　蜀道仙山——四川江油窦圌山

窦圌山位于李白故里四川省江油市北25公里处，距绵阳市66公里，距成都市170余公里，交通快捷方便，距离神话世界九寨沟320余公里。

窦圌山核心景区面积1300余亩，规划面积5平方公里，海拔高度1140米，相对高度608米，属典型的砾岩丹霞地貌，整座山峰岩体裸露，在阳光照射下，丹赤如霞，三峰矗立，似一道画屏。早在萧梁时期（502~556年），因两座山峰险固如门，且猿猴众多，被称为"猿门山"，后因山形似圌（上小下大的粮囤），砾石如豆，故名圌山；到了唐高宗时期，因彰明县主簿窦子明慕此山清奇幽秀而弃官隐居山上，修道成功，白日羽化飞升成仙，"山不在高，有仙则名"，从此圌山冠以窦姓，窦圌山由此得名。自古以来，窦圌山以其奇特的山峰、惊险的铁索、古老的庙宇吸引着中外来客，诗仙李白少年游此曾留下"樵夫与耕者，出入画屏中"的千古绝句。

2003年12月，窦圌山被批准建立四川省级地质公园；2005年9月，被批准为第四批国家地质公园；2005年，被评为绵阳首家4A级旅游景区、国家级风景名胜区等。魅力窦圌山，"风景这边独好"，期待您的光临。

社会科学文献出版社

皮 书
智库成果出版与传播平台

❖ 皮书定义 ❖

皮书是对中国与世界发展状况和热点问题进行年度监测，以专业的角度、专家的视野和实证研究方法，针对某一领域或区域现状与发展态势展开分析和预测，具备前沿性、原创性、实证性、连续性、时效性等特点的公开出版物，由一系列权威研究报告组成。

❖ 皮书作者 ❖

皮书系列报告作者以国内外一流研究机构、知名高校等重点智库的研究人员为主，多为相关领域一流专家学者，他们的观点代表了当下学界对中国与世界的现实和未来最高水平的解读与分析。截至2021年底，皮书研创机构逾千家，报告作者累计超过10万人。

❖ 皮书荣誉 ❖

皮书作为中国社会科学院基础理论研究与应用对策研究融合发展的代表性成果，不仅是哲学社会科学工作者服务中国特色社会主义现代化建设的重要成果，更是助力中国特色新型智库建设、构建中国特色哲学社会科学"三大体系"的重要平台。皮书系列先后被列入"十二五""十三五""十四五"时期国家重点出版物出版专项规划项目；2013~2022年，重点皮书列入中国社会科学院国家哲学社会科学创新工程项目。

权威报告·连续出版·独家资源

皮书数据库
ANNUAL REPORT(YEARBOOK) DATABASE

分析解读当下中国发展变迁的高端智库平台

所获荣誉

- 2020年，入选全国新闻出版深度融合发展创新案例
- 2019年，入选国家新闻出版署数字出版精品遴选推荐计划
- 2016年，入选"十三五"国家重点电子出版物出版规划骨干工程
- 2013年，荣获"中国出版政府奖·网络出版物奖"提名奖
- 连续多年荣获中国数字出版博览会"数字出版·优秀品牌"奖

皮书数据库

"社科数托邦"微信公众号

成为会员

登录网址www.pishu.com.cn访问皮书数据库网站或下载皮书数据库APP，通过手机号码验证或邮箱验证即可成为皮书数据库会员。

会员福利

- 已注册用户购书后可免费获赠100元皮书数据库充值卡。刮开充值卡涂层获取充值密码，登录并进入"会员中心"—"在线充值"—"充值卡充值"，充值成功即可购买和查看数据库内容。
- 会员福利最终解释权归社会科学文献出版社所有。

数据库服务热线：400-008-6695
数据库服务QQ：2475522410
数据库服务邮箱：database@ssap.cn
图书销售热线：010-59367070/7028
图书服务QQ：1265056568
图书服务邮箱：duzhe@ssap.cn

社会科学文献出版社 皮书系列
SOCIAL SCIENCES ACADEMIC PRESS (CHINA)
卡号：966615684592
密码：

S 基本子库
SUB DATABASE

中国社会发展数据库（下设 12 个专题子库）

紧扣人口、政治、外交、法律、教育、医疗卫生、资源环境等 12 个社会发展领域的前沿和热点，全面整合专业著作、智库报告、学术资讯、调研数据等类型资源，帮助用户追踪中国社会发展动态、研究社会发展战略与政策、了解社会热点问题、分析社会发展趋势。

中国经济发展数据库（下设 12 专题子库）

内容涵盖宏观经济、产业经济、工业经济、农业经济、财政金融、房地产经济、城市经济、商业贸易等 12 个重点经济领域，为把握经济运行态势、洞察经济发展规律、研判经济发展趋势、进行经济调控决策提供参考和依据。

中国行业发展数据库（下设 17 个专题子库）

以中国国民经济行业分类为依据，覆盖金融业、旅游业、交通运输业、能源矿产业、制造业等 100 多个行业，跟踪分析国民经济相关行业市场运行状况和政策导向，汇集行业发展前沿资讯，为投资、从业及各种经济决策提供理论支撑和实践指导。

中国区域发展数据库（下设 4 个专题子库）

对中国特定区域内的经济、社会、文化等领域现状与发展情况进行深度分析和预测，涉及省级行政区、城市群、城市、农村等不同维度，研究层级至县及县以下行政区，为学者研究地方经济社会宏观态势、经验模式、发展案例提供支撑，为地方政府决策提供参考。

中国文化传媒数据库（下设 18 个专题子库）

内容覆盖文化产业、新闻传播、电影娱乐、文学艺术、群众文化、图书情报等 18 个重点研究领域，聚焦文化传媒领域发展前沿、热点话题、行业实践，服务用户的教学科研、文化投资、企业规划等需要。

世界经济与国际关系数据库（下设 6 个专题子库）

整合世界经济、国际政治、世界文化与科技、全球性问题、国际组织与国际法、区域研究 6 大领域研究成果，对世界经济形势、国际形势进行连续性深度分析，对年度热点问题进行专题解读，为研判全球发展趋势提供事实和数据支持。

法律声明

"皮书系列"(含蓝皮书、绿皮书、黄皮书)之品牌由社会科学文献出版社最早使用并持续至今,现已被中国图书行业所熟知。"皮书系列"的相关商标已在国家商标管理部门商标局注册,包括但不限于LOGO( )、皮书、Pishu、经济蓝皮书、社会蓝皮书等。"皮书系列"图书的注册商标专用权及封面设计、版式设计的著作权均为社会科学文献出版社所有。未经社会科学文献出版社书面授权许可,任何使用与"皮书系列"图书注册商标、封面设计、版式设计相同或者近似的文字、图形或其组合的行为均系侵权行为。

经作者授权,本书的专有出版权及信息网络传播权等为社会科学文献出版社享有。未经社会科学文献出版社书面授权许可,任何就本书内容的复制、发行或以数字形式进行网络传播的行为均系侵权行为。

社会科学文献出版社将通过法律途径追究上述侵权行为的法律责任,维护自身合法权益。

欢迎社会各界人士对侵犯社会科学文献出版社上述权利的侵权行为进行举报。电话:010-59367121,电子邮箱:fawubu@ssap.cn。

社会科学文献出版社